국제평가기준(IVS)과 IFRS에 따른 영업권평가 실무가이드

Goodwill Valuation
Theory & Practice

이론과 실무

영업권 가치평가론

경 응 수

개정판

나무미디어

개정판
영업권 가치평가론(이론과 실무)

2018년 10월 20일 1판 1쇄 인쇄
2018년 11월 1일 1판 1쇄 발행
2019년 9월 1일 개정판 인쇄
2019년 9월 10일 개정판 발행

저 자 경응수
발행인 박재린
발행처 나무미디어
주 소 경기 성남시 분당구 정자1로 30길 107-1002
전 화 031-712-9489
팩 스 031-602-9489
E-mail injae8005@hanmail.net
신고번호 제2016-000031호

정가 40,000원
ISBN 979-11-86756-15-7 93320

낙장 · 파본은 교환해 드립니다.
Printed in Korea.

머리말

독자여러분들의 성원에 힘입어 지난 해 이 책의 초판을 낸지 10개월만에 제2판을 내게 되어 감사한 마음 한량 없다. 이번 개정판에서는 '제 5장 영업권 평가의 다양한 방법과 이슈'를 추가하였다. 영업권 평가와 관련하여 실무계에서 가장 자주 제기되는 현안 과제들을 논의하기 위한 노력이다. 그리고 초판에서 나온 여러가지 오류나 부족한 부분을 다듬고 보태 어느 정도 완성된 모습으로 다시 책을 낸다.

이번 개정판에서는 영업권 평가실무에서 최근 가장 중요하고도 까다로운 문제들에 대하여 논의하였다. 예컨대 개별물건기준 원칙과 영업권 평가의 관계, 개인영업권과 기업영업권의 구분 문제, 시장성할인 DLOM 문제, 경영권프리미엄과 소수지분할인 MIC 문제 등이 그것이다. 이러한 실무적 이슈는 뜨거운 감자일 수도 있지만, 활발한 논의를 통하여 앞으로 이론과 실무 사이의 장벽을 허무는 데에 여러모로 기여할 것을 기대한다.

첫째, '개별물건기준 원칙과 영업권 평가' 이슈에 대하여는 개별물건기준 원칙의 예외로서 인정되고 있는 '일괄평가' 관행에 대한 문제 제기이다. 영업권 평가에서 일괄평가 방식은 어디까지나 예외적인 것인데 영업권의 발생원천이나 식별가능성에 대한 고민없이 일괄평가라는 명목하에 무형자산 전부가 영업권으로 평가된다면 과대평가 위험도 높아질 것이다.

둘째, '개인영업권personal goodwill과 기업영업권 entity goodwill의 구분' 이슈는 실무에서 흔히 혼동을 빚고 있는 문제이나, 지금껏 전혀 관련 연구가 없는 실정이다. 이에 따라 개인사업체가 법인전환 하거나, 영업을 양수도하는 경우 개인에게 귀속되는 영업권을 모두 양도성이 있는 것으로 보고 기업영업권에 포함평가하는 실무관행은 문제가 아닐 수 없다. 따라서 영업권의 가치형성요인을 기업요소와 개인요소로 나누어 평가하는 기준이나 대안을 모색하였다.

셋째, 영업권가치를 결정짓는 기업가치 평가에서 중요한 시장성할인 DLOM 이슈도 논의하였다. CAPM에서 자기자본비용은 공개거래 되는 상장회사를 기반으로 하므로 시장에서 거래되지 않는 비상장회사의 자본비용으로는 적절하지 않기 때문이다. 따라서 우선 무엇이 시장성할인율을 결정하는 요인이며, 어떻게 할인율의 크기를 결정하여 적용할 것인가를 논의하였다.

넷째, '경영권프리미엄과 소수지분할인' control premium & minority interest discount 이슈에서는 평가대상 지분이 소수지분인가 아니면 지배지분인가에 따라서 경영권에 대한 통제의 정도가 달라지고, 대상의 평가가치도 달라지는 현실을 기업가치 평가에 어떻게 반영할 것인가에 대하여 논의하였다.

주지하듯이 영업권은 무수히 많은 내 · 외부 경영자원의 상호결합으로 형성되고, 종속성 dependability이나 총체성 integrity이라는 특성 때문에 그 기업과 분리하여 단독으로 존재하거나, 다른 자산과 별도로 매각될 수도 없는 특수자산이다. 따라서 일반적으로 인정된 평가원칙 GAVP이나 국제기준에 의하지 않을 경우 평가자에 따라, 혹은 평가목적에 따라 엄청난 차이가 발생하게 된다.

그러므로 이 책의 목표는 영업권 및 무형자산 평가서의 신뢰도를 높이기 위해 국제평가기준 IVS 및 국제회계기준 IFRS과 우리나라 실무의 정합성을 높이는 데에 두고 있다. 이러한 목표를 향해 꾸준히 힘쓴 결과 이제 초판의 오류는 보완되었으나, 저자 스스로 만족할 수 있는 수준에 이르려면 아직 갈 길이 멀다. 다만 초판에서 약속한대로 좋은 영업권평가 실무지침서가 되기 위해 끊임없이 노력할 것이다.

이 책이 나오기까지 사랑하는 아내와 많은 분들의 은혜를 입었다. 원고 수정 과정에서 토론과 다양한 의견을 제시하여 주신 한명수 이사님, 그리고 이승찬, 이창수 평가사께 특별히 감사드린다. 존경하는 한병희 교수님, 남정희, 양덕배 은사님, 그리고 '미래는 우리가 만들어 가는 것'이라는 신념을 나누며, 부단히 도전하고 있는 일신감정평가법인과 지렉스아이앤디의 자랑스런 임직원 여러분, 늘 기쁜 마음으로 교정과 편집을 맡아 애써주신 박석주 인형과 박재인 사장님께도 깊은 존경과 감사의 인사를 드린다.

2019년 8월

저자

1판 머리말

우선 졸저에 대해 기대와 성원을 보내주신 독자 여러분께 깊이 감사한 마음을 전하고 싶다. 두어 해 전 '지식재산 · 무형자산 평가실무'라는 총론서를 펴내면서 '영업권'부문 각론서가 꼭 필요하다고 생각했지만, 너무 까다롭고 도전적인 연구분야여서 감히 엄두를 내지 못하였다. 그러나 망설임 끝에 결국 이 일을 시작할 수 있었던 것은 첫째, '일신무형자산연구회'의 덕분이며, 둘째, '정말 중요한 것은 눈에 보이지 않는다'는 믿음과 사명감을 깨우쳐준 선각자들과 소중한 인생 도반들의 은혜임을 밝혀둔다. 특히 한명수 이사님과 정준우 부장, 이해승 · 이창수 감정평가사 등의 검토와 토론이 없었다면 이 책의 출간은 불가능한 일이었다.

평소 영업권 평가과제를 대할 때마다 느끼는 것이지만, 이 분야를 연구하는 것은 마치 험한 가시밭길을 걷는 느낌이다. 그만큼 복잡하고 까다롭다. 특히 영업권은 식별이 불가능한 탓에 일반적으로 인정된 평가원칙 GAVP이나 기준에 의하지 않을 경우 평가자에 따라, 혹은 거래상황이나 평가목적에 따라 매우 큰 차이가 발생하게 된다. 이러한 차이를 극복하고, 평가정보 이용자들의 신뢰를 높이기 위해서는 국제평가기준 IVS 및 국제회계기준 IFRS과 우리 평가실무 방법론과의 정합성을 높일 필요가 있다.

우리나라 전통적 평가방식은 이미 글로벌화된 시장환경하에서 국제적으로 통용될 수 없고, 평가서비스 이용고객들의 눈높이에 맞는 보고서가 제공될 수도 없다. 더구나 법적분쟁이나 이해조정, 과세기준 관련 평가가 날로 증가하는 추세에서 이해관계자 누구에게나 설득력이 있는 객관적 평가서를 제시하기도 불가능하다. 이러한 시대적 배경에서 이 책은 국제평가기준 IVS에서 제시하고 있는 영업권의 평가기준과 절차를 영업권평가 실무사례에 직접 적용하여 그 해법을 제시하고자 노력하였다.

1장(무형자산과 영업권의 중요성) 및 2장(영업권 평가와 기업가치평가)은 이 책의 서론으로서 무형자산과 영업권의 중요성을 강조하면서 영업권 평가와 기업가치평가는 기본적으로 같은 대상을 다른 관점에서 파악할 뿐임을 밝히고 양자의 상호 불가분성을 설명하였다.

3장(영업권의 평가기준과 절차) 및 4장 (영업권의 평가 방법)은 본론 부분으로서 영업권의 평가기준과 절차, 그리고 영업권의 평가 방법을 간단한 예제들과 함께 설명하여 실무에 쉽게 적용할 수 있도록 노력하였다. 국제평가기준 IVS은 물론 우리나라 감정평가실무기준에서 규정하고 있는 영업권 평가기준이나 방법에 대하여도 다루었다.

5장(영업권 평가사례)에서는 국제평가기준 IVS 및 감정평가실무기준에서제시하고 있는 평가원리와 기준을 실제 영업권 평가과제에 적용한 평가보고서이다. 이를 통하여 실제 우리나라 영업권 평가방식이 IVS와 어떤 차이가 있는지, 그리고 그 차이의 원인이나 대안에 대하여 설명하였다.

6장(사업결합과 영업권의 평가)에서는 실제 또는 가상의 기업 인수로 지불된 가격의 초과분으로 영업권 가치를 평가하는 매수가격배분법 PPA method을 이용하여 인수기업 영업권을 평가하는 과정을 사례를 통하여 설명하였다.

7장(영업권의 손상평가)에서는 영업권 평가와 관련한 경영자의 자의성 배제를 위하여 매결산기 영업권 가치에 대한 회수가능가액을 평가하여 손상차손으로 인식하는 손상평가의 절차와 방법을 논의하였다.

8장(상가권리금의 평가) 및 9장 (상가권리금 평가사례)에서는「상가건물 임대차보호법」에 의한 권리금의 평가이론 및 실무사례를 소개하였다. 권리금은 우리나라만의 독특한 법제적 특성으로 인하여 이와 관련한 국제평가기준의 규정이 없으나 영업권과 유사한 무형적 권리성이 있으므로 되도록 앞 장에서 설명한 원칙과 방법에 따라 가치평가가 이루어져야 한다. 이러한 배경에서권리금 평가 사례는「상가건물 임대차보호법」규정과「감정평가실무기준」을 따르되, 보편적으로 적용가능한 평가원리를 실제 권리금 평가사례를 통하여 설명하였다.

이와 같이 무형자산 평가전문가들의 영업권 평가과제 해결에 도움이 될 수있도록 최근 이론과 사례를 폭넓게 소개하려고 저자 나름대로 노력하였지만,아직도 미흡한 점이 많고 여기서 제시한 해법이 완전한 것은 아니라고 본다.다만 앞으로 지속적으로 보완하여 영업권평가실무 발전에 기여할 것을 약속한다. 아무쪼록 이 책을 통하여 영업권 가치평가 과정과 결과에 대한 전문가간 일관성과 신인도가 높아진다면 저자에게는 그 이상의 보람이 없을 것이다.

이 책이 나오기까지 저자는 사랑하는 가족과 실로 많은 분들의 은혜를 입었다. 언제나 멀리서 제자를 격려해 주시는 존경하는 한병희 교수님, 남정희-양덕배 은사님, 늘 어려움 속에서도 혁신정신을 나누며 함께 일해 온 일신감정평가법인 임직원 여러분, 늘 바쁜 일정 속에서도 교정을 맡아 애써주신 박석주 사장께도 깊은 감사의 인사를 드린다. 좋은 책을 내기 위하여 밤낮으로 애써주신 나무미디어 박재인 사장님께도 존경과 감사의 뜻을 표한다.

2018년 10월

청계산 자락 서재에서 저자

목차

1장 무형자산과 영업권의 중요성

2장 영업권 평가와 기업가치 평가

3장 영업권의 평가기준과 절차

4장 영업권 평가의 소득접근법

5장 영업권의 다양한 평가방법과 이슈

6장 영업권 평가사례

7장 사업결합과 영업권의 평가

8장 영업권의 손상평가

9장 상가권리금의 평가

10장 상가권리금의 평가사례

부록

1장

무형자산과 영업권의 중요성

The Importance of Intangible Assets & Goodwill

1. 무형자산의 정의와 특성
2. 영업권의 정의와 특성
3. 영업권의 경제학적 개념
4. 영업권의 회계학적 개념
5. 영업권의 평가목적과 근거
6. IFRS의 영향
7. IVS의 영향
8. 전문가 윤리

최근 지식정보사회의 급속한 전개에 따라 기업의 보유자산 가운데 가장 중요한 것은 유형자산이 아니라 지식재산이나 영업권 등 무형자산이 되고 있다. 특히 영업권은 무형자산임에도 불구하고 회사의 수익성과 기업가치에 결정적인 영향을 미치는 자산으로 꼽힌다. M&A시장에서 또는 기업경영 측면에서 영업권이 이렇듯 중요한 자산으로서 주목 받고 있는 이유는 무엇인가?

이것은 곧 영업권이 기업의 수익성과 가치를 좌우하기 때문이다. 대상기업이나 평가목적에 따라서는 무형자산이 모두 영업권으로 구성되는 경우도 있다. 그런데 문제는 이렇듯 기업가치에 결정적인 영향을 미치면서도, 영업권의 형태는 그 자체가 객관적으로 드러나지 않은 채 매우 추상적이고 복잡하다는 점이다.

영업권은 그 발생원인이 우수한 경영진, 뛰어난 판매조직, 양호한 신용, 원만한 노사관계, 기업의 좋은 이미지나 브랜드 등 다양하여 무형자산 중에서도 추상성이 가장 강하다고 할 수 있다. 그래서 무형자산을 '식별가능 무형자산' identifiable intangible assets으로 축소 해석하면서, 그 상대되는 개념으로 영업권을 '식별 불가능한 무형자산'으로 파악하기도 한다. 본 장에서는 이같은 무형자산과 영업권의 정의와 특성, 그 중요성에 대하여 다룬다.

1 무형자산의 정의와 특성

1.1 무형자산의 중요성

인류 역사상 가장 번영한 현대 자유주의 시장경제 체제는 기술과 산업의 발달에 따라 더욱 성장 발전하고 있다. 특히 최근 지식정보사회의 급속한 전개에 따라 기업의 보유자산 가운데 가장 중요한 것은 유형자산이 아니라 지식재산이나 영업권 등 무형자산 intangible asset이 되고 있다.

특히 지식재산은 자본 및 노동력 등과 함께 독립되고 단절되어 있던 지역사회를 하나의 통합된 글로벌 경제사회로 변화시키고 있다. 또한 산업사회가 지식사회로 변화하면서 무형자산이 가지는 중요성이 더욱 부각되고 있다. 유형자산 중심의 기업경영에서 이제는 고객관계나 기술, 특허, 상표, 인적자원 등과 같은 무형자산 중심의 경영으로 급속히 바뀌면서 기업경쟁력의 핵심이 되고 있다.

2015년, S&P 500 기업 시가의 80% 이상은 〈그림 1-1〉에서 보는 바와 같이 고객관계나 특허와 같은 무형자산이며, 유형자산의 가치는 전체 기업가치의 20% 미만이다. 또한 개방혁신 open innovation 시대의 도래로 경쟁력의 원천이라 여겨져 오던 연구개발도 투자 비중이 감소하는 추세이다. 이는 연구개발도 아웃소싱하는 개방혁신이 기술혁신의 새로운 패러다임으로 등장했기 때문이다. 이제 기업 간 차별성은 무형자산으로 이동하고, 경쟁은 창조성을 중심으로 전개된다. 이에 따라 경영자가 가장 중요시 하는 기업자산은 유형자산이 아니라, 지식재산이나 영업권 등 무형자산이 되고 있다.

뉴욕대 교수 Baruch Lev의 연구에 의하면, 혁신은 주로 무형자산에 투자함으로써 이루어지며, 기업가치의 70~80%가 대차대조표에 나타나지 않는 무형자산의 가치에 의해 결정된다고 한다. 브랜드 가치가 큰 기업으로 알려진

코카콜라, 마이크로소프트는 이보다 더 심해 기업가치의 90% 이상이 무형자산에서 나온다. 기업경쟁력 확보를 위한 이같은 무형자산 확장 경쟁은 더욱 치열해 지고 있다.[1]

그림 1-1
S&P 500 기업 시장가치대비 무형자산비중

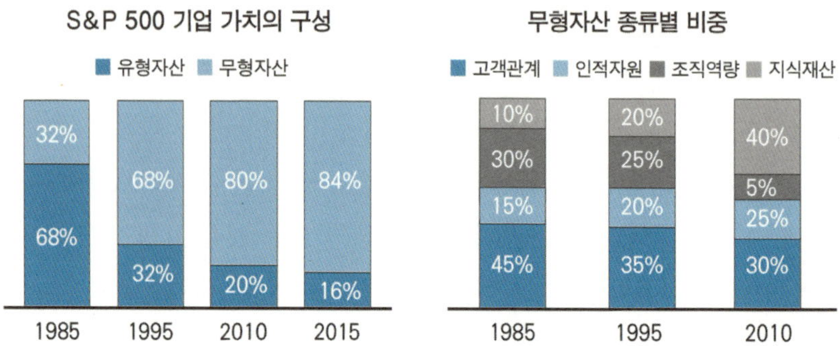

자료 : Ned Davis Research & Kaplan Norton, Strategy Focused Organization 참조 재작성

1.2 무형자산의 정의

무형자산 intangibles 이란, 이와 같이 형체가 없는 자산이지만 소유자에게 어떤 경제적 이익을 가져오는 권리를 의미한다. 즉 보이지 않는 자산으로서, 회계이론에서는 '물리적 실체는 없지만, 그 소유자에게 권리나 우선권을 주는 자산으로서 경영과는 불가분의 관계에 있는 자산'으로 정의하고 있다. 한편 국제평가기준 IVS: International Valuation Standards 에서는 다음과 같이 무형자산에 대하여 정의하고 있다.[2]

> "무형자산이란 그 자체가 경제적 특성에서 우러나오는 비화폐성자산이다. 무형자산은 물리적 실체를 가지고 있지 않지만, 그 소유자에게 어떤 권리나 경제적 이익 economic benefits 을 주는 자산이다."

---

[1] Michael J. Mard, James R. Hitchner, and Steven D. Hyden, *Valuation for Financial Reporting: Fair Value Measurements & Reporting, Intangible Assets, Goodwill, and Impairment Analysis,* Wiley, 2011.

[2] IVSC, *International Valuation Standards 2017,* IVS 210(Intangible Assets) par. 20.1, International Valuation Standards Council, 2017.

우리나라 일반기업회계기준 제11장 무형자산의 정의에서는 영업권과 구별하기 위하여 무형자산이 식별가능할 것을 요구한다.[3] 무형자산으로 인식되기 위해서는 ① 개별적인 식별가능성, ② 실질적 통제가능성, ③ 경제적 이익의 존재 등 무형자산의 정의와 인식조건을 모두 충족시켜야 한다.

무형자산의 인식조건이란 ① 자산으로부터 발생하는 미래 경제적 이익이 기업에 유입될 가능성이 매우 높을 것, ② 자산의 취득원가를 신뢰성 있게 측정할 수 있을 것을 말한다. 무형자산의 인식요건을 모두 충족하는 경우에는 무형자산으로 인식하지만, 충족시키지 못할 경우에는 그것을 취득 또는 창출하는데 소요되는 지출이 발생하였을 때 비용으로 인식한다. 이를 쉽게 설명하면, 다음 〈그림 1-2〉와 같다. 이와 같은 무형자산의 정의와 인식요건을 동시에 충족시키는 자산에 대하여는 각 자산 별 성격이나 특성에 따라 비교방식, 수익방식, 원가방식 등 다양한 평가방법에 의하여 가치평가를 하게 된다.

그림 1-2
무형자산의 인식조건

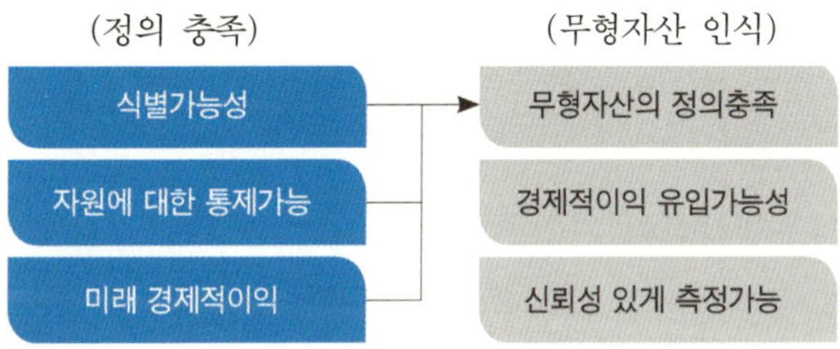

1.3 무형자산의 특성

1.3.1 무형자산의 일반적 특성

기업회계기준에 의하면 무형자산은 유상취득된 것만 재무제표에 계상된다. 즉 정작 기업의 경제적 가치에 큰 영향을 주지만 자가창설된 경우 이는 자산으로 인정되지 않는다. 그러므로 무형자산을 인식하고 측정, 평가하는 과정은

[3] 한국회계기준원 회계기준위원회, 일반기업회계기준 제11장 무형자산, 문단 11.2~11.3.

대단히 중요하다. 전체 기업가치는 재무제표에 표시되든 아니 되든, 수익창출 능력을 가지고 있는 기업의 유형, 무형의 자산들의 가치로 평가되어야 하기 때문이다.

이와 같이 무형자산은 유형자산처럼 개별적 내지 구체적인 물적 실체는 없지만, 매우 중요한 경영자원으로써 계속적 · 장기적으로 수익을 창출함에 있어 유용하게 사용되는 자산이다. 즉 그 존재형태는 없으나 사실상의 가치를 지니며, 특정법률이나 계약에 의하여 지지되는 재산권을 총칭한다. 무형자산은 기업에 대해 장기적으로 특정의 상품이나 제품의 제조, 판매에 관해서 배타적이며 또한 우선적 지위를 확보하고 있다. 헨드릭슨 교수에 의하면 무형자산의 특질은 다음과 같다.[4]

① 물리적 실체가 없는 자본자산
② 미래효익에 관한 고도의 불확실성이 존재하는 자산
③ 대체적인 용도에 사용하거나 전환될 수 없는 자산
④ 불완전경쟁조건에서 발생하는 자산
⑤ 기업의 물리적자산과 분리되지 않는 자산 등을 들고 있다.

이러한 무형자산이 가치평가나 경제적 관점에서 실제 존재하려면 다음과 같은 네가지 전형적인 특성을 가져야 한다.

첫째, 무형자산은 물리적 또는 재무적인 측면에서 구체적인 형태를 가지지 않는 것으로 미래의 이득에 대한 청구권이며 특허권, 브랜드, 비용절감을 가져오는 특유의 조직구조 등을 의미하는 것으로 본다. 이러한 관점에서 볼 때 회계학에서의 무형자산, 경제학에서의 지식자본은 모두 같은 개념이며 특히, 특허권, 상표권, 저작권 등 그 청구권이 법적으로 보호되는 경우 지식재산이 된다고 본다. (미래이익 청구권성)

둘째, 무형자산이 가치평가나 경제적 관점에서 인정되기 위해서는 사실 확인이 가능하고 명확하게 설명할 수 있어야 하며, 법적인 보호가 가능해야 한다.

---

[4] Hendrickson, E: S., *Accounting Theory*, 4th ed., Irwin, 1982, pp. 399~401

또한 사적인 소유가 가능하고 이전성이 있어야 하며, 일정한 수준의 물적 증거가 존재하거나 입증이 가능해야 한다. 예컨대 계약 contract이나 허가 license, 등록서류, 컴퓨터디스켓, 고객명단, 재무제표 등이 있어야 한다. (이전성)

셋째, 무형자산은 금융자산과 유형자산을 제외한 기업의 자산으로 물리적 실체는 없으나 기업의 수익력에 기여하는 자산에 속하는 권리, 관계, 집합적 무형자산 grouped intnagibles, 그리고 지식재산 등으로 구분된다. 지식재산이란 무형자산을 의미하며 가치실현이 가능하도록 법에 의해 등록되고 보호를 받는다. (법적보호성)

넷째, 무형자산은 기업의 미래현금흐름에 기여하는 바 물리적인 자산이라는 회계적 개념이며, 지식재산은 기업가치에 기여할 수 있는 지식이다. 지식재산은 기업이 소유권을 주장할 수 있으며 코드화되고 기술될 수 있는 특정한 지식을 의미한다. 기본적으로 지식재산의 활용결과 기업의 시장가치가 형성되며 거기서 유형자산 가치를 차감한 것이 무형자산의 가치라고 보는 것이다. 따라서 이러한 무형자산의 개념에서는 지식재산의 개념이 중요하게 된다. (지식재산성)

무형자산의 가치평가는 이와 같이 시장가치 개념에 근거하며 이는 단순한 회계적 접근보다는 경제적 접근에 의해 더 잘 이해 될 수 있으므로 지식재산을 무형자산으로 보거나, 지식재산을 가치형성의 핵심으로 보는 논리에 입각하여 무형자산을 설명하는 것이 합리적일 것이다.

1.3.2 무형자산의 경제적 특성

무형자산의 경제적 특성은 가치창출 요인과 가치손상의 측면에서 파악될 수 있다. 무형자산의 가치창출 요인은 주로 비경합성 non-rivalry과 수확체증의 원리, 그리고 비희소성 non-scarcity과 네트워크 외부성 network externality 등에서 발생된다. 그리고 가치손상요인은 부분적 배타성 partial excludability, 내재적 위험 intrinsic risk, 비시장성 unmarketability 등 무형자산 고유의 특성이 포함된다. 다음 〈그림 1-3〉에는 이러한 무형자산의 경제적 특성을 간단히 도시하여 설명하고 있다.

그림 1-3

무형자산의 경제성: 가치창출요인과 가치손상요인

(가치창출요인)

규모신축성
- 비경합성
- 수확체증

네트워크 효과
- 긍정적 피드백
- 네트워크 외부효과
- 산업표준

(가치손상요인)

부분적 배타성
- 누출효과
- 애매한 재산권
- 개인이익 대 사회이익

내재적 위험
- 매몰원가
- 창조적 파괴
- 위험분담

비시장성
- 계약체결 문제
- 낮은 한계원가
- 비대칭적 정보

자료: Baruch Lev (김석웅 외 공역), 무형자산–관리 · 측정 · 보고, 2002, p.74.

(1) 가치창출 요인

무형자산의 영역에서 얻을 수 있는 가장 주된 효익은 규모의 신축성이라든지, 수확체증, 네트워크 효과 등이다. 또한 비경합성 non-rivalry 또는 비희소성 non-scarcity은 동시에 여러 용도에서 사용할 수 있고, 한 군데에서 사용한다고 해서 다른 곳에서 그 자산의 유용성이 손상되지 않는 무형자산의 특성에서 창출되는 효익이다. 반면, 실물자산이나 금융자산 등은 경합적이거나 희소한 자산이다. 무형자산은 이와 대조적으로 비경합적이며, 규모신축성 scalability도 존재한다.

네트워크 외부성 network externalities이란, 네트워크의 일부가 됨으로써 얻는 이득이 네트워크 참여자 수에 따라 증가한다는 것이다. 이는 네트워크의 규모가 커짐에 따라 학습효과 및 새로운 기술의 채택, 영업기회 및 이용가능성이 확장되어 긍정적 피드백 효과를 가져오기 때문이다. 네트워크 형성의 기본적 토대는 지식재산권 등 무형자산이며, 최근 이러한 무형자산은 경쟁우위를 추구하는 기업 간의 제휴 alliances와 협력 collaborations에 의해 형성되는 경향이 확대되고 있다.

(2) 가치손상 요인

무형자산의 경제적 특성 가운데 앞서 설명한 가치증가요인이 있는 반면 감소요인도 있다. 즉 무형자산의 부분적 배타성, 내재적 위험, 그리고 비시장성 등은 무형자산의 가치손상 value impairment 요인들이다. 본래 외부성 externalities이란 어떤 사람의 행동이 제3자에게 의도하지 않은 혜택이나 손해를 끼치면서도 이에 대해 어떠한 대가를 주거나 받지 않는 것을 말한다.

첫째, 부분적 배타성 partial excludability과 누출효과 spillovers는 무형자산의 재산권에서 발생한다. 무형자산은 소유하지 않는 자가 그 투자 효과에 참여하는 것을 완전히 배제시키기가 어렵다. 이는 무형자산의 재산권을 완전히 정의하고 시행하는 것이 불가능하고, 기업내의 암묵적 지식을 완전히 코드화시키거나 공유하여 활용하기가 어렵기 때문이다. 또한 기업은 인적자본의 확충, 특허권에 의해 보호되지 못하는 노하우, 그리고 고객획득에 드는 비용 등의 이유로 무형자산에 대하여 법적인 통제를 엄격히 행사하기 어렵다.

둘째, 내재적 위험 intrinsic risk이란, 무형자산에 대한 투자가 물리적 자산이나 금융자산에 비해 기본적으로 위험도가 높은 것에 기인한다. 무형자산의 투자는 일반적으로 혁신과정의 초기에 발생하기 때문에 위험이 높다. 따라서 이를 감소시키거나 분담 및 분산시키는 것이 혁신과정의 관리에서 중요하며 무형자산의 위험도평가가 투자분석의 핵심이 된다.

셋째, 비시장성 unmarketability이라는 특성은 무형자산에 관한 조직적이고도 경쟁적인 시장이 존재하지 않기 때문에 발생한다. 무형자산의 경우 유사한 거래자산을 파악하기 어렵고, 이를 거래하는데 필요한 조직화된 경쟁시장이 존재하지 않기 때문에 가치를 평가하거나 재무제표상에 계상하는 것이 쉽지 않다.

결국 이러한 무형자산의 특성 때문에 효율적시장이 성립되기 어렵고, 무형자산의 유동성도 매우 낮아 적극적인 투자를 어렵게 만든다. 무형자산의 거래가 이루어지는 경우에도 그 내용이 불투명하고 잘 공시되지 않으며, 여러 자산과 묶음으로 거래가 이루어지는 경우가 많아 객관적인 가치평가를 더욱 어렵게 하고 있다.

2 영업권의 정의와 특성

2.1 영업권의 정의

영업권 goodwill은 유형자산과는 달리 무형자산이므로 일반적으로 쉽게 식별하기 어렵다는 특징이 있다. 특히 영업권은 기업이 보유한 특허권이나 상표권 등 식별이 가능한 무형자산 이외의 자산이므로 그 가치를 측정하기가 가장 까다롭다. 종종 영업권은 동종 유사기업이 낳는 정상이익을 넘어서는 초과이익의 발생원인이 되기도 한다.

영업권은 보는 관점에 따라서 매우 다양하게 정의될 수 있으므로 일률적으로 그 개념을 정의하기가 어렵다. 그러나 영업권의 정의와 개념, 그리고 평가목적을 어떻게 정하는지에 따라 평가방법의 적용이나 가치측정 측면에 있어 큰 차이를 보이게 되므로 여기서는 먼저 영업권의 다양한 정의를 고찰해 볼 필요가 있다.

이 책은 글로벌 경제시대에 발맞추어 우리나라 영업권의 가치평가 이론과 실무가 국제경제사회는 물론 회계업계와도 교류하여 상호 통용될 수 있어야 한다는 명제에서 출발하였다. 따라서 최근에 공표된 국제평가기준 IVS: International Valuation Standards: 과 국토교통부가 고시한 '감정평가실무기준'에서 정의하고 있는 영업권의 개념, 그리고 '기업회계기준'의 영업권에 대한 정의를 차례로 살펴 보기로 한다. 먼저 최근 공표된 국제평가기준에서 내리고 있는 영업권의 정의는 다음과 같다.[5]

> "영업권은 기업이나 기업의 어떤 권리, 또는 다른 자산에서 별도로 인식되지 않는 자산집합 a group of assets을 이용함으로써 발생되는 미래의 모든 경제적 이익이다. 영업권 가치는 일반적으로 기업가치에서 모든 식별가능한 유형자산, 무형자산 및 화폐성자산의 가치(실제 또는 우발부채 수정후)를 공제한 후 잔여가액으로 측정된다." [6]

[5] IVSC, *op. cit.* par. 20.6

[6] 현금 및 현금등가물·매출채권 등과 같이 화폐가치의 변동과 상관없이 자산금액이 계약 기타에 의하

이와 같이 국제평가기준 IVS의 정의에서는 영업권을 기업가치에서 유형자산 및 무형자산가치를 뺀 잔여가치로 측정하되, 자산집합이나 시스템의 개념으로 파악하여 식별가능한 모든 자산들 이외의 자산들을 이용하여 얻는 미래 경제적 이익으로 인식하고 있다. 즉 영업권이란 기업실체가 경영목적 달성과정에서 조직 내 모든 자산과 속성을 유기적으로 결합하여 창출하는 경제적 이익이 식별가능한 자산들의 적정가치를 초과하는 잔여가치로 볼 수 있다는 관점이다. 따라서 영업권을 잔여법 residual from business enterprise methed에 의하여 기업가치에서 유형자산과 식별가능 무형자산 등을 공제한 잔여가치로 측정하는 것을 기본 바탕으로 하는 일련의 기준을 제시하고 있다.

표 1-1
영업권의 다양한 정의와 개념

구 분	정 의	비 고
감정평가실무기준	영업권이란 대상 기업이 경영상의 유리한 관계 등 배타적 영리 기회를 보유하여 같은 업종의 다른 기업들에 비하여 초과수익을 확보할 수 있는 능력으로서 경제적 가치가 있다고 인정되는 권리를 말한다	초과이익개념
국제평가기준 (IVS 2017)	영업권은 기업이나 기업의 어떤 권리, 또는 다른 자산에서 별도로 인식되지 않는 자산집합을 이용함으로써 발생되는 미래의 모든 경제적 이익이다. 영업권 가치는 일반적으로 기업가치에서 모든 식별가능한 유형자산, 무형자산 및 화폐성자산의 가치(실제 또는 우발부채 수정후)를 공제한 후에 남는 잔여가액으로 측정된다.	시스템결합개념
일반기업회계기준	사업결합으로 인식하는 영업권은 사업결합에서 획득하였지만 개별적으로 식별하여 별도로 인식하는 것이 불가능한 그 밖의 자산에서 발생하는 미래 경제적 효익을 나타내는 자산이다.	시스템결합개념

한편 우리나라 국토교통부가 고시한 감정평가실무기준(650-3.1 영업권의 감정평가)에서는 영업권을 다음과 같이 정의하고 있다.

여 일정액의 화폐액으로 고정되어 있는 자산을 화폐성자산(monetary asset)이라 한다.

> "영업권이란 대상 기업이 경영상의 유리한 관계 등 배타적 영리기회를 보유하여 같은 업종의 다른 기업들에 비하여 초과수익을 확보할 수 있는 능력으로서 경제적 가치가 있다고 인정되는 권리를 말한다."

위와 같은 정의는 영업권이 복잡 다양한 구성요소들의 지속적 결합작용의 결과로 생성된 것임에도 불구하고 기업의 유리한 영업관계 등에서 오는 초과이익 excess earnings의 개념으로만 영업권을 파악하는 관점이다. 이러한 관점으로는 기업실체 business entity가 계속기업으로서 경영목적 달성을 위하여 영업활동에 제공되는 기업의 모든 유형 · 무형 경영자원이 유기적으로 상호결합하여 현재 및 미래의 경제적 이익을 낳는 작용시스템이라는 점을 간과하는 약점이 있으므로 보완될 필요가 있다.

한편 일반기업회계기준에서는 영업권이 잔여가치라는 입장은 같지만, 오직 사업결합으로 인식하는 영업권에 대한 정의만을 내리고 있다. 즉 사업결합시 별도로 식별불가능한 기타 자산에서 발생하는 미래 경제적 효익의 가치를 영업권으로 정의하고 있다. 이에 대하여는 다음에서 다시 논의한다.

2.2 사업결합과 영업권의 정의

앞서 설명한 대로 IVS나 일반기업회계기준에서는 사업결합에 의한 영업권의 정의를 내리고 있다. 먼저 IVS에서는 사업결합에 의한 영업권을 다음과 같이 정의하고 있다.[7]

> "영업권은 종종 실제 또는 가설적 기업인수로 지불된 가액이 기업의 실제 확인된 자산과 부채의 가치를 초과한 가액으로 표시된다. 평가목적에 따라서는 영업권이 양도할 수 있는 영업권(제3자에게 양도될 수 있는 영업권)과 양도할 수 없는 영업권, 즉 개인영업권으로 추가 구분되어야 할 경우도 있다."

또한 기업회계기준서에 의하면, 무형자산을 영업권과 구별하기 위하여 그

[7] IVSC, *op. cit.*, par. 20.6 후단

자산이 식별가능할 것 identifiable을 요구한다. 사업결합으로 인식하는 영업권은 사업결합에서 획득하였지만, 개별적으로 식별하여 별도로 인식하는 것이 불가능한 그 밖의 자산에서 발생하는 미래 경제적 이익을 나타내는 자산이다. 여기서 미래 경제적 이익은 취득한 식별가능 자산 사이의 시너지효과나 개별적으로 재무제표 상 인식기준을 충족하지 않는 자산으로부터 발생할 수 있다. 즉 영업권 이외의 식별가능 자산은 다음 중 하나에 해당하는 경우에 식별가능하다고 본다.[8]

1. 자산이 분리가능하다. 즉 기업의 의도와는 무관하게 기업에서 분리하거나 분할할 수 있고, 개별적으로 또는 관련된 계약, 식별가능한 자산이나 부채와 함께 매각, 이전, 라이선스, 임대, 교환할 수 있다.
2. 자산이 계약상 권리 또는 기타 법적 권리로부터 발생한다. 이 경우 그러한 권리가 이전가능한지 여부 또는 기업이나 기타 권리와 의무에서 분리가능한지 여부는 고려하지 아니한다.

이와 같이 일반기업회계기준에서는 정확하게 영업권의 정의를 내리는 대신 사업결합으로 획득한 영업권에 대하여 정의하고 있다. 즉 '사업결합으로 지불된 가액이 기업의 실제 확인된 유형자산이나 식별가능 무형자산 등을 초과한 자산에서 발생하는 미래 경제적 이익'을 영업권이라고 IVS와 거의 유사하게 설명한다. 여기서 "그 미래 경제적 이익은 취득한 식별가능한 자산 사이의 시너지효과나 개별적으로 재무제표 상 인식기준을 충족하지 않는 자산으로부터 발생할 수 있다."고 한다.

그리고 미래 경제적 이익을 창출하기 위하여 발생한 지출이라도 무형자산에 대한 인식기준을 충족하지 못하면 무형자산으로 인식할 수 없다고 정의한다. 그러한 지출은 대부분 내부적으로 영업권을 창출하지만, 내부적으로 창출한 영업권은 원가를 신뢰성 있게 측정할 수 없을 뿐만 아니라 기업이 통제하고 있는 식별가능한 자원도 아니기 때문에 자산으로 인식하지 않는다는 것이다.[9] 기업회계기준상 무형자산의 세부 분류와 회계처리 방식은 다음 〈표

[8] 일반기업회계기준 제11장 무형자산, 문단 11.2~11.3.

1-2>에 요약된 바와 같다.

표 1-2
무형자산의 분류와 회계처리

구분	세부분류	회계처리	사례
식별가능 무형자산	내부창출 무형자산	원칙적으로 비용처리 (자산성 있는 개발비 제외)	연구비, 경상개발비, 광고비, 교육훈련비 등
	외부구입 무형자산	자산 처리	산업재산권, 라이선스, 프랜차이즈, 저작권 등
영업권	내부창출 영업권	자산 불인식	경영능력, 고객충성도, 시장점유율 등
	사업결합 영업권	자산 처리	영업권

2.3 영업권의 구성요소

국제평가기준에서는 영업권의 구성요소는 평가목적에 따라 달라질 수 있으며, 흔히 다음과 같은 요소들을 포함하고 있다고 예시한다.[10]

1. 시너지
2. 사업확장성
3. 조직화된 노동력
4. 새로운 고객·기술 등의 미래자산 효익
5. 계속기업/결합가치

이와 같이 영업권이란, 일반적으로 우수한 경영진, 뛰어난 판매조직, 양호한 신용, 원만한 노사관계, 그리고 기업의 좋은 이미지 등 동종산업에 종사하는 타기업에 비하여 특별히 유리한 사항을 집합한 무형의 자원을 일컫는 말이다. 이러한 영업권의 주요 구성요소를 요약하면 다음과 같은 3가지 가치요소로도 구분할 수 있다.

1. 이용 가능한 기존자산의 존재로서 영업권의 계속기업 가치요소라고 한다.

[9] 일반기업회계기준 제11장 무형자산, 문단 11.16.
[10] IVS 210, par. 20.8

이는 자본, 노동, 경영 등으로 구성되며 결합적으로 이용됨으로써 개별가치요소의 가치보다 더 커서 일부는 영업권을 형성하게 된다. (계속기업 가치요소)

2. 정상이익을 넘어서는 초과이익 중 유형자산과 기타 무형자산에 귀속되는 것을 제외한 것이 영업권의 구성요소가 된다. (초과이익 가치요소)
3. 현재 영업과 직접적인 관련이 없는 미래에 대한 기대, 즉 미래에 예상되는 투자, 재편성 및 신규제품이나 서비스, 고객등과 관련된 전망이 영업권의 일부를 구성한다. (미래기대 가치요소)

한편 영업권의 발생유형에는 매입영업권과 자가창설영업권이 있다. '매입영업권'은 기업이 다른 기업을 매수, 합병하는 경우에 발생한 영업권을 말하며, '자가창설영업권'은 기업이 스스로 영업권을 계상하는 경우에 발생한 영업권을 말한다. 영업권은 회계적인 측면에서 보면 기업이 매수나 영업양수 등의 경우에 유상으로 취득한 것만 인정하고 있기 때문에 기업이 스스로 계상하는 자가창설영업권 self-generated goodwill은 인정하지 않는다. 영업권의 발생원인에 대한 보다 상세한 논의는 뒤에서 계속 제기될 것이다.

2.4 영업권의 특성

영업권은 특정 기업에 고유한 경제적 자원으로서 미래의 경제적 이익을 가져올 수 있다. 영업권의 형성과 작용은 그 기업의 특정 환경이나 경영요소들과 관련되어 있지만 영업권의 매개체는 그 특정 요소가 아닌 기업체이다. 이러한 요소들 가운데 일부는 우수한 입지조건과 같이 하드한 것도 있지만 우수한 평판이나 조직문화와 같은 소프트한 것도 있다. 또한 어떤 것은 눈에 보이지만, 대부분 눈에 보이지 않는 내부경제적 자원이다. 영업권만 단독으로는 존재할 수 없으므로 다른 유 무형자산과 결합되어 창출된다. 그러므로 어떤 특정 유 무형자산에 의하여 생성되는 부가가치 부분을 확인할 수도 없다.

영업권은 외부에서 매수하거나 무수히 많은 요인들의 상호결합에 의하여 내부에서 형성될 수도 있다. 따라서 영업권의 가치 형성요인은 기업 생산 및 경영관리의 각 단계에서 일어나는 모든 비용지출 행위와도 직간접적인 관련이 있다고 할 수 있다. 시스템이론적 관점에서 볼 때 회사의 이러한 전반적인 경영관리 및 효율성 향상은 영업권 형성의 기초 원천이라고 할 수 있다. 한편 기업의 영업환경 변화와 함께 영업권의 가치도 부단히 변동한다. 영업권은 화폐적 가치로 측정할 수 있으며, 그 기준은 특정시점의 기업가치에서 각종 유형자산 및 식별가능 무형자산의 공정가치를 공제한 잔여가치로 결정될 수 있으므로 그 값이 부(-)가 될 수도 있다. 즉 부의 영업권가치도 나타날 수 있다. 이러한 영업권의 복잡한 속성을 요약하면 다음 다섯 가지로 설명할 수 있다.

1. 종속성 dependability
2. 누적성 cumulativeness
3. 총체성 integrity
4. 지속성 durability
5. 상관성 correlation

① **종속성** dependability 영업권은 그 기업과 분리하여 단독으로 존재할 수 없으며, 다른 식별가능 자산과 별도로 매각될 수도 없다. 따라서 영업권을 자본화하여 별도 외부투자를 하거나 양도할 수 없다. 다만 특정기업 내에 객관적인 잔여가치로서 존재하는 식별할 수 없는 무형자산일 뿐이다. 그리고 기업실체는 영업권과 그 가치의 매개체일 뿐이어서 그 기업을 떠나서는 영업권 가치가 존재할 수 없다는 특성이 영업권의 종속성 dependability이다. 따라서 영업권은 무형자산의 조합으로 간주되며, 계속기업의 전제하에서만 그 가치가 존재하므로 영업권만의 독립적인 양도가치는 없다고 할 수 있다.

② **누적성** cumulativeness 영업권은 영업을 시작하자마자, 또는 그 직후 형성되는 것이 아니라 기업의 장기적인 경영과 함께 점진적으로 그 가치가 상승하는 경향이 있는 바 이것이 영업권의 누적성 cumulativeness이다. 특히 기업의 제품이나 서비스의 품질, 상표의 사용범위, 기업조직구조의 우수성 여부에 그 가치가 좌우된다. 영업권의 이러한 누적성은 회사 인력의 질과 교육수준, 서비스 태도, 그리고 조직문화도 큰 영향을 받게 된다.

③ **총체성** integrity 영업권의 가치는 사업실체를 전체적으로 볼 때에만 성립되는 총체적 결과물이라는 특성이다. 이는 영업권 자체가 수익을 창출하는 별도의 무형자산이 아니라 전체 식별가능 개별자산들의 가치를 초과하는 잔여가치가 존재하는 경우에만 성립될 수 있는 특수자산이라는 특성이다.

④ **지속성** durability 기업의 평판은 오랜 기간에 걸쳐 형성되는 것으로 일정한 법정존속기한이 없다. 회사가 신용도를 장기적으로 유지하고 제품이나 서비스의 품질을 지속적으로 개선하면, 영업권의 가치가 지속될 수 있지만, 미래의 지속가능기간을 설정하기는 어렵다.

⑤ **상관성** correlation 영업권은 사업결합에 의해 외부로부터 취득한 경우 여기에 소요된 매수원가와 부대비용을 기초로 원가 인식이 가능하다. 그러나 지속적 경영활동을 통하여 장기적으로 형성된 경우 일종의 부외자산이 창출된 것이라 할 수 있으므로 영업권의 가치는 그 기업의 수익성과 양(+)의 상관성 correlation이 있다는 특성이다.

2.5 계속기업가치 going concern value

위에서 설명한 바와 같이 IVS는 영업권 구성요소 5가지 중 하나로 계속기업가치 going concern value를 들고 있다.[11] 계속기업가치는 실무적으로 영업권 자산과 동일한 것으로 보고 평가하는 것이 일반적이지만, 이를 별개의 자산으로 간주하여 평가하기도 한다. 계속기업가치는 다음과 같이 정의된다.[12]

> "미래에도 경영을 지속할 것으로 기대되는 사업체 business enterprise의 가치이다. 계속기업의 무형적 가치, 예컨대 숙련된 노동력, 가동중인 기계설비나 인허가증, 시스템, 그리고 수립된 업무처리절차 등의 무형적 요소로부터 발생된다."

[11] IVS 210, par. 20.8.

[12] ASA, *ASA Business Valuation Standards*, 2009, p. 28. "The value of a business enterprise that is expected to continue to operate into the future. The intangible elements of Going Concern Value result from factors such as having a trained workforce, an operational plant, and the necessary licenses, systems, and procedures in place."

계속기업가치의 발생과정을 한 회사의 설립과정을 통하여 살펴 보자. 어느 회사나 할 것 없이 그 설립과정은 비슷하다. 즉 집기나 비품을 사들이고, 은행이나 세무 · 회계사무소와 거래관계를 맺으며, 원료공급 계약체결, 제품의 설계, 사업계획서 작성, 그리고 광고계획이나 업무처리 절차를 수립하는 일 등이 그것이다. 그러나 이러한 것이 바로 계속기업가치의 요소가 되는 것은 아니다.

실무적으로 계속기업 가치의 평가가 특별히 계량화할 수 없을 만큼 평가하기 어려운 작업은 아니다. 설립 직후의 기업 가치는 전체자산을 구입하고 조직화하는데 든 비용과 설립기간 중에 잃은 기회비용을 단순히 합치면 된다. 그러나 이 단계에서는 아직 영업권이 생긴 것이 아니고, 이러한 모든 자원들을 투입하여 생산된 제품을 판매했을 때에라야 비로소 영업권이 발생하고 계속기업가치 개념도 성립된다.

이러한 계속기업가치의 발생과정을 좀더 자세히 들여다 보기로 하자. 한 창업자가 기업을 설립하려고 다음과 같은 여러 가지 유형 · 무형의 자산을 구입하고, 지금 막 일을 시작한 사무실 풍경을 한번 그려 보자. 예컨대 유형 · 무형의 자산들에는 다음과 같은 것들이 있을 것이다.

- 임직원(출근 첫날, 아직 뚜렷한 과업은 없다)
- 기계장치(포장상자 그대로임)
- 집기 및 비품(출입구에 놓임)
- 컴퓨터 및 프린터(아직 포장상태 그대로임)
- 고객(로비에서 대기 중)
- 납품회사(로비에서 대기 중)
- 문방구류(미정리 상태)
- 광고물, 브로슈어(미정리 상태)

이 신생기업이 지금부터 해야 할 일은 우선 이러한 자산들을 제자리에 정리하는 것부터 시작해서 무수하지만, 무엇보다 중요한 것은 생산된 제품이나 서비스를 파는 일이다. 즉 판매활동이 없다면, 계속기업의 개념도 없고, 영업권도 발생되지 않는다. 영업권은 일반적으로 고객이 반복해서 그 제품을 구입하고, 타인에게도 그 장점을 들어 구매를 권하는 사람이 많은 상태를 의미한다. 이러한 영업권은 고품질의 서비스, 끈끈한 유대관계, 우수한 광고, 시장상황에 신속히 대처하는 영업전략 등을 통해 이루어진다. 이 기업의 모든 경영활동과 대고객 서비스, 그리고 이에 수반되는 일체의 경비 집행활동이 이 기업의 제품이나 서비스를 판매하기 위한 것이며, 이를 통하여 영업권을 형성하게 되는 것이다.

그러나 영업권이 가지는 공통된 특징은 영업권에는 초과이익 excess earnings이 존재한다는 것이며, 우수한 영업권을 보유한 기업의 이익은 기타 다른 모든 자산의 적정수익률보다 높은 이익을 제공한다는 점이다. 따라서 영업권은 기업 전체의 가치에서 각 개별자산의 가치를 공제한 잔여부분 residual이라고도 할 수 있는 것이다.[13]

그러나 이러한 정의가 반드시 정확한 것은 아니다. 왜냐하면 경영 실패로 장기적으로 적자가 지속되는 기업의 경우에도 이익을 올릴 수 있는 잠재적 능력이나 영업권은 존재할 수 있으며, 초과이익이 있음에도 불구하고 영업권은 존재하지 않을 수도 있기 때문이다.

영업권을 평가하는 경우에는 통상적으로 기업가치에 대한 평가가 동반된다. 영업권과 기업가치 평가는 상호 밀접불가분의 관계가 있기 때문이다. 즉 기업가치는 개별적인 자산의 합이 아니라 고객 · 협력업체 · 종업원 등과의 원활한 관계나 상표 및 상호, 기술 등 무형의 가치 intangible value에 의해 영향을 받는 결합가치 assemble value라는 특성이 있기 때문이다.

흔히 기업의 M&A 등에 있어서 기업의 자산가치를 초과하여 매입대금을 지불하는 경우가 많은 것도 이러한 영업권의 계속기업가치적 성격과 결합가치적 영향이 크기 때문이다. 이같이 적정한 기업가치 및 매각가격을 산정하기 위해서는 초과이익을 자본화하는 영업권의 가치 평가가 가장 중요한 요소가 되며, 영업권의 지속가능기간에 대한 판단, 즉 양도성 transferability 또는 양도가능성과 계속기업으로서의 지속성 economic durability 또는 경제적 수명 economic life의 판단이 매우 중요한 이슈가 되고 있다.

[13] 확인될 수 있는 다른 자산에는 유형자산뿐만 아니라 무형자산도 포함된다.

2.6 영업권의 양도성

계속기업으로서 대상기업이 향후 창출할 것으로 예상되는 영업권의 양도성 transferability이란, 영업권이 타인에게 이전되는 경우 그 영업권을 양도받은 사람에게 이전될 수 있는 힘이나 환경조건을 말하는 것으로, 초과이익이 발생해야 하는 것 이외에도 그 양도가능성이 인정될 수 있는가를 말한다.

표 1-3
영업권의 양도성

구 분	발 생 원 인
영업권 양도가능성이 높은 자산	상호, 상표(미등록), 입지조건, 제조비결, 노하우(know-how)
영업권 양도가능성이 낮은 자산	경영자 · 종업원의 능력 등 인적 요소

위의 표에서 보는 것처럼 상호, 상표, 입지조건, 제조비결 등은 초과이익을 발생시키는 요인이 외부적으로 드러날 수 있는 경우이므로 제3자에 이전될 가능성도 높다. 즉 '양도가능 기업영업권' transferrable entity goodwill에 귀속되는 경우라 할 수 있다. 그러나 경영자나 기술직 종업원의 특별한 기술역량 등 내부적으로 축적된 요소에 의해 발생되는 초과이익은 '양도불능 개인영업권' non-transferrable personal goodwill에 귀속될 경우가 많다. 예컨대 유명 개업의사가 창출하는 초과이익이 이에 속한다.

2.7 영업권의 지속성

영업권은 초과이익이 계속되리라고 기대한 것에 대한 대가이므로 그 수익력이 얼마동안 지속될 수 있는지, 즉 경제적 수명 economic life도 함께 고려되어야 한다. 다시 말해서 초과이익의 지속성 durability을 분석할 필요가 있다. 초과이익이 어느 정도 지속될 것인지를 살펴보기 위해서는 초과이익에 대한 가치감소 정도와 속도를 고려해야 하는데, 특히 특허 등 법적으로 그 권리에 대한 독점이 허용된 경우에도 만료기간과 특허기간 동안의 모방을 통한 유출효과에 주의하여야 한다. 다음은 「법인세법」에서 규정하고 있는 주요 무형고정자산의 종류와 그 내용연수를 표로 나타낸 것이다.

표 1-4 세법상의 무형자산과 내용연수

무 형 고 정 자 산	내용연수
영업권, 디자인권, 실용신안권, 상표권	5년
특허권	7년
어업권, 해저광물자원개발법에 의한 채취권(생산량비례법 선택적용), 유료도로관리권, 수리권, 전기가스공급시설이용권, 공업용수도시설이용권, 수도시설이용권, 열공급시설이용권	10년
광업권(생산량비례법 선택적용), 전신전화전용시설이용권, 전용측선이용권, 하수종말처리장시설관리권, 수도시설관리권	20년
댐사용권	50년

자료: 「법인세법 시행규칙」

「법인세법 시행규칙」 별표3에 의하면 영업권은 그 내용연수가 5년으로 규정되어 있는데, 이는 상법에서 인정하는 영업권 상각기간 규정에 기인한다. 이러한 경우에 엄밀한 의미에서는 초과이익의 지속성을 예측할 수 있는 초과이익의 존속기간을 의미하는 것이 아니고, 단순히 자산으로 계상된 영업권을 얼마 동안의 기간으로 상각하여야 하는지를 나타내는 것이라고 보아야 한다. 따라서 영업권을 평가하는 경우에는 산업분석 및 개별기업의 경쟁력과 초과이익 발생원인을 면밀히 검토하여 그 존속기간을 결정하여야 하고, 이에 따라 영업권 평가방법으로 영구환원법을 적용할 것인지 유기환원법을 적용할 것인지를 판단해야 한다.

초과이익의 지속성을 판단하는 경우에 특히 주의할 점은 기업에서 발생하는 초과이익이 크고, 초과이익 발생기간이 길수록 영업권의 가치는 크게 평가되지만 동시에 이러한 초과이익이 클수록 경쟁을 유발하는 정도가 커져서 오히려 그 가치가 감소될 가능성이 높다는 것이다. 따라서 초과이익을 분석하는 경우에는 향후 경쟁자의 출현 가능성 유무와 그 정도, 영업형태의 변화, 유행의 변천, 그리고 수요 변화 등에 유의하여야 한다.

3 영업권의 경제학적 개념

경제학적 관점에서 볼 때 영업권은 일종의 특수한 형태의 경제재라고 할 수 있다. 그 가치의 원천은 비록 공장에서 제조한 것은 아니지만, 계속기업의 경영활동 과정에서 자본과 노동, 경영의 결합으로 창출되어 누적된 결과라고 설명한다. 그리고 그 사용가치는 기업의 생존과 경쟁력 유지·발전을 위한 이익창출 능력의 원천이자 지속가능한 경영역량 sustainable management competency이라고도 한다.

이러한 경제적 분석에 의한 영업권의 정의는 "기업 전체의 경제적 수익력을 자본화한 가치로서 기업의 어느 개별자산과도 관련이 없는 경제적 수익을 그에 대응하는 적정한 환원율로 자본환원한 가치"라고 정의한다. 즉 영업권은 기업의 어떠한 기타자산(유형 및 무형)에도 속하지 않을뿐더러 기업 전체 생산요소의 결합적 작용 결과이기 때문이다.

경제학에서 영업권의 계량화는 우선 대상기업의 전체 경제적 수익을 계량화한 다음, 경제적 수익 창출과 관련된 각 구성자산(유형 및 무형)에 배분하고, 더 이상 합리적으로 분배할 수 없는 잔여부분, 즉 잉여경제수익 surplus economic profit을 계량화하여 영업권이라는 무형자산에 배분하게 된다는 것이다. 그리고 마지막으로 잉여경제수익을 적정 환원율로 자본화한 것이 영업권적 성격의 무형자산 가치라고 설명한다.

4 영업권의 회계학적 개념

현대회계학적 관점에서 보면, 영업권의 개념은 초과이익 개념이나 잔여 개념, 그리고 시스템결합 개념 등으로 나누어 파악할 수 있다. 다음 표에서처럼 영업권은 이러한 3가지 개념에 따라 영업권 평가방법의 적용이 달라질 수 있는데, 구체적으로 살펴보면 다음과 같다.

표 1-5
영업권의 개념

	세부 내용
초과이익 개념	정상이익을 초과하는 부분의 이익을 환원하거나 할인한 현재가치가 영업권
잔여가치 개념	영업관련 기업가치가 유형 및 무형의 순영업자산의 적정가치를 초과하는 경우, 그 차액이 영업권
시스템결합 개념	기업실체의 활동 목표를 달성하기 위하여 제공되고 있는 기업 내 모든 자원이나 속성의 유기적 결합에 의한 작용시스템

4.1 초과이익 개념 excess earnings concept

영업권을 초과이익 개념으로 보는 경우에는 회계상 동일 또는 유사한 산업의 장래 기대이익이 정상이익을 초과하는 이익, 즉 초과이익을 자본환원율로 환원하거나 할인한 현재가치를 영업권으로 인식한다. 그러나 이러한 관점으로 영업권 평가를 수행할 경우 정상이익률이란 무엇이며 어떻게 산정할 것인가, 그리고 초과이익에 대한 할인율이나 환원율은 과연 어떻게 합리적 객관적으로 추정할 수 있는가의 문제에 대하여 논란의 여지가 매우 클 뿐 아니라 이러한 판단과정에서 평가자의 자의적 주관이 개입될 소지가 크다는 비판을 받게 된다.

4.2 잔여가치 개념 residual value concept

영업권을 잔여가치 개념으로 파악하는 견해는 초과이익 개념의 영업권은 영업권의 본질을 설명하기 위한 것이 아니고, 단순히 영업권의 가치를 계산하기 위해 이론적으로 그 개념을 합리화한 것에 불과하다는 비판에서 나온 것이다. 이 개념에 의하면 유형자산으로 기록되지 않았다 하더라도 영업권과 유사한 자산인 특별한 기술, 풍부한 경영능력, 독점적 상황, 사회와 기업간의 관계, 명성과 평판 등은 잔여 개념의 자산이 된다고 파악한다.

즉 영업권 개념은 전체기업의 적정가치가 개별 구성자산별로 확인되고, 이렇게 파악된 전체기업의 적정가치가 취득 유형자산의 적정가치 합산액을 초과하는 경우 그 차액을 잔여가치 개념의 무형자산이나 영업권으로 본다는 것이다. 이러한 잔여가치 원리 residual value principle는 영업권 평가에 있어서 기본 바탕이 되는 개념이므로 매우 중요하다. 영업관련 기업가치 business value에서 측정할 수 있는 모든 유·무형자산의 가치를 빼고 난 다음 마지막까지 더 이상 배분할 수 없는 식별 불가능한 자산부분이 남게 되는데, 이 잔여부분 residual이 바로 영업권이 된다는 원리이다. 간단한 기본 산식은 다음과 같다.

$$V_G = BV - (WC + TA + IA)$$

V_G : 영업권가치, BV : 기업가치(영업관련), WC : 순운전자본, TA : 유형자산, IA : 무형자산

앞의 산식을 보면 기업을 매수하는 경우, 유형자산에 대한 대가와 식별가능 무형자산 대가 이외에도 아직 영업권의 가격이 남아 있으므로 이에 대하여 별도로 대가를 지불해야 한다는 뜻이 된다. 따라서 모든 기업가치 평가방법은 결국 잔여법의 일종이며, 평가과정상 약간의 차이일 뿐이라는 것이다.

4.3 시스템결합 개념 system value concept

시스템결합 개념은 기업실체 business entity의 조직이 개별적 자산기준 stand-alone basis과는 다른 별개의 가치체계를 가지고 있기 때문에 영업권을 개별자산의 합산치로 인식하는 것은 적합하지 않고, 다른 자산들과 함께 집합체로서 사용된다는 전제에서 출발한다. 다시 말해서 기업조직은 경제적 활동 목표를 달성하기 위하여 제공되고 있는 것, 또는 속성의 상관요소로 구성되는 하나의 작용체계로 볼 수 있는데, 이러한 기업가치는 구성요소의 단순한 합계 이상의 속성이나 목적을 소유한다고 본다.

따라서 영업권의 발생원천인 초과이익이란, 개별자산이 창출하는 것이 아니라 인적자산과 물적·기타 자산의 집합시스템 aggregation system으로써 결합되어 대상기업이 다른 유사기업의 정상이익률보다 높게 창출하는 이익으로 보아야 한다는 것이다. 왜냐하면 기업조직은 실체의 활동 목표를 달성하기 위하여 제공되고 있는 일체의 경영자원, 또는 속성의 상관요소들로 구성되는 하나의 작용체계로 볼 수 있기 때문이다.

이는 기업의 내적 및 외적 관련성, 환경시스템과 관련된 사람, 마케팅, 생산 및 자금조달 능력 등이 전체적으로 자산이나 부채 못지않게 중요하다는 것을 전제로 하는 개념이다.

5 영업권의 평가목적과 근거

5.1 영업권의 평가목적

영업권의 평가목적은 매우 다양하게 나타난다. 각각의 평가목적에 따라 의뢰인에게 요구할 자료와 적용해야 하는 평가방법에 있어서 차이가 있을 수 있고, 그 평가결과 또한 평가목적에 의해서 영향을 받을 수 있으므로 반드시 구체적인 평가작업의 착수 전에 평가목적을 명확히 할 필요가 있다.

기업회계기준상 자가창설영업권이 인정되지 않고, 매입영업권만이 재무제표에 계상되어 상각자산으로 인식되고 있는데, 영업권 평가가 가장 많이 의뢰되는 것은 사업결합을 통해 영업권에 대한 적정가치를 산정할 필요성이 있는 경우이다. 또한 세금 · 매각 · 재무분석 · 법적 필요 등 다양한 목적에 의하여 기업가치를 산정해야 하는 경우나 기업내부관리 및 구조조정 분석자료 등으로 활용하기 위하여 평가가 의뢰되기도 한다.

한편 영업권은 기업간 M&A 시 이외에도 주식가치 평가, 기업의 인수합병, 지분투자, 담보, 세액산출 등의 목적으로 평가되고 있다. 특히 최근 기업간 인수 · 합병 · 분할이 가속화됨에 따라 영업권의 평가사례도 꾸준히 증가하고 있다. 최근에는 생명공학이나 정보통신 관련 기업 등 유형자산 평가만으로는 적정한 기업가치를 산정할 수 없는 산업군이 증가하게 됨에 따라 영업권 평가를 위해서 그 개념을 명확히 해야 할 필요성도 갈수록 높아지고 있다.

이 외에도 경쟁기업 등의 불법행위에 따른 손해가 발생하는 경우, 예를 들어 계약의 파기, 법적 권리의 침해, 업무 방해 등의 행위로 인한 영업권 손실액 측정이 불가피한 경우 피해배상평가가 의뢰되기도 한다. 이러한 경우에는 불법행위 전후의 가치를 비교하는 방식을 사용한다. 이러한 분석은 장기간 노조의 파업이나 자연재해로 인한 손해가 발생하는 경우나 기타 이와 유사한 경우에도 적용이 가능하다.

표 1-6 영업권 평가목적

평가목적	세부 내용
인수 · 합병 · 분할 · 매각액 추정	• 업체간, 사업간 합병시 합병부분에 대한 지분평가, 영업양도, 개인기업의 법인전환시 시가감정
손해액 분석	• 타사(인)의 불법행위에 따른 손해 발생액을 추정
담보가치 추정	• 기업에 대한 담보가치를 추정하는 경우 영업권에 대한 평가도 동시에 평가 의뢰됨
기업가치 산정	• 기업가치는 세금, 매각, 재정분석, 법적 필요 등 다양
손실액 분석	• 공익사업으로 인한 영업폐지 · 휴업 손실보상
기업 분석	• 기업내부관리 및 구조조정 분석 자료
과세가치 산정	• 상법, 법인세법, 상속세 및 증여세법 등 관계법률에 근거한 영업권 가치 산정 및 감가상각액 산정

외국의 경우를 살펴보면 공익사업을 위한 토지수용 등의 경우 다른 지역으로 이전한 후에도 발생할 수 있는 손해액을 분석하기도 하는데, 우리나라에서는 아직 실질에 따라 구체적으로 적용하지 않고, 일정률을 가산하는 방식으로 보상하고 있으므로 영업권 평가 목적의 한 유형으로 인식할 필요성이 있을 것이다.[14] 이 외에도 기업에 대한 담보가치를 추정하는 경우 기업 내 영업권이 차지하는 비중이 큰 경우 등에는 영업권에 대한 평가를 보다 면밀히 수행하여야 하고, 「상법」이나 「법인세법」, 그리고 「상속세 및 증여세법」 등 관련 법령에 의거하여 과세가치를 산정하는 경우에도 영업권 평가가 의뢰되기도 한다.

그러나 영업권 평가는 기업간 인수 · 합병 등의 일반거래 목적 평가에 가장 큰 비중이 있다. 이 때 매수자와 매도자는 각각의 평가전문기관에 의뢰하여

[14] 공익사업을 위한 토지 등의 취득 및 보상에 관한 법률 시행규칙 제47조 (영업의 휴업 등에 대한 손실의 평가)

적정한 영업권을 비롯한 기업가치를 산정하며, 이를 기초로 하여 협상력에 의해서 최종 거래가격이 결정된다. 따라서 사업장의 규모와 전통이 오래 되거나 사업의 특성상 영업권이 기업가치에 미치는 영향이 큰 경우 영업권에 대한 평가 수요도 그만큼 커진다고 볼 수 있다.

5.2 영업권평가의 법적 근거

「감정평가에 관한 규칙」(이하 「감칙」) 제23조 ③항에 의하면 영업권은 수익환원법을 적용하여 평가하도록 규정되어 있다. 기본적으로 영업권의 개념 자체가 미래 초과이익을 중심으로 파악하여야 한다는 점을 고려해 볼 때, 취득원가로 그 가치를 산정하는 원가방식은 한계가 있고, 비교방식 또한 영업권 거래사례 자체를 찾기가 쉽지 않으며, 기업간 개별성이 매우 크기 때문에 유사한 거래사례를 찾는 것도 쉽지 않다는 점 때문에 적용상 한계를 가지고 있다.

영업권 감정평가와 관련하여 상장기업의 경우에는 주식가치 산정시 공인회계사, 감정평가사, 그리고 신용평가기관 등 전문기관에 의뢰할 것을 명문으로 규정하고 있다. 따라서 법률적으로 감정평가사는 상장기업의 주식가치 산정시 의견을 피력할 수 있는 권한이 부여되고 있으며 그 전문성을 인정받고 있음을 알 수 있다. 이와 관련된 법령의 주요 내용은 다음 〈표 1-7〉과 같다.

표 1-7 영업권에 관한 주요 법령 내용

법 령	내 용
감정평가에 관한 규칙	제23조 (무형자산의 감정평가) ③ 감정평가업자는 영업권, 특허권, 실용신안권, 디자인권, 상표권, 저작권, 전용측선이용권, 그 밖의 무형자산을 감정평가 할 때에 수익환원법을 적용하여야 한다. 제24조(유가증권 등의 감정평가) ③ 감정평가업자는 기업가치를 감정평가 할 때에 수익환원법을 적용하여야 한다.
감정평가 실무기준	650-3.3.1 (영업권의 감정평가원칙) ① 영업권을 감정평가 할 때에는 수익환원법을 적용하여야 한다. ② 제1항에도 불구하고 수익환원법으로 감정평가 하는 것이 곤란하거나 적절하지 아니한 경우에는 거래사례비교법이나 원가법으로 감정평가할 수 있다.

법 령	내 용
자본시장과 금융투자업에 관한 법률	제125조 (거짓의 기재 등으로 인한 배상책임) ①항3. 그 증권신고서의 기재사항 또는 그 첨부서류가 진실 또는 정확하다고 증명하여 서명한 공인회계사 · 감정인 또는 신용평가를 전문으로 하는 자 등 대통령령이 정하는 자(그 소속 단체를 포함한다) 제249조의 22(기업재무안정 경영참여형 사모집합투자기구 등에 대한 특례) 제2조 제3호에서 기업재무안정 경영참여형 사모집합투자기구의 집합투자재산의 운용방법으로 부동산 영업권 등 경제적 가치가 있는 자산의 매매를 규정하고 동법 시행령 제260조(집합투자 재산의 평가방법) 제2항 제3호 라목에서 집합투자재산의 "대통령령으로 정하는 공정가액" 평가시 감정평가 및 감정평가사에 관한 법률에 따른 감정평가업자가 제공한 투자대상 자산에 대한 가격을 고려할 수 있음을 규정한다.
상속세 및 증여세법	제64조 (무체재산권의 가액) 무체재산권의 가액은 다음 각 호에 따른 금액 중 큰 금액으로 한다. 1. 재산의 취득가액에서 취득한 날부터 평가기준일까지의 「법인세법」 상의 감가상각비를 뺀 금액 2. 장래의 경제적 이익 등을 고려하여 대통령령으로 정하는 방법으로 평가한 금액

세법상 영업권을 상각자산으로 인식하여 유상매입한 무체재산권의 가액은 매입가액에서 매입한 날부터 평가기준일까지의 법인세법상의 감가상각비를 차감한 금액으로 평가하도록 되어 있다. 「상속세 및 증여세법」 시행령 제59조에서는 비교적 상세하게 영업권 평가방법을 규정하고 있는데, 영업권의 평가는 다음 산식에 의하여 계산한 초과이익금액을 평가기준일 이후의 영업권 지속연수(원칙적으로 5년)를 감안하여 기획재정부령이 정하는 방법에 의하여 환산한 가액으로 다음의 식과 같이 평가하도록 규정하고 있다.

[최근 3년간의 순손익액의 가중평균액의 100분의 50에 상당하는 가액
– (평가기준일 현재의 자기자본 × 1년만기정기예금이자율을 감안하여
기획재정부령이 정하는 율)]

* 순손익액이 최근 3년에 미달하는 경우에는 당해 연수로 계상된 순손익액을 적용

다만 매입한 무체재산권으로서 그 성질상 영업권에 포함시켜 평가되는 무체재산권의 경우에는 이를 별도로 평가하지 않고, 당해 무체재산권의 평가액

이 환산한 가액보다 큰 경우에는 전자를 영업권의 평가액으로 한다. 결론적으로 영업권과 관련된 법률은 크게 평가방법을 규정한 사항과 개념적으로 감가상각 자산으로 인정할 것인지에 관한 사항으로 구분이 가능하다.

6 IFRS의 영향

국제회계기준 IFRS: International Financial Reporting Standards이란, 자본시장이 자유화됨에 따라 "국제적으로 통일된 회계기준"의 필요성이 대두되어 국제회계기준위원회 IASB: International Accounting Standards Board가 제정한 일련의 회계기준을 의미한다. 1973년 민간에서 처음 만들어진 이후 2002년 EU가 기업회계원칙으로 채택하면서 현재 120여개국에서 도입하였거나 도입을 추진 중에 있다.

이에 따라 우리나라에서도 2011년, 한국회계기준원에 의하여 K-IFRS, 즉 한국채택 기업회계기준서 제1038호(무형자산)가 제정되었다. 여기서 무형자산의 회계처리에 관한 사항을 정하고 있는데, 이 기준서는 특정 조건을 충족하는 경우에만 무형자산을 인식하도록 요구하며, 무형자산의 장부금액을 측정하는 방법과 무형자산에 관한 공시사항을 정하고 있다. 특히 무형자산의 정의에서는 영업권과 구별하기 위하여 무형자산이 식별가능할 것을 요구한다.

"사업결합으로 인식하는 영업권은 사업결합에서 획득하였지만 개별적으로 식별하여 별도로 인식하는 것이 불가능한 그 밖의 자산에서 발생하는 미래경제적효익을 나타내는 자산이며, 그 미래경제적효익은 취득한 식별가능한 자산 사이의 시너지효과나 개별적으로 재무제표 상 인식기준을 충족하지는 않는 자산으로부터 발생할 수 있다"고 규정한다. 그리고 앞서 2.2(사업결합과 영업권의 정의)에서 설명한대로 자산은 자산이 분리가능하거나 계약상 권리 또는 기타 법적 권리로부터 발생하는 경우에 식별가능한 것으로 규정하고 있다.

한편 IFRS에서는 자산을 현재 시점으로 평가하는 기준을 '공정가치'라고 규정한다. 기업의 회계처리와 재무제표에 대한 국제적 통일성을 높이기 위해 국제회계기준위원회가 마련하여 공표하는 원칙중심 회계기준이며, 핵심내용은 무형자산 등 모든 자산이나 부채의 가치를 공정가치 fair value로 평가하도록 하고 있는 것이다.

한국채택국제회계기준 K-IFRS에서의 공정가치는 '독립된 당사자 사이의 거래에서 자산이 교환되거나 부채가 결제될 수 있는 금액'으로서 측정일에 시장참가자 사이의 정상거래에서 자산을 매도하면서 수취하거나, 부채를 이전하면서 지급하게 될 가격이다. 그리고 기업회계기준 제19장에서는 공정가치를 좀 더 구체적으로 정의하고 있다.

> "합리적인 판단력과 거래의사가 있는 독립된 당사자 사이의 거래에서 자산이 교환되거나 부채가 결제되거나 부여된 지분상품이 교환될 수 있는 금액"

재무보고목적의 감정평가는 일반적으로 공정가치를 기준으로 한다. 대개 공정가치와 시장가치는 유사한 개념이지만 동의어는 아니다. 양자는 다음과 같은 차이가 있다.

> 첫째, 공정가치는 거래상의 유·불리를 고려하는 거래당사자 간에 합리적으로 합의된 공정한 가격을 의미한다. 그러나 시장가치는 이러한 특정당사자 간의 시너지가치는 고려하지 않는다. 교환거래에 있어 비시장가치로서의 공정가치는 특정당사자에게만 합리적인 의미를 갖는다.
>
> 둘째, 시장가치는 공정가치와 달리 가격이 양당사자에게 공정한 것이 되기를 요구하지 않는다. 이는 다만 시장참가자가 일반적으로 결정 가능한 가격일 따름이다.
>
> 셋째, 공정가치는 시장가치보다 더 넓은 개념이다. 즉 양 당사자간에 공정한 가격이 일반 시장에서도 성립될 수 있지만, 시장가치에서 배제하는 사항들을 공정가치평가에서는 고려하는 경우가 있다.

감정평가 실무기준에서는 '재무보고평가는 공정가치를 기준으로 감정평가한다'라고 규정하고 있으며(740-3 제1항), 제2항에서는 '제1항의 공정가치는 K-IFRS에 따라 자산 및 부채의 가치를 추정하기 위한 기본적 가치기준으로서 합리적인 판단력과 거래의사가 있는 독립된 당사자 사이의 거래에서 자산이 교환되거나 부채가 결제될 수 있는 금액을 말한다'라고 규정하고 있다. 이는 바로 재무보고 목적 감정평가의 기준은 공정가치이고, 그 공정가치는 K-IFRS상의 공정가치임을 명문화하고 있는 것이다.

이와 같이 공정가치는 자산을 교환하고자 하는 특정 당사자 간에 합리적으로 합의하여 결정된 가격을 말한다. 당사자 사이에 서로 특별한 관계가 없이 정상적인 거래를 하면 되므로, 자산은 광범위한 시장에서 방매될 필요가 없다. 따라서 합의된 가격은 일반적인 시장보다 관련 당사자가 보유한 권리에 대한 특정 이익(혹은 손실)을 더 잘 반영한 결과가 된다.

결국 회계기준에서 사용하는 공정가치 개념은 일반적으로 감정평가에서 사용하는 시장가치와 유사한 개념이지만, 공정가치는 시장가치보다 광범위한 개념이라 볼 수 있다. 일반적으로 특정 당사자 사이에서 공정한 의미를 갖는 가격은 다른 시장참가자에게도 공정한 의미를 갖는다. 그러나 경우에 따라 공정가치 산정 시 고려하는 사항들 중 일부는 시장가치 산정에서 고려하지 않는다.

공정가치는 M&A 시 지분 취득을 위한 자산가치 평가에서 흔히 적용된다. 특정 당사자 사이에서만 발생하는 특수한 증분가치는 해당 당사자 간에는 공정한 가격일 수 있지만, 일반시장에서 형성되는 가격과는 다를 수 있다. 그러나 시장가치는 이와 같은 특수가치(여기서는 결합가치) 요소를 배제한다. 재무보고평가 외에 다른 목적의 감정평가에서 공정가치는 시장가치와 구분될 수도 있다. 공정가치는 해당 거래에서 얻게 될 이익(손실)을 고려한 특정 당사자 사이에서 공정한 의미를 갖는 가격을 의미하기 때문이다.

7 IVS의 영향

7.1 IVSC의 연혁

IVSC는 1981년 영국과 미국의 평가단체들이 설립하였으며, 영국 런던에 본부를 두고 있다. 1985년 5월 국제연합교육과학문화기구 UNESCO 산하 비정부·비영리조직으로 등록하였고, 국제감정평가기준위원회 International Valuation

Standards Council: IVSC라는 명칭을 사용한다. 이 기구는 감정평가 전문직역profession의 질적 향상을 통하여 공중의 신뢰도를 높일 목적으로 설립되었으며, 세계 각국이 보편적으로 채택 및 시행할 수 있는 자산가치평가의 기준을 보급하는 것을 목표로 삼고 있다. 이에 따라 국제적으로 채택할 수 있는 국제평가기준 International Valuation Standards: IVS을 제정하여 지속적으로 공표하고 있다. 2017년 기준에는 평가의 개념 및 일반기준, 자산유형별 평가기준, 기준의 응용방법 등을 상세히 기술하고 있으며, 부동산, 동산, 기업가치, 무형자산, 금융자산 등에 대한 다양한 유형의 평가방법을 기술하고 있다.

현재 약 52개국의 평가사단체들이 회원으로 구성되어(1984년 당시는 20개국), 감정평가사와 감정평가 서비스 이용자간 관계 구축에 노력하고 있으며, 국제회계기준위원회 IASB 등 다른 기준제정단체와 상호긴밀한 협조관계를 유지하고 있다. 특히 2006년부터는 IVSC 산하에 상설기구인 전문가위원회 professional board 및 독립기구로서 기준위원회 standard board를 설치 · 운영 중이다. 국제평가기준에 대하여는 다음에서 더 상세히 논의하기로 한다.

7.2 국제평가기준의 개요

국제평가기준 IVS에서는 그 첫 장 서문에서 그 목적을 "투명하고도 일관성 있는 감정평가 절차를 수립함으로써 감정평가 서비스에 대한 이용자들의 확신과 믿음을 높이기 위한 것"이라고 밝히면서, IVS의 주요 목적을 다음과 같이 기술하고 있다.

1. 국제적으로 인정된 원칙과 정의를 확인하고 발전시킨다.
2. 감정평가 과제의 수행 및 보고를 위한 절차를 확인하고 보급한다.
3. 다양한 유형의 자산 부채를 평가하기 위하여 요구되는 방법이나 고려사항들을 확인한다.
4. 감정평가에서 요구되는 주요한 평가목적에 맞는 적절한 평가절차를 확인한다

이 기준에는 평가의 개념 및 원칙, 행동규범, 자산유형, 평가기준, 방법, 기

준의 응용방법 등을 상세히 기술하고 있으며, 지식재산과 무형자산은 물론 부동산, 동산, 기업, 금융자산 등 다양한 유형의 자산에 대한 평가방법을 구체적으로 기술하고 있다. 그리고 IVSC에서는 재무보고목적의 감정평가서 작성시 IVS의 공정가치 감정평가기준 fair value basis of valuation과 그 적용지침을 반드시 준수하도록 하고 있다.

7.3 국제평가기준과 무형자산평가

최근 발표된 국제감정평가기준 IVS: International Valuation Standards, 2017에서는 IVS 210(무형자산 Intangible Assets)부분에서 영업권 등 무형자산의 평가와 관련하여 구체적으로 기술하고 있다. 즉 주요 무형자산의 유형은 물론, 무형자산 평가에 대하여 시장접근법, 소득접근법, 비용접근법 등 3가지 접근법을 제시하고 있다. 그리고 소득접근법에 속하는 무형자산의 평가기법으로서 ① 로열티면제법, ② 초과이익환원법, ③ 할증이익법(유무법), ④ 그린필드법, ⑤ 유통업자방법 등 5가지에 대한 구체적 기법을 규정하고 간단한 해설 및 적용 기준을 제시하고 있다. 다음은 무형자산 평가와 관련된 IVS 210(Intangible Assets) 부분의 주요 구성내용이다.

표 1-8 IVS 210 (무형자산평가)의 주요내용

내용	단락
개요	10
소개	20
가치기준	30
평가의 접근방식 및 방법	40
시장접근법	50
소득접근법	60
비용접근법	70
무형자산에 대한 특별 고려사항	80
무형자산에 대한 할인율/ 수익률(收益率)	90
무형자산의 경제적 수명	100
상각절세효과(TAB)	110

무형자산 평가와 관련된 IVS 210(Intangible Assets)의 주요 내용과 관련하여 구체적인 설명은 제3장(영업권의 평가기준과 절차)과 제4장(영업권의 평가방법)에서 계속하기로 하며, 영문 내용은 이 책의 부록으로 게재한다.

8 전문가 윤리

8.1 직업윤리의 의의와 중요성

현대사회에 있어 전문직의 직업윤리 문제는 전문직 종사자들에게 자기 분야의 전문적인 지식과 기술의 습득보다도 중요한 과제가 되고 있다. 이는 자신의 사명을 완수하기 위한 것일 뿐만 아니라 날로 높아져 가는 사회적 기대수준에 부응하지 못하는 경우, 그 전문직은 생존할 수 없는 상황이 전개되고 있기 때문이다. 그런데 현대사회는 거의 모든 직업이 전문화되고 있는 추세에 있다. 그리고 이러한 직업의 전문성에 따르는 윤리문제는 점점 더 광범위하게 직업사회 전반으로 확산되고 있다.

그런데 이와 같은 전문직의 윤리문제는 궁극적으로 정부의 규제보다는 전문직 종사자 자신의 높은 직업윤리 의식의 함양을 통하여 해결할 수밖에 없는 문제이기도 하다. 즉 직업윤리 교육의 중요성이 크게 강조되고 있는 것이다. 그리고 전문직 종사자들이 자신의 소명을 다하기 위하여 전문적인 지식이나 기술의 습득 못지 않게, 전문직업인으로서의 윤리의식의 내면화가 필수적이 되고 있다. 따라서 선진 각국에서는 감정평가 전문자격제도를 시행하면서 아울러 엄격한 윤리규정을 제정하고, 감정평가사에게 철저한 윤리적 의무와 책임을 부여하고 있는 것이다.

8.2 직업윤리의 변화

전문직의 영역과 범위는 고도 산업사회의 구조적 환경변화와 함께 수없이 분화 · 확대되고 있다. 전문직의 특성이나 개념도 사회의 변천과 더불어 많이 변화되었지만, 오늘날 전문직이란, 직업사회학적 관점에서 볼 때 고도의 전문적 교육을 통하여 일정한 자격이나 면허를 취득함으로써 독점적으로 그 전문지식이나 기술을 사용할 수 있는 전문가 집단이다. 그리고 그 전문성이 사회적으로 공인되는 어떤 특정한 직업범주를 지칭하는 것이라고도 할 수 있다. 전문직 professional의 의미를 웹스터사전에서는 다음과 같이 정의하고 있다.

> "전문직이란 특별한 지식과 기술적 · 윤리적 기준을 유지하는 직업으로 그 직업에 종사하는 자는 부단한 직업적 교육과 공공봉사를 궁극적인 목적으로 하는 개인이나 조직이다."

그런데 대부분의 전문직이 전문교육이나 자격기준, 또는 행위규범을 스스로 제정하고 직무수행에 있어 그것을 엄격히 적용하고 있다. 이것은 이들이 전문적 활동의 독점성을 계속 유지함으로써 그 공신력과 권위를 사회적으로 인정받고 유지하기 위한 당연한 행동이다. 그리고 조사방법에 따라 차이가 있겠으나, 감정평가사를 비롯한 전문직들의 부, 권력, 대우 등에 관한 여러 가지 계층지표를 종합해서 사회내 계층적 위치를 평가한다면, 그 대부분이 중산층이라고 보아야 할 것이다. 뿐만 아니라 전문직의 직업적 기능이나 사회적 기능으로 보아도 전문직 종사자들은 중산층의 범주에 속한다고 보는 것이 타당하다.

그러나 전문직 종사자들은 정치적인 영역에서의 통치엘리트도 아니며, 경제적인 영역에서의 자본가도 아니다. 그들은 다만 전문적 지식의 소유자들로서 정부, 기업 및 일반 고객을 대상으로 전문직 서비스를 제공하는 직업인들이다. 전문직이 가지는 이와 같은 전문성과 독점성, 그리고 높은 사회적 권위로 인해서 전문직은 다른 어떤 직업보다도 높은 수준의 윤리기준이 적용되어야 한다고 사회적으로 기대되고 있는 것이 사실이다.

전문적 지식과 기술은 그것이 비윤리적으로 사용되는 경우 비전문가에 의해서는 쉽게 발견되고 규세될 수 없을 뿐만 아니라 그 사회적 영향도 중대하다. 그러므로 전문자격자들은 스스로 높은 윤리의식의 소유자로서 스스로 전문직 종사자들의 질과 수준을 철저히 관리하고, 그 전문직 활동을 자율적으로 규제하여야 한다. 그러나 어떤 사회를 막론하고 전문직들 모두가 훌륭한 인격자로서, 또는 높은 윤리의식의 소유자로서 언제나 윤리적 직업활동을 할 것이라는 보장은 없기 때문에, 일반적으로 법령에서는 최소한의 법적 책임과 의무를 선언적으로 규정할 뿐이며, 실질적으로는 전문직의 자율적 조직을 통하여 일정한 윤리강령을 채택하고, 엄격한 윤리규정에 의해 자신들의 조직 내에서 자율적으로 규제하는 방식을 취하게 된다. 그럼에도 불구하고 전문직에 대한 일반의 인식이나 사회 · 경제환경의 변화, 그리고 전문직 종사자의 공급과잉으로 인한 무한경쟁 등으로 상업주의와 직업윤리의 갈등 문제는 끊임없이 제기되고 있다.

2장

영업권 평가와 기업가치 평가

Goodwill Valuation & Business Valuation

1. 영업권 평가와 기업가치 평가
2. 자본비용의 측정
3. 자산별 요구수익률
4. 영업권과 무형자산의 관계

영업권 평가는 곧 기업가치 평가이다. 왜냐하면 영업권 가치를 평가하기 위하여는 총기업가치 EV: enterprise value를 평가하지 않을 수 없고, 기업가치를 구성하고 있는 개별 유형 및 무형자산 항목에 대하여 일일이 평가하는 과정을 거치지 않으면 안되기 때문이다. 이 같은 영업권 가치평가는 기업간 M&A 시 이외에도 주식가치 평가, 기업의 인수합병, 지분투자, 담보, 그리고 조세부과 등의 목적으로 다양하게 이루어지고 있다.

특히 최근 기업간 인수 · 합병 · 분할이 가속화됨에 따라 영업권 평가사례도 끊임없이 증가하고 있으며, 영업권 가치에 대한 일반의 인식이 높아지면서 이해관계자간 분쟁과 소송도 늘어나고 있다. 어떤 생명공학이나 인공지능 관련 첨단기업은 평가목적에 따라 무형자산이 모두 영업권으로 구성되는 경우도 있다. 최근 이와 같은 첨단산업 관련 기업 등 유형자산 평가만으로는 적정한 기업가치를 산정할 수 없는 산업들이 증가됨에 따라 기업가치 산정을 위하여는 반드시 영업권의 가치를 명확히 구분해 내야 할 경우도 점점 많아지고 있다.

대개 이 책에서 말하는 기업가치 business value: BV는 영업관련 기업가치 operating value를 말하는 것이다. 이는 곧 총기업가치 EV에서 비영업자산 NOA: non operating assets을 공제한 '영업가치' OV: operating value, value of operation를 가리킨다. 여기서는 영업권과 기업가치의 상호작용 관계를 구명하기 위하여 기업가치의 평가이론을 살펴보고, 영업권과 무형자산의 관계에 대하여도 논의하기로 한다.

1 영업권 평가와 기업가치 평가

영업권 평가는 곧 기업가치 평가라 할 수 있다. 영업권 가치를 평가하려면, 우선 기업가치를 구성하는 유형 · 무형자산의 가치를 알아야 하기 때문이다. 실제로 영업권은 기업가치와 더불어 평가의뢰 되는 경우가 많다.

본래 기업가치는 개별적 자산가치의 합이 아니라 집합자산의 결합가치 형태로 재구성되어 수익을 창출하기 때문에 총기업가치 EV: enterprise value를 알지 못하는 상황에서는 구성자산 각각의 가치를 구하기도 어렵고, 정확한 영업권 가치 산정도 어렵다. 여기서 총기업가치 EV란, 영업관련 기업가치 BV: business value에 비영업자산 NOA: non-operating assets을 더한 전체기업가치이다. 따라서 총기업가치를 먼저 산정한 후 유형자산과 식별가능 무형자산의 가치를 공제하면, 잔여가치 원리 residual value principle에 따라 다음 산식과 같이 영업권의 가치가 도출된다.

$$EV = BV + NOA$$

$$BV = (WC + TA + IA) + V_G$$

$$V_G = BV - (WC + TA + IA)$$

영업권 = 기업가치 − (순운전자본 + 유형자산 + 식별가능 무형자산)

EV: 총기업가치, BV : 기업가치(영업가치), V_G : 영업권 가치
WC : 순운전자본, TA : 유형자산, IA : 무형자산

이와 같이 영업권의 가치를 산정하기 위해서는 일반적으로 기업가치 산정과 장부가치 재평가를 통하여 운전자본, 투자자산, 유형자산 등의 가치와 식별가능 무형자산 가치를 산정하는 작업이 전제가 되어야 한다. 이러한 과정을 달리 해석한다면, 정확한 기업가치를 산정하기 위해서는 운전자본이나 유형자산뿐만 아니라 기타 무형자산이나 영업권 등의 평가가 그 필수요소가 된다는 것을 의미한다. 따라서 영업권 평가란 기업가치의 평가이자, 기업 전체 구성자산 각각에 대한 개별 평가를 의미하게 된다.

그림 2-1

기업가치 구성요소와 영업권

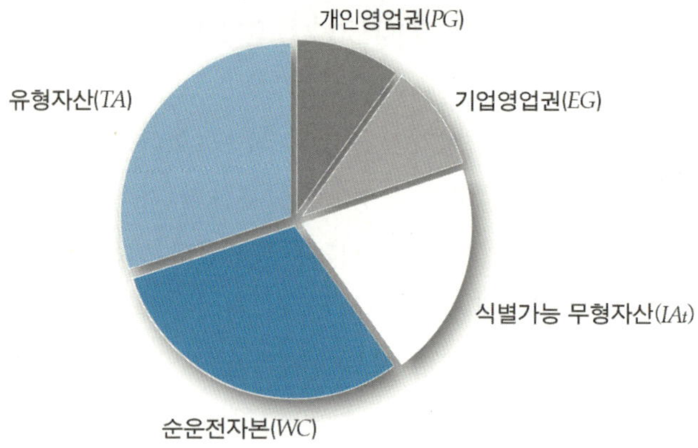

영업권의 종류는 우선 소유자가 누구냐에 따라 ① 기업영업권 entity goodwill ② 개인영업권 personal goodwill으로 구분될 수 있고, 양도가능성 유무에 따라서는 ① 양도성영업권 transferrable goodwill ② 비양도성영업권 non-transferrable goodwill으로 구분될 수도 있다. 예컨대 병원의 경우 유명의사 개인에 속한 초과이익이 창출하는 영업권가치는 비양도성 개인영업권 non-transferrable personal goodwill에 귀속된다. 또한 창업자 개인의 특별한 인적관계에 의해 구두로 체결된 대기업 납품계약권리 등은 분명히 초과이익이 발생하는 자산이지만, 타인에게 양도할 수 없는 개인영업권에 속한다고 할 수 있다. 〈그림 2-1〉은 기업가치의 구성자산들과 영업권의 관계를 설명하고 있다.

1.1 기업가치의 구성

지식재산이나 무형자산의 가치를 평가하는 경우 먼저 기업가치 business value를 산정하게 된다. 기업가치를 먼저 구한 다음, 그 구성요소 중에서 무형자산의 가치를 구분하여 평가하게 된다. 왜냐하면 기업가치를 알 수 있다면, 가치 구성요소 별로 가치를 특정하는 것은 그만큼 용이해지기 때문이다. 즉 기업가치를 먼저 구하고 평가대상 무형자산에 할당되기까지 각 구성자산 항목에 가치를 배분하는 방식으로 구하면 된다.

그렇다면 기업가치는 어떻게 구하는가? 여기서는 영업권의 가치 산정에 초점을 맞추기 위해 ‘총투하자본’ TIC: total inverted capital으로 기업가치를 정의하는 투하자본법 invested capital method에 의하여 설명하기로 한다. 즉 기업가치를 투하자본으로 정의하면, 자산기준으로 산정할 수도 있고, 부채 및 자기자본으로 산정할 수도 있다.

- **자산합계법** 기업이 보유하는 총자산으로 기업가치를 구하는 방법 (총자산 = 순운전자본 + 유형자산 + 무형자산 + 영업권)
- **자본합계법** 자기자본과 부채의 합으로 기업가치를 구하는 방법 (총자본 = 이자발생부채 + 자기자본)

〈그림 2-2〉에서 투하자본에 의한 기업가치 평가방법을 살펴보자. 기업가치는 자본기준, 즉 재무상태표 대변항목을 기준으로 하면 자기자본과 이자발생부채 가치를 합한 것과도 일치한다(자본합계법). 한편 자산기준, 즉 재무상태표 대변항목을 기준으로 하면 곧 순운전자본과 고정자산, 그리고 무형자산 및 영업권 가치의 합계와 같게 된다(자산합계법).

그림 2-2
투하자본에 의한 기업가치 평가

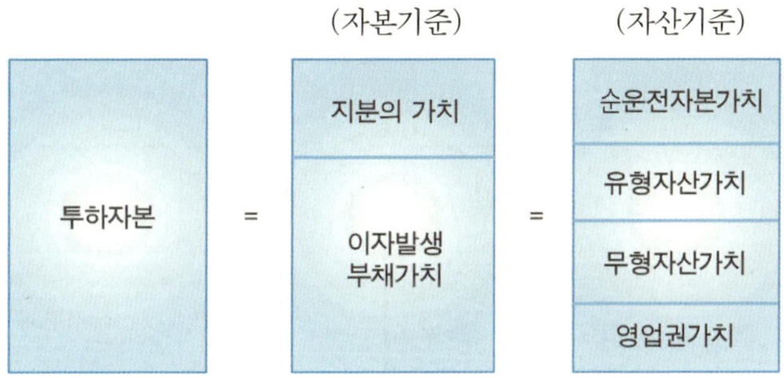

여기서 총투하자본 TIC은 결국 영업관련 기업가치 BV, 또는 영업가치 OV, 영업투하자본 OIC, 그리고 투하자본 IC 등과 같은 의미라고 할 수 있다.

$$BV = TIC = OV = OIC = IC$$

- 순운전자본 = 유동자산 - 유동부채
- 유형자산 = 토지 + 건물 + 기계장치 + 차량운반구 등
- 무형자산 = 숙련된 노동력 + 소프트웨어 + 계약관계 + 유통망 + 고객관계 + 지식재산(특허권, 상표권, 저작권, 공성기밀)

만약 기업가치를 알 수 있다면, 위의 투하자본 산식을 이용하여 특정 무형자산의 가치를 평가할 수 있다. 다만 기업가치를 위의 자산유형별로 일일이 평가하여 배분하고, 더 이상 배분할 수 없을 때까지 할당한 나머지는 영업권의 가치가 된다. 이를 기업가치 산식으로 나타내면 다음과 같다.

$$BV = TIC$$
$$= (WC + TA + IA) + V_G$$

BV: 기업가치(영업관련), TIC : 총투하자본
WC : 순운전자본가치, TA : 유형자산가치, IA : 무형자산가치, V_G : 영업권가치

이러한 기업가치의 구성요소들은 〈그림 2-3〉에서 보는 바와 같은 일반적인 취득원가기준 재무상태표에 잘 나타나 있다. 즉 어떻게 각 자산들의 합계가 부채 및 자기자본과 일치하는가, 그리고 어떤 항목들이 구체적으로 기업가치를 구성하는가를 요약하여 보여준다. 재무상태표의 차변을 기준으로 하면 자산합계법, 대변을 기준으로 하면 자본합계법으로 기업가치를 산정할 수 있게 된다.

그림 2-3
취득원가기준 재무상태표

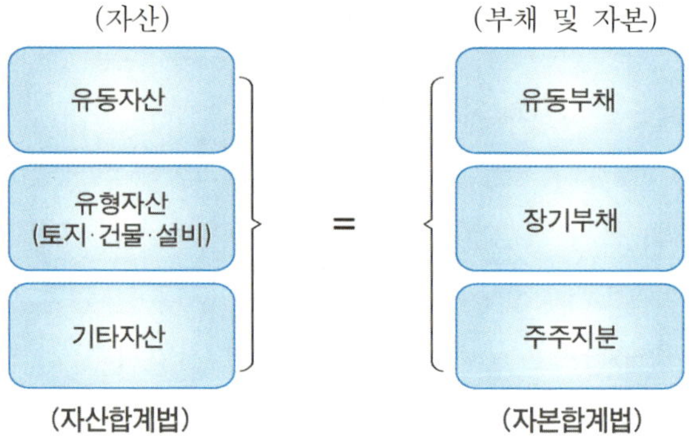

이와같이 자산합계법은 B/S 왼쪽의 자산가치를 재작성하여 기업가치를 산정하는 방법이다. 즉 유동자산과 고정자산, 그리고 기타자산과 무형자산을 각각 평가하여 합산하면 기업가치가 산정된다. 한편 자본합계법은 B/S의 오른쪽을 기준으로 주주지분과 부채를 평가함으로써 기업가치를 산정한다.

그러나 재무제표를 바라보는 시각은 정보이용자 마다 다르다. 그 해석의 결과도 크게 달라진다. 즉 투자자가 보는 재무제표와 세무당국자가 보는 재무제표는 전혀 다른 것이다. 채권자 역시 자신의 독자적인 방식으로 이를 분석하고 기업가치를 평가한다. 기업의 채권자나 투자자 관점에서 기업가치를 분석하면, 〈그림 2-4〉와 같은 경제적재무상태표 economic balance sheet가 작성된다.

그림 2-4
경제적 재무상태표와 무형자산 가치

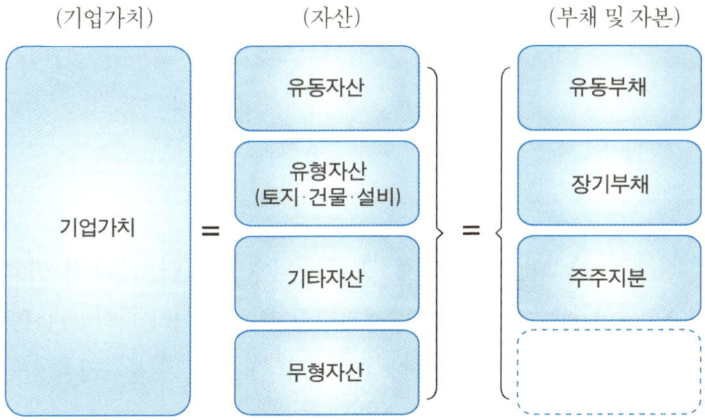

자료: 경응수, 지식재산 무형자산 평가실무, 나무미디어, 2019.

앞의 〈그림 2-3〉과 다른 점은 단 하나, 점선부분의 '무형자산'이 추가된 점이다. 앞서 작성된 일반회계 목적의 취득원가 기준의 자산들을 다시 시장가치로 평가하게 되면, 점선부분의 영업권 등 무형자산의 가치가 새로이 추가될 것이고, 그만큼 주주지분가치도 증가될 것이다. 그러나 모든 기업의 재무상태표가 이와 같지는 않을 것이다. 실제로는 부(-)의 무형자산 가치, 즉 장부가치보다 낮은 시장가치가 나타날 수도 있기 때문이다.

1.2 영업권 가치와 수익성

어떤 기업이든지 영업활동을 하기 위하여는 자산을 필요로 한다. 예를 들어 인터넷기반사업으로 재택근무를 한다 할지라도 최소한 컴퓨터라는 자산은 있어야 할 것이다. 이 같이 기업자산은 수익을 얻기 위하여 경영활동에 투입되

그림 2-5
기업가치와 수익성의 관계

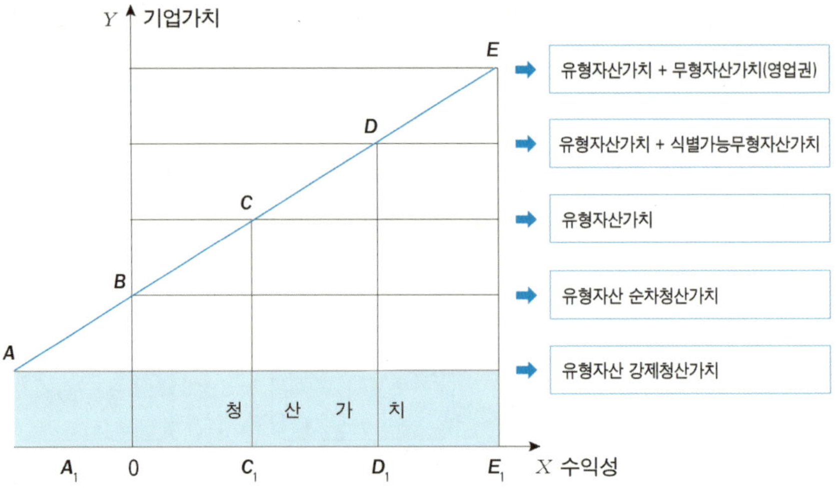

며, 경제적 이익을 얻는 데에 그 존재의의가 있다. 경제적 이익은 기업자산들의 조화로운 상호작용으로 발생된다. 그리고 '순이익'이라는 형태로 실현된다.

각 자산들의 순이익 창출에 대한 기여도, 즉 투자수익률 return on investment: ROI 은 기업전체 자산에 대한 상대적인 비중과 각 자산의 위험도를 기준으로 결정된다. 〈그림 2-5〉에서는 이러한 수익성과 기업가치, 그리고 유형 및 무형자산 상호작용 관계를 보여준다. 좌측 끝 *A*~*E* 지점을 잇는 직선은 '기업가치선'이다. 그리고 *A* 지점 이하 그림자 부분이 손실시현 구간으로 청산가치 영역이 된다.

이러한 손실상태가 계속된다고 가정하면, 경영자는 손실 극소화를 위해 부득이 자산을 처분하도록 강요받는다. 따라서 이 때의 자산가치는 청산가치가 된다. 즉 〈그림 2-5〉의 이 구간을 벗어나 *B* 지점부터 기업가치는 손익분기점 break-even point: BEP 구간이 된다. 매출이익이 운영경비와 상쇄되지만, 이윤이 없으므로 자산은 순차적 청산 orderly liquidation을 통하여 회수할 것이다. 그렇지만 처분까지는 시간적 여유가 있고 강제청산 forced liquidation 이상의 가격으로 처분도 가능하다. 한편 기업가치선 중간의 *C* 지점부터는 이익을 충분히 실현하고 있는 지점이다. 즉 유형자산 및 무형자산은 충분히 가치를 발휘하고 경제적 진부화도 없다.

한편 오른쪽 위 D지점부터 이 기업은 유형자산들의 단순 합산가액 보다 높은 수익과 가치를 실현하면서 추가로 식별가능 무형자산의 가치를 형성하게 된다. 그리고 유형자산과 무형자산이 지속적으로 완전한 결합이용 상태에 이르는 E지점으로부터 기업가치는 최고수준에 이르게 되고, 높은 경제적 이익에 힘입어 영업권이라는 보이지 않는 자산이 형성되고, 기업가치도 극대화 될 수 있다.

이러한 상황은 어디까지나 설명의 편의상 수익이 안정되었다는 가정에 기초한다. 그러나 실제로는 수익전망이 불확실한 경우가 많다. 이러한 경우 정확한 기업가치의 판단도 어렵다. 따라서 '손익계산서상 수익' actual earnings보다 실제로 중요한 것은 기업의 '경제적 이익 창출능력' earnings capability이다. 평가사는 예상 경제적 이익을 정확히 예측하여 기업가치에 반영하여야 한다.

〈그림 2-5〉에서는 기업가치가 기본적으로는 운전자본과 유형자산으로 구성되지만, 수익성이 높아질수록 무형자산의 비중이 높아진다는 사실을 잘 보여준다. 특히 수익성이 가장 높은 지점에서는 식별불가능한 무형자산, 즉 영업권의 비중이 가장 높아진다는 것을 나타내고 있다.

2 자본비용의 측정

자본비용 cost of capital은 자본을 제공한 채권자나 주주들에게 지급하는 자본 사용 대가이다. 어떤 기업이든 투자 및 영업활동의 원활한 추진을 위하여 자금을 필요로 한다. 그런데 이러한 자금은 어디서 나오는가? 부채를 통하여 조달하거나 주식을 발행하여 조달한다. 기업은 이러한 자금조달에 대한 대가로 이자나 배당금을 지급해야 되는데 이것이 곧 기업의 '자본비용' 이다.

기업의 입장에서 자금사용에 대한 대가로서 일정한 비용을 부담하는 대가를 자본비용이라고 한다. 다시 말하자면 투자자는 기업에 자금을 조달해 주는 대가로 일정한 수익률을 요구하는데, 이를 요구수익률 required rate of return: RRR이라 한다. 이는 투자자의 입장에서 다른 곳에 투자할 경우 얻을 수 있는 수익률 ROR: rate of return인 '기회비용' opportunity cost에 해당한다.

그런데 자본을 제공한 채권자나 주주들의 입장에서 보는 것이므로 투자자들은 높은 수준의 수익률을 받는 것이 좋을 것이다. 기업들이 낮은 수준으로만 자본을 사용하려고 하면 투자자들이 돈을 내놓지 않을 것이고, 투자자들이 높은 수준으로만 돈을 내놓으려고 하면 기업들은 자본을 사용하지 않을 것이다. 결국 기업들이 부담하는 자본비용과 투자자들이 기대하는 수익률이 일치하는 수준에서 자본의 수요와 공급이 만나게 될 것이다. 이러한 배경에서 기업의 자본비용은 곧 투자자들의 '기대수익률'과 같다고 하는 것이다.

그러므로 투자자의 요구수익률과 기업의 자본비용은 동일한 의미를 지니고 있는 것으로 이해할 수 있다. 또한 기업이 신규투자안을 평가하는 경우 투자로부터 회수되는 미래 현금흐름을 현재가치로 환산하는 데에 적용되는 투자수익률을 환원율 capitalization rate이라고 하며, 이 또한 자본비용과 같은 의미로도 쓰인다. 그리고 일반적으로 수익률은 할인율 discount rate과 같은 것이라 이해되므로 결국 자본비용은 할인율과 같은 것이 된다. 이러한 배경에서 흔히 "자본비용으로 할인하여 현재가치를 구한다"라는 표현을 많이 쓰게 되는 것이다. 결국 다음과 같은 등식이 성립될 수 있다.

자본비용 = 수익률 = 요구수익률 = 할인율

이와 같은 기업의 자본비용을 측정하려면 기업이 어떤 종류의 자금을 얼마나 사용하고 있는지, 즉 재무상태표의 우측 항목들로부터 자본구조를 파악해야 한다. 어떤 기업이 소요자금 조달을 전액 자기자본으로 했다면, 주식의 자본비용과 당해 기업의 자본비용은 일치할 것이다. 그러나 어떤 기업이 자금조달을 자기자본과 타인자본에 의존하고 있다면, 이 회사의 자본비용은 타인자본비용과 자기자본비용을 가중평균한 값이 될 것이다. 자본비용을 정확히 측정하는 것은 기업가치의 정확한 평가를 위해서 필수적일 뿐만 아니라 기업가치의 창출에 있어서 자본예산과 자본비용이 최소화되는 최적자본구조 결정, 공공요금의 적정가격결정 등 기업의 주요 의사결정에 있어서 핵심적인 요소가 된다. 기업의 가중평균자본비용 WACC을 측정하기 위해서는 타인자본비용과 자기자본비용으로 구분되는 각각의 원천별 자본비용에 대해서 우선 파악하여야 한다.

2.1 자기자본비용

자기자본비용 cost of equity 은 투자자(주주)가 기업에 자기자본을 투자한 대가로 요구하는 수익률로서 보통주의 자본비용을 의미한다. 자기자본비용은 타인자본비용에 비하여 측정하기가 더욱 어렵다. 이는 자기자본 조달의 경우에 수반되는 미래의 현금흐름은 타인자본의 원리금 상환처럼 미리 정해져 있지 않기 때문이다. 자기자본비용을 측정하는 방법은 ① 배당성장모형과 ② 위험수익률모형의 일종인 자본자산가격결정모형, ③ 차익거래가격결정모형 등이 있다.

표 2-1 자기자본비용 측정 변수

구분	변수	내용
무위험수익률 (risk free rate)	무위험자산의 수익률(R_f)	무위험자산의 이자(국채 등)
위험프리미엄 (risk premium)	주식시장 전체의 초과위험	주식시장 전체의 위험에 상응하는 추가적 이율
	보통주의 β값	평가대상기업의 특유한 위험을 나타내는 상관계수
자기자본비용	$K_e = R_f + \beta(R_m - R_f)$ K_e: 자기자본비용(특정자본자산의 기대수익률) R_f: 무위험수익률 β : 베타(체계적 위험). 즉 $\beta(p) = r(mp) \times s(p)/s(m)$ R_m: 시장포트폴리오의 기대수익률	

2.1.1 배당성장모형에 의한 측정

배당성장모형은 미래 배당수입의 현가로부터 보통주를 평가하는 방법을 이용하는 것으로서 전통적으로 많이 쓰여 왔다. 만일 배당금이 매년 일정한 비율로 영구히 성장한다고 가정하면 이러한 일정성장주식 constant growth stock 에 대하여 주주가 요구하는 수익률을 K_e 라고 할 때, 오늘의 주식가치 P_0 는 다음과 같이 측정된다.

$$P_0 = \frac{D_1}{K_e - g} = \frac{D_0(1+g)}{K_e - g}$$

D_1 : 다음 연도 예상배당, D_0 : 가장 최근에 이미 지급된 배당
K_e : 주주의 요구수익률, g : 배당성장률

이를 Gordon모형이라고도 하는데, 위의 식을 자기자본비용[Ke]에 대하여 다시 정리하면 다음과 같다.

$$K_e = \frac{D_1}{P_0} + g$$

여기서는 배당성장률뿐만 아니라 주가상승률을 의미하기도 한다. 따라서 위의 식에서는 자기자본비용이 배당성장률과 자본이득률의 합으로 구성됨을 보여준다. 여기서 현재의 주가 P_0와 최근에 지급된 배당금 D_0에 관한 자료는 쉽게 얻을 수 있지만, 미래의 예상 배당성장률은 직접 관찰할 수 없으므로 이것을 측정하는 일이 중요하다. 배당성장률의 측정에는 특정기업의 경영성과를 전문적으로 분석하는 증권분석가의 예측자료를 활용하는 것이 좋다. 이러한 예측치를 구할 수 없을 경우에는 과거의 추세가 가까운 장래에도 지속된다는 가정하에 최근 수년간의 평균 배당성장률을 사용할 수 있다. 또는 과거의 배당지급 실적자료를 아래와 같은 간단한 시계열모형에 적용하여 통계적으로 측정할 수도 있을 것이다.

$$I_n(D_t) = \alpha + \beta \cdot t + \epsilon t$$

t : 배당연도, β: g의 성장추세

배당성장모형으로 자본비용을 측정하는 방법은 반드시 위의 식에서처럼 처음부터 일정한 성장률이 지속되는 경우에만 적용되는 것은 아니다. 가령 주식이 당분간 평균 이상의 고속성장을 하다가 얼마 후에는 일정성장률을 영구히 유지한다고 가정하자. 이러한 주식의 가치평가에 대해서는, 예상되는 미래의 배당흐름을 측정한 후 이것의 현재가치의 합을 오늘의 주가와 일치시켜 주

는 할인율이 바로 자기자본비용이 된다. 따라서 현재의 주가정보와 미래의 배당성장을 정확히 전망할 수만 있다면 이론적으로 자기자본비용의 측정은 가능하다. 특히 비공개기업은 주식거래 자료가 부족하여 다음에 설명할 CAPM이나 APM을 사용할 수 없기 때문에 배당성장모형을 적용할 수밖에 없다.

1) 자본자산가격결정모형 CAPM

CAPM capital asset pricing model에 의하여 산출되는 주식의 기대수익률은 자본시장이 균형상태에 있을 때 투자자가 그 주식에 대하여 요구하는 요구수익률 required rate of return이다. 이는 곧 기업의 입장에서 보통주의 자본비용이 된다.그러므로 CAPM을 이용하여 보통주의 자본비용을 측정할 수 있다. CAPM에 의하면 자본시장이 균형상태에 있을 때 보통주의 기대수익률은 다음과 같다.

$$K_e = R_f + \beta[E(R_m) - R_f]$$

즉 주식투자에 대한 기회비용은 ① 무위험자산의 수익률, ② 시장위험프리미엄 $[E(R_m) - R_f]$, ③ 주식의 체계적 위험을 이용하여 구할 수 있다. 위의 식에서 β는 주식의 체계적 위험을 나타내는 계수로서 개별주식의 수익률이 시장수익률의 변동에 어느 정도 민감하게 반응하는가를 나타낸다. 어느 주식의 수익률이 시장수익률의 변화와 같은 크기로 변화할 때 그 주식의 β는 1이 된다. 어느 주식의 β가 1보다 크면 그 주식은 시장수익률에 비해 변화가 큰 것을 뜻하며, 1보다 작으면 시장수익률의 변화보다 작은 것을 뜻한다. 한편 기업이 자금을 조달하는 과정에서 그 기업의 레버리지가 변하면 재무위험도 변하게 되므로 β가 변하고 보통주비용도 변하게 된다. 실제로 부채를 사용하는 기업과 부채를 사용하지 않는 기업에 있어서 주식의 체계적 위험 β는 다음과 같은 관계를 갖는다.

$$\beta_{fl} = \beta_{fu}[1 + \frac{B}{S}(1-t)]$$

β_{fl} : 부채를 사용하는 기업주식의 β, β_{fu} : 부채를 사용하지 않는 기업주식의 β
B : 부채의 시장가격, S : 자기자본의 시장가치, t : 법인세율

위의 식에서 레버리지가 증가할수록 그 기업주식의 β도 커짐을 알 수 있는데, CAPM에 의해 β가 커짐에 따라 자기자본비용도 증가하게 된다. 무위험수익률에는 투자자금의 사용을 포기한 대가로 지급받는 자금의 대출이자율과 기대 인플레이션율이 포함되어 있다. 미국에서는 10년물 또는 20년물의 장기 재정증권 treasury-bond 금리가 사용되고 있으나, 우리나라에서는 정기예금 금리 또는 국공채 이자율이 사용되고 있다. 또한 실무에 있어서 시장포트폴리오의 기대수익률은 실제 측정이 어렵기 때문에 그 대신 3년만기 회사채수익률을 사용하기도 한다.

시장위험프리미엄 $[E(R_m) - R_f]$은 투자대상인 기업에 투자함으로써 가지게 되는 투자위험에 대한 보상을 말한다. 이에는 투자대상 기업이 속한 산업의 경기, 국가경제 등에 의해 영향 받는 시장의 변동에 의한 위험으로서 분산투자로서도 제거될 수 없는 체계적 위험 systematic risk과 투자대상 기업의 특별한 사정에 의한 비체계적 위험 unsystematic risk이 있다. 체계적 위험은 CAPM에서의 β에 의해 측정될 수 있으나, 비체계적 위험은 평가자의 경험과 판단에 의해 평가된다.

또한 투자대상 기업의 규모가 크면 투자위험이 감소하므로 적용 할인율은 작아진다. 따라서 투자대상 기업의 규모도 할인율 결정시 고려되어야 한다. 대상 주식의 경영권 및 시장성 여부도 할인율 결정에 영향을 미치는 중요한 요소가 된다. 자본자산가격결정모형 CAPM에서 수익률, 즉 할인율은 시장성은 있지만, 경영권이 없는 주식의 수익률인 것이다. 따라서 할인율을 결정할 때에는 대상주식의 경영권 유무나 시장성 유무를 반드시 감안하여야 한다.

① MCAPM 방식 modified capital asset pricing model: MCAPM

MCAPM방식이란, 수정CAPM방식이라고도 하는데, 시장위험할증률 RP_m 이외에 규모위험할증률 RP_s, 기업고유의 비체계적위험할증률 RP_u 등을 CAPM의 자기자본비용에 추가하여 가중평균자본비용을 결정하는 방법이다. 이 방식이 요소구성법과 다른 점은 시장위험할증률 산정 시 β를 사용한다는 점이다. 일반적인 MCAPM 방식의 산식은 다음과 같다.

$$K_e = R_f + \beta(RP_m) + RP_s + RP_u$$

K_e : 자기자본비용, R_f : 무위험수익률, β : 베타(체계적 위험), RP_m : 시장위험할증,
RP_s : 규모위험할증, RP_u : 기업고유(비체계적)위험할증

그리고 이 방식을 이용하여 자본비용을 산정하는 예를 들어보면, 다음 〈표 2-9〉와 같다.

표 2-2 MCAPM에 의한 WACC 산정(예)

자기자본비용 : $K_e = R_f+\beta(RP_m)+RP_s+RP_u$		
(1) 무위험수익률(R_f)		4.50%
(2) 베타(β)	1.10	
(3) 시장위험할증(RP_m)	4.25	4.68%
(4) 규모위험할증(RP_s)		4.75%
(5) 기업고유(비체계적)위험할증(RP_u)		4.50%
		K_e=18.40%

타인자본비용 : $K_d = K_b(1-t)$	
(1) 차입금이자율(K_b)	9.25%
(2) 법인세율(t)	20%
	K_d=7.40%

자본구조	자본비용	가중평균
자기자본 30%	18.40%	5.52%
타인자본 70%	7.40%	5.18%
		WACC = 10.70%
		Rounded 10.50%

② 요소구성법(조성법)

요소구성법 build-up method은 조성법, 또는 적산법이라고도 하는데 수정 CAPM방식과 매우 유사하고, 다소 주관적인 자본비용 측정방식이라는 특성을 가지고 있다. 그러나 대상기업 고유의 구매력위험, 이자율위험, 사업위험, 시장위험 등 주요 위험구성요소의 크기를 정확히 측정하여 표시할 수 있다면, 매우 효과적인 방법이 될 수 있다. 이 방식은 우선 대상기업의 각종 위험 구성요소를 나열하고, 각 위험구성요소에 대한 보상으로서의 요구수익을 할당한다. 요소구성법의 일반적인 산식은 다음과 같다.

$$E(Ri) = R_f + RP_m + RP_{pp} + RP_u + RP_i + RP_b + RP_t$$

$E(Ri)$: 기대수익률(할인율), R_f : 무위험수익률, RP_m : 시장위험할증, RP_{pp} : 구매력위험할증, RP_i : 이자율위험할증, RP_b : 사업위험할증, RP_t : 신기술위험할증

요소구성법의 예로서 신기술의 상업화 단계 투자에 대한 자본비용 산정방법을 나타내면 〈표 2-3〉과 같다. 이 방법은 위험의 구성요소 각각에 대해 각 투자가가 인식하는 상대적인 위험수준을 반영할 수 있다는 점에서 매우 매력적인 방법이다. 그러나 각 위험구성요소에 대한 보상으로서 요구수익의 크기를 정확하게 수치화하는 것은 쉽지 않다. 수익률을 너무 보수적으로 설정하면 실현 가능한 투자라도 상당히 위험한 것이 되어 버리고, 수익률에 대한 전망을 너무 장밋빛으로 보는 것은 위험에 상응하는 수익률보다 낮은 할인율을 설정할 위험이 있다. 따라서 이 방식은 각 위험구성요소에 대한 요구수익률을 설정하는 것이 너무 주관적이라는 단점이 있기 때문에 폭넓게 이용되지 못하고 있다.

표 2-3

요소구성법에 의한 자본비용 산정(예)

위험 구성요소	요구수익률
무위험수익률	3.0%
구매력위험	1.0%
시장위험	2.0%
이자율위험	1.0%
사업위험	6.0%
신기술위험	6.0%
요구수익률 합계	19.0

자료 : Gordon V. Smith, *ibid*, p.552

그러나 미국의 금융시장에서 많이 이용되는 이봇슨법 Ibbotson method이나 더프-펠프스법 Duff-Phelps method도 요소구성법의 일종이지만 널리 이용된다. 특히 위험할증요소를 기업규모나 업종에 따라 자세히 분류하여 매년 공표하고 있기 때문에 활용도가 높다. 이봇슨 어소시에이트 Ibbotson Associates는 매년 배당,

이자지급, 주가수익 등 모든 장기수익률 관련 기업조사를 행하고 있다. 미국의 이봇슨사와 더프-펠프스사 Duff-Phelps LLC는 규모위험할증률을 각각 독자적인 산출방법으로 산정하여 공표하고 있다. 이봇슨사는 기업의 규모를 분기마다 시가총액에 따른 순위를 기준으로 10등급으로 나누고, 각 등급별로 실현초과수익률에서 CAPM을 통하여 산출한 초과수익률을 차감하는 방법을 이용하여 규모위험할증 RPs을 산출한다.

더프-펠프스사는 보통주의 시장가치, 보통주의 장부가치, 5년의 평균 순수익, 투자자본의 시장가치, 총자산, 5년 평균 상각전영업이익 EBITDA, 매출액, 종업원 수 등 8가지 지표에 대하여 각각 25개의 포트폴리오를 만들어 총 200개의 포트폴리오를 매년 조정한 후, 기업 규모별로 연평균 수익률을 분석하여 제공한다. 따라서 미국에서는 규모위험할증률의 보정치 산정시 이봇슨사와 더프-펠프사가 매년 제공하는 프리미엄 분석보고서를 대표적으로 활용하고 있다.

③ 벤처 캐피털 방식 venture capital method

앞에서 설명한 CAPM은 일반적으로 시장에서의 투자 성공이 확실하거나 비교적 높은 경우에 이용되는 방법으로서 같은 위험특성을 가진 투자에 대한 요구수익률이 할인율을 구하는 기초가 된다. 그러나 벤처기업과 같은 새로운 기술에 대한 투자는 초기투자가 실패할 확률이 높으므로 위험도 매우 높다. 인플레이션, 경쟁, 그리고 경제환경의 변화 못지 않게 신기술에는 높은 위험이 존재하는 것이다.

연구개발에 성공한 기술이라 하더라도 그것이 시제품 제조로 곧 이어진다고는 할 수 없고, 만일 시제품 제조에 성공했다고 해도 상업화를 위한 생산단계에서 경제성이 보장된다고 할 수 없다. 그러므로 연구개발단계에서의 성공여부조차 불확실한 초기단계에서 지적재산에 투자하는 것은 큰 위험을 수반하기 때문에 투자가는 많은 대가를 요구한다. 이렇듯 벤처 캐피털의 요구수익률 required rate of return: RRR은 각 개발단계별 위험도에 따라 다르다. 각 단계별 요구수익률의 추정치는 다음과 같이 다양하다.

표 2-4

벤처 캐피털의 요구수익률

개발단계	Smith G. V.	Plummer	Scherlis & Sahliman
초기 개발단계(1 년 미만)	50%	40~70%	50~70%
제 1 단계(개발초기)	40%	40~60%	40~60%
제 2 단계(확장기업)	30%	35~50%	30~50%
제 3 단계(기업공개시)	25%	25~35%	20~35%

• **초기 개발단계** 아이디어단계의 1년미만 스타트업(신생기업)을 말한다. 지적재산 투자 가운데 가장 위험이 높은 단계로서 투자된 자금은 기초연구 개발이나 시제품개발에 이용된다. 따라서 50~70%의 높은 요구수익률이 요구되는 위험수준이다.

• **제 1단계** 1단계의 기업은 실현성이 확인된 시제품을 가지고 있지만, 상업화 수준 생산 개시까지는 개발 및 투자가 지속되어야 한다. 경제적 이익이 실현되기 까지는 향후 수년이 소요되므로 40~60%의 수익률을 요구하는 단계이다.

• **제 2단계** 기업은 제품을 상업화하는 데에는 성공했지만, 시장을 확대하기 위해서는 은행에서 투자하지 않을 정도의 대규모 투자를 필요로 한다. 즉 이익창출의 가능성은 입증되지만, 상업화의 급속한 확대로 인하여 설비의 확충 등 많은 비용이 소요되면서 자금 소요 규모도 크게 늘어나는 단계이다.

• **제 3단계** 기업의 급속한 성장에 따라 다양한 형태의 자금조달도 가능해지는 단계이다. 은행으로부터 융자를 받거나 공개시장에서 자금의 조달도 가능해진다. 안정적 고수익이 실현되지만, 전국적 규모나 국제적 규모로 확장하기 위한 자금을 필요로 한다.[15]

2.2 타인자본비용

기업은 생산과 판매를 위하여 자금을 조달하여 이를 운용한다. 자금의 조

[15] Gordon V. Smith, et al., *ibid*, p. 557

달은 부채를 통하여 조달할 수도 있고 자기자본을 사용할 수도 있다. 타인자본은 기업이 새로이 부채를 조달하는 경우에 부채를 제공하는 채권자가 요구하는 수익률을 말한다. 다시 말해 부채에 대한 이자율을 의미한다. 손익계산서상의 이자지급액을 재무상태표상의 부채잔액으로 나누어서 계산한 평균차입금리를 타인자본비용으로 측정해서는 안 된다. 왜냐하면 손익계산서상의 이자지급액은 흐름 flow의 개념이고 재무상태표상의 부채잔액은 기말잔액 stock의 개념으로서 서로 맞지 않기 때문이다. 신규발행 회사채의 자본비용을 측정하는 방법에는 두 가지가 있다.

첫째, 이미 발행되어 유통 중인 기존의 회사채 만기수익률로부터 측정하는 방법이다. 만기일이 n년, 표면금리 coupon rate가 연 c%, 액면가액이 F인 회사채의 현재가격이 P라면 다음과 같은 관계가 성립한다.

$$P=\frac{c\cdot F}{(1+k)}+\frac{c\cdot F}{(1+k)^2}+\cdots+\frac{c\cdot F}{(1+k)^n}+\frac{F}{(1+k)^n}$$

P : 회사채현재가격, c : 표면금리(%), F : 액면가액, k : 채권자요구수익률

위 식의 양변을 일치시켜 주는 할인율 k가 채권자의 요구수익률이며 만기수익률인 동시에 납세전타인자본비용이 된다. 만일 만기상환액 F가 현재의 채권가격 P와 같다면 표면금리가 곧 자본비용이 되나, 그 밖의 경우에는 k를 추정하여야 한다.

표 2-5
타인자본비용 산식

	변수 내용	세후 타인자본비용(K_d)
이자율	이자율 수준이 높아지면 기업의 타인자본비용 또한 상승할 것임	$K_d=k(1-T)$
채무불이행위험	기업의 채무불이행위험이 증가하면 기업이 자본을 차입할 때 지급하는 타인자본비용 또한 상승할 것임 회사채의 등급을 이용	
이자의 감세효과	이자는 세금공제가 인정되는 비용이므로 세후 타인자본비용은 법인세율에 따라 달라짐	

둘째, 자본비용을 측정하려는 회사채와 동일한 채권등급에 속하는 신규 발행채권의 표면금리로부터 측정하는 방법이다. 대개의 경우 회사채는 액면가에 발행되므로 발행 당시의 자본비용은 표면금리에 해당되기 때문이다. 이 방법은 기업이 기존에 발행한 회사채의 시장가격 정보가 없어서 만기수익률을 측정할 수 없을 경우에 유용한 방법이다. 타인자본비용 측정시 유의할 점 두 가지는 다음과 같다.

첫째, 세후 타인자본비용이라는 것이다. 법인세율을 T라고 할 때 납세전타인자본비용 K로부터 납세후 타인자본비용 K_d는 다음과 같이 측정된다.

$$K_d = K(1-T)$$

여기서 법인세 절감효과는 기업의 과세대상소득이 이자지급액보다 클 경우에만 유효하다. 왜냐하면 과세대상소득이 이자지급액보다 작으면 법인세가 발생하지 않기 때문이다. 그러나 중장기 현금흐름 예측 시에는 법인세 이연효과가 발생된다.

둘째, 자본조달을 목적으로 수반하는 부채만을 대상으로 한다는 것이다. 재무상태표상의 부채항목 중에서 외상매입금 처럼 영업활동 과정에서 자연적으로 발생하는 부채는 비록 매출원가에 자본비용이 반영되겠지만, 실제 측정이 곤란하므로 자본비용 계산에서 제외한다. 그러나 기업이 생산설비 등 비유동자산을 직접 구입하여 사용하는 대신 리스를 이용하는 경우 등 실질적으로 타인자본 조달의 효과를 지니고 있는 경우에는 자본비용 계산에 고려해야 할 것이다.

2.3 자본비용과 WACC

기업의 각 구성자산들은 유동성이나 위험의 정도가 다르고, 이에 따라 요구수익률도 각각 달라지게 된다. 따라서 수익방식에서 미래의 현금흐름을 현재가치로 할인하는 경우 적용하는 할인율도 자산별로 달리 적용되어야 한다. 이 같은 자산별 요구수익 RRR: required rate of return을 가중평균하게 되면 결국 대상기업의 자본비용에 수렴하게 된다. 따라서 이 같은 논리는 수익방식의 기본원리로서 모든 수익가치 평가기법에 일관되게 적용되므로 매우 중요하다.

자금이 조달된 원천별로 이와 같은 자본비용이 산출되면 그 자본이 총자본 중에서 차지하는 비중, 즉 자본구성비율에 따라 가중평균한 것이 가중평균자본비용 WACC: weighted average cost of capital이다. 일반적으로 기업의 자본비용이라 함은 이러한 가중평균자본비용을 의미한다. 가중평균자본비용은 기업의 가치를 결정하는 할인율로 이용되고, 새로운 투자안의 예상현금흐름 현가를 계산하기 위한 할인율로도 이용된다.

$$WACC = \sum_{t=1}^{n} K_i \quad W_i$$

K_i : i번째 자금조달원의 납세후 자본비용, W_i : i번째 자금조달원의 비중

가중평균자본비용은 자본구성요소의 가중치부여에 따라 달라진다. 즉 자본구성비율을 장부가치를 기준으로 할 것인가, 또는 시장가치를 기준으로 할 것인가에 따라 달라질 수 있다. 장부가치를 기준으로 가중평균자본비용을 구해야 한다는 주장은 시장가치는 자본시장의 상황에 따라서 수시로 변할 수 있기 때문에 객관적 기준을 정하기 어려우므로 객관성을 위해 역사적 원가인 장부가치를 기준으로 해야 한다고 주장한다. 그러나 이는 자본의 경제적 가치를 반영하지 못하기 때문에 미래의 의사결정에 유용한 정보를 얻을 수 없다.

장부가치와 시장가치에 큰 차이가 있을 경우 장부가치에 의해 자본비용을 구하는 것은 매우 비합리적이다. 이는 가치평가가 왜곡되기 때문이다. 따라서 시장가치에 의해서 측정하는 것이 바람직하다고 볼 수 있다. 그러나 한편으로는 기업이 자본비용을 최소로 하는 자본구조, 즉 최적자본구조를 정해 놓고 그 기업의 가치를 극대화하기 위하여 가중평균비용이 가장 적은 수준에서 자본구조를 선택하는 경우도 있다.

3 자산별 요구수익률

기업의 각종 자산들의 자본비용, 즉 자산별 요구수익률은 어떻게 구하는가? 기업의 각종 자산들은 그 종류에 따라 각각 유동성이나 위험도가 다르다. 따라서 자본조달의 원천이나 비용이 다르게 되고, 이에 따라 자산별 요구수익률 required rate of return: RRR이나, 수익률 ROR: rate of return도 달라지는 것이다.

그림 2-6

기업가치 구성자산별 요구수익률과 유동성의 관계

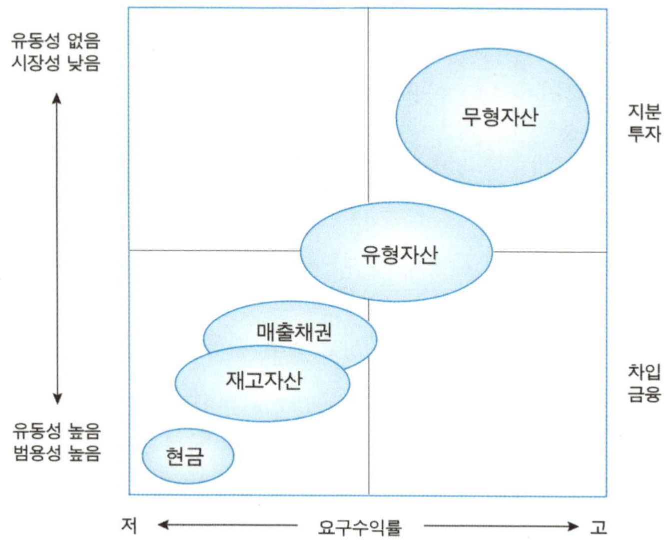

자료 : Gordon V. Smith et al., *ibid*. p. 61

〈그림 2-6〉에서는 자산의 종류별로 유동성에 어떤 차이가 있는가를 보여준다. 즉 무형자산 쪽으로 갈수록 요구수익률이 높아지고 유동성은 낮아져, 자기자본에 의해 조달될 수밖에 없음을 나타낸다. 그러나 유동성이 높은 재고자산 등 왼쪽영역의 자산들은 요구수익률도 낮고 범용성이 높아 부채에 의하여도 조달할 수 있음을 보여준다. 특히 이러한 유동성과 범용성(또는 시장성)의 차이는 투자자가 요구하는 수익률에도 차이를 가져온다는 사실에 유의하여야 한다. 그런데 요구수익률은 자산별 수익률 ROR: rate of return과 같게 된다. 왜냐하면 기업가치를 구성하는 각 자산의 수익률을 가중평균하면 WARA가 되는데, 이는 결국 WACC에 수렴하기 때문이다.

그림 2-7

재무상태표의 재구성과 자본비용

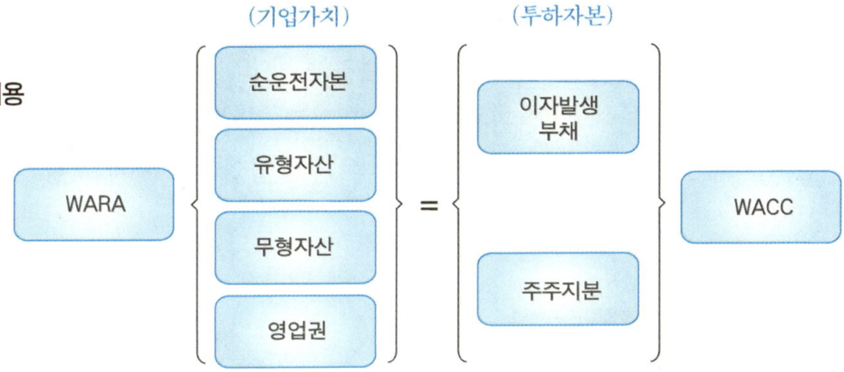

〈그림 2-7〉에서는 자산별 수익률을 가중평균하여 산출하는 WARA, 즉 가중평균자산수익률 weighted average return on asset과 투하자본에 대한 비용을 자본조달 원천의 비중에 따라 산출하는 가중평균자본비용 WACC이 어떻게 일치하게 되는지를 보여주고 있다. 〈그림 2-7〉에 나타난 바와 같이 기업 경영을 위하여는 자기자본과 부채를 필요로 한다. 그리고 기업의 투자수익은 주주배당과 차입금이자로 지급되어야 한다. 그런데 투하자본에 대한 적정한 수익률은 대개 WACC를 기준으로 배분하게 된다. 즉 WACC를 출발점으로 하여 각 자산 항목 별로 투자수익률을 배분함으로써 각 자산의 요구수익과 가치를 추정할 수 있다. 각 자산의 적정한 수익률 ROR을 산정하기 위하여는 다음의 두 가지 중요한 요소를 고려하여야 한다.

1. 각 자산의 기업 전체자산에 대한 상대적인 비중
2. 각 자산의 적정 요구수익률 required rate of return

그러면 기업가치 구성자산별로 적성한 수익률은 실제 어떻게 구할 수 있을까? 실무에서 가장 많이 사용하는 방법은 '분해법' disaggregation method이다. 이 방식은 대상 무형자산의 가치를 평가하기 위하여 전체의 가치를 각 자산포트폴리오 구성요소별로 분해하여 대상자산의 잔여가치를 구하는 방식이다. 수익방식은 자산을 보유함으로써 얻는 경제적 이익의 현재가치를 평가가액으로 삼는 것을 논리적 기초로 한다. 재무제표에는 나타나 있지 않은 무형자산을 평가하기 위하여 그 자산의 전체 경제적 이익에 대한 기여도를 각 구성자산별로 추정하여 계량화하는 방법이 바로 '분해법'이기 때문이다. 이 방식은 대상자산의 가치산정을 위해 기업의 각 제품별 또는 자산별로 가치를 분해하여 평가하게 된다. 여기서 영업권의 가치를 평가한다고 하자.

그림 2-8

분해법에 의한 구성자산별 가치평가

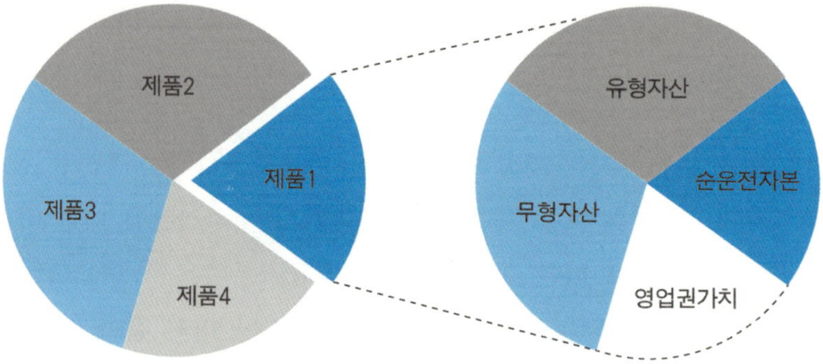

〈제품1라인의 식별가능 자산가치〉 〈구성요소별로 분해된 자산가치〉

〈그림 2-8〉에서와 같이 우선 기업가치 구성자산을 제품생산라인 1~4별로 나눈다. 그 다음 다시 구성자산별로 크게, ① 순운전자본, ② 유형자산, ③ 무형자산으로 나누어 각 자산별 요구수익률에 따라 각각의 요구수익을 산출한다. 그리고 총이익에서 각 구성자산별 요구수익을 모두 빼주면 영업권이라는 무형자산에 귀속되는 이익만 남게 된다. 끝으로 이 영업권 귀속 잔여이익을 영업권의 위험도나 유동성에 상응하는 적정한 할인율이나 환원율에 의하여 영업권가치로 자본화되는 것이다. 영업권 귀속잔여이익은 다음 산식과 같이 산정된다.

$$I_o - (I_m + I_t + I_i) = I_g$$

I_o : 총순이익, I_m : 순운전자본 요구수익, I_t : 유형자산 요구수익
I_i : 무형자산 요구수익, I_g : 영업권 귀속 잔여이익

그림 2-9

분해법에 의한 영업권가치 평가(예)

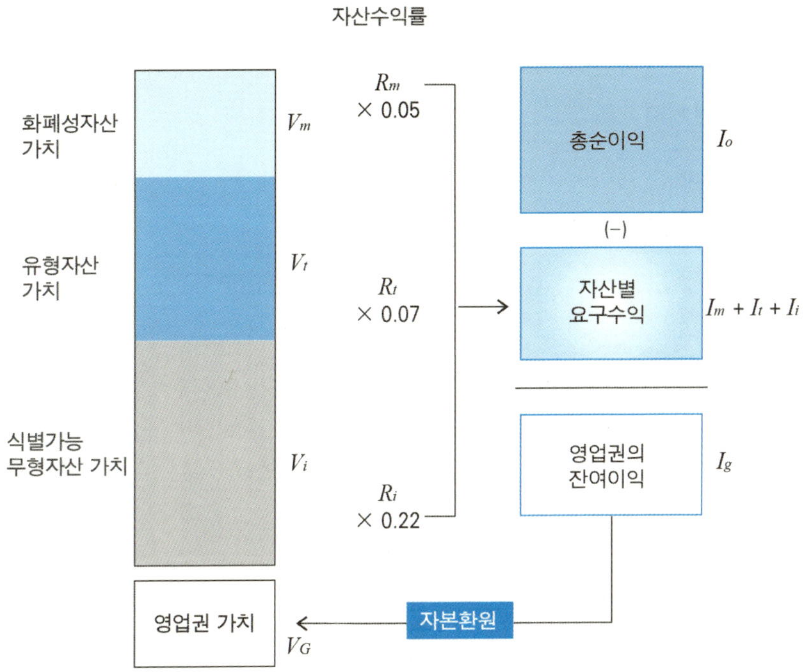

자료 : Gordon V. Smith, et al, *ibid*, p. 248

〈그림 2-9〉에서는 이와 같은 분해법 disaggregation method에 의한 영업권가치 평가과정을 설명해 주고 있다. 여기서 자산별 수익률 ROR은 그 자산의 유동성이나 위험도에 따라 달리 적용된다는 점에 유의해야 한다. 즉 유동성이나 시장성이 낮을수록 높은 요구수익률이 적용되어 화폐성자산(5.0%) 〈 유형자산(7.0%) 〈 영업권(22.0%) 순으로 나타나 있다. 이 같은 분해법과 요구수익률 적용에 대하여는 다음 〈그림 2-10〉에서 더 쉽게 설명하고 있다.

예컨대 〈그림 2-10〉에서 보듯이 자산별 수익률 ROR은 운전자본 5.0%에서 영업권의 22.0%까지 걸쳐 넓게 분포되어 있지만, 전체평균은 WACC와 같은 15%로서 언제나 일치된다. 여기서 무형자산과 고정자산의 수익률을 비교하여 보자. 상표권 등 무형자산은 유동성이나 시장성은 낮고, 위험도는 높기 때문에 토지나 건물 등 고정자산의 ROR 7~8% 보다 훨씬 높은 12~18% 수준이 된다. 운전자본은 5% 수준으로 이보다 낮은 이유는 무엇인가? 고정자산의 경우 운전자본보다 유동성이 낮고 범용성도 제한되므로 상대적으로 높은 요구수익률로 고위험을 헷지하게 되는 이자율결정의 기본원리 때문이다. 따라서 고정자산리스요율이나 담보대출이자율을 기준으로 ROR을 결정하게 되는 것이다.

그림 2-10
구성자산별 요구수익률 (예시)

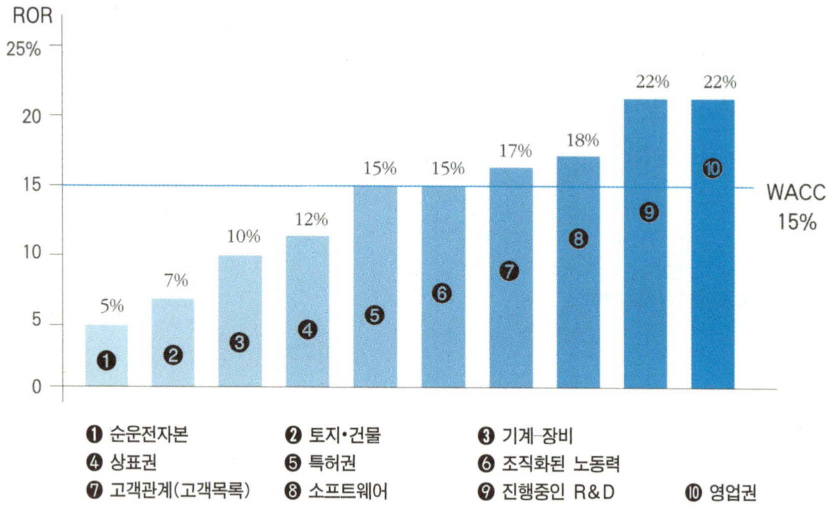

결론적으로 자산별 요구수익률의 결정기준은 WACC나 자기자본비용 K_e 이 되며, 각 자산의 이러한 특성과 각종 위험할증요인을 고려하여 적정한 ROR이 결정된다. 이와 같은 자산 종류별 요구수익률의 예시 및 결정요인은 다음 〈표 2-6〉에 요약된 바와 같다. 한편 Gordon Smith는 각 자산별 요구수익률을 금융자산 8~10%, 유형자산 10~15%, 그리고 무형자산은 15~40% 수준으로 제시하고 있다.[16]

표 2-6
자산별 요구수익률 예시 및 결정요인

	요구수익률(%)	수익률 결정요인
운전자본	3~5	•단기차입금 이자율
고정자산	7~10	•리스요율 •금융기관 담보대출금리 •자산유동화금리
무형자산	12~25	•자기자본비용 •고정자산과 영업권의 중간이율
영업권	20~40	•WACC •자기자본비용 •기타자산요구수익률

[16] Gordon Smith, et al., *ibid*, p. 433.

결국 영업권 등 무형자산은 유동성이나 범용성이 낮으므로 매우 높은 자본비용을 치르지 않으면 안된다는 사실을 강조하고 있는 것이다. 다만, 여기서 제시한 요구수익률은 각 자산의 상대적 위험도에 따른 예시일 뿐이라는 사실에 유의하여야 한다. 또한 실제 평가에서 ROR은 현장에서 수집된 자료와 각종 시장증거 자료에 대한 면밀한 분석결과를 토대로 개별적으로 결정되어야 한다.

다음 〈표 2-7〉에는 과거 수 십년간(1928~2010)에 걸친 미국의 주식이나 채권, 그리고 부동산 등 자산유형별 수익률 ROR 통계수치가 평균수익률, 그리고 위험도를 측정할 수 있는 표준편차, 기하평균 등과 함께 간단히 요약되어 있다. 이와같이 기업가치 구성자산의 수익률 ROR은 자금조달 원천이나 유동성, 위험도 등 수많은 영향요인에 따라 시시각각 달라진다는 사실에 유의하여야 한다.

표 2-7 자산유형별 수익률 ROR 통계

(단위 : %)

구분	자료원	산정기간	산정방법	산술 평균	표준 편차	기하 평균
주식	Bloomberg	1928~2010	배당+가격등락치	11.31	20.21	9.32
국공채(10 년)	FRB	1928~2010	TB 10년 누적수익	5.28	7.74	5.01
국공채(3 년)	FRB	1928~2010	TB 3개월	3.70	3.04	3.66
사채	FRB	1928~2010	BB 누적수익	6.15	9.66	5.85
지분형 REITs	FTSE	1971~2010	배당+가격등락치	11.87	21.64	9.51
모기지 REITs	FTSE	1971~2010	배당+가격등락치	9.36	30.56	4.97
상업용부동산	NCREIF	1978~2010	총수익(평가기치)	9.22	8.21	8.90
주거용부동산	Case & Shiller	1987~2010	거래가격	3.28	7.51	3.01
농업용부동산	NCREIF	1978~2010	총수익(평가가치)	11.24	7.44	10.66

자료 : Aswath Damodaran, *Investment Valuation,* 2012, p. 743

4 영업권과 무형자산의 관계

영업권은 무형자산의 일종으로 대표적인 무형자산으로 꼽힌다. 경우에 따라서는 평가대상기업이나 평가목적에 따라 무형자산이 모두 영업권으로 구성되는 경우도 있다. 그런데 이러한 무형자산은 그 형태가 객관적으로 드러나지 않은 채 미래수익을 발생시키는 자산의 개념으로 그 의미 자체가 매우 추상적이다. 그 중에서 영업권은 그 발생원인이 우수한 경영진, 뛰어난 판매조직, 양호한 신용, 원만한 노사관계, 기업의 좋은 이미지 등 다양하여 무형자산 중에서도 추상 정도가 더 강하다고 할 수 있다. 그래서 일부에서는 무형자산을 식별가능 무형자산 identifiable intangible assets으로 축소 해석하면서, 그 상대적인 개념으로 영업권을 '식별 불가능한 무형자산'으로 파악하기도 한다.

무형자산과 영업권의 이러한 개념의 차이는 그 평가방법을 적용하는 데 있어서도 그대로 적용된다. 즉 일반적인 무형자산은 그 발생원인이 비교적 명확하고 식별이 가능한 경우가 있기 때문에 실무적으로 대개 수익방식을 많이 적용하지만, 비교방식이나 원가방식을 적용하기도 한다. 이러한 대표적인 무형자산은 개별적인 인식 및 측정이 가능한 특허권, 디자인권, 상표권 등이 있다. 반면 영업권은 식별 불가능한 경우가 많아서 실무적으로는 비교방식이나 원가방식을 적용하여 평가하기가 쉽지 않다.

4.1 영업권과 기업가치

앞에서 설명한 바와 같이 영업권은 총체성 integrity이라는 특성을 갖는다. 기업가치도 마찬가지로 총체성을 지닌다. 즉 기업은 생산 및 판매 등의 경영활동을 통하여 집합자산결합가치 grouped asset assemble value 형태로 재구성되어 경제적 이익을 창출하는 것이다. 이 때문에 전체 기업가치를 알지 못하는 상황에서는 구성자산 각각의 가치를 구분하기도 어려우며, 정확한 영업권 가치를 산정하기도 어렵다.

이에 따라 영업권은 매수원가 purchase price 또는 사업결합원가에서 취득하는 경우에 잔여가치로서 가장 잘 반영된다. 즉 사업결합으로 인수한 식별가능한 자산(사업 취득시 인식한 무형자산 포함)과 부채의 순공정가치 중 취득자지분을 초과하여 지급한 금액이 영업권 가치가 된다.

사업결합 과정에서 무형자산과 영업권을 인식하는 과정은 다음 〈그림 2-11〉에서와 같이 계약적 · 법적기준과 분리가능성 조건을 만족하는 유형 및 무형자산들을 먼저 파악하여 회계처리하고, 그 나머지 잔여가치를 영업권의 공정가치로서 인식하게 된다. 여기서 사업결합원가는 사업결합에 소요된 매수원가 purchase price로서 매수관련 부대비용을 포함한다.

사업결합 과정에서 인수대상 종속기업의 재무제표에 기록된 자산과 부채뿐만 아니라 식별가능 무형자산을 공정가치로 측정하여 이에 따라 매수가격을 배분한다(매수가격배분법 PPA). 즉 사업결합시 인수기업은 종속기업 자산 · 부채의 공정가치를 측정하고, 매수가격을 장부에 계상되어있지 않더라도 계약상 또는 기타 법적권리에서 발생하거나 다른 자산과 분리가능한 각종 식별가능 무형자산에 배분한다. 그러고도 아직 배분하지 못한 나머지 가액이 영업권 가액으로 할당되는 것이다.

그림 2-11
사업결합시 기업가치와 영업권의 평가

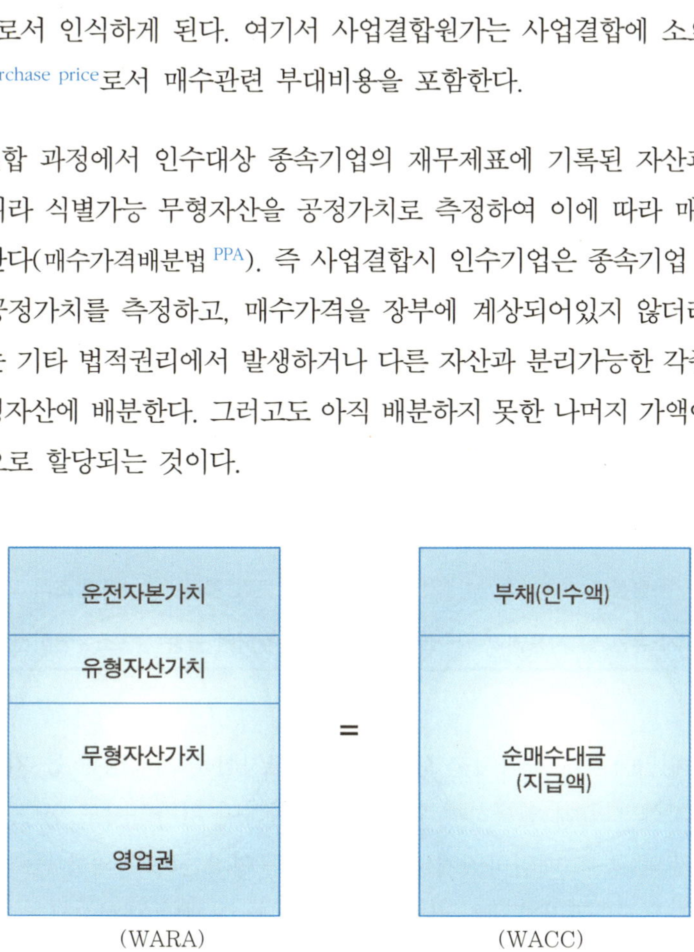

여기서 공정가치의 측정은 인수기업의 입장에서 볼 때 종속기업의 자산과 부채에 대한 정확한 재평가를 실시하여 각종 자산가치를 확정하는 절차라고

도 할 수 있다. 따라서 사업결합 이전에 종속기업의 재무제표에 계상되어 있는 영업권 등이 있다면 이를 다시 계상해서는 안 된다.

4.2 영업권과 상표권

영업권과 상표권 가치는 두 가지 모두 무형자산 가운데 가장 중요한 대표적 자산중 하나이다. 이 두 가지 무형자산의 가장 중요한 차이는 수익발생의 원천이다. 즉 영업권의 수익발생 원천은 기업자체의 초과수익력인데 반해, 상표권은 해당 제품이 창출하는 초과수익력이라고 할 수 있다. 따라서 영업권은 일반적으로 개별적 식별과 측정이 불가능함에 반하여 상표권 가치는 별도의 인식과 측정이 가능하다는 차이가 있다. 물론 식별가능 여부는 일률적으로 판단할 수 없고 평가목적이나, 성격, 해당 기업의 업종이나 제품구성 상황 등에 따라 달라질 수도 있다.

표 2-8
영업권과 상표권의 비교

	영업권	상표권
발생원천/실현주체	• 기업자체의 초과수익력	• 제품이나 상품의 초과수익력
식별가능성	• 식별불능	• 식별가능
독립성	• 기업조직 외부로 분리 불가	• 기업조직 외부로 분리 가능
소유권 및 사용권	• 소유권이전/ 사용권허여 불능	• 소유권이전/ 사용권허여 가능

평가목적에 따라서는 상표 및 브랜드자산을 기업평판 등 기타 식별불능 무형자산과 함께 일괄하여 영업권에 포함하여 평가하기도 한다. 그러나 등록상표권의 경우 매입하였거나 식별가능 무형자산의 정의를 충족하는 경우에는 별도로 그 공정가치를 평가할 수도 있고, 거래의 대상으로 삼을 수도 있으므로 별도 평가하는 것이 적절하다. 또한 영업권은 그 소유권을 타인에게 이전하거나 사용권을 허여하는 것이 곤란하지만, 상표권은 이를 매각하거나 사용권을 설정할 수 있다는 점에서도 차이가 있다.

4.3 영업권과 권리금

권리금은 점포 임대차와 관련해 임차인이 특별하게 누리게 될 장소 또는 영업상의 이익에 대한 대가로 임차보증금과는 별도로 지급되는 금전적 대가를 말한다. 즉 점포를 매도함으로써 포기해야 하는 시설비나 영업권을 뜻하는 것이다. 영업권 개념이 강한 권리금은 무형자산에 대한 대가로서 일반적 의미의 영업권과 유사하지만 객관적으로 인정되지 않고, 점포의 임대차 관계에서 발생하는 사적 계약 등에 의해서 발생한다는 점에서 차이를 가지고 있다.

한편 프리미엄은 일반적으로 화폐, 외국환, 사채, 주식 등에 있어서 그 정상가격, 또는 액면가격 이상의 할증가격이 성립할 때 그 초과분이나 할증금을 말한다. 프리미엄의 유형에는 ① 화폐프리미엄, ② 환프리미엄, ③ 주식프리미엄, ④ 사채프리미엄 등이 있다. 이는 정상가격 이상의 초과이익을 유발시키는 것을 기초개념으로 하는 점에서 영업권과 유사하다고도 볼 수 있다. 그러나 그 발생원인이 되는 대상이나 형태 등에서는 여러가지 차이를 보이고 있다.

여기서 영업권과 권리금의 평가방법상 차이를 간단히 살펴보기로 한다. 감정평가실무기준에 의하면 영업권을 감정평가할 때에는 수익환원법을 적용하여야 하나 예외적으로 거래사례비교법과 원가법으로 감정평가할 수 있으며, 권리금은 유·무형의 재산마다 개별로 감정평가하는 것을 원칙으로 하고 있다. 즉 권리금은 유형자산 부분(시설권리금)과 무형자산부분(영업 및 지역권리금)으로 나뉘기 때문에 유형재산의 감정평가는 원가법을 적용하는 것이 원칙이며, 또한 무형재산의 감정평가방법은 영업권의 평가와 같이 주방법은 수익환원법이나, 거래사례비교법이나 원가법 등으로 감정평가할 수 있다. 권리금에 대하여는 다시 뒤에서 자세히 다룬다.

무형자산 '진행중인 연구개발비' IPR&D, 회계처리 문제 핫이슈로 등장

위기의 바이오산업, 분식회계 논란

삼성바이오로직스 분식회계 논란을 비롯해 회계 처리 이슈로 불확실성에 직면한 바이오 기업들의 주가가 급락하고 투자자 신뢰도 훼손되면서 자금 조달에 빨간불이 켜졌다. 금융감독원은 연구개발(R&D)비를 자산으로 잡은 비중이 큰 바이오 기업 10곳에 대한 특별감리를 진행하고 있다. 셀트리온과 차바이오텍 등도 금감원의 회계감리를 받고 있다. 셀트리온은 지난해 연구개발비로 2270억원을 사용했다. 이 가운데 74.4%에 해당하는 1,688억원을 무형자산으로 분류했다. 셀트리온의 작년 순이익은 4,007억원인데 만약 연구개발비를 모두 비용처리했다면 순이익은 2,000억원대로 주저앉게 된다. 차바이오텍은 당초 연구개발비를 무형자산으로 인식했다가 나중에 비용으로 처리하면서 지난해 실적이 흑자에서 적자로 돌아섰다.

국제회계기준(IFRS)에 따르면 연구개발비는 기술적 실현 가능성, 미래 경제적 효익 창출 가능성 등의 요건을 충족할 때만 무형자산으로 인식하고 그렇지 않으면 비용으로 처리해야 한다. 하지만 일부 기업은 객관적 기준 없이 기술적 실현 가능성 등을 자의적으로 판단해 연구개발비를 자산으로 인식해 왔다. 다국적 제약사들이 신약 후보물질이 임상3상에 들어가고 실제 매출로 이어질 가능성이 높아질 경우에만 자산으로 인식하는 데 반해, 국내 기업들은 신약 개발 성공 가능성이 높지 않은 초기 임상 단계까지 연구개발비를 자산으로 처리해 이익을 부풀리는 경우도 있었던 게 사실이다.

분식 혐의 공개로 주가폭락, 투자자 충격

삼성바이오로직스 분식 회계 논란은 다른 바이오업체와는 다르다. R&D 비용의 자산·비용 인식이 아니라 상장 직전 자회사인 삼성바이오에피스 가치를 고의적으로 부풀

렸는지가 문제가 되고 있다. 삼성바이오로직스는 2015 재무제표를 작성하면서 삼성바이오에피스와의 관계를 종속회사에서 관계회사로 변경했다. 삼성바이오에피스가 관계회사가 되면서 삼성바이오로직스는 보유하고 있던 지분 91.2%의 가치를 취득 원가에서 공정시장가치로 높여 잡을 수 있게 됐다.

이 덕분에 설립 이후 매년 적자를 이어가던 삼성바이오로직스는 2015년 1조9,000억원의 당기순이익을 남겼다. 금감원은 이 과정에 분식회계가 있었다고 판단했다. 그러나 회사대표는 "3년 전과 팩트(사실)가 변한 것이 없다"며 "2015년 당시 금감원 등 여러 기관에서 3차에 걸쳐 검증한 것을 2018년에 와서 다시 조사해 문제가 불거진 충격스러운 상황을 어떻게 표현해야 할지 모르겠다"고 반박했다. 만일 분식회계가 없었다는 판정을 받게되면 금감원은 금융시장 감독기관으로서 신뢰도에 치명상을 입을 수밖에 없다.

혐의를 미리 알려준 것이 투자자 보호차원이었다지만 주가가 폭락하는 등 막대한 피해를 줬다는 비난이 이어질 것이고, 무엇보다 지난 1년간 삼성바이오의 분식회계 의혹을 들여다봤다지만 허망한 결론만 내린 셈이 된다. 정권이 바뀌면서 삼성 관계사들이 밉보여 표적 조사를 받은 것이라는 의혹까지 나왔기 때문에 감독기관의 전문성과 공정성이 송두리째 흔들릴 수밖에 없고, 역시 수많은 투자자로부터 손해배상 소송을 당할 것으로 보인다.

내부창출 무형자산의 인식 조건

어떤 상품을 생산 및 판매하기 위해서는 다음의 연구과정과 개발과정을 거쳐 완성된 다음 최종적으로 소비자에 팔린다. 그러나 이러한 기업활동은 유기적으로 연결되어 있어 연구비와 개발비에 대한 구분이 애매해 질 때가 있다. 내부적으로 창출한 무형자산은 기대되는 미래경제적 이익을 창출할 식별가능한 자산이 있는지와 시점을 파악하기 어렵고, 자산의 원가도 신뢰성 있게 결정하기가 곤란하므로 이를 인식하기 위해서는 추가적인 지침이 필요하다.

내부적으로 창출한 무형자산이 인식 기준을 충족하는지 평가하기 위해서는, 우선 무형자산의 창출과정을 연구단계와 개발단계로 구분한다. 왜냐하면 관련 지출이 어떤 단계에 해당되는지에 따라 무형자산의 인식 여부가 결정되기 때문이다. 프로젝트의 단계를 구분할 수 없는 경우 발생지출은 모두 연구단계에 속하는 것으로 본다.

연구비와 개발비의 무형자산 인식요건

특정 신제품 또는 신기술 개발과 관련하여 발생한 비용(소프트웨어 개발관련 비용도 포함)으로서 일정한 요건, 즉 ① 개별적 식별가능, ② 자원에 대한 통제, ③ 미래 경제적 효익이 확실한 경우 등의 요건을 충족하는 경우 무형자산인 개발비로 처리한 후 동 자산의 상각비가 제조활동과 관련된 것이면 제조원가로, 그 밖의 경우에는 판매비와 관리비로 인식할 수 있다. 만약, 일정 요건을 충족하지 못하는 경우 당기비용인 경상연구개발비로 계상한 후, 제조활동과 관련된 경우에는 제조원가로, 그 밖의 경우에는 판매비와 관리비로 인식한다.

(1) 연구단계 : 연구단계에서는 미래 경제적 효익을 창출할 무형자산이 존재한다는 것을 제시할 수 없기 때문에 이 단계에서 발생한 지출은 발생 시점에서 비용으로 인식한다.

(2) 개발단계 : 개발단계는 연구단계보다 훨씬 더 진전되어 있는 상태이므로 기술적 실현가능성의 입증을 포함한 6가지 사항을 기업이 모두 제시할 수 있다면, 그 무형자산이 미래경제적 효익을 창출할 것으로 기대할 수 있으므로 자산으로 인식한다. 다만, 연구개발 활동의 특성상 연구단계와 개발단계를 구분할 수 없는 경우 특정 프로젝트에서 발생한 지출을 모두 연구단계에서 발생한 것으로 본다.

〈내부창출 무형자산 인식과정〉

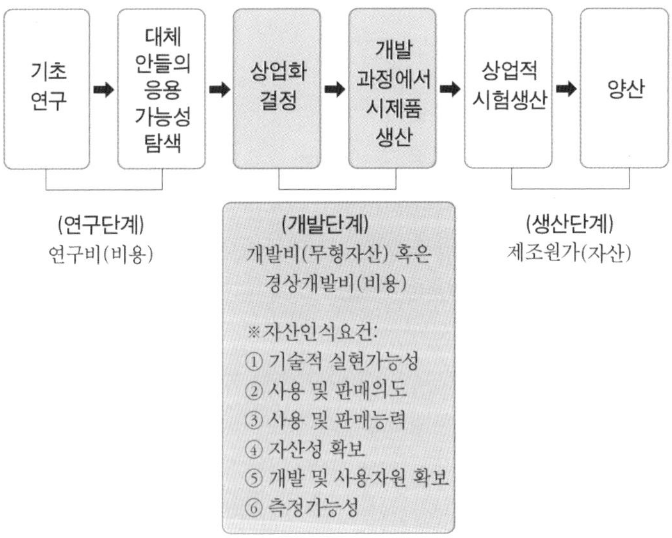

3장

영업권의 평가기준과 절차

Goodwill Valuation Standards & Process

1. 영업권의 평가원리
2. 가치전제와 가치기준
3. 영업권의 평가기준
4. 영업권의 평가절차

영업권은 거래가능한 자산이므로 당연히 그 경제적 가치를 논하여야 한다. 그러나 영업권의 경제적 가치는 형체가 없어 식별이 불가능할 뿐 아니라, 매수하였을 경우 이외에는 자가창설할 수 없도록 엄격히 규정하고 있으므로 평가하는 사람에 따라, 혹은 거래상황이나 평가목적 등에 따라 대단히 큰 차이가 발생하게 된다.

그렇다고 하더라도 우리나라 영업권 가치평가 기준이나 방법이 일반 경제사회나 회계분야, 나아가 국제사회와 동떨어진 편협한 방식으로 이루어질 수 없다고 본다. 즉 글로벌 시장에서 통용될 수 있는 가치평가의 원칙이나 기준, 그리고 평가방법에 따라 가치측정이 이루어져야 한다.

이 책은 기존의 국제적으로 통용되지 않는 가치평가 기준이나 방법에 의존한 평가관행으로는 국제기준이나 방법론과 멀어지게 되고, 시장에서 거래도 할 수 없다는 절실한 명제에서 출발하게 된 것이다. 따라서 국제평가기준 IVS 에서 제시하고 있는 보편적으로 적용가능한 영업권의 평가원리와 기준을 소개하고, 우리나라 감정평가실무기준이나 각종법령에서 규정하고 있는 영업권 평가기준이나 방법이 국제평가기준과 어떤 차이가 있는지, 그리고 그 차이의 원인에 대하여도 다루어 보기로 한다.

1 영업권의 평가원리

1.1 가치의 3면성

앞 장에서 우리는 영업권의 평가를 위한 기본개념과 정의, 그리고 기업가치와의 관계를 개괄적으로 공부하였다. 본 장에서는 이를 바탕으로 전통적인 감정평가의 세 가지 방식인 비교방식, 원가방식, 수익방식 등을 소개하고, 실제 영업권 평가과제의 해결을 위한 이론적 원리와 기준을 설명하기로 한다. 무릇 재화의 가치는 그 재화의 비용성, 시장성, 그리고 수익성 등 3가지 측면에서 측정될 수 있다. 이러한 가치의 3면성이란 재화의 경제적 가치 평가시 고려되는 다음과 같은 3가지 측면의 가치요소를 말하는 것이다.

1. 어느 정도의 비용이 투입되어 만들어진 것인가?(비용성)
2. 어느 정도의 가격으로 시장에서 거래되고 있는가?(시장성)
3. 어느 정도의 수익이나 경제적 이익을 얻을 수 있는가?(수익성)

감정평가의 3방식이란 이러한 가치의 3면성에 착안하여 대상물건의 가치를 측정하는 데 있어 전통적으로 사용되고 있는 평가기법을 말한다. 즉 비용성에 기초한 원가방식, 시장성에 기초한 비교방식, 수익성에 기초한 수익방식 등의 3가지이다. 이러한 감정평가의 기본 접근방식은 Alfred Marshall 등 신고전학파의 가치이론 통합 이후 오늘날까지 계속 사용되어 오기 때문에 전통적 접근방식 conventional approach이라 불린다. 최근에는 할인현금흐름분석법이나, 옵션가치평가법 등 새로운 평가방법이 많이 사용되고 있다. 그러나 이는 모두 전통적인 감정평가 3방식에 기초한 하나의 응용기법에 지나지 않는다.

우리나라 '감정평가에 관한 규칙'에서는 이러한 감정평가 3방식을 각각 원가방식, 비교방식, 수익방식이라 부른다. 그리고 3방식에 의하여 대상물건의 시장가치를 구하는 방법을 각각 원가법, 거래사례비교법, 수익환원법이라 하며, 시장임료를 구하는 방법을 적산법, 임대사례비교법, 수익분석법이라 한다. 이를 일컬어 3방식 6방법이라 하며, 〈표 3-1〉에 요약 정리되어 있다.

표 3-1
감정평가의 3방식 6방법

3방식	접근측면	시장가치 평가방법	시장임료 평가방법
원가방식(cost approach)	비용성	원가법	적산법
비교방식(market approach)	시장성	거래사례비교법	임대사례비교법
수익방식(income approach)	수익성	수익환원법	수익분석법

이러한 감정평가 3방식의 기본적 사고와 방법론은 각종 무형자산을 평가하는 데에도 그대로 적용이 가능하다. 다만 평가대상 무형자산의 성격이나 평가목적 등에 따라 일정한 전제조건이나 가정, 기법의 응용이 다를 따름이다. 한편 영업권 등 무형자산의 평가에서 정의하는 감정평가 과정 valuation process이란, 이 같은 가치의 3면성 측면에서 평가대상을 탐구하고 분석하여 가치결론에 이르는 과학적 추론과정 scientific reasoning process이라고 할 수 있다. 즉 ① 비용성, ② 시장성, ③ 수익성 등 3가지 측면의 기본변수들에 대한 조사에 필요한 자료를 수집하고 분석하여 가치결론을 도출하는 과정이다. 영업권 등 무형자산 평가의 3방식의 기본 변수란, ① 필수 투입정보, ② 평가방법론, ③ 평가결과의 해석 등이다. 무형자산 평가의 3방식을 적용하기 위한 필수 투입정보는 각각 다음과 같다.

1. 원가방식을 적용하려면 비용성분석을 위하여 대상 무형자산의 개발원가 cost of development가 필수적인 투입정보이다.
2. 비교방식을 적용하려면 그 무형자산의 시장성분석을 위하여 유사한 거래사례 comparable transactions가 필요하고,
3. 수익방식에서는 대상 무형자산의 수익성분석을 위하여는 미래 경제적 이익 future economic benefits 추정자료가 필수정보이다.

1.2 잔여가치의 원리

1.2.1 잔여가치와 영업권가치

잔여가치의 원리 residual value principle란, 기업가치 business value에서 측정할 수 있는 모든 유 · 무형자산의 가치를 빼고 난 다음 마지막까지 더 이상 배분할

수 없는 식별 불가능한 자산부분이 남게 되는데, 이 잔여부분 residual이 바로 영업권이 된다는 원리이다. 제1장에서 우리는 영업권을 잔여가치 개념으로 파악하는 견해에 대하여 논의하였다. 즉 초과이익 개념의 영업권은 영업권의 본질을 설명하기 위한 것이 아니고, 단순히 영업권의 가치를 계산하기 위해 이론적으로 그 개념을 합리화한 것에 불과하다는 비판에서 제기된 것이 잔여가치 개념 residual value concept이라는 것이다.[17]

이 원리는 영업권 가치평가의 모든 방식에 공통적으로 적용되는 원칙이다. 즉 영업관련 기업가치에서 일체의 유 · 무형자산 가치를 공제하여 영업권의 가치를 평가하는 개념이다. 이를 간단한 산식으로 정리하면 다음과 같다.

$$V_G = BV - (WC + TA + IA)$$

V_G :영업권 가치, BV: 기업가치, WC : 순운전자본, TA : 유형자산, IA : 식별가능 무형자산

위의 산식에서 영업권은 기업가치에서 순운전자본과 고정자산, 그리고 식별가능 무형자산 등 순영업자산을 공제한 잔여가치이다. 위의 산식을 보면 기업을 매수하는 경우, 유형자산이나 식별가능 무형자산에 대한 대가 이외에도 아직 영업권의 가치가 남아 있으므로 이에 대하여 별도로 대가를 지불해야 한다는 뜻이 된다. 따라서 어떤 학자들은 모든 영업권 가치 평가 방법들은 결국 잔여법 residual from business enterprise method의 일종일 뿐이며, 방식별로 평가기법상 일부 차이가 있을 뿐이라고 한다. 잔여가치의 원리에 따라 영업권을 평가하기 위해서는 다음과 같은 5가지 단계적 절차를 거치게 된다.

1. 기업가치 business value의 산정
2. 유형자산의 평가
3. 식별가능 무형자산의 평가
4. 기업가치에서 유 · 무형자산 가치 차감
5. 영업권 가치의 산정

[17] 제1장의 '영업권의 회계학적 개념' 부분을 참조할 것.

이와 같은 잔여가치의 원리에 따라 다음의 몇 가지 재무정보를 토대로 간단히 잔여법에 의한 영업권 가치를 산정하여 예시하여 보면 다음 〈표 3-2〉와 같다.

〈재무정보〉

① 장기부채 가치	₩200,000
② 자기자본 가치	300,000
③ 유동자산	250,000
④ 유동부채	220,000
⑤ 고정자산(장부가액)	70,000
⑥ 고정자산(재평가액)	80,000
⑦ 식별가능 무형자산	
(조직화된 노동력)	25,000
(개발소프트웨어)	110,000
(고객목록)	30,000

표 3-2

잔여법에 의한 영업권가치 산정

	유동부채	₩220,000
(+)	기업가치(장기부채 + 자기자본)	500,000
	= (총부채 + 자기자본)	720,000
(-)	유동자산	250,000
(-)	고정자산(재평가액)	80,000
	식별가능 무형자산	
(-)	(조직화된 노동력)	25,000
(-)	(개발소프트웨어)	110,000
(-)	(고객목록)	30,000
	영업권 가치	₩225,000

1.2.2 현금흐름의 자산별 배분

잔여법에 의한 영업권 평가에서 제1단계는 기업가치를 구하기 위하여 대상기업이 창출하는 현금흐름을 구하는 작업이다. 그런데 현금흐름은 대개 기업가치를 가장 잘 반영하는 지표로서 잉여현금흐름 free cash flow을 사용하게 된다. 이러한 잉여현금흐름은 다음 〈그림 3-1〉에서와 같이 기업가치 구성자산별로 각각 배분할 수 있다. 여기서 총잉여현금흐름을 순운전자본이나 고정자산, 그리고 식별가능 무형자산 등에 귀속될 각각의 잉여현금흐름을 기업가치를 구성하는 각 자산의 가치와 위험도에 따라 일일이 배분할 수 있다.

이와 같이 총잉여현금흐름 T_e : total free cash flow은 순운전자본의 잉여현금흐름 WC_e, 고정자산의 잉여현금흐름 FA_e, 식별가능 무형자산의 잉여현금흐름 IA_e 등으로 구성되며, 마지막으로 배분할 수 없는 잔여 현금흐름이 곧 영업권의 잉여현금흐름 VG_e이 된다. 이를 산식으로 나타내면 다음과 같은 잔여법에 의한 잉여현금흐름 산정의 기본모형이 된다.

$$T_e = WC_e + FA_e + IA_e + VG_e$$

$$VG_e = T_e - (WC_e + FA_e + IA_e)$$

T_e : 총잉여현금흐름, WC_e : 순운전자본의 잉여현금흐름, FA_e : 고정자산의 잉여현금흐름 등
IA_e :무형자산의 잉여현금흐름, VG_e : 영업권의 잉여현금흐름

그림 3-1
잉여현금흐름의 자산별 배분

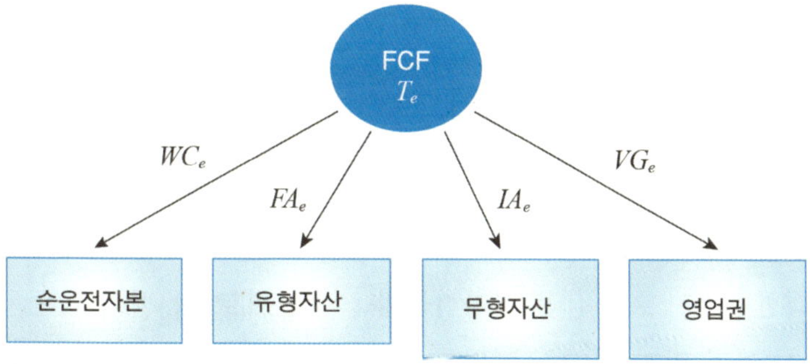

자료: Russell Parr, *Royalty Rates for Licensing Intellectual Property*, 2007, p. 134 참조 재작성

따라서 영업권 평가란 기업가치의 평가이자, 기업 전체 구성자산 각각에 대한 평가 일체를 의미하는 것이다. 잔여법에 의하여 영업권의 가치를 평가하려면, 다음과 같은 단계별 잉여현금흐름 할인 절차를 거쳐 우선 기업가치를 산정한 다음, 각종 구성자산들에 대하여 평가하여야 한다.

1. 기업가치 business value의 산정을 위하여는 종잉여현금흐름을 적정하게 할인하거나 환원하여 현가화한다.
2. 유형자산 및 식별가능 무형자산의 평가에 있어서도 각각의 잉여현금흐름을 적정 요구수익률로 할인하거나 환원하여 가치를 산정한다.
3. 기업가치에서 영업권을 제외한 이들 일체의 유 · 무형자산 가치를 공제하고 남은 영업권의 잉여현금흐름 VG_e에 대하여 할인하거나 환원하여 영업권의 가치를 산정한다.

이렇게 볼 때 비록 재무제표상에 유형자산이나 무형자산으로 계상되지 않은 것이라도 영업권의 발생요소가 될 수 있는 현금흐름이 남게 된다는 것이다. 즉 제품 제조상의 노하우나 기술, 독점적 시장지배력, 시장에서 누리는 소비자들에 의한 명성이나 높은 평판 등은 잔여 개념의 현금흐름이 있으므로 충분히 영업권이 될 수 있다.

이러한 잔여가치는 기업의 개별 구성자산들에 대한 적정가치가 확인되고, 기업가치가 이들 개별자산의 적정가치 합계를 초과하는 경우 그 차액은 더 이상 식별할 수 없게 되어 영업권으로 배분하게 되는데, 이와 같은 잔여가치의 원리는 영업권의 평가에 있어서 가장 기본이 되는 중요한 원리로서 대부분의 영업권 평가에서 일관되게 적용된다.

1.3 무형자산의 다양한 평가방법

영업권 등 무형자산평가 방법은 위에서 설명한 3방식을 근간으로 다양하게 존재하지만, 일반적으로 다음 〈표 3-3〉과 같이 분류할 수 있다. 그리고 이러한 3가지 기본적인 평가접근법을 기본으로 각 방식을 단독으로 적용하거나, 여러 가지 다양한 기법을 혼합하여 적용할 수도 있다. 이와 같이 다양한 평가방법 중에서 어느 방법을 적용하는가는 평가목적이나 대상물건, 평가상황 등에 따라 달라질 수 있다. 그러나 기준시점 현재 대상물건과 동질성이 있는 무형자산에 대한 거래자료를 시장에서 수집할 수 있는 경우에는 비교방식을 우선 적용할 수 있다.

영업권을 평가할 때 「감정평가에 관한 규칙」 제23조에서는 '수익환원법을

표 3-3
다양한 무형자산 가치평가 방법

원가방식 (cost approach)	• **취득원가법** (historical cost method) • **재생산원가법** (reproduction cost method) • **대치원가법** (replacement cost method)
비교방식 (market approach)	• **거래사례비교법** • **로열티면제법** (relief from royalty method) • **시장배수법** (market multiples method)
수익방식 (income approach)	• **로열티면제법** (relief from royalty method) • **초과이익환원법** (capitalized excess earning method) • **다기간초과이익법** (multi-period excess earning method) • **단기간초과이익법** (single-period excess earning method) • **할증이익법** (**유무법**, premium profits method) • **그린필드법** (greenfield method) • **유통업자방법** (distributor method) • **실물옵션가치평가법** (OPM: option pricing model) • **기술요소법** (technical factor approach)

적용하여야 한다'라고 규정하고 있다. 실무적으로 영업권의 개념을 초과이익의 현재가치로 파악하고, 기업가치에서 식별가능한 유·무형자산을 뺀 잔여가치로서 영업권 가치를 측정하는 것이 일반적이다. 이러한 영업권의 개념을 따르면 수익방식이 이론적으로 가장 우수하다고 할 수 있다.

그러나 적정한 평가가액을 도출해 내기 위해서는 가능한 한 다양한 평가방법을 적용하고, 이렇게 도출된 평가금액의 적정성을 여러가지 방법으로 검토·검증함으로써 평가가치의 객관성과 타당성을 높일 수 있다. 따라서 영업권의 감정평가방법을 3방식 적용원리에 따라 시장접근법은 물론 비용접근법 등에 대하여도 다양하게 살펴 볼 필요성이 있다. 그리고 평가작업에 소요되는 비용과 효익을 동시에 고려하여야 한다.

영업권의 가치를 평가할 때 가장 설득력 있는 방법은 거래시장에서 형성되는 거래가격을 기준으로 하는 비교방식일 것이다. 그러나 영업권이 가지는 '무형'이라는 특성 탓에 애초에 '거래시장'이라는 개념을 적용하기가 어렵다. 예컨대 영업권 평가 시 대상 권리와 동일한 권리가 존재하지도 않으므로 거래를 위한 시장이나 사례가 드물고, 설사 거래사례가 있더라도 구체적으로 공개되는 경우가 거의 없어 참고자료로 삼기도 어렵다. 또한 직접 그 가치를 측정하기 곤란하다. 다만 그 기술이 적용된 제품을 통하여 간접적으로 가치를 측정할 수 있을 뿐이다.

따라서 영업권 등 무형자산의 실제 거래가격은 객관적, 과학적 계산 보다는 주로 당사간 간의 협상으로 결정되는 경우가 많다. 이러한 실무 상의 난점 때문에 초과이익법 등 주로 수익방식에 의존하여 평가되는 것이 보통이다.

〈표 3-3〉에는 무형자산 평가 시 적용이 가능한 기법들을 3방식별로 요약 정리하였다. 일반적으로 무형자산 평가실무에서는 무형자산 고유의 특성상 대상자산이 창출하는 미래의 경제적 이익을 현재가치화 하는 수익방식이 가장 많이 적용된다.

그러나 조직화된 노동력이나 정보소프트웨어 등에 대하여는 대치원가를 산정하여 무형자산의 가치를 산정하는 원가방식을 주로 적용하게 된다. 그러나 어느 방식에 의존하든 각 방식의 장단점이 있으므로 타방식에 의한 검증과정이 반드시 병행되어야 합리적인 가치결론에 도달하게 된다는 점에 유의하여야 한다. 각 평가방법의 의미와 적용기법에 대한 구체적인 설명은 뒤에서 다시 자세히 다루기로 한다.

2 가치전제와 가치기준

2.1 가치전제 premises of value

감정평가를 할 때에는 평가대상 자산에 따라 가치에 대한 명확한 정의나 가치전제 premises of value, 그리고 가치기준 bases of value을 내리는 것이 중요하다. 특정한 평가목적을 위해 설계 · 구축된 자산의 가치는 가치전제나 기준을 달리하여 평가하게 되면 전혀 다른 결과를 얻게 된다. 영업권과 같은 무형자산의 평가에 있어서는 특히 그러하다. 왜냐하면 일반적으로 무형자산이나 지식재산은 기업이 특수한 목적으로 소유하고 있고, 또한 대상 특정기업이 이를 보유한 경우에만 최대의 가치를 발휘할 수 있기 때문이다.

이와 같이 가치전제 premises of value란, 주로 평가대상 물건의 가치를 산정할 때 적용되는 상황에 대한 전제로서 계속기업 going concern을 전제로 할 것인가, 청산 liquidation 기업을 전제로 할 것인가의 문제이다. 계속기업가치 going concern value를 기준하는 경우 기업의 존재의미는 향후 사업의 영위를 통한 수익을 극대화하는 데에 있다. 그러므로 특별한 경우를 제외하고는 계속기업을 전제로 평가하여야 한다. 청산가치 liquidation value는 부도발생 등으로 더 이상 사업을 영위할 수 없어 청산을 전제로 할 경우 계속기업가치와 비교 분석하는 데에 많이 사용된다. 자발적, 또는 비자발적 청산에 따라 상이한 평가결과가 나타날 수 있다.

IVS에서는 가치전제 또는 사용의 상정조건 premise of value or assumed use을 '대상자산이나 부채가 어떻게 사용되는가 하는 상황조건'이라고 설명한다. 그리고 다양한 가치기준은 다음과 같은 여러 가지 가치전제나 사용의 상정조건을 요구하는 것이라고 정의하고 있다.[18]

1. 최유효이용 highest & bestues
2. 현행이용/기존이용 current use/ existing use
3. 순차적 청산 orderly liquidation
4. 강제매각 forced sale

여기서 가치 value란 다음과 같이 두 가지로 정의할 수 있다.

첫째, '가치란 어떤 재화나 용역이 다른 재화나 용역을 교환의 대상으로 지배하는 힘'이라는 것이다. 가치에 대한 이 같은 정의는 가치란 재화가 가지고 있는 어떤 내재적 질에 의하여 결정되는 것이 아니라는 것을 의미한다.

둘째, '가치란 소유권이 가지는 장래 기대되는 편익을 현재가치로 환원한 값'이라는 것이다. 이 정의는 화폐가 교환의 매개물로 사용되는 곳에서 보다 쉽게 적용될 수 있는 장점이 있다.

[18] IVS 104, paras. 130~170.

가치의 종류는 무수히 많다. 정당가치, 안정가치, 진성가치, 공정가치, 투자가치, 보험가치, 장부가치, 저당가치, 교환가치, 사용가치, 보상가치, 계속기업가치 등 여러 가지 다양한 가치의 개념을 서로 다른 이름으로 부르고 있어 오해나 혼란을 불러오고 있다. 따라서 「감정평가에 관한 규칙」 제9조에서는 감정평가서에 반드시 기준가치 basis of value를 명시하도록 요구함으로써 이러한 오해의 소지를 없애도록 하고 있다.

2.2 가치기준 bases of value

'기준가치'는 감정평가의 기준이 되는 가치를 말한다(감칙 제2조의 3). 이는 IVS 등의 'basis of value'를 번역한 것으로, 정확한 의미는 '가치기준'이 되어야 한다. 왜냐하면 감정평가에서 구하는 가치는 시장가치가 기본이지만, 감정평가의 의뢰 목적이나 조건 등에 따라 시장가치 외의 가치도 다양하게 존재하기 때문에 감정평가의 수많은 '가치기준'도 개별적으로 객관성 있게 정의되어야 한다.

감정평가서는 의뢰자 뿐 아니라 금융기관 등 제3자에게도 폭넓게 이용되기 때문에 국제평가기준에는 시장가치 외에도 공정가치, 투자가치 등 다양한 가치를 구체적으로 정의하고, 가치기준을 감정평가서상에 명시하도록 하고 있다. 이와 같이 가치는 시장가치 하나만 존재하는 것이 아니라 평가의 목적이나, 조건, 대상물건의 특성 등에 따라 무수히 많은 가치기준이 존재할 수 있다는 '가치의 다원화' 개념이 인정되고 있다.

일본이나 미국, 영국, 그리고 IVSC 등에서 규정하는 가치기준의 종류는 크게 나누면, ① 시장가치, ② 투자가치, ③ 공정가치, ④ 특수가치 등이 있다. 그러나 2017년 개정 IVS에서는 'IVS정의 기준가치'와 '기타기준가치'로 나누고 있다. IVS정의 기준가치에 따르면 기준가치에 대하여는 앞에서 설명한대로 시장가치 등 6가지의 IVS정의 기준가치와 기타기준가치로 나누고 있다.[19]

[19] IVS 104, Bases of Value, par. 20

이는 종전 IVS 2013과는 달리 시장성 여부를 기준으로 하여, 시장가치와 시장가치 외의 가치로 구분하던 것에서 벗어난 방식이다.

즉 2017년 개정 IVS에서는 ① 시장가치는 물론 ② 시장임료 ③ 공평가치 equitable value ④ 투자가치 ⑤ 결합가치 ⑥ 청산가치 등을 기준가치로 나누었다. 또한 기타기준가치 other basis of value로서 ① 공정가치 IFRS ② 공정시장가치 OECD 및 US IRS ③ 법령/규칙에 의한 공정가치 fair value(legal/statutory 등을 들고 있다.[20]

다음 〈표 3-4〉는 IVS가 정의한 다양한 기준가치의 종류 및 정의를 예시한 것이다. 여기서 주의해야 할 점은 '시장성 여부'이다. '시장성이 있는 경우'란, '시장에서 거래가 활발하여 시장증거를 확보하기가 용이한 경우'라고 할 수 있다. 그러나 IVS에서는 '시장성이 없는 경우'라는 용어를 '가치기준'에서 정의하지 않고 있다. 그 대신 앞서 설명한 대로 ① IVS정의 기준가치 IVS-defined basis of value ② 기타기준가치를 다음과 같이 분류하고 있다.[21]

표 3-4
IVS 가치기준

IVS정의 기준가치	기타기준가치 other basis of value
1. 시장가치 market value	1. 공정가치(IFRS)
2. 시장임료 market rent	2. 공정시장가치(OECD)
3. 공평가치 equitable value	3. 공정시장가치(미국, IRS)
4. 투자가치 investment value	4. 법률/법령에 의한 공정가치
5. 결합가치 synergistic value	
6. 청산가치 liquidation value	

자료 : IVSC, *International Valuation Standards 2017*, pp. 17~18.

기타기준가치 other bases of value 감정평가기준은 시장가치 등 IVS정의 기준가치 이외의 가치기준을 확인 · 설명 · 구분하고 그 감정평가에 적용하는 기준이다. 이러한 가치기준의 예로는, 공정가치(국제회계기준에서는 다른 의미로 사용된다)와 같이 한정된 당사자 간에만 합리적인 의미를 갖는 가치, 그리고 감독

[20] *ibid*, paras 30~120
[21] *ibid*, par. 20.1

관청 jurisdiction이 다른 경우에 성립되는 법률 또는 법령에 의한 공정가치 fair value (legal/statutory) 등을 들 수 있다.

기타기준가치 평가에서는 시장가치기준과는 다른 상정조건 assumptions이 적용되어야 하고, 이러한 상정조건이 명확히 확인되지 않으면, 그 감정평가에 대한 오해를 초래할 수 있다. 감정평가사와 감정평가 의뢰인은 시장가치와 여러 가지 기준가치의 차이와 그러한 차이가 감정평가가액에 미치는 영향을 명확히 이해하는 것이 중요하다. 재무보고 목적 평가의 경우 대부분 공정가치를 기준으로 삼고 있으므로 이에 대하여는 뒤에서 다시 상세히 다루기로 한다.

3 영업권의 평가기준

3.1 국제평가기준 IVS

3.1.1 IVS의 개요

'경제의 글로벌화'라는 개념이 본격적으로 등장하게 된 1990년대 중반부터 세계무역기구 WTO의 출범은 국경없는 지구촌 시대를 열었다. 이러한 영향에 따라 회계분야에는 국제적으로 통용될 수 있는 일반적으로 인정되는 회계원칙 GAAP: Generally Accepted Accounting Principles과 기준을 정리한 국제회계기준 IFRS International Financial Reporting Standards이 도입되었다. 이와 더불어 감정평가 분야에서도 각 나라마다 오랫동안 관습적으로 사용되고 있던 감정평가실무와 이론에서 일반적으로 공정타당하다고 인정되는 바를 정리하여 감정평가를 할 때 지켜야 할 원칙과 기준을 설정한 것이 바로 국제평가기준 International Valuation Standards: IVS이다. 이는 곧 일반적으로 인정되는 평가원칙 GAVP: Generally Accepted Valuation Principles이라 할 수 있다.

최근 IVS 2017에서는 ① IVS 기본구조 IVS Framework ② 일반평가기준 General Standards ③ 자산평가기준 Asset Standards 등 3개 부분에 대한 평가기준을 발표하여 시행하고 있다. 이 중에서 영업권의 평가기준은 독립적으로 구성되어 있지는 않으나, '자산평가기준'의 IVS 210(무형자산) 평가기준 부분에서 주로 언급되고 있다. 여기서 무형자산 평가방법으로서 시장접근법, 소득접근법, 그리고 비용접근법을 규정하고 있다. 그러나 그 주요내용은 소득접근법에 관한 규정이며, 구체적으로 다음과 같은 5가지 방법의 정의와 적용절차 등을 제시하고 있다.

1. 초과이익법 excess earnings method
2. 로열티면제법 relief-from-royalty method
3. 할증이익법 또는 유무법 premium profit method or with-and-without method
4. 그린필드법 greenfield method
5. 유통업자방법 distributor method

그러나 이러한 소득접근법의 5가지 방법들은 무형자산에 대한 가치평가 기준이지 반드시 영업권 가치평가 기법은 아니라는 점을 이해하여야 한다. 이에 대하여는 제4장에서 상세히 다루기로 한다. 다음에서는 IVS규정 중 가장 기초를 이루고 있는 기준, 즉 ① 시장가치 평가기준, ② 공정가치 평가기준, ③ 무형자산 평가기준, ④ 감정평가 보고기준에 대하여 차례로 설명하기로 한다.

3.1.2 시장가치 평가기준

시장가치 평가기준 market value basis of valuation은 시장가치를 특정일자의 감정평가의 기본적 측정원칙으로 하는 감정평가의 기준이다. 제2장에서 서술한대로 IVS가 정의하는 시장가치 market value는 다음과 같다.[22]

> "대상자산이나 부채를 적절한 기간 동안 시장에 공개한 후 그 자산의 내용에 정통하고 분별 있는 매매의사를 가진 매수자와 매도자 간에 강요됨이 없이 정상적인 거래에서 기준시점 현재 교환되어야 할 추산가액이다."

[22] IVSC, IVS 104, paras 30.1~30.7

이러한 IVS의 시장가치 정의를 구체적으로 나누어 하나하나 설명하면 다음과 같다.

① '추산가액' estimated amount이란 독립적인 거래관계에서 화폐액으로 표시된 대상자산이나 부채의 가격을 말한다. 이 경우의 시장가치는 그 정의를 충족하는 상황에서 기준시점 현재 합리적으로 시장에서 받을 수 있는 가능성이 가장 높은 가격으로 측정된다. 이러한 가격은 매매 당사자 모두가 가장 합리적으로 주고받을 수 있는 가장 유리한 최선의 가격이다.

② '교환되어야 할' should exchange이라는 의미는 미리 결정된 금액이나 실거래가격이 아니라 추산금액을 말한다. 즉 기준시점일 현재 시장가치의 정의에 해당하는 모든 요소를 충족시키는 거래에서의 가격이다.

③ '기준시점 현재' on the valuation date라고 함은 그 추정시장가치는 일정 일자와 같이 시간적으로 특정된다는 의미이다. 왜냐하면 시장과 시장상황은 항상 변동하므로, 그 추정가치는 기준시점 이외의 다른 시점에서는 부정확하거나 부적절할 수 있기 때문이다. 또한 이 정의는 계약이행과 동시교환을 가정한다. 그렇지 않으면 가격의 변동이 있을 수 있다.

④ '매매의사를 가진 매수자' willing buyer는 자발적 매수의사를 가진 자를 말한다. 이 매입자는 현실화될 수 없거나 존재할 것으로 예상할 수 없는 가상적인 시장이 아니라, 현재의 시장상황과 시장의 예상에 따라서 구매하고, 시장에서 요구하는 가격보다 높게 지불하지 않는다.

⑤ '매매의사를 가진 매도자' willing seller는 제시되는 어떤 가격에라도 매도할 준비가 되어 있을 만큼 과도하게 의욕적이지 않으며 매도를 강요받지도 않는 자이고, 현재의 시장에서 합리적이라고 생각되지 않는 가격으로 매도하려고도 하지 않는다.

⑥ '정상적인 거래' in an arm's length transaction란 특수관계가 있는 당사자(예컨대 모회사와 자회사 또는 임대인과 임차인) 간이 아닌 거래를 말하고, 특수관계는 가격수준을 그 시장의 특성에 맞지 않게 왜곡시키거나 특수가치 요소 때문에 가격이 인상될 수 있다.

⑦ '적절한 기간 동안 시장에 공개한 후' after proper marketing라는 말은 시장가

치의 정의에 따라 합리적으로 얻을 수 있는 최선의 가격으로 처분될 수 있도록 가장 적절한 방법으로 시장에 공개되는 것을 말한다.

⑧ '그 자산의 내용에 정통하고 분별 있는' knowledgeably, prudently 이란 말은 기준시점일 현재 매수자와 매도자가 대상자산의 성질과 특징, 실제 용도와 잠재적 용도 그리고 시장상황 등에 대하여 합리적인 정보를 가지고 있고, 그러한 지식을 가지고 자신의 이익을 위하여 행동하며, 각자의 입장에서 신중하게 최선의 가격을 추구한다고 보는 것이다.

⑨ '강요됨이 없이' without compulsion 란 말은 거래가 강제로 또는 부당한 위압에 의하여 체결되지 아니하고, 자발적 매수의사에 의하여 이루어짐을 확인하는 것이다. 시장가치는 매도원가 또는 매수원가 costs of sale or purchase, 그리고 관련 세금의 상계 offset for any associated taxes를 고려하지 않고 추정한 자산의 가치이다.

시장가치를 추정하기 위하여 감정평가사는 먼저 최유효이용 highest and best use or most probable use을 결정해야 한다. 최유효이용은 대상자산 현재용도의 계속일 수도 있고 다른 대체용도일 수도 있다. 이러한 결정은 시장증거 market evidence에 의하여 이루어진다.

시장가치는 대상자산의 성질과 거래될 가능성이 가장 높은 시장의 상황을 반영하는 감정평가 방법과 절차를 적용하여 추정된다. 시장가치를 추정하는 가장 일반적인 방법은 첫째, 거래사례비교법 sales comparison approach이다. 이를 시장접근법, 상대가치법이라고도 하는데 비교방식의 대표적인 방법의 하나이다. 둘째, 수익환원법 income capitalization approach이다. 이를 이익접근법 또는 수익가치법이라고도 하는데, 수익방식의 대표적인 방법의 하나이다. 셋째, 원가접근법 cost approach이 있다. 이를 자산가치법 또는 원가방식이라고 한다. 일반적으로 자료의 이용가능성과 대상 시장 또는 자산 자체의 상황 여하에 따라 세 가지 방법 중 가장 적합하고 적절한 평가방법이 결정된다. 하지만 모든 시장가치 측정방법이나 기법, 절차가 적용가능하고 다음의 두가지 유의점에 입각하여 정확히 적용되었다면, 시장근거기준 market-derived criteria에 의한 시장가치를 도출할 수 있다.

1. 거래사례비교나 다른 시장비교도 시장의 관찰 observations로부터 전개되어야 한다. 할인현금흐름분석법 discounted cash flow analysis을 포함한 수익환원법은 시장에서 결정되는 현금흐름과 시장에 근거한 수익률을 기초로 하여야 한다.
2. 건축비와 감가수정은 시장에 기초한 원가추정액과 감가수정 누계액의 분석 결과를 참작하여 결정되어야 한다.

대상자산이 그 시장에서 통상적으로 거래되는 방식에 따라 시장가치를 추정하는 감정평가방법과 절차의 적용가능성이 달라진다. 감정평가사는 모든 시장가치 감정평가업무를 수행할 때에 각 방법을 고려하여 가장 적절한 감정평가방법을 결정한다. 시장가치라는 표현은 회계기준에서 보통으로 쓰이는 공정가치 fair value라는 용어와 일반적으로 일치하지만, 모든 경우에 있어서 정확히 같은 개념은 아니다. 고정자산의 공정가치는 통상적으로 그 시장가치이다.

3.1.3 공정가치 평가기준

공정가치 fair value의 개념에 대하여는 과거로부터 학자들간에 많은 논란이 있어 왔다. 그에 따라 공정가치의 개념은 그 동안 계속 변화하여 왔다. 그러나 한국채택국제회계기준 K-IFRS에서의 공정가치는 '독립된 당사자 사이의 거래에서 자산이 교환되거나 부채가 결제될 수 있는 금액으로서 측정일에 시장참가자 사이의 정상거래에서 자산을 매도하면서 수취하거나 부채를 이전하면서 지급하게 될 가격'인 것이다. 그리고 기업회계기준 제19장에서는 공정가치를 좀 더 구체적으로 정의하고 있다.

> "합리적인 판단력과 거래의사가 있는 독립된 당사자 사이의 거래에서 자산이 교환되거나 부채가 결제되거나 부여된 지분상품이 교환될 수 있는 금액"

재무보고목적의 감정평가는 일반적으로 공정가치를 기준으로 한다. 대개 공정가치와 시장가치는 유사한 개념이지만 동의어는 아니다. 양자는 다음과 같은 차이가 있다.

1. 공정가치는 거래상의 유·불리를 고려하는 거래당사자 간에 합리적으로 합의된 공정한 가격을 의미한다. 그러나 시장가치는 이러한 특정당사자 간의 시너지가치는 고려하지 않는다. 교환거래에 있어 비시장가치로서의 공정가치는 특정당사자에게만 합리적인 의미를 갖는다.
2. 시장가치는 공정가치와 달리 가격이 양당사자에게 공정한 것이 되기를 요구하지 않는다. 이는 다만 시장참가자가 일반적으로 결정 가능한 가격일 따름이다.
3. 공정가치는 시장가치보다 더 넓은 개념이다. 즉 양 당사자간에 공정한 가격이 일반 시장에서도 성립될 수 있지만, 시장가치에서는 배제하는 사항들을 공정가치평가에서는 고려하는 경우가 있다.

감정평가 실무기준에서는 '재무보고평가는 공정가치를 기준으로 감정평가한다'라고 규정하고 있으며(740-3 제1항), 제2항에서는 '제1항의 공정가치는 K-IFRS에 따라 자산 및 부채의 가치를 추정하기 위한 기본적 가치기준으로서 합리적인 판단력과 거래의사가 있는 독립된 당사자 사이의 거래에서 자산이 교환되거나 부채가 결제될 수 있는 금액을 말한다'라고 규정하고 있다. 이는 바로 재무보고 목적 감정평가의 기준은 공정가치이고, 그 공정가치는 K-IFRS상의 공정가치임을 명문화하고 있는 것이다.

이와 같이 공정가치는 자산의 교환을 하고자 하는 특정한 양 당사자 간에 합리적으로 합의하여 결정된 가격을 말한다. 당사자 사이에 서로 특별한 관계가 없이 정상적인 거래를 하면 되므로, 자산은 광범위한 시장에 방매될 필요가 없다. 따라서 합의된 가격은 일반적인 시장에서보다는 관련 당사자가 보유한 권리에 대한 특정 이익(혹은 손실)을 반영한 결과가 된다.

결국 회계기준에서 사용하는 공정가치 개념은 일반적으로 감정평가에서 사용하는 시장가치와 유사한 개념이지만, 공정가치는 시장가치보다 광범위한 개념이라 볼 수 있다. 일반적으로 특정 당사자 사이에서 공정한 의미를 갖는

가격은 다른 시장참가자에게도 공정한 의미를 갖는다. 그러나 경우에 따라 공정가치 산정 시 고려하는 사항들 중 일부는 시장가치 산정에서는 고려하지 않는다.

공정가치는 기업체의 M&A시 지분 취득을 위한 가격산정 등에 흔히 적용된다. 특정 당사자 사이에서만 발생하는 특수한 증분가치는 해당 당사자 간에는 공정한 가격일 수 있지만 일반시장에서 형성되는 가격과는 다를 수 있다. 그러나 시장가치는 이와 같은 특수가치(여기서는 결합가치)의 요소는 배제한다. 재무보고평가 외에 다른 목적의 감정평가에서 공정가치는 시장가치와 구분될 수도 있다. 공정가치는 해당 거래에서 얻게 될 이익(손실)을 고려한 특정 당사자 사이에서 공정한 의미를 갖는 가격을 의미하기 때문이다. 즉 당사자간 거래에서만 유효하므로 감정평가에서 말하는 한정가격의 성격을 지니게 되는 것이다. 공정가치의 예로는 임대차 계약의 명도나 기한연장에 대한 대가를 반영한 임대인과 임차인 사이에 합의된 가격 또는 비상장기업에서의 주식양도 transfer of shares 시 주식거래 가격 등이 있다.

3.1.4 무형자산 평가기준

1) 초과이익법 excess earnings method

초과이익법은 대상 무형자산에 귀속되는 현금흐름을 현재가치로 환원하여 무형자산의 가치를 추계한다. 초과이익법은 단일기간의 예상현금흐름에 적용되거나 다기간의 예상현금흐름에 적용될 수 있다. 전자를 단기간초과이익법 single-period excess earnings method 후자를 다기간초과이익법 MPEEM: multi-period excess earnings method이라 한다. 실무에서 무형자산은 정상적인 경우 여러 기간에 걸쳐 화폐적 편익을 창출하기 때문에, 다기간초과이익법이 더 흔하게 사용된다. 이 방법은 대상무형자산을 사용하는 기업으로부터 발생할 것으로 기대되는 현금흐름을 예측하는 과정을 포함하고 있다. 이러한 현금흐름의 예측으로부터 대상무형자산 외에 유형, 무형 및 화폐성자산에 의한 현금흐름의 기여자산공헌율은 공제된다. 영업권의 효과는 무형자산의 평가가치에서 배제되어야 한다.

이것은 다음과 같은 것을 확인함으로써 행해질 수 있다.

- 예상현금흐름은 평가시점 현재의 현존자산 assets in existence 으로부터 발생할 것으로 기대되는 정도까지만 예측에 반영된다.
- 현금흐름에 대한 보정은 식별불가능 무형자산인 조직화된 노동력 assembled workforce 이나 기타 미래의 경제적 이익을 발생시키는 요인 등 가치에 기여하는 영업권의 구성요소에 대해 행해진다.

예상현금흐름은 현재가치법 present value technique 과 적절한 할인율의 적용 또는 단순한 경우 자본화계수 capitalization factor 의 적용에 의해 자본가치로 전환된다. 그리고 대상무형자산 외의 자산에 의한 현금흐름 기여는 기여자산공헌율(액) contributory asset charge: CAC 또는 경제적 임료 economic rent 로 알려져 있다. 이러한 기여자산은 대상무형자산이 현금흐름을 창출하는 것을 지원한다. 기여자산의 공정수익을 결정하기 위해서는, 그것의 가치가 결정되어야 한다. 기여자산의 공정가치를 추계하는 경우 개입될 수 있는 어떤 주관성이나 불확실성이 초과이익법의 신뢰성을 제한할 수 있다. 따라서 초과이익법의 신뢰성을 다른 이용가능한 평가방법의 그것과 비교해야 한다.

• **적용방법** 초과이익법은 경제적 이익이나 현금흐름의 가치를 평가하기 위하여 일반적으로 1차적이거나 가장 중요한 단일 무형자산에만 적용되어야 한다. 예를 들어, 제품이나 서비스를 제공하는 데 있어 기술과 상호를 모두 사용하는 기업의 무형자산을 평가할 때(즉, 기술 및 상호와 관련된 수입이 동일한 경우), 초과이익법은 무형자산의 가치를 평가하기 위해서만 사용되어야 하고, 대안적 방법은 다른 자산에 대해서 사용되어야 한다. 단, 회사가 각기 다른 기술을 사용하고, 각각 별개의 수입 및 이익을 발생시키는 여러 제품라인을 보유한 경우, 초과이익법은 여러 다른 기술 평가에 적용될 수 있다.[23] 이 방법을 적용하는데 요구되는 기본투입변수로는 다음과 같은 세가지가 가장 중요하다.

---

[23] IVS 210, par 60.17.

1. 대상무형자산이 현금흐름에 기여하는 사업으로부터 획득가능한 예상현금흐름 : 이것은 대상무형자산으로부터 파생가능한 소득 전부를 포괄하는 기업의 최소 사업단위나 집단 smallest business or group of businesses에 소득과 경비를 적절히 할당하는 것을 포함한다.
2. 다른 무형자산을 포함하여, 그러한 사업에 속해 있는 다른 모든 자산의 기여자산공헌율(액)
3. 대상무형자산에 귀속되는 기대현금흐름을 자본가치로 전환하기에 적절한 할인율, 또는 자본화배수

전형적으로 초과이익법을 사용하여 평가되는 무형자산 유형은 한 집단 내에서 다른 자산과 결합하여 현금흐름에 기여하는 자산유형이며, 다른 대체적 가치추계기법을 이용할 수 없는 경우이다. 실무에서 이 방법은 진행중인 연구개발비 in-process research and development, or 'IPR&D'의 가치를 평가하는데 빈번히 사용된다. 각각의 IPR&D 프로젝트는 독특한 성격이 있으므로 유사성있는 자산의 시장거래가 거의 없고, 따라서 비교접근법은 사용가능하지 않다. IPR&D 프로젝트의 성격은 현금흐름(또는 비용절감)을 창출하는 자산에 앞서 추가적인 개발시간과 비용이 예상된다는 것이다. 다기간초과이익법과 같은 할인현금흐름분석법이 현금흐름을 창출하는 자산에 앞서 이들 비용을 반영하기 위해 채택될 수 있다. 그러나 로열티면제법이나 할증이익법은 가능하지 않을 것이다.

이 방법은 또한 실무에서 고객관계 customer relationships 또는 고객계약 customer contract의 가치를 평가하는데 빈번히 사용된다. 다시 말하면, 이용가능한 가격정보에 대한 유사한 자산의 시장거래가 거의 없어서 시장접근법이 가능할 것 같지 않은 경우가 있다. 뿐만 아니라, 시장에서 임대차되는 것이 아니기 때문에 로열티율의 근거로 할 어떠한 자료도 이용가능하지 않은 자산에 대해 로열티면제법을 적용하기는 어려운 것이다. 이와 마찬가지로 고객관계를 갖지 않는 비교가능성이 있는 사업을 발견하기 어렵기 때문에 할증이익법을 적용하는 것도 불가능하다.

• **기여자산공헌율(액)** contributory asset charge: CAC 대상자산의 가치평가에서 초과이익법을 적용하는 경우, 분석대상 현금흐름에 대한 다른 자산의 기여분

은 제외되고 산정하여야 한다. 이것은 그와 같은 자산과 관련한 기여자산공헌율(액)을 공제함으로써 행해진다. 그러한 공헌율(액)은 예측재무정보의 한 유형이다. 여기서 현금흐름이 세후기준으로 예측된다면, 기여자산공헌율도 세후기준으로 결정되어야 한다. 현금흐름이 세전기준으로 예측된다면, 기여자산공헌율도 세전기준으로 결정되어야 한다. 기여자산공헌율(액)의 결정은 일반적으로 다음과 같은 세 단계를 거친다.

1. 현금흐름에 기여하는 자산의 확인
2. 기여자산의 공정가치 측정
3. 기여자산의 자본가치에 대한 적절한 요구수익률의 결정

기여자산공헌율(액) 공제의 기초가 되는 원리는 다음과 같다.

1. CAC는 대상무형자산과 함께 미래 현금흐름 창출에 기여하는 영업권 요소를 포함하여 모든 자산에 대해 행해져야 한다.
2. 어떤 자산에 대해 요구되는 기여자산공헌율이 하나 이상의 동일계열의 사업과 관련 있는 경우, 그 자산의 기여자산공헌율은 관련사업의 서로 다른 계열에 적절히 배분되어야 한다.

기여자산공헌율을 계산하는 자산에는 전형적으로 운전자본, 고정자산, 대상 무형자산 외의 무형자산, 그리고 조직화된 노동력 assembled workforce에 근거한 무형자산 등이 있다. 이익 및 손실계정에서의 부담과 수행된 기여자산공헌율 사이에 이중계산이 없다는 것을 확실히 해야 하고, 이와 마찬가지로 어떤 기여자산공헌율도 누락되어서는 안된다.

기여자산공헌율은 일반적으로 기초자산 underlying asset 가치에 대한 공정한 수익과 투하자본회수로 계산된다. 기여자산에 대한 수익은 투자자가 그 자산에 대해 요구하는 투자수익 investment return이다. 투자자가 요구하는 이러한 수익은 그 자산의 공정가치에 의해 계산된다. 기여자산에 대한 회수는 시간에 따라 퇴화하는 자산과 관련한 원래의 투자분의 회수 recovery이다. 따라서 유형고정자산의 경우 그러한 자산의 회수는 그 감가상각 부담으로 표시될 것이다.

유형자산의 경우, 자산에 대한 공정한 수익과 회수는 그 자산의 사용에 대

해 지불될 것으로 요구되는 금액이다. 이것은 그 자산의 수익과 회수에 대한 구성수치 composite figure를 제시하는 임대차계약이나 할부구입으로부터 결정할 수 있을 것이다. 대안적으로 가상적 notional 감가상각 부담이나 할당된 자본적 지출 부담(초과이익법은 할인현금흐름을 사용하기 때문에, 감가상각은 비현금부담으로서 다시 가산되어야 한다)이 그 자산의 수익에 대한 대안으로 사용될 수 있을 것이다. 그런 경우 자산에 대한 수익률은 시장에서 그 자산을 매수하기 위해 부담해야 하는 이자율에 근거하여 결정될 수 있을 것이다.

운전자본과 관련하여 이자부담이 현금흐름예측에서 차감되는지를 주의 깊게 고려해야 한다. 이자부담은 전형적으로 현금흐름에서 제외되는 것이지만, 유형자산과 무형자산에 대한 차입조달금리를 반영하는 자본비용으로 할인하는 것을 통해 반영된다. 운전자본에 대한 추가적인 공정수익을 반영하기 위해서는 적절한 조건을 가진 은행대출에 대한 이자율이 적용되어야 한다. 운전자본은 시간에 따라 퇴화되는 자산, 즉 '소모성' 자산이 아니므로 운전자본의 회수는 기여자산공헌율로 요구되는 것이 아니라 그 자산에 대한 공정한 수익률 fair return on만 요구된다.[24]

로열티면제법에 따라 평가된 기여 무형자산의 경우, CAC는 로열티에 대해 동등하게 평가되어야 한다(일반적으로 세후 로열티 비율로 조정됨).[25] 조직화된 노동력 assembled workforce과 관련하여, 인력을 적재적소에 배치하는데 관련된 비용이 있고, 그런 측면에서 조직화된 노동력 부담에 대한 수익이 요구된다. 이에 대한 수익은 조직화된 노동력 자산의 공정가치에 대해 요구되는 수익률로 결정할 수 있다. 조직화된 노동력 자산은 일반적으로 원가방식으로 평가된다. 그리고 이 자본가치에 대한 적정수익률은 일반적으로 그 조직화된 노동력을 기용하고 있는 기업에 대한 자본비용을 고려하여 결정된다.

영업권의 요소에 대한 CAC가 적절한지 여부의 결정은 관련 사실 및 특정 상황에 대한 환경의 분석에 근거해야 하며, 평가사는 주변상황이 그러한 공헌

[24] IVS 210, par 60.15
[25] IVS 210, par 60.16.

분을 보증하지 않는 경우에는 CAC 또는 영업권의 요소에 대한 대체적 조정을 기계적으로 적용하지 않아야 한다. 수량화할 수 있을 경우, 조직화된 노동력은 일반적으로 CAC가 적용되는 영업권의 유일한 요소이다. 따라서, 평가사는 조직화된 노동력 이외의 모든 영업권적인 요소에 대해 CAC를 적용하기 위한 충분한 기준을 확보해야 한다.[26]

무형자산에 대한 적정수익률은 그 자산을 임대차하기 위해 부담하는 가설적 로열티율에 근거하여 결정될 수 있다. 대안적으로 그 자산이 기업과 별개로 사용될 수 있다면, 그 자산에 대한 수익은 가설적 자본비용에 근거하여 결정될 수 있을 것이다. 마지막 단계에서는 사용된 모든 기여자산공헌율의 합리성에 대하여 검토하여야 한다. 가중평균자산수익률 WARA을 계산하기 위해서는 각 자산에 대한 기여자산공헌율을 그것의 공정가치로 곱하고 그 결과를 모두 합해야 한다. 그리고 이 합산치를 기업에서 사용된 모든 자산의 총가치로 나누어야 한다. 그 결과는 기업의 WACC와 근사치가 될 것이다.

대상 영업권에 대한 기여자산공헌율을 산정하기 위하여 유형 및 무형의 기여자산들에 대한 가치를 각 자산의 특성에 따라 수익방식(로열티면제법, 유무법 등), 원가방식, 비교방식 등의 방법을 이용하여 적정하게 평가하고, 이에 대한 기여자산공헌율 contributory asset charge: CAC을 산정한다. 여기서 CAC를 산출하는 방법에는 다음에 설명하는 바와 같이 총리스료법 gross lease method과 자산수익률법 return on asset method이 있다.

1. 총리스료법 gross lease method

리스료와 유사한 개념으로 CAC를 정의한다. 리스료에는 기여자산을 할부구매한다고 가정할 경우의 연간구매원가 및 이자비용이 함께 포함되어 있다고 볼 수 있다. 이때 기여자산에 대한 연간 구매원가는 해당 자산에 대한 감가상각비와 유사한 개념이다. 따라서 총리스료법에서의 기여자산공헌율은 감가상각비 차감전이익인 EBITDA로부터 차감한다.

---

[26] IVS 210, par 60.13

2. 자산수익률법 return on asset method

기여자산에 대한 이자비용만을 기여자산공헌율의 개념으로 보기 때문에 기여자산공헌율은 감가상각비 차감후 이익인 영업이익 EBIT으로부터 차감된다. 이론적으로 총리스료법이나 자산수익률법의 두 방법 중 어떠한 방법을 이용하더라도 기여자산공헌율 CAC은 유사한 결론에 도달하게 된다.

① 순운전자본 net working capital의 기여자산공헌율

첫째, 추정 매출액 Rv 대비 순운전자본 비율ⓐ을 산출한다. 일반적으로 과거 평균 매출액대비 순운전자본 비율을 이용한다. 둘째, 순운전자본에 적용할 자산수익률ⓑ을 결정한다. 순운전자본은 회사의 영업을 위해 필요한 단기자본의 성격을 가지고 있으므로 회사의 단기차입금 조달금리인 평균지급이자율을 적용한다. 셋째, 순운전자본의 CAC비율ⓒ를 산출한다. 앞에서 구한 추정 매출액 대비 순운전자본 비율ⓐ에 수익률ⓑ을 곱하여 산출한다. 넷째, 추정 매출액에 앞에서 구한 CACⓒ을 곱하여 순운전자본의 기여자산공헌율 CACAW을 산출한다. 이를 산식으로 나타내면 다음과 같다.

$$CAC_{WC} = \frac{WC}{R_V} \times ROR_{WC}$$

ⓒ = ⓐ × ⓑ

② 고정자산 fixed asset의 기여자산공헌율

첫째, 해당 고정자산에 대한 적정리스료 lease paymentⓐ를 산출한다. 고정자산을 해당 내용연수 동안 리스했을 경우 매년 일정 리스료의 현재가치 합이 고정자산의 공정가치와 동일하다는 가정 하에 적정 리스료를 산출한다. 사업부별 고정자산 금액을 산출하는 경우 회사 전체의 고정자산을 적정 기준으로 사업부별로 배분한다. 둘째, 고정자산의 CACⓑ를 산출한다. 앞에서 구한 적정리스료를 매출액으로 나누어 산출한다. 셋째, 고정자산의 기여자산공헌율을 추정 매출액 Rv에 앞에서 구한 유형자산의 CAC ⓑ를 곱하여 산출한다. 즉 다음 산식과 같이 고정자산의 기여자산공헌율 CACFA을 산정하게 된다.

$$CAC_{FA} = \frac{FA}{R_V} \times ROR_{FA}$$

ⓒ = ⓐ × ⓑ

③ 노동력 assembled workforce의 기여자산공헌율

노동력의 기여자산공헌율은 회사가 보유하고 있는 인력의 경험, 생산성 등에 대한 대가로 회사가 매년 지불해야 하는 금액을 의미한다. 회사의 보유 인력에 대한 인건비는 이미 매출액대비 이익률에서 고려되었기 때문에 노동력의 기여자산공헌율은 신규로 인력을 고용하여 현재의 매출액 수준을 유지하기 위해 동 인력을 숙련시킨다는 가정 하에 매년 지불해야 하는 금액을 포함한다. 노동력의 기여자산공헌율은 다음의 3단계 절차로 산정할 수 있다.

첫째, 현재 매출액 수준을 유지하기 위한 신규 인력의 채용비용 및 교육훈련비용ⓐ을 산출한다. 둘째, 노동력의 요구수익률ⓑ을 산출한다. 앞에서 구한 신규인력의 채용비용 및 교육훈련비용ⓐ을 매출액으로 나누어 매출액기여율을 산출한다. 셋째, 노동력의 매출액기여율에 노동력의 자산수익률 RORAW을 곱하여 조직화된 노동력의 기여자산공헌율 CACAW을 산정한다. 그 산식은 다음과 같다.

$$CAC_{AW} = \frac{AW}{R_V} \times ROR_{AW}$$

ⓒ = ⓐ × ⓑ

결과적으로 대상기업의 EBIT에서 위와 같은 방법으로 산정된 각 기여자산에 대한 CAC 및 법인세비용을 차감하여 평가대상 무형자산으로부터 창출되는 세후현금흐름 ATCF을 산정할 수 있는 것이다..

2) 로열티면제법 RFRM

로열티면제법 relief-from-royalty method 또는 로열티절감법 royalty savings method은 대상 무형자산에 대한 로열티지불액에 근거하여 무형자산의 가치를 평가한다. 로열티면제법은 제3자로부터 그 자산의 사용권을 라이선싱하는 것과 그 자산의 소유를 통해 절감되는 가설적 로열티 지불액을 자본화한 가치와 비교하여 무형자산의 가치를 결정한다. 이 방법에서는 가설적 라이선스 사용자 licensee가 가설적 라이선스 소유자 licensor에 대해 자산의 수명기간 중 지불할 총 로열티를 추계해야 한다. 자산의 경제적 수명기간 중 가설적 로열티 지불액은 세금절감액 만큼 수정되고, 현재가치로 할인되어 자본화된다.

로열티율은 전형적으로 대상자산을 사용할 때 창출될 것으로 기대되는 매출액의 일정비율로 적용된다. 어떤 경우 로열티 지불액은 매출액이나 그 외 재무변수에 근거한 기간별 금액에 더해 선불일시금을 포함할 수도 있다. 로열티면제법의 적용에는 다음과 같은 투입변수들이 요구된다.

1. 로열티율 및 이에 대응하는 재무변수, 예컨대 매출액의 일정률 등 대상 무형자산 사용권리에 대하여 자발적 라이선스 사용자 licensee가 자발적 라이선스 소유자 licensor에게 정상거래 arm's length transaction에서 가설적으로 지불할 금액
2. 매출액과 같은 재무변수에 대한 예측, 그리고 자산의 수명예측 및 자산의 수명기간에 걸쳐 적용될 로열티율 예측
3. 가설적 로열티지불액에 대해 획득가능한 세금절감율
4. 라이선스 사용자가 자산활용으로 절감할 수 있는 마케팅비용 및 기타비용
5. 추계된 기간별 로열티 지불액을 단일 자본가치로 전환하는데 사용되는 할인율
6. 단순한 평가의 경우 일정한 현금흐름에 적용하기 위한 자본화배수 capitalization multiples

• **로열티율의 결정** 로열티율은 흔히 외관상 유사성있는 자산일지라도 시장에서는 상당히 다를 수 있다. 평가사는 전형적 사업자가 그 자산을 사용하여 창출하는 매출로부터 획득할 것으로 기대되는 영업이익에 근거하여 가정한 로열티 투입변수를 신중하게 비교 검토할 필요가 있다. 로열티면제법에서 주요 투입변수는 자발적 라이선스 사용자가 자발적인 라이선스 소유자에게 자산의 수명기간 중 대상자산을 사용하는 대가로 지불하는 가설적 로열티율

hypothetical royalty rate이다. 시장가치 기준 하에서는 무형자산 소유자와 사용자는 자산의 매매인이 아니라 임대차하여 사용하는 시장참가자들을 상정해야 한다. 로열티율에 관한 정보는 대상자산이 시장에서 라이선스된 기존 또는 과거 계약에 의해 수집될 수도 있고, 아니면 동일하거나 유사한 자산의 라이선스계약에 근거할 수도 있다. 그리고 수집된 로열티 정보는 비교가능한 로열티계약 사례와 대상자산 사이의 격차를 반영하기 위해 보정되어야 한다. 대상자산과 로열티계약 사례간 격차율 비교요인에는 다음과 같은 것이 포함된다.

1. 관련당사자 등 로열티율에 영향을 미치는 특정 라이선스 소유자 및 사용자요인
2. 독점조건 등 로열티율에 영향을 미치는 특정 라이선스 소유자 및 사용자요인
3. 라이선스 소유자 및 사용자 간에 마케팅이나 광고 등 특정비용 부담책임 등
4. 라이선스의 개시일과 유효기간
5. 라이선스의 지속기간
6. 시장지위, 지리적 범위, 용도, 그 자산들이 기업간(B2B)이나 기업과 고객간(B2C) 제품 관계에서 사용되는지 여부 등과 같은 차별화된 특성

• **적용방법** 로열티 현금흐름 계산시 대상자산의 유지관리비는 일관성 있게 처리되어야 한다. 즉 라이선스 소유자가 대상자산에 대한 유지관리비 지출, 예컨대 광고비나 유지를 위한 연구와 개발비 등을 부담한다면, 로열티 현금흐름 산정 시에도 이를 반영해야 한다. 만약 유지관리비지출이 로열티율에 포함되어 있지 않다면, 이를 로열티 현금흐름계산에서 제외하여야 한다. 마찬가지로 세금도 로열티 현금흐름 산정시 일관성 있게 처리하여야 한다. 그리고 선정된 로열티율에 대하여는 합리성 reasonableness 검토가 수행되어야 한다. 만약 선정된 사례 로열티율이 총이익 gross profit인가, 아니면 영업이익 operating profit인가의 특정기준에 따라 전체이익 total profit을 비교하여 라이선스 수수료 결정에 사용하여야 한다.

라이선스 사용자와 라이선스 소유자 각자가 어느 정도의 이익을 나눌 것인지 검토하여 이익배분 profit split의 합리성을 검토할 수 있다. 로열티면제법을 적용하는 주요 단계는 다음과 같다.[27]

1단계 (예상매출액 추정) 대상 무형자산의 수명기간 동안 평가되는 무형자산과 관련된 예측치를 추산한다. 대부분의 로열티는 매출액의 비율로 지급되기 때문에 예상되는 가장 일반적인 통계치는 매출액이다. 그러나 특정 평가에서는 단위당 로열티와 같은 다른 측정항목이 적절할 수 있다.

2단계 (로열티율의 추산) 대상 무형자산에 대한 로열티율을 추산한다. 가설적 로열티율을 도출하기 위해 두 가지 방법을 사용할 수 있다. 첫 번째는 비교할 만하거나 유사한 거래에 대한 시장 로열티를 기반으로 한다(비교방식). 이 방법의 전제조건은 정상거래에 따라 정기적으로 라이선스되는 비교 가능한 무형자산 거래사례의 존재이다. 두 번째 방법은 자발적 라이선스 사용자가 대상 무형자산을 사용할 권리를 자발적 라이선스 소유자에게 양도함에 의하여, 정상거래를 하면서 가설적으로 지급될 이익의 배분을 기반으로 한다(상관행법).

3단계 (로열티의 산정) 무형자산을 소유함으로써 회피된 로열티 지불액을 계산하기 위해 선택된 로열티율을 1단계에서 구한 예측치에 적용한다.

4단계 (기타추가비용의 추정) 대상 자산의 라이선스 소유자가 책임져야 할 추가비용을 추정한다. 여기에는 일부 라이선스 소유자가 요구하는 착수금이 포함될 수 있다. 비용(예 : 유지보수, 마케팅 및 광고)이 라이선스 소유자의 책임인지 또는 라이선스 사용자의 책임인지 여부를 결정하기 위해 로열티율을 분석해야 한다. "총"로열티율은 라이선스 자산의 소유권과 관련된 모든 책임 및 비용을 라이선스 소유자가 부담하는 것으로 고려할 것이다. 반면에 "순" 로열티율은 라이선스 자산과 관련 된 일부 또는 모든 책임 및 비용을 라이선스 사용자가 부담하는 것으로 고려할 것이다. 로열티가 "총" 또는 "순"인지 여부에 따라 평가는 가설적 라이선스 자산과 관련된 유지보수, 마케팅 또는 광고 비용과 같은 비용 공제를 각각 제외하거나 포함해야 한다.

5단계 (TAB의 산정) 가설적 비용과 로열티 지불액이 세금 공제가 되는 경우, 무형자산의 소유와 관련된 세금절세효과를 결정하기 위해 적정한 세율을 적

[27] IVS 210, par 60.19

용하여 평가한다. 그러나 특정 목적(예 : 대체가격)의 경우 세금의 영향은 일반적으로 평가에서 고려되지 않으며, 이 단계는 생략된다.

6단계 (적정할인율의 결정) 대상 무형자산과 현가화를 위해 적절한 할인율을 결정하거나, 무형자산의 소유와 관련된 절세금액을 자본환원한다.

7단계 (TAB의 가산) 평가의 목적에 적합한 경우(단락 110.1 ~ 110.4 참조), 대상 무형자산에 대한 TAB(상각절세효과)를 가산한다.

3) 할증이익법(유무법) with-and-without method

할증이익법 premium profits method은 '유무법'이라고도 한다.[28] 이 방식은 대상 무형자산을 사용하는 기업의 예상이윤이나 현금흐름을 그렇지 않은 다른 기업과 비교하고 그 차액을 계산하여 현재가치로 환원하여 대상무형자산의 가치를 추계한다. 할증이익법에서는 무형자산을 사용하는 기업의 획득가능 예상 이익이나 현금흐름을 그 자산을 사용하지 않는 기업의 그것과 비교하는 과정을 포함하고 있다. 그 자산의 사용을 통해 획득가능한 예상 증분이익이나 현금흐름이 계산되고, 기간별 예상이익은 적절한 할인율이나 자본화배수 capitalization multiple를 적용하여 자본화된다. 요구되는 평가기준 basis of valuation에 따라, 그 무형자산을 사용하는 기업이나 사용하지 않는 기업의 현금흐름 예상 시에는 일반 시장참가자에게 이용 가능하지 않은 기업체 특정요인 entity specific factors을 포함하는 것이 허용될 수도 있고, 그렇지 않을 수도 있다.

• **기본투입변수** 할증이익법을 적용하기 위하여는 아래와 같은 가치추계 투입변수들이 요구된다.

1. 시장참가자가 그 무형자산을 사용함으로써 창출할 것으로 기대되는 예상 기간별 이익, 비용절감액 또는 현금흐름
2. 시장참가자가 그 무형자산을 사용하지 않고 창출할 것으로 기대되는 예상 기간별 이익, 비용절감액 또는 현금흐름
3. 예상 기간별 이익 또는 현금흐름을 자본화하기 위한 적절한 자본화배수 또는 할인율

[28] 이 방식을 한편 증분현금흐름법(incremental income method)이라고도 일컫는다.

가치추계를 위한 주요변수는 재무예측정보 PFI: prospective financial information의 한 유형인 예상 할증이익이다. 대상무형자산이 있을 때와 없을 때 성취가능한 현금흐름의 예측은 다음과 같은 근거에 의하여 행해져야 한다.

1. 무형자산을 소유하고 있는 기업의 영업활동
2. 정보를 공개적으로 이용 가능하고, 유사하거나 동일한 무형자산을 사용하는 기업
3. 평가사의 전용 데이터베이스
4. 그 밖에 이용 가능한 다른 연구자료

• **적용방법** 할증이익법은 대상자산의 사용으로 비용을 절감할 수 있는 무형자산과 대상자산의 사용으로 추가적 이익을 창출할 수 있는 무형자산의 가치추계에 적용할 수 있는 방법이다. 유무법 with-and-without method은 할증이익법의 다른 이름이다. 사업의 두 가지 시나리오를 비교하여 무형자산의 가치를 산정한다. 즉 어떤 기업이 대상 무형자산을 사용하는 시나리오와 대상 무형자산을 사용하지 않는 시나리오를 비교·분석한다(다른 모든 요인은 일정하게 유지됨). 두 시나리오의 비교는 다음 두 가지 방법으로 수행할 수 있다.[29]

1. 각 시나리오 하에서 기업가치를 산정하고 기업가치 간 차이로 대상 무형자산의 가치를 계산한다.
2. 각각의 미래기간에 걸쳐 두 시나리오 간의 수익의 차이를 계산한다. 이러한 수익의 차이를 현가화하여 대상 무형자산의 가치결론을 도출한다.

이론적으로, 평가사가 기업실체의 이익에 대한 영향뿐만 아니라 운전자본소요 및 자본적지출에 대한 두 시나리오 간의 차이 등 추가 요인을 고려하면, 두 방법 모두 무형자산에 대해 유사한 가치에 도달해야 한다(par 60.24.). 유무법은 비경쟁 합의조항 평가시 자주 사용되지만 특정 상황하에서는 다른 무형자산의 평가에 적절할 수 있다(par 60.25.). 유무법을 적용하는 주요 절차는 다음과 같다(par 60.26.).

[29] IVS 210, par 60.23.

1단계 (With 시나리오의 현금흐름 측정) 대상 무형자산을 포함한 기업내 모든 자산의 사용을 가정한 매출액, 비용, 자본적지출 및 순운전자본 소요액을 추정한다. 이는 "With 시나리오"의 현금흐름이다.

2단계 (With 시나리오 영업가치 산정) "With 시나리오"에서 미래의 현금흐름을 제시하거나 "With 시나리오"에서 영업가치 BV를 계산하기 위해 적절한 할인율을 적용한다.

3단계 (Without 시나리오의 현금흐름 추정) 대상 무형자산을 제외한 기업내 모든 자산의 사용을 가정한 매출액, 비용, 자본적지출 및 순운전자본 소요액을 추정한다. 이는 "Without 시나리오"의 현금흐름이다.

4단계 (Without 시나리오의 영업가치 산정) 위 현금흐름에 대해 적절한 할인율을 적용하고, "Without 시나리오"에서의 미래 현금흐름을 기초로, "Without 시나리오"의 영업가치 BV를 계산한다.

5단계 (With 시나리오와 Without 시나리오의 영업가치 차감) "With 시나리오"의 현금흐름 또는 영업가치 현가에서 "Without 시나리오"의 현금흐름 또는 영업가치 현가를 차감한다.

6단계 (TAB 가산) 평가의 목적에 적합한 경우 대상 무형자산에 대한 TAB를 계산하고 추가한다.

추가 절차로서, 두 시나리오 간의 차이 산정시 각 시나리오에 확률을 부여할 수도 있다. 예를 들어, 비경쟁합의 계약을 평가할 때 비록 합의가 없더라도 계약 당사자나 기업이 경쟁을 하지 않는 것으로 가정할 수 있다(par 60.27.). 이때 두 시나리오 간 가치 차이는 각 시나리오마다 다른 할인율을 사용하는 방법보다 현금흐름 추정치에 반영하는 방법으로 산정해야 한다.[30]

4) 그린필드법 greenfield method

그린필드법에서는 기준시점 현재 사업의 유일한 자산이 대상 무형자산이라고 가정하는 현금흐름 예측하에 평가가액이 결정된다. 다른 모든 유형자산 및 무형자산은 구매, 건설 또는 임대해야 한다. 그린필드법은 개념적으로 초과이익법과 유사하다. 그러나 기여자산의 기여도를 반영하기 위해 현금흐름

[30] IVS 210, par 60.28.

에서 기여자산공헌율을 차감하는 대신, 그린필드법은 대상 자산의 소유자가 기여자산을 건설, 구매 또는 임대해야 한다고 가정한다. 기여자산을 매입하거나 구입할 때 재생산원가 대신 동등한 효용을 가진 대체자산의 비용이 사용된다.[31] 그린필드법은 종종 프랜차이즈 계약 및 방송주파수 broadcast spectrum와 같은 실시허여 enabling 무형자산의 가치를 평가하는 데 사용된다. 그린필드법을 적용하는 주요 단계는 다음과 같다.[32]

1. 대상 무형자산이 평가시점(안정화 수준까지 진입 ramp up하는 데 필요한 기간 포함)에서 대상 사업이 소유한 유일한 자산임을 가정하고 사업에 대한 수익, 비용, 자본적지출 및 운전자본소요액을 예측한다.
2. 대상 사업을 운영하는 데 필요한 다른 모든 자산의 취득, 창출 또는 임대와 관련된 지출의 시기와 금액을 산정한다.
3. 대상 사업에 대한 적절한 할인율을 사용하여 대상 무형자산이 있는 사업의 가치를 결정하기 위한 미래 현금흐름을 현재가치로 평가한다.
4. 평가의 목적에 적합한 경우(단락 110.1-110.4 참조), 대상 무형자산에 대한 TAB를 계산하고 추가한다.

5) 유통업자방법 distributor method

'분해법'이라고도 일컬어지는 유통업자방법은 고객관계 customer relationship 자산을 평가하는 데 사용되는 다기간초과이익법의 변형이다. 유통업자방법의 기본 이론은 다양한 기능으로 구성된 사업이 각 기능과 관련된 수익을 창출할 것으로 예상된다는 것이다. 유통업자는 일반적으로 지적재산권이나 제조업의 개발보다는 고객에게 제품을 유통하는 것과 관련된 기능만 수행하기 때문에 유통업자가 얻는 이윤 마진 정보는 고객관계 자산으로 인한 초과 수익을 추정하는 데 사용된다. 유통업자방법은 다른 무형자산(예컨대 기술 또는 브랜드)이 주요 무형자산 또는 가장 중요한 무형자산으로 간주되어 다기간초과이익법에 따라 평가되는 경우 고객관계 자산을 평가하는 데 적합하다. 유통업자방법을 적용하여 고객관계 자산을 평가하는 8단계 절차는 다음과 같다.[33]

[31] IVS 210, par 60.30.
[32] IVS 210, paras 60.29.~60.32.

1단계 (고객관계 매출액의 추정) 기존 고객관계와 관련된 매출액을 추정한다. 이때 기존 고객의 수익 증가 및 고객감모율 attriton rate의 영향을 반영해야 한다.

2단계 (사례유통업자의 이익률 산정) 해당 사업과 유사한 고객관계를 지닌 비교 가능 유통업자사례를 수집하여 해당 유통업자 이익률을 계산한다.

3단계 (고객관계자산의 총수익산정) 예상매출액에 유통업자 이익률을 적용하여 고객관계 자산의 총수익을 산정한다.

4단계 (기여자산의 식별) 예상매출액을 달성하는 데 필요한 기여자산을 식별한다. 일반적으로 유통업자 기여자산에는 운전자본, 고정자산 및 노동력이 포함된다. 유통업자는 상표나 기술과 같은 다른 자산을 거의 필요로 하지 않는다. 필요한 기여자산의 수준도 유통기능만을 수행하는 시장참가자들(동종업계의 유사업자들)과 일치해야 한다.

5단계 (기여자산의 적정수익률 결정) 해당 자산과 관련된 위험의 평가에 기초하여 각 기여자산에 대한 적절한 수익률을 결정한다.

6단계 (초과이익의 산정) 각 예측기간의 예상 유통업자 이익에서 기여자산의 요구수익을 차감하여 대상 무형자산에 귀속되는 초과이익을 얻는다.

7단계 (할인율 적용 및 초과이익 현가화) 대상 무형자산에 대한 적절한 할인율을 결정하여 초과이익을 현가화한다.

8단계 (TAB 가산) 평가의 목적에 적합한 경우(단락 110.1-110.4 참조), 대상 무형자산에 대한 TAB를 계산하고 추가한다.

6) 상각절세효과 TAB

무형자산은 세법상 상각되어 납세자의 법인세 부담을 줄이고, 현금흐름을 효과적으로 증가시킬 수 있다. 즉 상각절세효과 TAB: tax amortization benefits를 평가의 목적과 사용된 평가방법에 따라 무형자산의 가치에 가산하는 것이 적절할 수 있다. 무형자산을 평가할 때 시장접근법 또는 비용접근법을 사용하는 경우 자산을 창출하거나 구매하기 위해 지불한 가격에는 이미 TAB가 반영되어 있다. 그러나 소득접근법에서는 적절한 경우 TAB를 별도로 계산하여 포함시켜야 한다.

[33] IVS 210, paras 60.33~60.35.

재무보고와 같은 평가목적의 경우 적절한 가치의 기준은 대상 무형자산의 가설적 매각을 가정한다. 일반적으로 매수기업의 입장에서는 그러한 가설적 거래에서 취득한 무형자산의 상각처리를 통하여 절세효과를 얻을 수 있기 때문에 소득접근법을 사용할 때 TAB를 포함시켜야 한다. 그 밖에 다른 평가 목적의 경우 가정된 거래는 사업 또는 자산 그룹일 수 있다. TAB를 계산할 때 사용할 적정한 할인율과 관련하여 실무상 몇 가지 다양성이 있다. 평가사는 다음 중 하나를 사용할 수 있다.[34]

(a) 가중평균자본비용과 같은 대상 자산을 사용하는 사업에 적합한 할인율. 이 견해를 지지하는 사람들은 할부 상환을 사용하여 사업에서 발생하는 소득에 대한 세금을 상쇄할 수 있기 때문에 사업 전체에 적합한 할인율을 사용해야 한다고 생각한다.

(b) 대상 자산(즉, 자산 평가에 사용된 할인율)에 적합한 할인율. 이 견해를 지지하는 사람들은 평가에서 주 자산의 소유주가 대상 자산과 별개의 영업 및 소득을 가지고 있다고 가정해서는 안 되며 TAB 계산에 사용된 할인율은 대상 자산의 평가에서 사용된 할인율과 동일해야 한다고 생각한다.

3.1.5 감정평가 보고기준

감정평가 보고기준은 감정평가사가 감정평가결론을 감정평가 의뢰인과 제3의 독자에게 전달하는 데 필요한, 전문적 최고 실무관행에 부합하는 보고요건과 감정평가서에 포함되어야 할 필수적 사항을 설명한다. 이 기준에서 설명하는 보고요건은 모든 감정평가서에 적용되고, 내부 및 외부감정평가사 internal and external valuers가 모두 이를 준수하여야 한다.

재무보고나 대출의 예와 같이 특정한 목적이나 자산유형을 위한 감정평가에 있어서는 그 감정평가의뢰서 instructions가 다른 업무와는 차이가 있을 수 있다. 이러한 경우에는 해당 적용지침을 참고한다. 재무보고목적의 감정평가서는 적용 가능한 경우 국제회계기준 IFRS, IAS 등에서 정하는 요구사항을 충족시키나 이를 능가하여야 한다.

---

[34] IVS 210, 110(TAB: tax amortization benefits), paras 110.1~ 110.4.

감정평가서의 제출여부는 감정평가사와 의뢰인이 그 감정평가업무에 대한 감정평가의뢰서 instructions or specifications에 근거하여 결정하고, 감정평가서의 종류, 내용과 분량은 그 이용예정자, 법적 요구사항, 자산유형과 감정평가에서의 쟁점이나 문제의 성질과 복잡성에 따라 다르다. 모든 감정평가서에 대하여, 감정평가 결과와 결론을 지지하는 충분한 문서가 작업파일 work file에 보존되어 있어야 하고, 감정평가 완료 후 최소 5년간 이를 보존하여야 한다. 감정평가서는 다음과 같은 보고요건과 필수적 요소를 구비하여야 한다.

1. 감정평가결론을 오해의 소지가 없도록 분명하고 정확하게 제시하여야 한다.
2. 의뢰인, 용도, 기준시점(적용되는 일자), 작성일자, 현장조사일자를 명시하여야 한다.
3. 가치기준을 가치의 유형과 정의를 포함하여 명시하여야 한다. 또 하나 이상의 가치기준에 의하여 평가된 대상항목이 있다면, 그 가치기준 간의 차이를 분명하게 기술하여야 한다.
4. 대상자산에 관한 권리, 대상자산의 물리적 · 법적 특성과 주된 자산부류에 속하지 않는 대상항목을 확인하고 기술하여야 한다.
5. 감정평가업무의 범위와 정도를 기술하여야 한다.
6. 감정평가결론에 부수되는 일체의 상정조건 assumptions과 제한조건 limiting conditions을 명시하여야 한다.
7. 특별상정조건을 확인하고 그러한 조건의 발생가능성에 대하여 언급하여야 한다.
8. 검토한 정보와 자료, 수행한 시장분석, 적용한 감정평가방법과 절차, 감정평가서 상의 분석 · 의견 · 결론을 지지하는 논거에 대한 기술을 포함하고 있어야 한다.
9. 감정평가사의 서면동의가 없이는 감정평가서의 전체 또는 일부의 출판을 하거나, 이를 인용하거나 이에 기재된 감정평가금액 또는 감정평가사의 이름이나 직업적 관계를 인용하는 것을 명확하게 금지하는 문구를 담아야 한다.
10. 이 기준에 따라서 감정평가가 이루어졌다는 규정준수확인서 compliance statement를 첨부하고, 이 기준의 특정한 요구사항을 준수하지 못한 경

우에는 이를 공시하고 이 기준이 정하는 바에 따라 설명한다.

11. 감정평가사의 이름, 전문가자격 그리고 서명을 기재한다. 감정평가서를 전송하는 경우에는 감정평가사는 감정평가서의 데이터와 본문을 보전하고 전송과정에서 오류가 발생하지 않도록 합리적인 조치를 취하여야 한다. 또 전송의 안전성을 보장하는 소프트웨어도 갖추어야 한다.
12. 수신처, 수신일자와 시각뿐만 아니라 송신처, 송신일자와 시각이 확인되어야 한다. 또 송부한 데이터와 본문의 분량이 수신된 내용과 일치하는지 소프트웨어를 통해 확인되어야 하고, 작성자를 제외한 모든 수신인에게 '읽기전용' 형식으로 교부되어야 한다.
13. 감정평가사는 전자서명이 보호되고 있고, 암호나 안전카드 등에 의하여 온전히 관리되고 있음을 확인하여야 한다. 전송되는 감정평가서상의 서명은 진정한 것으로 간주되고, 서면정본 감정평가서상에 기재된 서명과 동등한 책임이 있다.
14. 감정평가사는 전송한 감정평가서의 전송정본 또는 서면정본을 그 관할감독관청이 규정하는 법정기간(어떤 경우에도 5년 이상) 동안 보존하여야 한다. 전송한 감정평가서의 기록파일은 전자매체나 마그네틱 기타매체로 보관할 수 있다.

3.2 감정평가실무기준

감정평가실무기준에서 정의하는 영업권이란, "대상 기업이 경영상의 유리한 관계 등 배타적 영리기회를 보유하여 같은 업종의 다른 기업들에 비하여 초과수익을 확보할 수 있는 능력으로서 경제적 가치가 있다고 인정되는 권리"를 말하며, 감정평가 원칙은 다음과 같다.

① 영업권을 감정평가 할 때에는 수익환원법을 적용하여야 한다.
② 제1항에도 불구하고 수익환원법으로 감정평가하는 것이 곤란하거나 적절하지 아니한 경우에는 거래사례비교법이나 원가법으로 감정평가 할 수 있다.

또한 「감정평가에 관한 규칙」 제23조(무형자산의 감정평가)에서도 '감정평가업자는 영업권, 특허권, 실용신안권, 디자인권, 상표권, 저작권, 전용측선이용권, 그 밖의 무형자산을 감정평가 할 때에 수익환원법을 적용해야 한다'고 규정하고 있다. 감정평가실무기준에서 말하는 영업권은 '경영상의 유리한 관계 등 사회적 실질가치를 갖는 자산'을 의미한다. 영업권은 타 업체와 차별적인 우수한 경영능력, 효율적 인적 구성, 대외적 신인도, 입지적 우위 등으로 결정되며 실질적으로 사업체를 구성하는 기타의 자산과 구분하여 개별적으로 식별할 수는 없다고 설명한다. 영업권은 시장에서 거래의 객체로 인정되고는 있으나, 법률적인 보호는 없음에 유의하여야 한다.

감정평가실무기준에서는 영업권의 발생원인을 '초과이익 창출능력'으로 설명하고 있다. 특정기업이 동종 산업에 종사하는 타 기업과 비교하여 정상적인 투자수익률 이상의 이윤을 획득할 수 있는 초과이윤 창출능력, 즉 '초과이익력'을 화폐가치로 표시한 것이다. 일반적으로는 영업권은 식별할 수 없는 무형자산으로서, ① 기업이 다른 기업을 취득 · 합병 · 인수할 경우 원가(매입가액)가 취득한 순자산의 공정시장가치를 초과한 초과액, ② 기업이 동종의 다른 기업보다 초과 수익력을 갖고 있는 경우 이를 자본화하여 계산한 것으로 평가원칙을 규정하고 있다.

감정평가실무기준에서는 이에 따라 수익환원법의 적용방법을 다음과 같은 2가지 방법에 의하도록 정하고 있다. 즉 "영업권을 수익환원법으로 감정평가 할 때에는 다음 각 호의 어느 하나에 해당하는 방법으로 감정평가 한다. 다만, 대상 영업권의 수익에 근거하여 합리적으로 감정평가 할 수 있는 다른 방법이 있는 경우에는 그에 따라 감정평가 할 수 있다"고 하였다.[35]

1. 대상기업의 영업관련 기업가치에서 영업투하자본을 차감하는 방법
   가. 영업관련 기업가치 : [660-3.3.2]를 준용하여 산정. 단, 비영업용자산은 제외[36]
   나. 영업투하자본 : 영업자산에서 영업부채를 차감하여 산정

---

[35] 『감정평가실무기준』 650-3.3.2

[36] 『감정평가실무기준』, 기업가치: [660-3.3.2] (수익환원법의 적용) 기업가치를 수익환원법으로 감정평가할 경우에는 할인현금흐름분석법, 직접환원법, 옵션평가모형 등으로 감정평가 한다.

2. 대상 기업이 달성할 것으로 예상되는 지속가능기간의 초과수익을 현재 가치로 할인하거나 환원하는 방법

실무기준에서는 "수익환원법으로 영업권을 감정평가 하는 방법은 영업권을 초과이익의 현재가치 또는 잔여 개념으로 보고 수익에 기반을 둔 영업권의 가치를 산정하는 방법"임을 밝히고, "영업권을 초과이익의 현재가치 환원 또는 잔여가치 개념으로 이해할 때, 영업권의 정의상 가장 이론적으로 합당한 방법"이라 하고 있다. 제1호의 방법은 잔여법으로, 제2호의 방법은 직접환원법 및 유기환원법으로 이해할 수 있으며, 실무기준해설서에서는 이를 각각 다음과 같이 설명하고 있다.[37]

(제1호) 대상기업 전체의 순수익을 같은 업종 다른 기업의 정상수익률로 환원한 수익가치에서 영업권을 제외한 순자산의 가치를 차감하는 방법이다. 이를 산식으로 표현하면 다음과 같다.

영업권 = 기업가치－(유동자산 + 투자자산 + 유형자산
+ 식별가능 무형자산)

(제2호) 초과이익을 환원하여 영업권을 산정하는 방식은 영업권이 동종기업의 정상적 이익을 초과하는 이익의 현재가치라는 정의에 부합하는 평가방법이다. 이 방법은 영업권만을 단독으로 감정평가 할 때 기업가치와 영업권을 제외한 자산의 가치를 모두 산정해야 하는 잔여방식을 활용한 방식에 비해 상대적으로 간단하다는 장점이 있다.

실무기준에서는 "초과이익은 유사한 자산 규모를 가진 통상의 기업의 정상이익을 상회하는 이익을 뜻한다. 이때 초과이익이란 매출의 증가뿐만 아니라 비용의 감소 또는 투자의 감소 등을 모두 포괄하는 개념이다. 또한 영업권과 그 밖의 무형자산을 포괄하여 가치를 산정하는 경우에는 초과이익의 발생 원인을 사용·소유로 인한 비용의 미지출 등으로 세분하여 분석하고

[37] 감정평가실무기준해설서, p.239~240

초과이익의 정도를 파악하여야 한다. 이러한 방법은 초과이익을 환원하는 방법에 따라 다음과 같은 2가지 방법이 있다"라고 설명하고 다음과 같은 산식을 제시하고 있다.

직접환원법 : 영업권의 가치 = 초과수익 / 환원율
유기환원법 : 영업권의 가치 = 초과수익 × PVAF

여기서 '직접환원법'은 초과수익환원법 CEEM이나 단기간초과이익법 SPEEM과 같은 방식의 평가방법이라고 할 수 있다. 왜냐하면 초과수익환원법이나 단기초과이익법은 둘 다 단기單期의 초과이익을 종합환원율 OAR로서 자본화하는 개념이기 때문이다. 그리고 '유기환원법'은 초과수익환원법 중 '다기간수익할인법'에서와 같이 여러 기간의 평균적 초과이익을 현재가치화 하여 영업권의 가치를 평가한다는 점에서 이와 유사하다고 할 수 있다. 그러나 다기간초과이익법 MPEEM과는 차이가 있다. 왜냐하면 MPEEM에서는 대상기업이 창출하는 여러 기간의 예상현금흐름에서 유형 및 무형자산은 물론 핵심무형자산의 정상이익을 뺀 나머지를 영업권의 초과이익으로 본다는 점에서 유기환원법과는 일정한 차이가 있다고 볼 것이다. 이에 대하여는 다음 제4장(영업권의 평가방법)에서 예제를 통하여 더 상세히 다루기로 한다.

3.3 상속세 및 증여세법

상속세 및 증여세법 제64조에서는 무체재산권의 가액 평가방법을 2가지로 규정하고 있다. ① 재산의 취득가액에서 취득한 날로부터 평가기준일까지의 「법인세법」 상의 감가상가비를 뺀 금액과, ② 장래의 경제적 이익 등을 고려하여 대통령령으로 정하는 방법으로 평가한 금액 중 큰 금액으로 규정하고 있다.

이에 따라 동법 시행령 제59조 및 시행규칙 제19조에서는 무체재산권 등의 평가방법에 관한 보충적방식을 규정하고 있다. 즉 이 규정은 모법인 상증법 제64조의 위임에 따라 영업권, 어업권, 특허권 · 실용신안권 · 상표권 · 디자인권 및 저작권 등, 광업권 및 채석권 등의 무체재산권에 대한 평가방법을 자세히 규정하고 있다. 이에 대하여는 다음 제4장에서 다시 다루기로 한다.

3.4 토지보상법

공익사업을 위한 토지 등의 취득 및 보상에 관한 법률(이하 '토지보상법'이라 함)에 의하면 "영업을 폐지하거나 휴업함에 따른 영업손실에 대하여는 영업이익과 시설의 이전비용 등을 고려하여 보상하여야 한다"(토지보상법 제77조①항)라고 규정하고 있다. 이에 따라 공익사업의 손실보상 협의나 강제수용의 경우 영업의 폐지 및 휴업 손실에 대한 보상평가를 흔히 '영업권평가'라 한다. 그러나 엄밀히 말해서 이는 영업권의 평가가 아니라 '영업손실 보상'을 위한 손해액의 평가일 따름이다. 영업의 손실 등에 대한 평가의 세부 사항은 토지보상법 시행규칙 제45~47조에서 다음과 같이 규정하고 있다.

제45조(영업손실의 보상대상인 영업) 법 제77조제1항에 따라 영업손실을 보상하여야 하는 영업은 다음 각 호 모두에 해당하는 영업으로 한다.

1. 사업인정고시일등 전부터 적법한 장소(무허가건축물등, 불법형질변경토지, 그 밖에 다른 법령에서 물건을 쌓아놓는 행위가 금지되는 장소가 아닌 곳을 말한다)에서 인적 · 물적시설을 갖추고 계속적으로 행하고 있는 영업. 다만, 무허가건축물 등에서 임차인이 영업하는 경우에는 그 임차인이 사업인정고시일등 1년 이전부터 「부가가치세법」 제8조에 따른 사업자등록을 하고 행하고 있는 영업을 말한다.
2. 영업을 행함에 있어서 관계법령에 의한 허가 등을 필요로 하는 경우에는 사업인정고시일 등 전에 허가 등을 받아 그 내용대로 행하고 있는 영업

제46조(영업의 폐지에 대한 손실의 평가 등) ① 공익사업의 시행으로 인하여 영업을 폐지하는 경우의 영업손실은 2년간의 영업이익(개인영업인 경우에는 소득을 말한다. 이하 같다)에 영업용 고정자산 · 원재료 · 제품 및 상품 등의 매각손실액을 더한 금액으로 평가한다.

③ 제1항에 따른 영업이익은 해당 영업의 최근 3년간(특별한 사정으로 인하여 정상적인 영업이 이루어지지 아니한 연도를 제외한다)의 평균 영업이익을 기준으로 하여 이를 평가하되, 공익사업의 계획 또는 시행이 공고 또

는 고시됨으로 인하여 영업이익이 감소된 경우에는 해당 공고 또는 고시일전 3년간의 평균 영업이익을 기준으로 평가한다. 이 경우 개인영업으로서 최근 3년간의 평균 영업이익이 다음 산식에 의하여 산정한 연간 영업이익에 미달하는 경우에는 그 연간 영업이익을 최근 3년간의 평균 영업이익으로 본다.

연간 영업이익=「통계법」 제3조제3호에 따른 통계작성기관이 같은 법 제18조에 따른 승인을 받아 작성·공표한 제조부문 보통인부의 노임단가×25(일)×12(월)

제47조(영업의 휴업 등에 대한 손실의 평가) ① 공익사업의 시행으로 인하여 영업장소를 이전하여야 하는 경우의 영업손실은 휴업기간에 해당하는 영업이익과 영업장소 이전 후 발생하는 영업이익감소액에 다음 각호의 비용을 합한 금액으로 평가한다.

1. 휴업기간중의 영업용 자산에 대한 감가상각비·유지관리비와 휴업기간중에도 정상적으로 근무하여야 하는 최소인원에 대한 인건비 등 고정적 비용
2. 영업시설·원재료·제품 및 상품의 이전에 소요되는 비용 및 그 이전에 따른 감손상당액
3. 이전광고비 및 개업비 등 영업장소를 이전함으로 인하여 소요되는 부대비용

② 제1항의 규정에 의한 휴업기간은 4개월 이내로 한다. 다만, 다음 각호의 어느 하나에 해당하는 경우에는 실제 휴업기간으로 하되, 그 휴업기간은 2년을 초과할 수 없다.〈개정 2014.10.22.〉

⑤ 제46조제3항 전단은 이 조에 따른 영업이익의 평가에 관하여 이를 준용한다. 이 경우 개인영업으로서 휴업기간에 해당하는 영업이익이「통계법」 제3조제3호에 따른 통계작성기관이 조사·발표하는 가계조사통계의 도시근로자가구 월평균 가계지출비를 기준으로 산정한 3인 가구의 휴업기간 동안의 가계지출비(휴업기간이 4개월을 초과하는 경우에는 4개월분의 가계지출비를 기준으로 한다)에 미달하는 경우에는 그 가계지출비를 휴업기

간에 해당하는 영업이익으로 본다.

⑦ 제1항 각 호 외의 부분에서 영업장소 이전 후 발생하는 영업이익 감소액은 제1항 각 호 외의 부분의 휴업기간에 해당하는 영업이익(제5항 후단에 따른 개인영업의 경우에는 가계지출비를 말한다)의 100분의 20으로 하되, 그 금액은 1천만원을 초과하지 못한다. 〈신설 2014.10.22.〉

4 영업권의 평가절차

영업권의 평가절차는 영업권 평가작업의 능률성과 신뢰도를 높이기 위한 단계적인 처리방법의 예시에 불과하다. 그러나 이러한 평가절차를 제시하는

그림 3-2 영업권의 평가절차

것은 평가사의 주관을 배제하고, 시행착오를 줄임으로써 좀 더 능률적이고도 객관적인 평가 결과를 도출하기 위해서 거쳐야 할 단계를 제시하는 데에 그 의의가 있다. 따라서 이러한 규정은 경직적인 것이 아니며, 실무적인 필요에 따라 예비적인 작업을 사전에 하기도 하고, 선행작업의 결과를 중도에 재검토하여 융통성 있게 변경할 수도 있다. 일반적인 영업권의 가치평가 절차를 8단계로 제시하면 그림 〈3-2〉와 같다.

4.1 기본적 사항의 식별 및 확정

감정평가액은 추상적인 성격의 가격이 아니고 무형자산의 특정권리에 대해 특정의 기준시점에 특정한 가격유형을 기준으로 평가한 가액이다. 따라서 감정평가에 있어서 기본적 사항이 확정되지 않고서는 평가절차를 이행할 수 없게 되는 것이다. 기본적 사항이란 다음 예시와 같이 평가의 기초가 되는 제반 사항을 결정하는 것으로서 확실한 자료 및 현장 조사 결과에 기초하며, 평가의뢰인의 합법적이고 객관적인 요구를 전문가 윤리기준에 따라 이행하여야 한다.

1. 평가대상의 확정
2. 기준가치의 확정
3. 기준시점의 확정
4. 평가목적 및 용도의 확정

(1) 평가 의뢰 및 계약

무형자산 평가 업무를 의뢰하거나 계약서를 작성할 때에는 일반 감정평가 업무의뢰서를 사용하게 되지만, 특별한 조건이 부가되는 경우에는 감정평가사와 의뢰인이 공동으로 작성하여 서명함으로써 무형자산 평가업무의 위탁 및 수탁관계를 명확히 하는 것이 바람직하다. 이로써 평가 대상을 확정하는 등 기본사항을 정하고, 쌍방의 권리와 의무, 위약 시 책임사항이나 분쟁 조정 등을 서면으로 확약하게 된다. 감정평가업무 계약서를 작성할 때에는 일반적으로 다음과 같은 내용을 포함하여야 한다.

1. 평가사 및 의뢰인의 명칭 주소
2. 영업권 평가목적, 기준가치, 평가서 용도 및 사용범위
3. 평가 대상과 평가범위
4. 평가 기준시점
5. 평가서 제출기한 및 제출방식
6. 평가 수수료 금액, 지불 시기 및 방법
7. 감정평가사와 의뢰인의 권리와 의무(의뢰인은 당연히 감정평가에 필요한 자료를 제공하고 협조할 의무가 있다는 조항)
8. 쌍방합의에 의한 기타사항
9. 약정일자 및 쌍방의 서명 날인

(2) 평가대상의 확정

평가대상의 확정은 감정평가를 할 때 가장 먼저 수행해야 하는 절차로서 의뢰자의 의사를 명확히 확인하여 평가목적물의 권리관계와 범위 등을 확정하는 것이다. 이때 평가에 부가되는 조건이 존재할 경우에는 조건의 성취가능성을 상정하여 평가한다. 이 경우 항상 고려하여야 할 것은 그 상정조건 assumptions이 물리적 · 법적 · 경제적으로 실현가능성이 높아야 할 뿐만 아니라 합법성이 인정되어야 한다는 것이다. 그렇지 않다면 감정평가 대상의 확정이 어렵게 되며, 평가의 신뢰성 역시 보장할 수 없게 된다.

(3) 기준가치의 확정

기준가치 basis of value는 왜 중요한가? 이는 기준가치에 따라 평가가액이 달라지기 때문이다. 영업권에 대한 감정평가가액은 추상적인 성격의 가치가 아니라 영업권이라는 특정권리에 대해 특정 기준시점에 특정 평가목적을 기준으로 평가한 가액이다. 모든 권리의 가치형성은 사회적 · 경제적 · 환경적 제 요인의 변동에 따라 항상 변화하므로 평가액은 그 결정의 기준이 된 날에만 타당한 것이며, 기준가치가 무엇이냐에 따라서도 큰 차이가 발생하게 된다.

재무보고 목적의 영업권 평가는 대개 공정가치를 기본으로 하게 된다. 그러나 만약 영업권 평가의 기준가치가 시장가치라면, 어떤 기업이 시장에서 거

래의 대상이 되어 수수될 가액, 해당 기업 전체의 가치여부, 양도가능성 여부 등에 따라 가치결론도 달라지게 된다. 권리의 양도가능성 정도에 따라 다르지만, 보통 양도불가능한 개인영업권 personal goodwill인 경우는 양도가능 영업권 가치에 비하여 시장성할인이 불가피하므로 훨씬 낮은 수준으로 평가될 것이다. 한편 기준가치는 일반적으로 계속기업을 가치전제로 한 영업권 가치이지만, 만약 청산기업이 가치전제라면 영업권의 평가가액은 이보다 더 낮은 수준이 될 것이다.

(4) 기준시점의 확정

평가액 결정의 기준이 된 날이 기준시점 valuation date이 된다. 감정평가활동에 있어서 과거시점 또는 미래시점도 기준시점이 될 수 있지만, 미래시점에 대해서도 가능하다. 과거시점의 경우 평가대상의 확인이 가능하고 가격형성요인에 관한 자료의 수집이 가능한 경우가 많겠지만, 미래시점에서는 가격형성요인을 예측할 수 없는 경우 평가사의 주관적 의견이 개입될 소지가 높고 평가결과의 정확성 및 신뢰성을 보장할 수 없어 평가사고가 발생하기 쉽다. 그러나 소송목적 등 불가피하게 미래시점의 일정조건 성취시를 상정하여 평가하여야 하는 경우가 빈번하다. 따라서 미래시점의 상정조건을 전제로 평가하는 것을 조건부평가 conditional appraisal라고 하여 일반적인 시장가치 평가와 구분하여 취급하게 된다.

(5) 평가목적과 용도의 확정

평가목적 purpose of an appraisal이란 대상물건의 평가가치가 시장가치인가, 아니면 공정가치나 투사가치인가 등과 같이 추계하고자 하는 평가과제의 가치를 명시하는 것을 말한다. 한편 평가서용도 intended use of the appraisal란 평가의뢰인이 평가보고서에서 얻은 정보를 사용하고자 하는 재무보고, 거래, 소송 등과 같은 용도를 말한다. 한편 '가치전제'란 이와는 달리 영업권 가치의 평가가 계속기업을 염두에 둔 것인가, 아니면 청산기업을 염두에 두고 있는 것인가를 말한다.

영업권의 가치평가에서 이와 같이 평가목적과 평가서용도, 그리고 가치전제를 혼동하는 원인은 평가과제에서 추계하는 평가가치에 대한 명확한 정의를 내리지 않음으로써 발생하는 경우가 많다. 따라서 평가목적과 가치전제, 평가서용도에 대한 명시 및 가치 정의가 누락되지 않도록 특히 유의하여야 한다.

4.2 처리계획의 수립

이상과 같은 영업권 감정평가 의뢰 내용에 관한 기본적 사항이 확정되면, 대상물건의 성격이나 종류 · 규모 · 업무량 및 처리능력에 따라 자료수집 범위 및 방법, 일정 등의 구체적 처리계획을 수립하게 된다. 처리계획의 수립은 평가작업의 능률화를 꾀하기 위한 목적 이외에도 의뢰인에게 감정평가계약에 따른 작업경과를 보고하는 데에도 유용하다. 이러한 처리계획에는 ① 사전조사계획, ② 실지조사계획, ③ 가치조사분석계획, ④ 평가보고서 작성계획 등이 포함된다. 보다 구체적으로는 다음 사항에 관한 상세한 처리계획을 수립하여야 한다.

1. 대상물건의 확인
2. 자료의 수집 및 정리
3. 자료검증 verification
4. 평가대상 기업/기술의 분석
5. 경제 및 산업 분석
6. 매출액의 추정
7. 평가방법의 적용
8. 시산가치의 조정 및 결정
9. 평가보고서의 작성

4.3 자료수집 및 기본분석

평가대상이 정해지면 대상기업의 평가를 위하여 회사관련자료나 대상 영업권 관련자료, 그리고 경제 및 산업 분석 관련 자료를 수집하여 분석한다. 수집할 자료에는 다음과 같은 것들이 있다.

(1) 회사관련 자료

재무자료(결산 · 반기 · 분기보고서), 법인세신고서, 재무계획(사업계획, 목표자본비율 등), 부외자산과 부채, 회사안내책자, 제품목록, 주요 인적자원, 소비자와 공급자, 각종 계약, 사업보고서, 회사지분에 관한 자료 등을 수집하여 기업의 경영활동 상황을 분석한다.

1. 회사의 연혁 및 회사의 사업현황/계획
2. 경영자의 보수, 영업현황
3. 시장과 마케팅 전략 재무상황
4. 회사가 속한 산업과 경제 환경에 관한 자료
5. 회사재산의 거래시장에 관한 자료
    - 주식 : 회사주식의 거래가격 및 거래량 추이
    - 부동산 : 개별공시지가, 최근 감정평가서 등

기초정보의 수집은 인터넷을 통한 정보수집과 고전적 정보 조사방법인 전문서적 및 전문가 집단을 통한 수집 등이 있겠으나 여기에선 인터넷을 이용한 정보수집에 관하여 설명하겠다. 인터넷을 통해 기본적인 사항에 관한 검색을 마친 후 구체적이고 확실한 전문분야의 기초정보를 수집하고자 할 경우 관련 학회라든지, 아니면 논문을 검색해보는 것이 확실할 것이다.

(2) 경제 및 산업 분석 관련자료

통계청, 금융기관, 경제연구소, 산업별 협회 등에서 경제 전반과 산업에 관한 정보 수집을 통하여 평가 대상기업이나 기술의 상대적 위치나 시장점유율, 경쟁력 등을 종합 분석하여야 한다. 이러한 조사자료나 정보의 구체적인 대상은 다음과 같이 세가지 분야로 나누어 수집 분석될 수 있다.

1. 경제 전반에 관한 정보 : 경제성장률, 물가상승률, 금리 정보
2. 산업에 관한 정보 : 산업일반정보, 산업별 회사정보
3. 예측치에 관한 정보 : 매출액 추정, 시장점유율, 기술 동향 정보

경제 및 산업 동향의 조사자료는 주로 국가통계포털 KOSIS이나 한국은행 경제통계시스템 ECOS 등을 활용하여 수집한다. 그리고 각 산업별협회나 기관 및 경제연구소 등에서 발행한 산업별 일반정보 및 동향 등도 유용한 자료원이므로 참고한다. 그러나 대부분 과거자료가 많은 점에 유의해야 한다. 따라서 대상기업과 경쟁 업체에 대한 재무분석을 통해 해당 산업의 최근 시장동향을 유추할 수도 있는 바, 이러한 자료와 분석 등을 토대로 동업종의 수요공급상황과 최근 시장동향에 대한 자료수집 및 분석을 해야 한다.

한편 기업정보에 관한 상세한 공시자료는 금융감독원이 중심이 되어 운영하는 전자공시시스템 DART : Data Analysis Retrieval Transfer System에서 가장 쉽게 얻을 수 있다. DART는 국내 상장법인 등이 각종공시서류를 인터넷으로 제출하고 투자자 등 이용자가 인터넷으로 조회할 수 있도록 한 기업공시시스템이므로 여기서 얻은 회계 및 경영 정보를 활용하여 평가 과제 수행 목적에 맞게 가공하여 이용할 수 있다.

전자공시시스템은 자본시장과 금융투자업법에 따라 금융위원회, 증권선물위원회, 금융감독원장, 거래소, 협회 등에 제출하는 신고서, 보고서 등의 전자문서가 공시되어 있으므로 투자자 등 일반이용자는 제출 즉시 인터넷을 통해 조회할 수 있다.

4.4 재무자료의 분석 및 조정

(1) 재무자료조정의 의의와 필요성

재무자료의 분석 및 조정 단계에서는 대상기업의 재무상태표나 손익계산서 등 재무자료를 분석하여 이를 조정하는 절차이다. 따라서 회계처리 기준의 변경 여부나 회계처리 방법의 특징을 파악하여야 한다. 왜냐하면 재무자료의 일관성을 유지하여 기간비교가 가능하고, 시가를 충분히 반영할 수 있도록 조정하여야 예측의 오류를 제거할 수 있기 때문이다. 이를 위하여는 특히 다음 사항에 유의해야 한다.

1. 충당금과 적립금의 적정성, 재고자산의 평가방법
2. 감가상각 방법, 무형자산의 처리
3. 각종 지출의 자본화 또는 비용화, 수익과 비용 인식의 시기
4. 리스회계 특별항목
5. 경영자 보수와 특별보수, 우발자산과 우발채무
6. 주당순이익 EPS의 계산, 주당장부가치의 계산
7. 각종 자산의 재평가, 재무상태표의 조정

영업권을 평가하려면, ① 미래현금흐름의 내용과 크기를 정확히 추정하고, ② 이를 현재가치화하기 위한 적정 할인율을 결정하여야 한다. 이 두 가지를 결정하기 위하여는 많은 가정과 변수가 있을 수 있으므로 다음과 같은 여러 가지 사항을 고려해야 한다.

(2) 현금흐름 추정 시 고려사항

영업권의 가치를 평가하고자 할 경우 DCF법을 이용할 수도 있고, FCFF방식 free cash flow to firm method을 이용할 수도 있다. DCF법은 기업의 미래 기대 영업현금흐름 operating cash flow을 할인한 영업가치에서 영업권을 제외한 유·무형의 기여자산 가치를 공제하고 남는 잔여가치를 영업권의 가치로 평가하는 방법이다. FCFF방식도 기본적으로는 DCF법과 같은 원리이지만, 단지 할인해주는 대상을 다르게 정의한다. 즉 FCFF방식은 영업현금흐름에서 예측기간 중 소요되는 추가적 시설투자나 운전자본 증가액 등 순투자액을 차감한 금액을 할인한다는 점에서 DCF법과 일정한 차이가 있다. 이에 대하여는 다음 장(제4장 영업권의 평가방법)에서 다시 자세히 다루기로 하고, 여기서 현금흐름 추정 시 고려해야 할 사항을 구체적으로 예시하면 다음과 같다.

첫째, 미래현금흐름은 대상자산의 잔여 내용연수 중 경제상황에 대한 경영진의 최선추정치가 반영된 객관적 가정을 기초로 해야 한다.

둘째, 현금흐름은 경영진이 승인한 최근의 재무예측을 기초로 추정하며, 추정기간은 정당한 사유가 없는 한 최대 5년으로 한다.

셋째, 예측기간 이후의 성장률은 일정하거나 계속 감소한다는 가정하에 현금흐름을 추정하며, 이러한 성장률은 정당한 사유가 있는 경우 이외에는 기업의 제품, 업종 시장의 장기 평균성장률을 초과할 수 없다. 미래현금흐름 추정시 꼭 포함시켜야 할 고려요소는 다음과 같다.

1. 자산의 계속 사용으로 인한 현금유입에 대한 추정
2. 자산의 계속 사용으로 인한 현금유입을 창출하기 위해 필수적으로 발생하고 자산에 직접 귀속되거나 합리적이고 일관된 기준에 따라 당해 자산에 배분될 수 있는 현금유출에 대한 추정
3. 내용연수 말에 당해 자산의 처분으로 수취 또는 지급될 순현금흐름

그러나 다음 사항들은 미래현금흐름 추정시 고려에서 제외되어야 할 요소들이다.

1. 아직 확정되지 않은 미래의 구조조정 때문에 발생할 것으로 예상하는 미래현금유출이나 관련된 원가절감, 또는 효익
2. 자산성능을 향상시키는 과정에서 발생한 미래현금유출, 또는 그러한 향상으로 인해 발생할 것으로 예상되는 미래현금유입
3. 재무활동으로부터의 현금유입이나 유출
4. 법인세환급액 또는 법인세 납부액

만약 기업이 구조조정을 확정하는 경우에는 경영진이 승인한 최근의 재무예측을 근거로 자산의 사용가치를 결정하며, 이 경우에는 구조조정으로 예상되는 원가절감이나 그 밖의 효익을 반영하여 미래현금유입을 추정해야 한다.

(3) 할인율 추정시 고려사항

할인율 discount rate이라는 인자는 투자자의 투하자본에 대한 대가를 의미한다. 자본을 투입한 투자자는 다른 투자기회를 포기하고, 자신이 결정한 특정투자에 수반되는 위험을 부담하게 된다. 할인율의 결정에 영향을 미치는 요소에는 ① 인플레이션, ② 유동성, ③ 실질금리, ④ 투자관련 위험할증률 risk premium 등이 있다. 할인율은 미래의 경제적 이익을 현재가치로 바꾸기 위해

사용된다. 다음 식은 할인된 미래의 현금흐름이 그 기초를 이루는 평가대상 자산의 가치와 같음을 나타낸 것이다.

$$V_{IA} = \frac{CF_1}{(1+r)^1} + \frac{CF_2}{(1+r)^2} + \frac{CF_3}{(1+r)^3} + \cdots \frac{CF_n}{(1+r)^n}$$

V_{IA} : 무형자산 가치, CF_n : n기의 순현금흐름, r : 기대수익률(할인율)

대상무형자산의 기대가치 추정 시 적용되는 할인율은 다음에 대한 현행 시장의 평가를 반영한 세전할인율로 한다.

1. 화폐의 시간가치
2. 미래현금흐름 추정시 조정되지 않은 자산고유위험
3. 추정일 현재의 시장상황

영업권 등 무형자산에 대한 할인율(수익률) 결정시 고려요소에 대하여는 뒷장(제4장 영업권의 평가방법, 3.1.3 무형자산수익률)에서 다시 자세히 다루기로 한다.

4.5 매출액 및 성장률의 추정

(1) 추정의 의의 및 중요성

평가대상과 관련 산업에 대한 자료수집 및 분석을 통하여 대상기업과 영업권에 대한 가치평가 근거자료를 확보하였으면, 그 다음에는 기업가치나 수익가치의 산정을 위하여는 가치추정의 기본요소가 되는 매출액의 추정이 매우 중요하다. 그러나 매출액 추정의 절차나 방법은 정형화된 단일 모델을 제시하기가 매우 어렵다. 대상기업이 속한 시장의 유형이나, 제품, 판매전략, 공정 등의 특성에 따라 매출액 추정방법온 다양하게 적용될 수 있기 때문이다. 이렇듯 매출액을 추정하는 기법은 매우 복잡다양 하지만, 일반적으로는 시장수요를 예측하여 향후 시장 전체의 규모를 추정하고, 대상기업이 당해 시장에서 차지할 수 있는 시장점유율 및 판매가능량을 예측하게 된다. 그 다음 판매단가를 예측하여 대상기업이 향후 실현할 수 있는 매출액을 추정하는 절차를 밟게 되는 것이다.

그림 3-3

제품수명주기와 시장성장률

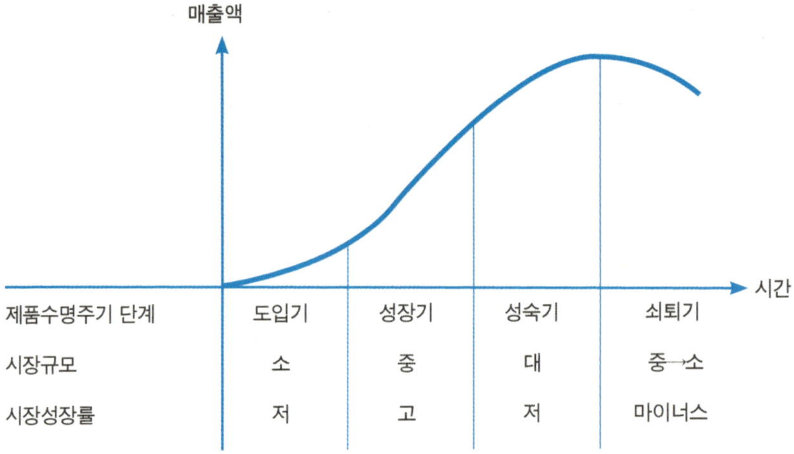

(2) 매출액 추정의 단계적 절차

대상기업 제품의 시장점유율 추정이나 영업전략에 따른 매출액 추정의 전형적인 절차를 제시하면 〈그림 3-4〉와 같다. 여기서 제시한 절차가 일반적

그림 3-4

매출액 추정의 단계적 절차

Ⅰ. 시장 및 환경의 분석	• 수요 : 시장규모 및 수요전망, 고객의 제품/서비스 선호도 조사, 경기연관성, 제품 수명주기(PLC), 산업기술수명주기(ITC) • 공급 : 기업간 경쟁상황, 신규 진입기업의 위협, 기술혁신의 위협, 수요자에 대한 시장영향력, 공급자에 대한 거래교섭력
⬇	
Ⅱ. 수요의 예측	• 정성적 예측 : 시장수요 결정 주요변수에 대한 조사 및 분석 • 정량적 예측 : 통계분석 및 추론적 예측
⬇	
Ⅲ. 생산능력·점유율추정	• 대상기업의 생산능력 상한분석 • 경쟁기업 현황과 판매전략 분석을 통한 시장점유율 추정
⬇	
Ⅳ. 판매가능량 도출	• '대상기업 생산능력 상한'과 '(시장수요 × 시장점유율)' 중 작은 값으로 판매가능량 도출
⬇	
Ⅴ. 매출액 추정	• 판매가능량 × 판매단가

인 방법이긴 하지만, 실무적으로는 시장의 유형이나, 제품 및 공정내용, 판매 전략 등에 따라 매출액 추정기법은 여러가지 형식으로 변용하여 적용할 수 있다.

매출액을 추정하는 방법은 ① 매출액 평균성장률 등 과거추세치를 이용하는 방법, ② 시장점유율을 이용하는 방법, ③ 회귀식을 이용하는 방법, ④ 기타 내부 경영자 설문조사 방법 등 다양하다. 그러나 어느 방법을 사용하든지 과거의 매출자료를 이용하여 판매량, 판매가격, 제품의 판매구성 등에 대한 분석을 하고, 가능한 한 각각의 항목에 대해서 세부적인 추정을 한 다음 이를 종합 판단하는 방법이 가장 바람직하다. 따라서 어떤 방법에 따라 매출을 추정하든지 대개 〈그림 3-4〉의 다섯가지 단계적 절차에 따라 진행하게 된다.

(3) 매출액 추정 방법

1) 과거 추세치 이용법

이 방법은 과거 대상기업 매출액의 추세치, 즉 연간 평균성장률을 계산한 다음, 이를 직전 연도의 매출액에 곱하여 매출액을 추정하는 방법이다. 즉 다음의 식과 같이 산정된다.

$$\text{추정 매출액} = \text{전년도 매출액} \times (1 + \text{평균성장률})$$

이같이 과거의 평균성장률을 이용한 매출액 추정은 매우 간단한 방법으로 적용하기에 편리한 장점이 있지만, 매출과 관련된 다른 각종 변수를 고려하지 않으므로 추정 매출액이 실제와는 너무 큰 격차를 보일 수가 있기 때문에 가능하면 다른 방법과 함께 병용하여 추정하는 것이 좋다.

$$\text{추정 판매량} = \text{전년도 판매량} \times (1 + \text{평균성장률})$$
$$\text{추정단가} = \text{전년도 단가} \times (1 + \text{예상증가율})$$
$$\text{추정 매출액} = \text{추정 판매량} \times \text{추정단가}$$

이 방식은 일반적으로 기업의 업력이 상당히 경과된 업체로서, 생산규모나 조업상황, 제품 수요상황 등이 안정화되어야 한다는 조건이 필요하다. 이 방식은 추정년도에 걸쳐 동일한 예상성장률을 적용함으로써 매출액 규모가 증가하면 할수록 증가율은 점점 줄어들면서 현실과는 동떨어지게 되므로, 추정기간 중 매년 성장률을 다르게 적용하는 방식으로 보완할 필요가 있다. 추정기간 중 적용하는 성장률은 평가사가 대상기업의 과거 매출증가 요인이나 향후 전망에 대한 정성적인 조사분석 및 판단을 거친 후에라야 도출할 수 있다.

한편, 과거 추세치가 없는 신규 기업의 경우에는, 사업내용이나, 규모, 제품 등이 유사한 기업의 과거 매출증가율을 적용한다. 예컨대 한국은행이나 산업은행에서 발간하는 경영분석이나 재무분석 자료에서 규모나 업종분류가 가장 유사한 동업종의 평균 매출증가율을 이용할 수 있다.

2) 시장점유율 이용법

시장점유율에 의한 매출액 추정방식은 전체 시장규모에 대한 대상제품의 시장점유율을 곱하여 예상 매출액을 산출하는 방법이다. 시장점유율 예측에 의한 방법은 전체시장의 크기와 대상기업의 시장점유율에 대한 정확한 산출이 가능해야 타당성이 높아진다. 전체시장 규모는 해당 전문협회 또는 공신력 있는 조사연구기관에서 예측한 자료를 이용하여 구할 수도 있고, 개별업체의 생산능력 또는 과거 매출액을 합하여 구할 수도 있다. 즉 시장점유율에 의한 추정은 대상기업의 시장판매점유율이 안정적이고 상당히 높은 기업일 경우 해당 업계 전체의 연간매출액을 추정하고, 추정된 업계 전체 매출액에 당해 기업의 점유율을 곱하여 매출액을 추정하는 방법이다.

추정 판매량 = 업계 전체 예상판매량 × 당해 기업의 점유율

추정 매출액 = 추정판매량 × 예상 판매단가

이 방법을 이용하는 경우에는 과거의 점유율을 이용해도 되지만, 시장 환경의 향후 변화 전망을 충분히 고려한 후 이를 기초로 조정해서 이용하는 것이 바람직하다. 예상 시장점유율을 판단하기 어려울 경우에는 대상기업이 구사하는 경쟁전략을 기반으로 먼저 판매가능수량을 산출하는 방법을 사용할

수 있다.

이때 기업의 판매가능수량은 전체 시장규모나 대상기업의 총 생산능력 이내여야 한다. 한편 시장점유율에 의한 매출액 추정에서 판매단가의 예측은 기술환경 및 당해 시장경쟁 환경의 변화 추이를 분석하고, 제품원가율의 변화나 가격전략의 내용을 검토하여 적절한 예상 판매단가를 구해야 한다.

3) 회귀분석 추정방법

회귀분석 regression analysis 추정방법은 회귀식을 이용하여 미래의 매출액을 추정하는 것이다. 대상기업의 매출액과 어떤 특정 독립변수와의 관련성을 분석하는 것을 중심으로 하는 매출추정방법이다. 예를 들어 기업의 매출액이 1인당 국내총생산 GDP과 밀접한 관련이 있을 경우, 내년도 추정 매출액은 다음과 같은 회귀방정식에 의해서 도출할 수 있다.

$$\text{추정매출액} = a + b\,x \text{ (독립변수)}$$

위의 산식에서 1인당 GDP라는 경제변수를 독립변수 x라 하고, 추정매출액을 종속변수라고 한다. a는 회귀선의 절편이며, b는 회귀식의 기울기가 된다. 따라서 이 방식은 어떤 경제적 독립변수가 기업의 매출과 가장 밀접한 상관 관계가 있을지를 파악하는 것이 중요하다.

여기서 독립변수의 선정은 통계적으로 상관분석이나 회귀분석을 통해 상관계수가 높거나 회귀식의 결정계수 R^2가 높은 것을 선정하게 된다. 그리고 회귀식의 R^2는 선택된 그 독립변수가 매출액의 변동이라는 종속변수를 얼마나 잘 설명할 수 있는지에 대한 정도를 나타내는데, 다음과 같은 식으로 계산된다.

$$R^2 = 1 - \left[\frac{\text{회귀식으로 설명되지 않는 분산합계}}{\text{매출액의 총분산합계}} \right]$$

4) 기대성장률 추정방법

수익방식에서 대상 영업권이 창출할 미래 경제적 이익을 추정하는 경우, 그리고 잔존가치를 평가하는 경우 모두 성장률 growth rate의 추정이 가치평가

결과에 미치는 영향은 매우 크다. 초과이익법에 의할 경우 잔존가치를 산정하는 과정에서도 성장률이 가치평가액에 미치는 영향은 크다. 이러한 산업별, 업종별 성장률에 대한 예측치는 상장기업에 대하여는 주로 증권사 애널리스트들의 분석결과 의견이나 해당업계 산업전문가들의 예측자료 등을 바탕으로 분석할 수도 있다.

그러나 발표되는 예측치의 객관성과 질적 차이를 파악하는 것이 중요한데 이를 위해서는 해당 업종의 전문적인 지식과 경험을 보유하고 있는 산업분석가에 의해 독립적 입장에서 예측된 자료인가, 해당기업의 미래에 영향을 미칠 수 있는 최신 정보가 충분히 반영되었는가, 상충되는 다수의 예측자료가 존재하는 경우 예측치 간 차이가 과도하지 않은가 등을 재검토하여야 한다.

공공기관인 한국개발연구원 KDI 산업연구원, 그리고 한국산업은행 KDB 등에서 발표한 자료들을 시계열 자료로서 장기간 축적하여 활용하는 것도 좋다. 한편 비상장기업에 대하여는 이러한 증권사 자료나 산업전문가들의 예측자료가 전혀 없는 경우가 많으므로 기본적인 산업분석과 기업분석을 거친 다음 대상기업 CEO나 임원면담, 해당산업 전문가들과의 면담 등을 통한 종합적인 판단의 결과로서 성장률 추정치를 결정하게 된다.

한편 기업정보에 관한 상세한 공시자료는 금융감독원이 중심이 되어 운영하는 전자공시시스템 DART : Data Analysis Retrieval Transfer System에서 가장 쉽게 얻을 수 있다. DART는 국내 상장법인 등이 각종공시서류를 인터넷으로 제출하고 투자자 등 이용자가 인터넷으로 조회할 수 있도록 한 기업공시시스템이므로 여기서 얻은 회계 및 경영 정보를 활용하여 평가과제 수행목적에 맞게 가공하여 이용할 수 있다.

기존의 상속증여세법과 증권거래법 상에서 비상장주식 평가는 모두 과거의 자산, 수익가치에 바탕을 두고 있으며 일부 예외적인 경우에 있어 최대 2개년도의 미래 추정실적을 고려하여 평가에 반영하고 있다. 그러나 이런 단기간의 예측치를 이용하는 것은 계속기업을 가정하는 일련의 가치평가 전제와는 일관되지 않아 바람직하지 않다.

상장기업의 경우 과거 성장률 historical growth이나 애널리스트 추정치 analyst estimates를 이용하여 성장률을 추정하는 것이 비교적 쉽다. 그러나 비상장기업의 경우 이러한 자료가 부족하기 때문에 성장의 원동력이 되는 투하자본수익률 ROIC: return on invested capital과 재투자율 reinvestment rate을 이용하여 성장률을 추정할 수도 있다. 즉 기대성장률과 *ROIC*, 그리고 재투자율 IR간의 관계는 다음 산식으로 표현된다.

$$g = ROIC \times IR$$

$$\text{여기서 } FCFF = EBIT(1-t) \times (1-IR)$$

$$= EBIT(1-t) - RN$$

g : 기대성장률, *ROIC* : 투하자본수익률, *IR* : 재투자율, *t* : 법인세율, *RN* : 재투자소요자본

다시 말하자면 기대성장률 g은 재투자율 IR을 높이거나 투하자본수익률을 높임으로써 높아질 수 있으므로 재투자율 IR과 *FCFF*의 양자는 상충관계에 있다고 할 수 있다. *IR*을 높이게 되면 *FCFF*가 낮아지지만, 기대성장률은 높아지기 때문이다.[38]

표 3-5 A, B 회사의 재투자율과 기대성장률

	투자자본수익률(*ROIC*)	재투자율(*IR*)	기대성장률(*g*)
A 회사	10%	50%	5%
B 회사	20%	25%	5%

여기서 쉬운 예를 하나 들어보자. 〈표 3-5〉에서 B회사의 *ROIC*는 20%로서 A회사의 2배이지만, 거꾸로 IR은 25%로서 A회사의 절반밖에 되지 않으므로 위 산식에 의거 기대성장률 g은 모두 5%로 같아진다. 비상장기업은 소유주에 의해서 경영되는 1인 경영 체제에 의존하기 쉽기 때문에 기업의 존속이 소유경영자의 신상변동에 좌우될 가능성이 크다. 따라서 평가사는 잔존가치 continuing value 산정 시 상장기업에 비하여 기대성장률의 기준을 보수적으로 적용할 필요가 있다.

[38] Damodarm Asward, Investment Valuation, 3rd ed., Wiley, 2012.

4.6 평가기법의 적용

영업권의 가치를 평가하기 위하여 평가대상 기업 및 영업권에 대한 자료들이 수집되었다 하자. 그 다음 단계는 평가대상의 가치전제와 기준가치에 부합하는 적정한 평가방법들을 선택하여야 할 것이다. 감칙 제23조에 의하면 '영업권을 감정평가 할 때에 수익환원법을 적용하여야 한다'고 규정하고 있다. 따라서 주된 방법은 수익환원법을 적용하되 수익환원법의 적용이 곤란하거나 부적절한 경우 비교법, 원가법을 적용하여 감정평가 할 수 있다.

IVS에 의하면, 무형자산 평가방법에는 ① 초과이익법 excess earnings method ② 로열티면제법 relief-from-royalty method ③ 할증이익법 또는 유무법 premium profit method or with-and-without method ④ 그린필드법 greenfield method, 그리고 ⑤ 유통업자 방법 distributor method 등 여러 가지 방법이 있다. 그리고 초과이익법은 다시 ① 다기간초과이익법, ② 단기간초과이익법, ③ 초과이익환원법(공식법) 등 다양하다.

앞서 설명한대로 영업권의 가치평가는 어디까지나 유형 및 무형자산의 가치를 어디까지 인식하는가에 달려있다. 그러므로 이러한 여러가지 수익환원법의 기법들은 영업권 가치평가 기법이라기보다 식별가능한 다양한 무형자산에 대한 가치평가 기법들이기도 하다. 그러나 단기간초과이익법이나 초과이

그림 3-5

영업권과 무형자산 평가방법

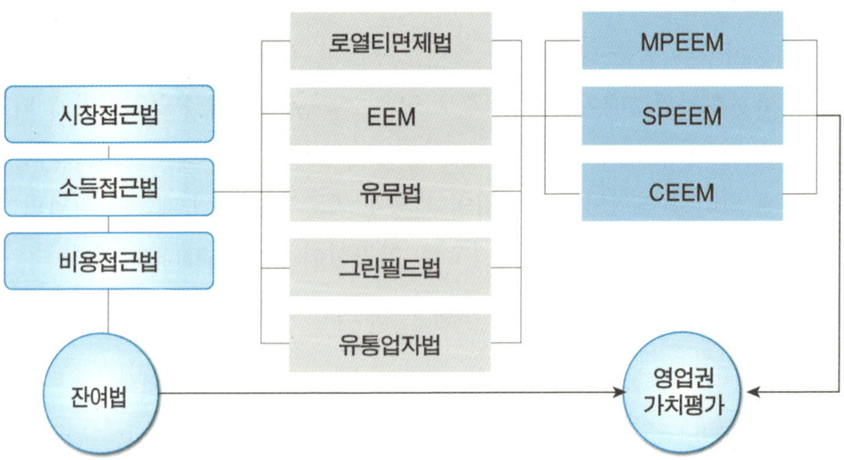

익환원법 등과 같이 직접 적용가능한 기법들도 있으므로 영업권 가치평가와는 깊은 관련이 있다. 그러므로 영업권의 가치평가에서는 주된 방식인 수익방식을 적용함에 있어서도 잔여법 residual from business enterprise method을 중심으로 분석하되, ① 다기간초과이익법, ② 초과이익환원법, ③ 단기간초과이익법 등 다양한 방식을 병용하여 각각의 시산가치를 비교 검토함으로써 더욱 객관적이고 신뢰가능한 최종 가치결론에 도달할 수 있게 된다.

앞의 〈그림 3-5〉에는 이러한 다양한 영업권과 무형자산 평가방법의 체계를 도시하여 설명하여 준다. 이러한 영업권의 구체적인 가치분석방법은 다음의 제4장에서 상세히 다룬다.

4.7 시산가치 조정 및 평가가액 결정

다양한 평가방법에 의거 산출된 각각의 평가가치를 시산가치 indicated values 라고 칭한다. 각각의 시산가치는 일치하는 것이 가장 이상적이나 현실적으로는 일치하기가 어렵다. 이른바 '3면 등가의 법칙'은 완전경쟁시장에서는 성립할 수 있으나, 불완전한 현실시장에서의 성립은 사실상 불가능한 것이다. 시산가치의 조정 reconciliation of final indicated values은 단순히 감정평가 3방식에 의한 시산가치의 산술적인 평균을 의미하는 것이 아니다. 각각의 방법 적용과정에서 사용된 자료의 양, 자료의 정확성 및 자료의 적절성 등을 고려하여 각각의 시산가치에 적절한 가중치를 두어 가격을 결정하는 것이다. 이러한 시산가치를 조정하는 경우 유의하여야 할 사항을 요약하면 다음과 같다.

1. 자료의 선택, 검토 및 활용의 적정성 : 평가에 있어 채용한 자료는 적합한가? 그리고 중요변수의 결정과 적용 방법은 적정하였는가를 재검토하여야 한다.
2. 기업 경쟁력 및 산업분석의 적부 : 기업가치에 영향을 주는 경제 및 산업요인분석과 대상 기업의 경쟁력 및 손익추정 등이 적합했는가를 재검토한다.
3. 할인율 · 환원율 · 성장률 등 주요변수 적용의 적정성 : 미래 경제적 이익의 현재가치화를 위한 할인율이나 환원율, 매출성장률 등의 선택 및 적용

과정이 적정한가? 그리고 매출원가나 판매관리비 비율이 대상기업이 속한 산업 평균이나 추세에 비추어 적정한가를 재검토한다.

4. 기업가치 구성자산에 대한 평가방법 선정 및 평가과정의 적정성 : 기업가치를 구성하는 각 개별자산에 대한 평가방법은 자산 특성에 따라 적정하게 선정되었으며, 평가과정은 단계별로 적정하였는가?

이와 같이 각 방식의 장·단점과 평가과정의 적정성을 분석하고 재음미하여 그 결과를 시산 조정함으로써 평가결과의 객관성과 신뢰성을 높여야 하며, 이러한 과정을 거쳐 최종적으로 감정평가 가액을 결정하게 된다.

4.8 감정평가서의 작성

(1) 보고내용

감정평가서란, 의뢰인으로부터 부여된 감정평가 과제에 대하여 조사 분석한 최종결과를 의뢰인에게 제시하는 서면평가서 written report나 구두보고 oral report를 말한다. 그 내용은 감정평가서 이용자들의 평가목적이나 지식수준에 부합하도록 작성되어야 하고, 자신이 속한 전문가협회의 실무기준과 윤리규정을 준수하여야 한다.

감정평가서는 감정평가의 기본적 사항과 감정평가액을 나타내고 그 결정에 관한 의견과 이유를 설명하는 것으로서, 감정평가 주체의 책임소재를 명백히 함에 의의가 있다. 따라서 평가과정의 최종단계에서 평가자가 평가결과를 의뢰인에게 보고하기 위하여 평가대상의 내용·평가목적 및 조건, 기준시점, 평가가액, 평가사의 서명날인, 수집된 자료의 처리, 평가가격의 산출근거 및 그 결정에 관한 의견 등을 작성하게 된다. 감정평가에는 "전달성의 원칙"이 있어서 보고서 작성기술은 매우 중요시된다. 영업권감정평가서에 포함되어야 할 보고내용들을 열거하면 다음과 같다.

1. 평가의뢰인 및 예정사용자 intended user
2. 평가대상 영업권을 정의하고 기술
3. 영업권평가의 목적 및 용도 functions

4. 측정될 가치기준의 정의 및 가치 전제
5. 가치측정의 기준시점과 평가보고서 작성보고일
6. 평가분석, 의견, 결론에 영향을 미치는 상황조건들과 제한조건
7. 평가방법 및 평가절차, 가치분석의견
8. 평가 기준의 요구사항에 대한 부합 또는 이탈의 설명
9. 사용된 평가방법 및 절차에 대한 이론적 근거
10. 감정평가사 서명 날인

(2) 개별물건기준 원칙과 일괄평가

감정평가는 대상물건마다 개별로 하여야 한다(감칙 제7조 '개별물건기준 원칙 등'). 무형자산도 개별평가 stand-alone valuation 하는 것이 적절할 수 있다. 그러나 영업권과 같은 무형자산을 다른 유 · 무형자산과 함께 사용하지 않는 것을 전제로 평가하는 것은 전혀 불가능하거나 현실성이 없을 수 있다. 따라서 평가사는 영업권을 독립적으로 개별평가한 것인지, 아니면 다른 자산과 함께 사용되는 것을 전제로 일괄평가 grouped asset appraisal 한 것인지에 대하여 평가보고서에 명확하게 기술해야 한다. 후자의 경우라면, 평가사는 평가목적에 대해 다른 자산과 대상무형자산이 함께 사용될 필요성을 설명해야 하고, 대상무형자산과 결합된 유 · 무형자산이 무엇인지를 평가서에 분명히 밝혀야 한다. 이에 대하여는 뒷장에서 다시 상세히 다루기로 한다.

(3) 관계법령의 준수 및 윤리기준

아울러 평가사는 감정평가서 작성시 감정평가와 관련된 법령 및 전문기준, 그리고 윤리기준을 준수하여야 한다. 감정평가서 이용자들이 평가금액과 평가 방법 및 근거에 대하여 신뢰할 수 있도록 대상 무형자산의 특성이 충분히 반영된 보고서를 작성하여야 한다. 그리고 대상 무형자산의 가치나 거래가능성에 영향을 미치는 현재 시장 동향에 대하여도 검토 분석하고 보고할 필요가 있다.

한편 가치 결론에 도달하게 된 평가사의 논리적이고 합리적인 판단 내용, 가치분석 과정, 평가방법 적용 내용에 대하여도 충분한 설명이 제시되어야 한

다. 그리고 우리나라 감칙 제13조(감정평가서 작성)에서는 앞에서 열거한 10가지 보고사항 이외에 다음 각호의 사항도 필수적 기재사항으로 포함시키도록 요구하고 있으므로 유의해야 한다.

1. 감정평가업자의 명칭
2. 대상물건 목록의 표시근거
3. 시장가치 외의 가치를 기준으로 감정평가한 경우에는 제5조 제3항의 사항(해당 시장가치 외의 가치의 성격과 특징, 시장가치 외의 가치를 기준으로 하는 감정평가의 합리성 및 적법성). 다만 법령에 다른 규정이 있는 경우에는 해당 법령을 적는 것으로 갈음할 수 있다.
4. 실지조사를 하지 아니한 경우에는 그 이유
5. 재조달원가 산정 및 감가수정 등의 내용
6. 감정평가 조건
7. 감정평가액
8. 감정평가액의 산출근거 및 결정 의견
9. 전문가의 자문 등을 거쳐 감정평가한 경우 그 자문 등의 내용

감정평가 결과는 기준시점 현재 평가사가 이용 가능한 정보를 근거로 도출한 것이므로 향후의 경제적 환경이나 시장상황 변화에 따라 변경될 수 있음에도 유의하여야 한다. 그러므로 보고서에는 평가에 영향을 미치는 우발상황이나 제약조건들을 분석하여 명백히 해두어야 한다. 즉 평가과정의 전제조건이나 가정, 법률적인 제한이나 저당권, 다른 연구결과에 관한 정보, 환경적 위험요소 등에 대하여도 발견사항을 분명히 제시할 필요가 있다.

4장

영업권 평가의 소득접근법

Income Approach of Goodwill Valuation

1. 소득접근법의 개요
2. 소득접근법의 기초
3. 진여법
4. 다기간초과이익법
5. 단기간초과이익법
6. 초과이익환원법

국제평가기준에 따르면, 영업권은 '기업이나 기업의 권리 또는 다른 자산에서 별도로 인식되지 않은 자산집합 a group of assets의 사용으로부터 발생하는 미래의 모든 경제적 이익'이다. 영업권 가치는 일반적으로 모든 확인 가능한 유형자산, 무형자산 및 화폐성자산의 가치가 기업가치에서 공제된 후에 남아 있는 잔여분으로 측정된다.

이와같이 영업권의 개념을 '초과이익의 현재가치'나 '잔여가치'로 정의한다면, 이론적으로 가장 부합하는 평가방법이 바로 소득접근법, 또는 수익방식이라 할 수 있다. 영업권의 가치평가에서 수익방식은 인수 · 합병 · 교환 · 매각 등 거래의 대부분에 폭넓게 쓰일 수 있는 가장 유용한 평가방법의 하나이다.

실무적으로는 시장접근법이나 비용접근법을 적용함에 있어 필요로 하는 시장증거나 대치원가의 증거량이 부족한 경우가 대부분이므로 주로 소득접근법을 적용하게 된다. 이에는 초과이익법, 로열티면제법, 할증이익법 또는 유무법, 그린필드법, 유통업자방법 등이 있다. 여기서는 국제평가기준에 따른 영업권의 평가방법에 중점을 두어 잔여법과 초과이익법을 예제를 통하여 논의하기로 한다.

1 소득접근법의 개요

소득접근법 income approach은 영업권을 초과이익의 현재가치 또는 잔여개념으로 보고 수익에 기반을 둔 영업권의 가치를 산정하는 방법이다. 영업권을 초과이익의 현재가치, 또는 잔여가치 개념으로 이해할 때 영업권의 정의상 이론적으로 가장 합당한 방법이다. 수익방식은 이론적 우수성 이외에도 실무상의 장점도 있다. 즉 시장접근법이나 비용접근법은 특정 목적의 영업권 평가 시에만 적용되는 데에 반해 상대적으로 수익방식은 인수 · 합병 · 교환 · 매각 등 거래의 대부분에 비교적 폭넓게 쓰일 수 있는 평가방법이다. 반면 초과이익이나 그 지속기간, 할인율 등의 주요 변수에 대한 결정 과정에서 주관이 개입할 수 있고 그 과정이 복잡하다는 단점이 있다. IVS에 의하면, 소득접근법은 구체적으로 다음과 같은 여러 가지 방법이 있다.

1. 초과이익법 excess earnings method
2. 로열티면제법 relief-from-royalty method
3. 할증이익법 또는 유무법 premium profit method or with-and-without method
4. 그린필드법 greenfield method
5. 유통업자방법 distributor method

그리고 초과이익법은 다시 다음과 같은 3가지 방식으로 나누어 설명하고 있다.

1. 다기간초과이익법
2. 단기간초과이익법
3. 초과이익환원법(공식법)

그러나 여기서 유의할 점은 위에서 열거한 소득접근법의 여러 가지 기법들은 영업권 가치평가 기법이라기보다 식별가능 무형자산에 대한 가치평가 기법들이라고 할 수 있다. 물론 단기간초과이익법이나 초과이익환원법 등과 같이 직접 응용가능한 기법들도 있으나, 대부분 상표나 특허기술 등 각종 무형자산에 대한 평가기법들로서 영업권 가치평가와 깊은 관련을 맺고 있으므로 그 개념과 적용방법에 대한 명확한 이해가 있어야 한다. 앞장에서 이미 이에 대하여 자세히 설명하였으므로 다음에서는 이들 기법 각각에 대하여 IVS규정을 중심으로 간략히 설명한다.

1. 초과이익법 excess earnings method 초과이익법은 현금흐름을 생성하는 데 필요한 기타 자산(기여자산)에 귀속되는 현금흐름 부분 proportion을 공제한 후 대상 무형자산에 귀속되는 현금흐름의 현재 가치로서 무형자산의 가치를 추정한다. 이 방식은 취득자가 유형자산, 식별가능 무형자산과 영업권 사이에서 사업에 대해 지불되는 전체가격을 할당해야 하는 경우 종종 평가에 사용된다.[39] 초과이익법은 여러 기간의 기대 현금흐름(다기간초과이익법)이 사용될 수도 있고, 단일 기간의 기대 현금흐름(단기간초과이익법) 또는 단일기간 기대 현금흐름의 자본화(초과이익환원법 또는 공식법)를 통해 사용될 수도 있다.

2. 로열티면제법 relief-from-royalty method 무형자산의 가치는 그 무형자산을 소유하는 것과 제3자로부터 라이선스 허여계약을 할 경우와 비교하여 무형자산을 소유함으로써 절감되는 가설적 로열티 지불액의 가치를 기초로 결정된다. 개념적으로 이 방법은 무형자산의 소유자가 제3자에게 무형자산의 라이선스를 허여함으로써 현금흐름에 적용할 수 있는 할인된 현금흐름 방법으로 볼 수도 있다.[40]

3. 할증이익법(유무법) premium profits method or with-and-without method 사업의 두 가지 시나리오를 비교하여 무형자산의 가치를 나타내는 방법으로, 사업이 대상 무형자산을 사용하는 시나리오와 사업이 대상 무형자산을 사용하지 않는 시나리오의 차이로 그 가치를 계산한다.[41]

4. 그린필드법 greenfield method 대상 무형자산의 가치를 기준시점 현재 대상기업의 유일한 자산이 대상 무형자산이라고 가정하는 현금흐름 예측을 사용하여 결정한다. 그러므로 대상자산 이외의 다른 모든 유형 자산 및 무형자산은

[39] IVS 210, par 60.6.
[40] IVS 210, par 60.18.
[41] IVS 210, paras 60.22~23

구매, 건설 또는 임차한다. 그린필드법은 기여자산의 기여도를 반영하기 위해 현금흐름에서 CAC를 차감하는 대신, 기여자산을 건설, 구매 또는 임차한다고 가정한다.[42]

5. 유통업자방법 distributor method 유통업자방법은 고객관련 무형자산을 평가하는 데 사용되는 다기간초과이익법의 하나로서 유통업자는 일반적으로 지적재산권이나 제조업의 개발보다는 고객에게 제품을 유통하는 것과 관련된 기능만 수행하기 때문에, 유통업자가 얻는 이윤 마진 정보는 고객 관련 무형자산으로 인한 초과 수익을 추정하는 데 사용된다는 이론에서 출발한다. 유통업자 방법은 다른 무형자산이 주요 무형자산 또는 가장 중요한 핵심 무형자산으로 간주되어 다기간초과이익법에 따라 평가되는 경우 고객관련 무형자산 가치를 평가하는 데에 적합한 방식이다.[43]

2 소득접근법의 기초

2.1 잔여가치와 소득접근법

앞 장에서도 이미 설명한 바 있지만, 여기서는 잔여가치 원리 residual value principle란 소득접근법의 기초를 형성하는 원칙이므로 다시 한번 그 개념적 중요성을 강조하고자 한다. 이는 기업가치 business value에서 측정할 수 있는 모든 유·무형자산의 가치를 빼고 난 다음에 마지막까지 더 이상 배분할 수 없는 식별 불가능한 자산부분이 남게 되는데, 이 잔여부분 residual이 바로 영업권이 된다는 원리이다.

즉 기업가치에서 영업권을 제외한 일체의 유·무형자산 가치를 공제하여 영업권의 가치를 평가하는 개념으로서 소득접근법 적용의 기본원리이다. 이를 바꿔서 말하면, 이 기업의 매수를 원하는 경우 매수가격으로 유형자산이나 식별가능 무형자산 이외에도 영업권의 가격을 별도로 지불해야 한다는 뜻이

[42] IVS 210, par 60.29~31
[43] IVS 210, par 60.32~ 60.34

다. 이는 앞으로 설명할 초과이익법이나 매수가격배분법 등 모든 소득접근법에 의한 영업권 가치평가 방식에서 공통적으로 적용하게 되기 때문에 매우 중요하다.

'잔여가치의 원리'에 대하여는 이미 제3장(영업권의 평가기준과 절차)에서 자세히 설명하였으므로 생략하기로 한다. 다만, 여기서 유의해야 할 점은 각 개별자산들은 어디까지나 계속기업의 일부로서 존재하고 있는 유형자산의 가치이지 청산가치가 아니라는 점이다. 그리고 마지막으로 배분할 수 없는 잔여가치가 영업권의 가치를 나타내게 된다. 그러므로 평가사는 이러한 잔여가치의 원리를 충분히 이해하고, 평가서 이용자에게 오해가 없도록 평가서 상에 평가대상 영업권의 개념과 정의, 그리고 평가의 가정과 전제조건을 명시할 필요가 있다.

2.2 자산유형별 수익률

기업가치는 기본적으로 전체 구성자산들의 가치를 모두 합한 값이라 할 수 있다. 그러므로 총자산을 구성하는 각각의 자산들에 대한 수익률 ROR: rate of return을 합산하면, 기업전체의 수익률과 같게 된다. 재무상태표상 차변에 있는 기업가치 구성자산들, 즉 화폐성자산, 유형고정자산, 그리고 무형자산 등의 수익률은 각각 어떻게 결정할 것인가? 자산유형별 수익률 결정의 원리를 알려면, 우선 가중평균자산수익률 WARA : weighted average return on assets 및 WACC의 수렴원칙과 자본조달비용의 수익률 결정원칙 capital cost determining ROR principle이라는 두가지 원칙의 개념을 이해할 필요가 있다.

1. WARA와 WACC의 수렴원칙
2. 자본조달비용의 수익률 결정원칙

첫째, WARA와 WACC의 수렴원칙이란, 기업가치에 대한 각 자산의 비중에 따라 각 자산의 수익률을 가중평균하게 되면 가중평균자산수익률, 즉 WARA weighted average return on assets가 산정되고, WARA는 다시 전체 기업의 자본비용을 가중평균한 WACC에 수렴하게 된다는 원리를 말한다. 이를 산식으로 나타내면 다음과 같다.

$$WACC = \frac{V_m}{V_{BV}}(R_m) + \frac{V_t}{V_{BV}}(R_t) + \frac{V_i}{V_{BV}}(R_i) \approx WARA$$

여기서 $V_{BV} = V_m + V_t + V_i$

V_{BV} : 기업가치, V_m : 순운전자본가치, V_t : 유형자산가치, V_i : 무형자산가치
R_m : 순운전자본 수익률, R_t : 유형자산 수익률, R_i : 무형자산 수익률

위의 산식에서 보는 바와 같이 WACC는 순운전자본가치[Vm]와 유형자산가치[Vt], 그리고 무형자산가치[Vi]를 기업가치에 대한 비중에 따라 가중평균한 자본비용을 의미한다. 따라서 각 자산의 수익률을 전체자산 비중에 따라 가중평균한 종합자산수익률인 WARA와도 당연히 일치하지 않을 수 없다. 즉 가중평균자산수익률[WARA]은 유형자산은 물론 무형자산까지 기업가치를 형성하는 모든 영업자산의 요구수익률을 자산 구성비율에 따라 가중평균한 종합수익률이다.

둘째, 자본조달비용의 수익률 결정원칙[capital cost determining ROR principle]이란, WARA 산정의 기본이 되는 각종 유 · 무형자산의 수익률은 고유의 위험도나 자본조달 가능성, 즉 조달비용에 따라 달라진다는 원칙을 말한다. 〈그림 4-1〉에 도시된 바에 따라 각 자산유형별 특성과 수익률 결정기준[benchmark]을 설명하면 각각 다음과 같다.

그림 4-1
자산유형별 투자 특성과 요구수익률

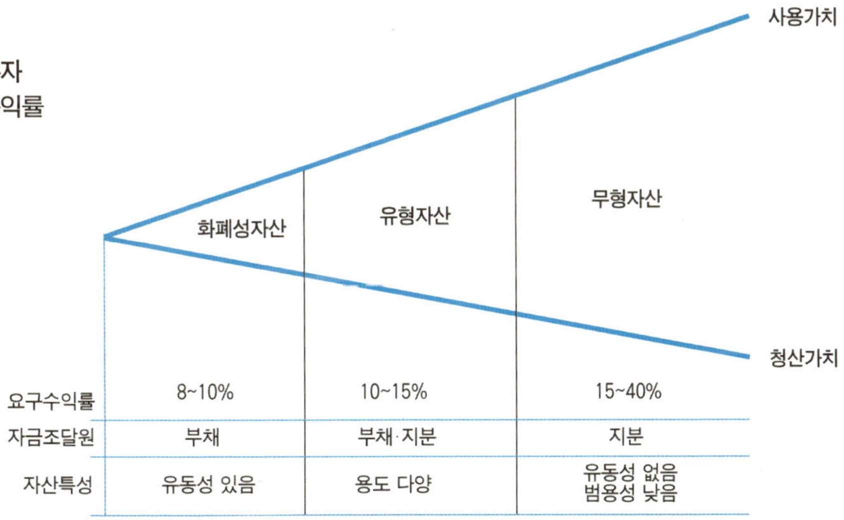

자료: Gordon V. Smith, et al., *ibid*, p. 433.

① **화폐성자산** monetary asset 화폐성자산이란, 순운전자본을 말한다. 이는 유동자산에서 유동부채를 뺀 값으로 '운전자본' working capital과 동의어이다. 이 자산유형의 특성은 유동성이 가장 높으므로 투자위험도는 가장 낮은 수준의 자산이라는 것이다. 그러므로 대상기업의 WACC보다 훨씬 낮은 수준에서 수익률이 결정되며, 양도성예금(CD 90일물)이나 단기국공채이율 기준으로 수익률이 결정된다.

② **유형자산** tangible asset 유형자산은 고정자산이라고도 하는데, 대상기업의 본업활동을 위한 토지나 건물, 기계설비 등을 말한다. 이들 자산유형의 특성은 화폐성자산 보다 유동성은 낮지만, 시장성이 있는 자산으로서 담보제공도 가능하므로 대개 WACC보다 낮은 수준에서 은행담보대출이자율을 기준으로 수익률이 결정된다. 결과적으로 유형자산은 다음 2가지 요인 때문에 요구수익률이 낮아진다고 할 수 있다.

> 첫째, 담보자산 제공으로 지분 요구수익률보다 차입금리가 낮아진다.
> 둘째, 유형자산의 안정적 수익성 때문에 투자위험이 낮아진다.

③ **무형자산** intangible assets 유형자산과는 정반대로 위에 있는 2가지 무형자산의 불리한 자산특성 때문에 요구수익률은 가장 높아진다. 즉 무형자산은 담보자산이 되기 어렵고, 안정적 수익성도 기대하기 곤란하므로 투자위험은 가장 높게 된다. 그 중에서도 영업권은 가장 위험도가 높고 따라서 자기자본 이외에는 외부투자 유치가 곤란하게 되는 고유 특성을 갖는다.

한편 자산유형별 사용가치 value in use와 청산가치 value in liquidation의 차이는 〈그림 4-1〉에서 나타난 순서대로 점점 커진다. 즉 유형고정자산의 유동성이나 범용성(또는 시장성)이 낮아지면, 청산가치도 낮아진다. 예컨대, 특수용도의 기계는 일반 범용기계보다 청산가치가 낮아진다. 특수목적으로 설계된 기계는 범용성이 없어 청산가치가 최초 구매가격에 비해 예컨대 50% 정도 하락할 수도 있지만, 만약 일반 범용기계라면, 청산을 하더라도 구매가격 대비 가격하락률은 그다지 크지 않으므로 시장성에 따라 구매원가의 80~90%까지 시장가치를 평가 받을 수도 있다.

마찬가지 논리에서 영업권 등의 무형자산은 청산가치가 낮으므로, 평가사는 청산에 따른 가치하락의 위험도를 평가하여 가치에 반영하게 된다. 그렇지 않을 경우 WARA 산정과정에서 유동성위험을 요구수익률 RRR에 반영하여 위험할증률을 추가하게 된다.

결론적으로 특허기술이나 상표권 등 무형자산은 청산가치가 낮다. 특히 첨단 신기술일수록 미래가 불투명하여 기술을 이용하는 기업의 부도위험도 높아진다. 즉 도산위험이 높은 벤처기업일수록, 청산가치가 낮은 첨단 특수기술일수록 위험할증률은 급격하게 증가하는 것이다.

〈그림 4-1〉에서와 같이 사용가치와 청산가치의 차이가 많이 나는 자산일수록 투자위험이 증가한다. 즉 높은 이자비용을 부담하지 않으면 자본조달이 불가능하게 된다. 결국 청산가치가 낮은 기술의 경우 자기자본과 차입금에 의한 자본투자 중 자기자본 투자의존도가 높아질 수 밖에 없다. 대신 기술의 사업화에 성공할 경우, 큰 부가가치를 창출함으로써 수백 배의 투자수익률도 얻을 수 있게 되며, '고위험·고수익'의 투자원리가 작용한다. 〈그림 4-2〉에서는 이상에서 설명한 자산유형별 요구수익률과 가중평균자산수익률 WARA: weighted average return on assets, 그리고 가중평균자본비용 WACC의 관계와 자산유형별 수익률의 결정요소가 무엇인지를 요약하여 설명해 주고 있다.

그림 4-2
WACC와 WARA의 관계, ROR 결정요소

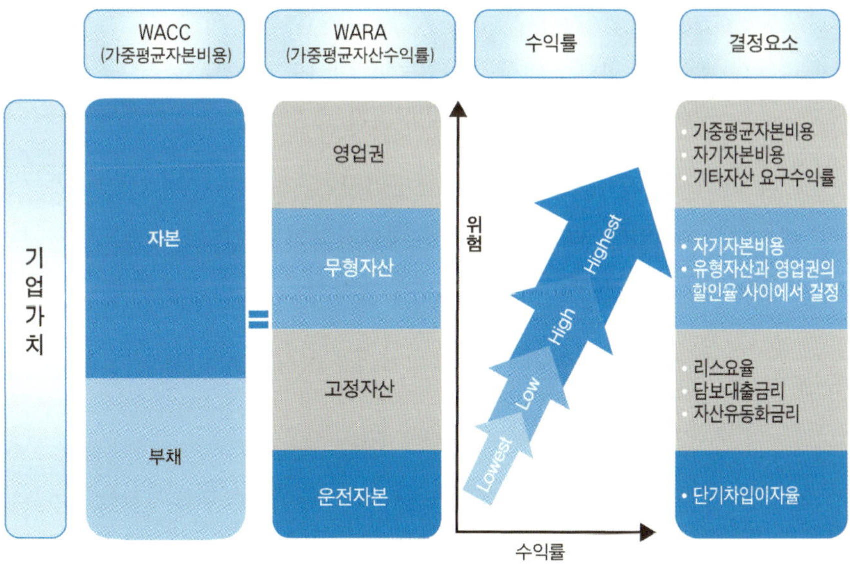

2.3 유형자산 수익률 ROR for tangible assets

앞서 설명한 바와 같이 순운전자본은 화폐성자산으로서 유동성이 가장 높고 투자위험도는 가장 낮은 수준의 자산이다. 그러므로 대상기업의 WACC보다 훨씬 낮은 단기차입금리 수준으로 수익률이 결정된다. 그리고 토지 등 유형고정자산은 담보제공이 가능하므로 LTV 및 은행담보대출이자율을 기준으로 수익률이 결정된다. 각종 자산유형들을 고위험·고수익의 투자원리에 따라 투자위험 및 수익률 순서대로 나열하면 다음과 같다.

$$V_m < V_t < V_i$$

화폐성자산 〈 유형고정자산 〈 무형자산

이 같은 수익률 결정의 투자원리에 따라 실무적으로 대상기업의 WARA분석 시 적용할 유형자산의 수익률 ROR은 다음과 같은 3단계 절차에 따라 추정할 수 있다.

1. 자산유형별로 담보제공시 조달가능 차입금을 산정한다. 여기서는 유동성을 기준으로 V_m 〈 V_t 〈 V_i의 순서대로 은행의 대출비율 LTV을 적용한다.
2. 유형자산가치에서 차입금 제외부분은 대상기업의 자기자본으로 조달할 금액으로 배분한다.
3. 법인세효과를 감안한 자기자본비용과 타인자본비용을 가중평균하여 유형자산의 수익률 ROR을 추정한다.

위와 같은 절차에 따라 유형고정자산 수익률을 추정한 결과가 〈표 4-1〉에 예시되어 있다. 예컨대 여기서 대상기업의 고정자산 1,000억원에 대한 수익률은 얼마인가? 단, 대상기업의 고정자산에 대한 대출비율 LTV은 65%이다.

$$ROR_{FA} = [(650/1,000) \times 4.95\%] + [(350/1,000) \times 16.79\%] = 9.1\%$$

위와 같이 LTV 65%를 기준으로 하고, 은행담보대출이자율 6.34%를 적용한다면, 대상기업의 고정자산수익률 ROR_{FA}은 9.1%로 추정할 수 있다.

표 4-1 무형자산의 ROR 추정(예)

자산	시장가치	LTV	차입액	ROR	적용율
매출채권	150	80.0%	120		
재고자산	200	80.0%	160		
순운전자본	350		280	4.0%	4.00%
고정자산	1,000	65.0%	650	9.1%	9.00%
WACC				13.25%	13.25%

자본비용	세전	법인세율	세후
자기자본비용	16.79%	0.0%	16.79%
타인자본비용	6.34%	22.00%	4.95%

2.4 무형자산 수익률 ROR for intangible assets

무형자산에 적용할 수익률 또는 할인율 discount rates/ ROR for intangible assets 의 결정은 관찰가능한 시장증거가 희소하기 때문에 매우 도전적인 부분이다. 따라서 무형자산에 적용할 할인율의 결정에 있어서는 높은 수준의 전문가적 판단 professional judgement 이 필요하며, 평가사는 대상 무형자산과 관련된 위험을 평가하고, 관찰 가능한 할인율 결정기준 benchmark 에 따라 적절히 조정해야 한다고 규정하고 있다. 무형자산과 관련된 위험을 평가할 때 고려해야 할 사항은 다음과 같다.[44]

1. 무형자산은 대개 유형자산보다 위험이 높다.
2. 무형자산이 현재의 사용에 대해 고도로 전문화되어 있다면, 잠재적으로 여러 용도로 사용되는 자산보다 위험이 더 높을 수 있다.
3. 단일 무형자산은 자산집합(또는 사업체)보다 위험이 더 클 수 있다.
4. 위험한 부문(때로는 비일상적 기능이라고도 함)에 사용된 무형자산(예: R&D부문)은 일상적인 활동에 사용되는 무형자산(예: 운송부문)보다 높은 위험을 가질 수 있다.
5. 자산의 수명(다른 투자와 마찬가지로, 그 밖의 모든 것이 동등할 때)이 긴 무형자산은 종종 더 높은 위험을 가진 것으로 간주된다.

[44] IVSC, IVS 210, paras. 90.1~90.3.

6. 주문목록 backlog과 같이 현금흐름을 보다 쉽게 예측할 수 있는 무형자산은 현금흐름 추정가능성이 더 낮은 고객관계 등의 유사무형자산보다 위험도가 낮을 수 있다.

할인율 결정기준 benchmark은 시장증거나 시장거래사례를 기초로 하여 산정된 관찰 가능한 이율이다. 평가사가 고려해야 하는 할인율 결정기준은 다음과 같다.[45]

1. 대상 무형자산의 수명과 유사한 만기를 갖는 무위험 수익률
2. 대상 무형자산의 수명과 유사한 만기를 갖는 차입금 이자율이나 차입비용
3. 대상 무형자산에 대한 자기자본비용, 또는 지분권자나 참여자(이해관계자)의 수익률
4. 대상 무형자산의 이해관계자, 또는 대상 무형자산을 소유 또는 사용하는 회사의 가중평균자본비용 WACC
5. 대상 무형자산을 포함한 최근 기업 인수사례와 관련하여 그 거래에서 적용된 내부수익률 IRR을 고려해야 한다.
6. 기업의 모든 자산 평가와 관련하여 평가사는 선택된 할인율의 합리성을 확인하기 위해 WARA분석을 수행해야 한다.

한편 감정평가실무기준에서는 영업권을 감정평가 할 때에는 수익환원법을 적용해야 한다고 규정하고 있으나, 수익환원법 적용시 할인율이나 환원율에 대해서는 별도의 기준이 없다. 따라서 실무에서는 ① 자본시장이 균형을 이룰 때 자산의 기대수익과 위험의 관계를 설명하는 CAPM, ② 위험의 구성요소 각각에 대해 각 투자자가 인식하는 상대적인 위험수준을 반영하여 산정하는 요소구성법 등을 활용하여 산정한 가중평균자본비용 WACC을 할인율로 사용하고 있다.

그리고 자기자본비용 산정시 시장위험할증률 이외에 규모위험할증률, 기업고유의 비체계적위험할증률 등을 CAPM의 자기자본비용에 추가하여 WACC를 조정하는 수정CAPM법 MCAPM method을 보충적으로 적용할 수도 있다.

---

[45] IVS 210, par 90.4

2.5 수익의 지속기간

영업권을 평가하는 경우에는 통상적으로 기업가치 평가가 동반되며 영업권평가와 기업가치 평가는 상호 밀접불가분의 관계에 있다. 영업권 가치를 평가하려면 가장 먼저 기업가치를 추계하여야 한다. 그리고 기업가치를 추계하려면, 기업의 주력 제품이나 서비스에 대한 경제적 수명 economic life을 예측하여 기대이익을 추정하여야 한다. 그러나 이러한 제품이나 서비스에 대한 경제적 수명을 예측하는 것은 어려운 과제이다. 왜냐하면 변덕스러운 고객의 선호에 따라 기업이 공급하는 제품들의 제품수명주기 product life cycle가 추산되어야 하기 때문이다.

제품수명주기를 예측한다는 것은 그 제품이 고객의 수요를 수용할 수 있는 기간을 추산한다는 의미가 된다. 그러므로 수명주기의 예측은 결국 제품의 라이프사이클 패턴과 그에 따른 매출량, 매출가액을 예측할 수 있어야 한다. 이것이 기업가치를 평가하는 일반적 절차 중 첫 단계의 산출물이다. 이 단계에서는 궁극적으로 매출액의 크기와 시간흐름에 따라 그 크기가 어떻게 변화할 것인가를 예측하는 계량화된 수치가 제시되어야 한다. 이에는 마케팅의 4P product, price, place, promotion 중 제품계획 product plan과 가격정책 pricing policy에 관련된 여러 이론이 활용되어야 하는 영역이다. 기업의 경제적 수명을 추정하는 것은 다른 말로 표현하면, 대상기업의 향후 매출액 규모와 성장률을 예측하는 작업이라고 할 수 있다.

초과이익법 EEM에 의할 경우 잔존가치를 산정하는 과정에서도 매출액성장률이 영업권 가치 평가액에 미치는 영향은 매우 크다. 따라서 단순히 대상기업에 대한 미시적 분석뿐 아니라 대상기업이 속한 산업별, 업종별 성장률에 대한 예측치를 바탕으로 증권사 애널리스트들의 분석결과나 해당업계 전문가들의 예측을 중심으로 심층 분석하여 추정되어야 한다.

2.6 초과이익과 정상이익의 구분

영업권 가치를 평가하려면 그 발생원인인 초과이익의 원천과 존재여부를 알아야 한다. 우리는 앞서 제 1장에서 영업권이라는 개념 자체가 매우 모호하여 사용하는 나라마다 다르고, 평가목적이나 평가기준 적용에 따라서도 다르다는 사실을 알았다. 일반적으로 영업권은 '유형자산과는 다른 식별 불가능 무형자산으로서 정상적인 경제적 이익을 넘어서는 초과이익의 현재가치'라고 정의된다.

여기서 문제는 초과이익 excess earning을 무엇으로 보는가 하는 것이다. 초과이익법 EEM에서 말하는 개념과 초과이익환원법 capitalized excess earning method: CEEM에서 말하는 초과이익의 개념이 서로 다르기 때문이다. 같은 초과이익법이라 하더라도 다기간초과이익법 multi-period excess earning method: MPEEM과 단기간초과이익법 single-period excess earning method: SPEEM에서의 초과이익도 상이하다. 〈표 4-2〉에서는 영업권 평가의 여러가지 수익방식별 초과이익과 정상이익의 개념을 비교하고 있다.

표 4-2 평가방법별 초과이익과 정상이익 개념 비교

평가방법		초과이익 개념	정상이익 개념
MPEEM (다기간초과이익법)		여러 기간의 예상현금흐름에서 다른 기여자산들의 CAC를 뺀 초과이익	여러 기간의 예상현금흐름 중 순운전자본, 고정자산 등 순영업자산에 대한 적정수익
SPEEM (단기간초과이익법)		단일기간의 예상현금흐름에서 다른 기여자산들의 CAC를 뺀 초과이익	단일기간의 예상현금흐름 중 순운전자본, 고정자산 등 순영업자산에 대한 적정수익
CEEM (초과이익 환원법)	① IVS 기준	단일기간의 예상현금흐름에서 다른 기여자산들의 CAC를 뺀 초과이익	단일기간의 예상현금흐름 중 순운전자본, 고정자산 등 순영업자산에 대한 적정수익
	② 실무기준	동종산업 유사기업의 정상수익률을 초과하는 이익	비교가능 동종산업 유사기업의 평균수익
PPA (매수가격배분법)		여러 기간의 예상현금흐름에서 다른 기여자산 공정가치에 대한 CAC를 뺀 초과이익	여러 기간의 예상현금흐름 중 순운전자본, 고정자산 등 다른 기여자산 공정가치에 대한 적정 요구수익

즉 IVS 2017의 초과이익법 EEM에서 말하는 초과이익 excess earning이란 '대상 영업권이 창출할 것으로 예상하는 현금흐름에서 다른 자산에 귀속될 기여자산공헌율 contributory asset charges: CAC을 공제한 후 순전히 대상 영업권에 귀속되는 초과이익'을 말한다. 그러나 실무기준에서 말하는 초과이익은 이와 다른 개념이다. 이에 대하여는 뒤에 '초과이익환원법' CEEM 부분에서 다시 논의한다.

한편 단기간초과이익법에서의 초과이익과 다기간초과이익법에서의 초과이익도 약간 다른 개념이다. 즉 SPEEM에서는 단일기간의 예상 현금흐름에서 나오는 초과이익에서 다른 기여자산들의 CAC를 뺀 나머지 영업권에 귀속될 초과이익을 말하며, MPEEM에서는 여러 기간의 예상현금흐름에서 나오는 초과이익에서 다른 기여자산들의 CAC를 뺀 순전히 영업권에 귀속될 초과이익을 말한다.

〈표 4-2〉에서 말하는 정상이익을 넘어서는 초과이익 중 유형자산과 기타 무형자산에 귀속되는 것을 제외한 것이 영업권의 구성요소가 된다. 아울러 현재 영업과 직접적인 관련이 없는 미래에 대한 기대, 즉 미래에 예상되는 투자, 재편성 및 신규제품이나 서비스, 고객등과 관련된 예상 초과이익도 영업권의 일부를 구성하게 된다. IVS에서는 이러한 영업권의 구성요소를 다음과 같이 예시하고 있다.[46]

1. 두 개 이상의 사업 결합에서 발생하는 기업 고유의 시너지 (예 : 운영비용 절감, 규모의 경제 또는 제품믹스 시너지)
2. 신규시장 및 다른 시장으로 사업을 확장할 수 있는 기회
3. 조직화된 노동력의 이익 (일반적으로, 조직 구성원에 의해 개발된 지적재산이 아닌)
4. 신규고객 및 미래기술과 같은 미래자산에서 파생될 이익
5. 결합가치 및 계속기업가치

[46] IVS 2017, IVS 210, Intangible Asset, par 20.8(영업권 구성요소)에 대한 논의는 '제1장 무형자산과 영업권의 중요성'을 참조하라.

그러나 이와같은 영업권이 발생되는 초과이익 원천을 확인했다 하더라도 이를 어떻게 계량화할 수 있는가? 초과이익을 과연 정상이익과 구분할 수 있는가 하는 문제가 대두된다. 따라서 다음에서는 잔여법 등 각종 영업권의 평가기법에 대하여 상세히 다루기로 한다.

3 잔여법 residual from business enterprise method

3.1 개요

잔여법 residual from business enterprise method이란, 영업관련 기업가치 BV: business value에서 유형 · 무형자산가치를 공제하고 남는 가치를 영업권의 가치로 평가하는 방법이다. 즉 기업가치를 구한 다음 영업권을 제외한 개별자산 가치를 일일이 평가하여 공제함으로써 그 나머지를 영업권가치로서 도출한다. 잔여법의 일반적인 영업권가치 평가모형은 다음과 같다.

$$V_G = BV - (WC + TA + IA)$$

영업권 = 기업가치 − (순운전자본 + 유형자산 + 식별가능 무형자산)

여기서 $EV = BV + NOA$

$$BV = (WC+TA+IA)+V_G$$

EV: 총기업가치, NOA: 비영업자산 BV : 기업가치(영업가치)
WC : 순운전자본, TA : 유형자산, V_G : 영업권가치, IA : 무형자산가치,

위 모형에 따르면 영업권은 영업관련 기업가치 BV에서 순운전자본, 유형자산, 그리고 식별가능 무형자산을 제외한 가치이다. 이 산식을 바꿔서 표현하면, 기업의 매수자는 매수가격으로 유 · 무형자산이나 식별가능 무형자산 identifiable intangible assets 이외에도 영업권의 가격을 지불해야 한다는 뜻이 된다. 이 방식을 적용하기 위해서는 ① 기업가치 BV의 산정, ② 유 · 무형자산의 재평가, ③ 식별가능 무형자산의 평가가 전제되어야 한다.

영업권 goodwill 평가에서 잔여법이 주방식으로 등장한 배경은 무엇인가? 영업권은 앞에서도 논의한 바와 같이 무형자산에 속하지만, 그 자체가 독립된

무형자산으로 특정된 것은 아니다. 그렇다면 영업권이라는 가치를 인정하지 않을 수 없는 이유는 무엇인가? 그것은 무형자산이나 지식재산을 완벽하게 식별하여 평가하거나 가치를 분리해 내는 것이 불가능하기 때문이다. 여기서 바로 영업권을 평가하는 유용한 방법으로서 잔여법이 등장하게 된다.

그러나 IVS에서는 '잔여법'을 영업권의 가치평가 방법으로 적극 규정하지는 않고 있다. '각종 식별가능 유형 및 무형자산 가치를 기업가치 BV에서 뺀 잔여가치로 측정된다'라고 규정할 뿐 '잔여법'에 의하여 영업권의 가치를 '능동적'으로 평가한다는 것이 아님에 유의할 필요가 있다. 이는 영업권 가치가 여러가지 기업내의 식별가능 자산들을 어떻게 인식하고 평가하느냐에 따라 달라지는 영업권의 종속성 dependability이라는 특성 때문이다. 즉 영업권은 대상기업과 분리하여 별도로 존재할 수 없으며, 양도할 수도 없다는 자산고유의 특성에 기인하는 것이다.

에컨대 기업에는 일단의 조직화된 노동력 assembled workforce이라는 무형자산이 있다. 업무의 내용이나 매뉴얼에 따라 일하는 방법을 터득한 일단의 조직화된 노동력은 매우 가치 있는 무형자산이라는 것을 이해할 필요가 있다. 아울러 제품 생산에 있어 경쟁기업보다 뛰어난 원가절감 및 품질 향상의 특별한 비법이나 노하우, 비특허기술 등도 마찬가지로 그 기업의 핵심적인 무형자산이 될 수 있다. 그러나 이를 구분하여 가치를 산정하거나 회계적으로 식별하기 어렵기 때문에 일반적으로 영업권 가치라고 규정할 뿐이다.

국제평가기준 IVS에서는 영업권평가에 관한 방법으로서 특정한 방법을 제시하는 대신 M&A시 인수기업이 다른 확인된 자산과 부채의 가치를 초과하여 지불한 가격으로 정의하는 이유도 이 때문이다. 즉 제1장에서 설명한대로 IVS는 영업권을 '자산집합', 또는 시스템의 개념으로 파악하여 식별가능한 모든 자산 이외의 자산들을 이용하여 얻는 미래 경제적 이익으로 인식하고 있다. 영업권이란 '기업실체가 경영목적 달성과정에서 조직 내 모든 자산과 속성을 유기적으로 결합하여 창출하는 경제적 이익이 식별가능한 자산들의 적정가치를 초과하는 잔여가치'로 볼 수 있다는 관점이다. IVS에서 구체적으로 영업권 가치 산정방법을 제시하고 있는 내용은 다음과 같다.[47]

1. 영업권은 종종 기업의 다른 확인된 자산과 부채의 가치를 초과하여 실제 또는 가상의 기업인수로 지불된 가격의 초과분으로 나타난다. 어떤 목적을 위해서는, 영업권이 양도할 수 있는 영업권(제3자에게 양도될 수 있는 영업권)과 양도할 수 없는 영업권 또는 개인영업권으로 추가 구분되어야 할 경우도 있다.
2. 영업권의 가액은 다른 유형 및 무형자산 가치의 인식에 달려 있으므로 평가목적에 따라 그 가치가 달라질 수 있다.

이와 같이 IVS에서는 영업권의 가치를 기업가치에서 유형자산과 식별가능 무형자산 등 각 영업자산들의 가치를 공제한 후의 잔여부분으로 보고 있으나, 구체적으로 영업권의 산정방법을 제시하고 있지는 않다. 결국 IVS에서 말하는 영업권의 가치평가는 각종 식별가능자산들의 가치를 일일이 산정하여 기업가치에서 뺀 후의 잔여가치로 측정되는 것을 기본으로 하고 있을 뿐 적극적으로 잔여법에 의하여 영업권의 가치를 평가하라는 의미는 아니다. 왜냐하면 영업권 가치는 결국 각종 식별가능한 자산들을 어떻게 인식하고 산정하느냐에 따라 달라질 뿐 아니라 가치전제나 조건, 그리고 기업인수 합병 등 평가목적에 따라서도 얼마든지 달라질 수 있기 때문이다.

한편 우리나라 「감정평가 실무기준」 650-3.3.2 (수익환원법의 적용)에서도 다음과 같이 잔여법(제1호)과 초과이익환원법(제2호)을 규정하고 있다.

1. 대상기업의 영업관련 기업가치에서 영업투하자본을 차감하는 방법
   가. 영업관련 기업가치 : [660-3.3.2]를 준용하여 산정. 단, 비영업용자산은 제외[48]
   나. 영업투하자본 : 영업자산에서 영업부채를 차감하여 산정
2. 대상기업이 달성할 것으로 예상되는 지속가능기간의 초과수익을 현재가치로 할인하거나 환원하는 방법

실무기준에서는 "수익환원법으로 영업권을 감정평가 하는 방법은 영업권

[47] IVSC, IVS 210(Intangible Asset), paras 20.6~ 20.7.

[48] 『감정평가실무기준』, [660-3.3.2] (수익환원법의 적용) 영업관련 기업가치는 통상 '영업가치'(BV, or OV: operating value)라 부르며, 'EV(총기업가치)−NOA(비영업용자산)'의 공식으로 산정한다.

을 초과이익의 현재가치 또는 잔여개념으로 보고 수익에 기반을 둔 영업권의 가치를 산정하는 방법"이라 하고, "영업권을 초과이익의 현재가치 환원 또는 잔여가치 개념으로 이해할 때, 영업권의 정의상 이론적으로 가장 합당한 방법"이라고 강조하고 있다. 제1호의 방법은 잔여법으로, 제2호의 방법은 직접환원법 및 유기환원법으로 이해할 수 있으며, 다음과 같이 분석하고 있다.[49]

> 제1호 : 대상기업 전체의 순수익을 같은 업종 다른 기업의 정상수익률로 환원한 수익가치에서 영업권을 제외한 순자산의 가치를 차감하는 방법이다. 이를 산식으로 표현하면 다음과 같다.[50]
>
> 영업권 =기업가치−(유동자산 + 투자자산 + 유형자산 + 식별가능 무형자산)
>
> 제2호 : 초과이익을 환원하여 영업권을 산정하는 방식은 영업권이 동종기업의 정상적 이익을 초과하는 이익의 현재가치라는 정의에 부합하는 평가방법이다. 이 방법은 영업권만을 단독으로 감정평가 할 때 기업가치와 영업권을 제외한 자산의 가치를 모두 산정해야 하는 잔여방식을 활용한 방식에 비해 상대적으로 간단하다는 장점이 있다.

이와 같이 영업권의 가치평가 방식에 있어 IVS와 우리나라 「감정평가실무기준」에는 일정한 차이가 있다. 실무기준이 '잔여법'을 구체적으로 영업권의 산정방법으로 제시하고 있는 반면, IVS에서는 '영업권 가치를 기업가치 BV에서 각 영업자산들의 가치를 공제한 잔여부분으로 본다'는 규정일 뿐 구체적 산정방법으로 제시하고 있지는 않다.

이와 같은 차이는 어디에서 생기는 것인가? IVS에서 말하는 영업권의 가치평가는 결국 가치전제나 조건, 그리고 평가목적에 따라 달라질 수 있으므로 각종 식별가능 자산들에 대한 보다 공정한 인식과 평가에 중점을 두어야 한다

---

[49] 한국감정평가협회, 감정평가실무기준해설서, 2014. 2., p.239~240

[50] 제1호의 방법(잔여법)에 대한 실무기준해설은 실무기준개정(2016.12.14) 전의 내용인 바 개정후에 기업가치를 투하자본법에 의한 영업관련 기업가치(BV)로 파악하는 경우 이 같은 산식은 "영업권 =기업가치−(운전자본 + 유형자산 + 식별가능 무형자산)"으로 바꾸어 이해하여야 할 것임

는 점을 강조하는 것이라고 본다. 즉 영업권의 평가에 있어서는 전체적인 기업가치 평가과정의 공정성과 객관성이 있어야 하며, 각 항목별 자산가치를 공제한 후의 최종 잔여가치를 합리적으로 도출하는 과정이 중요함을 강조하고 있는 것이다.

3.2 적용절차

이상에서 설명한 잔여법을 이용한 영업권의 가치를 평가할 경우 적용할 수 있는 일반적인 평가절차를 4단계로 나누어 분석하면 다음과 같다.

1단계 : 매출액 및 FCFF의 추정과 기업가치의 산정
2단계 : 유형자산 및 식별가능 무형자산 가치 산정
3단계 : 유형 · 무형자산가치 차감 및 영업권의 시산가치 산정
4단계 : WARA 분석 및 최종평가가치의 결정

그림 4-3
잔여법에 의한 영업권가치 평가절차

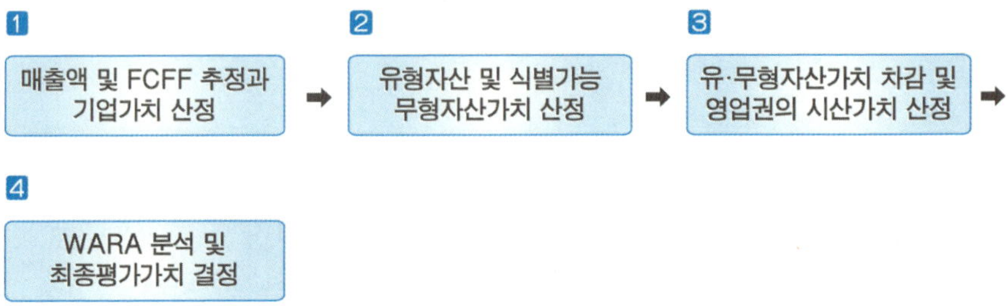

• **1단계 (매출액 및 FCFF 추정과 기업가치 산정)** 평가대상 기업의 매출액 및 FCFF를 추정하여 기업가치 BV를 산정한다. 매출액 추정은 대상기업의 과거 매출액 및 매출원가율 변동추이, 동종산업의 장단기 전망이나 소비자물가 상승률, 경제성장률 등을 종합 고려하여 결정한다. 기업가치 business value 산정을 위하여는 잉여현금흐름을 WACC에 의하여 적정하게 할인하거나 환원하여 현가화한다. 만약 투자자산 등 비영업용자산 NOA이 있으면 이를 제외한 영업가치 operating value, or value of operation를 산정한다.

• **2단계 (유형자산 및 식별가능 무형자산 가치 산정)** 대상기업의 유형 및 무형의 자산들에 대한 가치를 각 자산의 특성에 따라 수익방식(초과이익법, 로열티면제법, 유무법 등), 원가방식, 비교방식 등의 방법을 이용하여 재산정한다.

• **3단계 (유형 · 무형자산가치 차감 및 영업권의 시산가치 산정)** 1단계에서 산정된 기업가치에서 2단계에서 산정된 대상기업의 유형 및 무형자산 가치를 공제하여 영업권의 시산가치를 산정한다.

• **4단계 (WARA 분석 및 최종평가가치 결정)** 3단계에서 구한 영업권 시산가치의 적정성을 1~3단계에서 적용된 각종 변수들에 대한 합리성 관점에서 재음미하여 최종 평가가치를 결정한다. 기업가치 전체에 대한 구성자산의 비중에 따른 가중평균자산수익률 WARA과 현금창출단위 전체의 내부수익률, 즉 WACC가 일치하는지 여부를 분석한 과정을 거쳐 영업권 가치의 객관성과 합리성을 검증하는 것이 필요하다. 즉 유 · 무형 영업자산들의 요구수익률이 각 자산별 유동성 및 위험도에 따라 일관성 있게 적용되었는지를 분석하는 절차이다. 그리고 만일 3단계에서 산정된 시산가치에 다른 식별가능 무형자산의 가치, 즉 ① 계약기반, ② 상표 및 브랜드, ③ 특허권, ④ 소프트웨어 등의 가치가 포함된 가액이면, 이를 뺀 나머지 가치가 영업권의 평가가치가 된다.

3.3 예제

예제 1-1 잔여법 : ABC기업

ABC기업의 20x8년말 영업권 이외 영업자산의 장부가치는 270억원이고, 수정후 평가가치는 290.8억원이라 한다. 영업자산의 장부가치와 수정후 평가가치 산정내역은 아래의 〈표 1〉과 같고, ABC기업의 예측기간(20x9~ 20x3) 및 20x4 이후의 추정잉여현금흐름은 〈표 2〉와 같다고 한다. 대상기업의 WACC를 11%라고 할 때 ABC기업의 20x8년말 현재 잔여법을 이용한 ABC기업의 기업가치와 영업권의 가치는 각각 얼마인가?

표 1 ABC기업 순영업자산의 장부가치 및 평가가치 (20x8년말)

(단위:백만원)

	장부가치	평가가치	증가가치
순운전자본	7,000	7,500	500
고정자산	15,000	16,580	1,580
기타무형자산(S/W)	5,000	5,000	-
영업자산	27,000	29,080	2,080

표 2 ABC기업 잉여현금흐름 추정표

(단위:백만원)

기간별	1	2	3	4	5	6
매출액	22,650	23,783	24,972	26,220	27,531	27,531
매출원가	17,500	18,375	19,294	20,258	21,271	21,271
SG&A	1,000	1,050	1,103	1,158	1,216	1,216
EBIT	4,150	4,358	4,575	4,804	5,044	5,044
D&A	300	300	300	300	300	300
EBITDA	4,450	4,658	4,875	5,104	5,344	5,344
세금 22.0%	913	959	1,007	1,057	1,110	1,110
자본적지출	240	240	240	240	240	240
운전자본증가	197	109	129	107	95	95
FCFF	3,100	3,350	3,500	3,700	3,900	3,900

풀이

잔여법을 이용한 ABC기업의 20x8년말 현재 영업권의 가치를 평가할 경우 적용할 평가절차를 4단계로 나누어 분석하면 다음과 같다.

1단계 : FCFF의 추정 및 기업가치의 산정
2단계 : 유형자산 및 식별가능 무형자산 가치 산정
3단계 : 유형 · 무형자산가치 차감 및 영업권의 시산가치 산정
4단계 : WARA 분석 및 최종평가가치의 산정

1단계 (FCFF 추정 및 기업가치 산정)

표 3 기업가치의 산정

(단위 : 백만원)

	1	2	3	4	5	잔존가치
FCFF	3,100	3,350	3,500	3,700	3,900	3,900
할인율	11%	11%	11%	11%	11%	11%
현가계수	0.9009	0.8116	0.7312	0.6587	0.5935	5.3950
현재가치	2,793	2,719	2,559	2,437	2,314	21,041
기업가치	33,863					

2~3단계 (유 · 무형자산가치 차감 및 영업권의 시산가치 산정)

$$\text{영업권가치}(V_G) = \text{기업가치}(BV) - \text{순영업자산가치}(OAV)$$
$$= 33{,}863 - 29{,}080 = 4{,}783\text{백만원}$$

4단계 (WARA 검토 및 최종평가가치 결정) 아래 〈표 4〉와 같이 무형자산 중 영업권의 가치는 약 47.8억원으로 나타났으며, WACC는 11%로서 WARA와 일치하였다. RRR 역시 위험자산으로 인식되는 무형자산(소프트웨어)이 20.0%, 영업권은 22.18%로 가장 높게 적용되었는 바, 각 자산별 유동성 및 위험도에 따른 요구수익률 적용의 일관성이 유지되었다고 판단된다.

표 4 영업권 가치평가 결과 및 WARA 분석

(단위:백만원)

자산	평가액	IRR	구성비	WACC기여율
순운전자본	7,500	4.50%	22.15%	1.00%
고정자산	16,580	8.00%	48.96%	3.92%
소프트웨어	5,000	20.00%	14.77%	2.95%
영업권	4,783	22.18%	14.13%	3.13%
기업가치	33,863			
WARA				11.00%
WACC				11.00%

그리고 위에서 구한 시산가치 4,783백만원에는 특허기술이나 상표권 등 다른 식별가능 무형자산들이 없는 것으로 확인되었다. 다만, 미등록 상표, 비특허기술 및 제조노하우 등에 대하여는 별도 식별이 불가능하므로 이러한 식별불능 무형자산을 포함한 대상기업의 20x9년 12월 31일 현재의 영업권가치는 4,783백만원으로 산정된다.

4 다기간초과이익법 MPEEM

4.1 개요

다기간초과이익법이란, 대상 무형자산이 창출할 것으로 예상되는 여러 기간의 현금흐름에서 다른 자산에 귀속될 기여자산공헌율 CAC을 공제한 후 대상 무형자산에 귀속되는 초과이익을 현가화하여 그 가치를 평가하는 방식이다. 무형자산의 가치를 산정하는데 이용되는 이 방식의 일반적 평가모형은 다음과 같다.

$$V_{IA} = PV(r)\sum_{t=1}^{n} E_e$$

여기서 $E_e = EBIT - CAC_s - Tax$

V_{IA} : 무형자산가치, r : 할인율, E_e : 초과이익, n : 수명기간
$EBIT$: 영업이익, CAC_S : 기여자산공헌율(액), Tax : 법인세

IVS에 따르면, 초과이익법에서 말하는 정상이익의 개념은 감정평가실무기준에서 규정한 방식과는 달리 각 자산별 적정요구수익률 RRR에 의한 순이익을 말한다. 즉 대상기업으로부터 발생할 것으로 기대되는 총현금흐름을 측정하고, 대상무형자산 외에 여타 유 · 무형자산에 대한 기여자산공헌율 CAC을 공제한 순현금흐름을 대상 무형자산에 귀속되는 것으로 보고 이를 현가화하여 평가하는 방식이다. 따라서 영업권의 가치는 이러한 식별가능 유 · 무형자산에 대한 평가과정에서 부수적으로 도출되는 '잔여가치 원리' residual value principle에 따라 계산된다. 즉 그 기업의 핵심 무형자산의 가치를 평가하기 위하여 전체

영업이익에서 유·무형기여자산에 의한 CAC를 공제한 순현금흐름을 그 무형자산에 귀속되는 이익으로 보고 이를 현가화하여 가치를 평가한다.

따라서 다기간초과이익법은 엄밀히 말하여 영업권만의 가치산정을 위하여 독립적으로 사용되는 것은 아니다. 즉 이 방식은 기업간 M&A과정에서 인수기업이 지불한 총액에서 영업권의 대가로 얼마를 주고 받을 것인가를 추정하거나, M&A거래 이후 각종 유·무형자산 및 영업권의 가치를 적정히 배분하기 위하여 평가하는 경우 사용되는 방식이다.

본래 초과이익법[EEM]은 단일기간의 예상 현금흐름에 적용되거나, 여러 기간의 예상현금흐름에 적용될 수 있다. 현금흐름 분석기간이 단기[單期]이면 단기간[單期間] 초과이익법[SPEEM], 다기간이면 다기간초과이익법[MPEEM]으로 나뉜다. 그러나 실무에서는 다기간초과이익법이 더 많이 활용된다. 다기간초과이익법은 재무상태표의 관점과 손익계산서의 관점에서 살펴 볼 수 있다.

첫째, 재무상태표의 관점은 평가대상 무형자산을 이용하지 않거나 동종산업의 무형자산을 이용하지 않는 기업들과 비교했을 때 해당 무형자산을 이용함으로써 창출가능한 증분이익을 자본화하여 대상 무형자산의 가치를 결정하는 방법이다.

둘째, 손익계산서 관점은 해당 무형자산과 관련하여 발생되는 이익을 자본화한 가치에서 다른 자산들이 기여한 부분을 차감하여 결정하는 방법이다. 일반적으로 사업결합 시 취득하는 무형자산은 손익계산서 관점에서 평가하는 경우가 많다.

감정평가실무기준 해설서상의 영업권 평가방법 중 초과이익환원법에서는 '초과이익'을 '유사한 자산 규모를 가진 통상의 기업의 정상이익을 상회하는 이익'으로 정의하고 있다. 이러한 초과이익의 개념으로는 실제로 비교 대상 유사기업을 찾기 어렵고, 설사 유사한 기업의 정상이익을 구했다고 하더라도, 그 기업의 재무구조나 영업권의 존재여부, 발생요인 등을 조사 분석하기 어렵다는 문제가 있다.

또한 대상기업의 이익이 유사 기업의 정상이익을 하회한다고 해서 영업권이 없는 것은 아니라는 문제도 발생된다. 예를 들어 어떤 기업이 신제품 생산

그림 4-4
MPEEM 적용대상 핵심무형자산

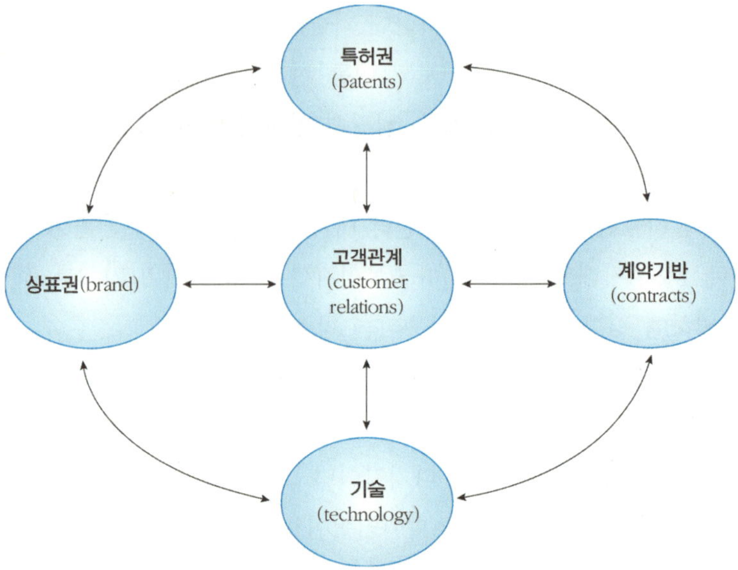

라인의 설치로 이익이 감소하거나, 일시적인 비용 증가가 발생하는 경우 비록 적자가 계속되더라도 영업권은 존재하는 것이다. 아울러 유사기업의 정상이익에 다른 무형자산, 예컨대 상표권이나 특허권 등의 기여이익이 포함되어 있을 경우에는 영업권 가치의 비교분석 작업 자체도 매우 어렵다. 그러므로 실제 영업권 평가시 초과이익환원법보다는 초과이익법 EEM을 실무적으로 많이 적용하게 된다.

4.2 적용대상

다기간초과이익법에서는 여러 기간의 현금흐름에서 유형 및 무형의 기여자산에 대한 CAC를 공제하여 산정된 세후현금흐름을 평가대상 무형자산에 배분하게 되는데, 대개 고객계약이나 고객관계, 그리고 진행중인 연구개발비 IPR&D 등과 같은 그 기업의 핵심 무형자산 core intangible asset에 대하여만 적용하여야 한다.[51]

[51] IVSC, IVS 210(Intangible Asset), par 60.17

〈그림 4-4〉에서 나타난 바와 같이 일반적으로 기업내의 다양한 무형자산 중에서 고객관계나 상표권, 특허나 비특허기술, 또는 IPR&D 등이 가장 큰 기업의 핵심가치를 창출하게 된다. 그러나 이러한 무형자산은 유사한 시장거래 사례나 라이센싱 사례를 구하기 어려우므로 로열티면제법 등을 적용하는 대신 대개 MPEEM을 적용하게 되는 것이다. 따라서 평가자는 대상기업의 무형자산을 조사 분석하면서 가장 기본적인 무형자산이 과연 무엇들로 구성되어 있는지를 정확히 파악하고, 그 중에서도 핵심 무형자산을 추출해내는 작업이 매우 중요하다.

이때 과연 영업권적 요소, 즉 조직화된 노동력이나 높은 신용도 등에 대하여 CAC를 적용하여 어떤 무형자산의 가치평가에 적용할 수 있는가 하는 문제가 있다. IVS에서는 이런 경우 영업권의 CAC는 소송목적 평가 시와 같이 특정 상황이나 조건이 주어진 경우를 제외하고는 기계적으로 적용하지 말 것을 다음과 같이 규정하고 있다.[52]

> "영업권 요소에 대한 CAC가 적절한지 여부의 결정은 관련 사실이나 특정상황에 대한 정황의 분석에 근거해야 하며, 평가사는 주변상황이 그러한 공헌율을 보증하지 않는 경우 CAC 또는 영업권 요소에 대한 대체적 조정을 기계적으로 적용하지 말아야 한다. 계량화할 수 있기 때문에 조직화된 노동력은 전형적으로 CAC가 적용되는 영업권의 유일한 요소이다. 따라서, 평가사는 조직화된 노동력 이외에 어떤 영업권적 요소에 대하여도 CAC를 적용하려면 그만큼 충분한 근거가 있어야 한다."

다기간초과이익법은 앞서 언급한대로 영업권만의 가치산정을 위하여 독립적으로 사용되지 않으므로 우선 식별가능 유·무형자산에 대한 평가를 마친 후 '산여가치 원리' residual value principle에 따라 영업권 가치가 산정되는 것이다. 그렇다 하더라도 이 방식이 영업권 평가방식으로 의미가 없다는 뜻은 아니다. 즉 이 방식이 다소 난해하고, 여러가지 복잡한 절차가 필요하다는 단점에도

[53] IVSC, *ibid*, par 60.13

불구하고, 객관적이며 분석적인 무형자산 가치평가 방법으로서 존재의의가 있다.

다기간초과이익법은 다음 〈표 4-3〉의 각종 자산평가방식 적용 예시에서 보듯이, 우선 각 자산의 특성에 따라 원가법이나 수익법 등 적정한 방식으로 각종 자산을 평가하되, 무형자산 중 핵심무형자산만 MPEEM으로 평가한다. 즉 〈표 4-3〉에서와 같이 '고객목록'이 대상기업에서 가장 중요한 핵심무형자산이라면, 이 자산만 다기간초과이익법으로 평가하게 된다.

그리고 상표(미등록)나 기술(비특허) 등 대상기업에 식별가능 무형자산이 확인되는 경우 각 무형자산의 특성에 따라 RFRM 등의 소득접근법이나 원가법 등으로 가치를 평가하고, 운전자본 및 고정자산과 함께 이를 기업가치[BV]에서 빼서 영업권의 가치를 구한다. 이때 각 자산의 평가가액 및 ROR적용의 적정성은 WARA분석 및 검토조정을 통하여 이루어지고, 그 분석과정에서 영업권의 가치 산정이 얼마나 합리적으로 산정되었는지가 드러나게 되는 것이다. 이러한 MPEEM의 구체적인 적용절차에 대하여 다음에서 다루기로 한다.

표 4-3 MPEEM에 의한 영업권가치 산정(예)

자산	평가방법	WARA		WACC
		평가가액	IRR	WACC기여율
운전자본	장부가치	76	2.9%	0.2%
고정자산	시가평가	438	6.5%	2.4%
상표(미등록)	RFRM	198	16.5%	2.7%
비특허기술	RFRM	161	13.5%	1.8%
고객목록	MPEEM	213	15.0%	2.7%
노동력	원가법	56	15.5%	0.7%
영업권		80	22.9%	1.5%
기업가치		1,199		12.00%

주) MPEEM에 의한 영업권가치 산정사례 설명을 위한 예시임.

❖ 영업권가치 평가에 다기간초과이익법을 직접 적용할 수 있나?

여기서 다기간초과이익법[MPEEM]을 위 예제와 달리 영업권가치 평가에 직접 적용할 수 있을까를 생각하여 보자. 영업권가치 평가에 MPEEM을 직접 적용한다는 것은 핵심무형자산이 영업권이라고 가정한다는 뜻이다. 이 방식의 특성상 핵심무형자산을 영업권이라고 간주한다는 것은 곧 별도로 식별되지 않지만 대상기업에 상호나 고객관계, 특별한 기술 등 여러 가지 무형자산들에 의하여 발생되는 초과이익이 분명히 존재한다는 말이다. 다시 말하자면 매출액이나 순이익의 일부가 식별불능 무형자산이 결합된 '영업권'에 의한 것이므로 MPEEM을 이 영업권 평가에 바로 적용할 수는 있는가 하는 물음이다.

결론부터 말하자면, 이 방법은 잔여법과 같은 결과를 가져오게 되며, 일반적으로 인정된 영업권 평가방식도 아니므로 무용하다. 즉 잔여법에 의한 평가액이나 MPEEM을 적용한 평가액은 같으므로 의미가 없게 된다. 왜냐하면, 잔여법에서는 기업잉여현금흐름 [FCFF]을 기준으로 기업가치를 산정하고, 여기에서 운전자본 등 각종 식별가능자산의 가치를 공제하여 영업권 가치를 산정한다. 마찬가지로 MPEEM은 FCFF에서 기여자산의 CAC를 공제하여 잔여 FCFF를 구한 다음 자본환원하여 영업권 가치를 구하는 것이므로 결국 양자의 가치 측정결과는 같게 된다. 그리고 무엇보다 MPEEM의 핵심무형자산이 영업권이라는 가정은 그 자체가 성립될 수 없다는 점에 유의하여야 한다.

4.3 적용절차

이상에서 설명한 다기간초과이익법은 영업권만의 가치산정을 위한 독립적인 평가방법이 아니다. 기업가치를 산정한 다음 핵심무형자산과 식별가능 유·무형자산의 가치를 공제하고, 그 잔여가치로서 영업권 가치가 산정된다는 점에 특히 유의히여야 한다. 다기간초과이익법에 의한 영업권의 가치평가 절차를 4단계로 나누어 제시하면 다음과 같다.

1단계 : 매출액 및 FCFF의 추정
2단계 : 기업가치의 산정
3단계 : 자산별 ROR분석 및 핵심무형자산가치의 산정
4단계 : WARA분석 및 최종 영업권가치의 결정

그림 4-5

다기간초과 이익법에 의한 영업권 평가절차

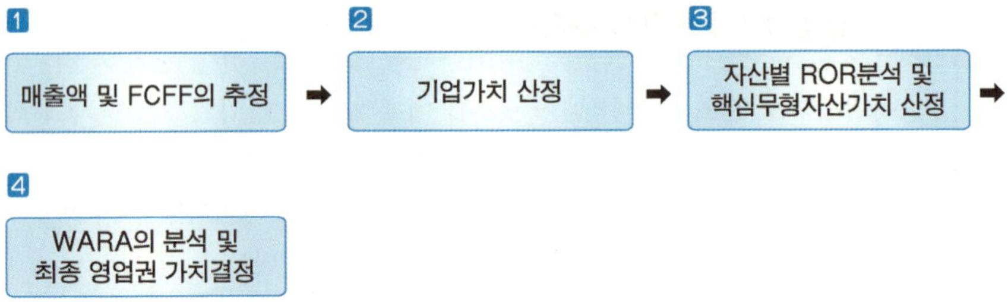

- **1단계 (매출액 및 FCFF의 추정)** 대상기업 전체의 매출액과 FCFF를 추정한다. 매출액의 추정은 대상기업의 과거 매출액 및 매출원가율 변동추이 등 기업분석, 동종산업의 장단기 전망이나 소비자물가상승률, 경제성장률 관련 산업분석 결과 등을 종합하여 결정한다.

- **2단계 (기업가치의 산정)** 대상기업의 기업가치[BV]를 구하기 위하여 제1단계에서 구한 잉여현금흐름을 적정한 가중평균자본비용[WACC]에 의하여 할인하여야 한다. 여기서 비영업용자산[NOA]의 가치는 제외된다.

- **3단계 (자산별 ROR분석 및 핵심무형자산가치 산정)** 각 자산유형별 수익률은 자본조달 원천에 따라 대상기업의 자기자본비용과 타인자본비용을 적용하여 산출한다. 다만 무형자산에 대하여는 상표를 제외하고는 담보대출이 불가능하므로 100% 자기자본으로 조달하는 것을 원칙으로 자산별 ROI를 구하되, 무형자산 고유의 특성과 위험을 고려한 할인율을 적용한다. 그리고 2단계의 기업가치 산정과정에서 나타난 핵심무형자산에 의한 EBIT에서 각 기여자산들의 CAC 및 법인세비용을 차감하여 핵심무형자산의 가치를 산정한다. 기여자산 산정시 자산수익률법에서는 기여자산에 대한 이자비용만을 CAC의 개념으로 보기 때문에 상각후이익인 EBIT로부터 차감한다.

- **4단계 (WARA분석 및 최종 영업권가치의 결정)** 기업가치 구성자산들의 비중에 따른 가중평균자산수익률[WARA]과 현금창출단위 전체의 내부수익률, 즉 WACC가 일치하는지 여부를 검증하고, 일치하지 않을 경우에는 전체적으로 재조정하는 WARA분석 및 검토를 수행한다. 그리고 2단계에서 구한 기업가치에서 3단계에서 구한 식별가능 자산의 가치를 차감한 잔여부분으로 대상영업

권의 가치를 최종 결정한다.

4.4 예제

다기간초과이익법 MPEEM의 실제 적용방법에 대하여 다음의 예제를 통하여 자세히 살펴보기로 한다. 앞서 잔여법 [예제 1-1]에서와 같이 ABC기업의 순영업자산 장부가치 및 평가가치(20x8년말), 그리고 잉여현금흐름 추정치를 여기서도 그대로 적용한다. 그 이유는 MPEEM과 잔여법의 차이를 명백히 하기 위한 것이다. 단, 대상기업의 핵심무형자산은 고객관계(고객목록)로 가정한다. 고객관계자산은 기존 회원제 고객에 대한 목록 customer lists이다.

예제 2-1 다기간초과이익법

ABC기업㈜의 20x8년말 영업권 이외 순영업자산의 장부가치는 270억원이고, 수정후 평가가치는 290.8억원이라 한다. 순영업자산의 장부가치와 수정후 평가가치 산정내역은 아래 〈표 1〉과 같고, ABC기업의 예측기간(20x9~20x3) 및 20x4이후의 추정잉여현금흐름은 〈표 2〉와 같다고 한다. 각종 재무정보가 다음과 같다면 기준시점 20x8년말 현재 다기간초과이익법을 이용한 ABC기업의 영업권 가치는 얼마인가?

〈재무정보〉

① 자기자본비율	60%
② 타인자본비율	40%
③ WACC	11.0%
④ 고객관계 할인율	17.0%
⑤ 고객감모율(CAR)	20.0%
⑥ CAC 고정자산	5.18%
⑦ CAC 순운전자본	1.42%
⑧ CAC Software/R&D	4.65%
⑨ CAC 숙련된 노동력	0.06%

표 1 ABC기업㈜ 순영업자산의 및 평가가치 (20×8년말)

항목	장부가치	평가가치	증가가치
순운전자본	7,000	7,500	500
고정자산	15,000	16,580	1,580
기타무형자산(소프트웨어)	5,000	5,000	-
순자산(백만원)	27,000	29,080	2,080

표 2 ABC기업㈜ 잉여현금흐름 추정표

기간별	1기	2 기	3 기	4 기	5 기	6 기
매출액(백만원)	22,650	23,783	24,972	26,220	27,531	27,531
매출원가	17,500	18,375	19,294	20,258	21,271	21,271
SG&A	1,000	1,050	1,103	1,158	1,216	1,216
EBIT	4,150	4,358	4,575	4,804	5,044	5,044
D&A	300	300	300	300	300	300
EBITDA	4,450	4,658	4,875	5,104	5,344	5,344
세금 (22.0%)	913	959	1,007	1,057	1,110	1,110
자본적지출	240	240	240	240	240	240
운전자본증가	197	109	129	107	95	95
FCFF	3,100	3,350	3,500	3,700	3,900	3,900

풀이

다기간초과이익법에 의한 ABC기업㈜의 20x8년말 현재 영업권의 가치평가 절차를 4단계로 나누어 적용하면 다음과 같다.

1단계 : 매출액 및 FCFF의 추정
2단계 : 기업가치의 산정
3단계 : 자산별 ROR분석 및 핵심무형자산가치의 산정
4단계 : WARA분석 및 최종 영업권가치의 결정

다만, 영업권평가에 바로 다기간초과이익법을 적용하는 것이라기보다는 잔여법에 의한 평가의 검증수단으로 이용하는 것에 불과하므로 여기서는 잔여법에서 구한 FCFF나 기업가치를 그대로 인용하되, ABC기업의 핵심무형자산이 고객관계(고객목록)라는 전제하에 기타무형자산의 가치를 산정한다.

• **1단계 (매출액 및 FCFF 추정)** 대상기업 전체의 매출액과 FCFF를 추정한다. 매출액의 추정은 대상기업의 과거 매출액 및 매출원가율 변동추이 등 기업분석, 동종산업의 장단기 전망이나 소비자물가상승률, 경제성장률 등 산업분석 결과 등을 종합하여 결정한다.

표 3 매출액 및 FCFF 추정

	1	2	3	4	5	6
매출액(백만원)	22,650	23,783	24,972	26,220	27,531	27,531
매출원가	17,500	18,375	19,294	20,258	21,271	21,271
SG&A	1,000	1,050	1,103	1,158	1,216	1,216
EBIT	4,150	4,358	4,575	4,804	5,044	5,044
D&A	300	300	300	300	300	300
EBITDA	4,450	4,658	4,875	5,104	5,344	5,344
세금(22.0%)	913	959	1,007	1,057	1,110	1,110
자본적지출	240	240	240	240	240	240
운전자본증가	197	109	129	107	95	95
FCFF	3,100	3,350	3,500	3,700	3,900	3,900

• **2단계 (기업가치의 산정)** 대상기업의 기업가치 BV를 구하기 위하여 제1단계에서 구한 잉여현금흐름 FCFF을 적정한 가중평균자본비용 11.0%로 할인하여야 한다. 여기서 비영업용자산 NOA의 가치는 제외된다.

표 4 기업가치 산정

(단위 : 백만원)

	1	2	3	4	5	잔존가치
FCFF	3,100	3,350	3,500	3,700	3,900	3,900
할인율	11%	11%	11%	11%	11%	11%
현가계수	0.9009	0.8116	0.7312	0.6587	0.5935	5.3950
현재가치	2,793	2,719	2,559	2,437	2,314	21,041
기업가치	33,863					

3단계 (자산별 ROR분석 및 핵심무형자산가치 산정) 각 자산유형별 수익률은 자본조달 원천에 따라 대상기업의 자기자본비용과 타인자본비용을 적용하여 산출한다. 다만 무형자산에 대하여는 상표를 제외하고는 담보대출이 불가능하므로 100% 자기자본으로 조달하는 것을 원칙으로 자산별 ROR을 구하되, 무형자산 고유의 특성과 위험을 고려한 할인율을 적용한다. 그리고 2단계(기업가치 산정)과정에서 나타난 핵심무형자산에 의한 EBIT에서 각 기여자산들의 CAC 및 법인세비용을 차감하여 핵심무형자산 가치를 산정한다.

CAC 산정시 자산수익률법에서는 기여자산에 대한 이자비용만을 CAC의 개념으로 보기 때문에 상각후이익인 EBIT로부터 차감한다. 자산별 ROR 산정은 기업가치 구성자산별 자금조달원천에 따라 산정된다. 〈표 5〉에서 나타난 바와 같이 운전자본 4.50%, 고정자산 8.00%, 그리고 고객관계, Software /R&D, 숙련된 노동력은 자기자본비용과 유사한 수준인 바 각각 17.00%, 20.00%, 17.00%로 나타났다. 각 자산별 ROR 산정내역은 다음의 표에 나타난 바와 같다.

표 5 각 자산별 ROR의 분석

(단위 : %)

	기업가치	운전자본	고정자산	고객관계	Software	노동력
타인자본비율(%)	40.00	90.00	65.00	0.00	0.00	0.00
세후타인자본비용*	3.32	3.32	3.32	3.32	3.32	3.32
(가중평균타인자본비용)	1.33	2.99	2.16	0.00	0.00	0.00
자기자본비율(%)	60.00	10.00	35.00	100.00	100.00	100.00
자기자본비용	16.11	16.11	16.11	16.11	16.11	16.11
자산별 위험할증	0.00	0.00	0.00	1.00	3.75	1.00
위험할증 자기자본비용	16.11	16.11	16.11	17.11	19.86	17.11
(가중평균자기자본비용)	9.67	1.61	5.64	17.11	19.86	17.11
ROR	11.00	4.60	7.80	17.11	19.86	17.11
Rounded	11.00	4.50	8.00	17.00	20.00	17.00

*$K_d = K_b(1-t)$=4.15%(1-0.2)=3.32%

여기서는 특히 자산별 고유위험할증률의 분석 및 평가가 중요하다. 〈표 5〉에서 고객관계, 노동력, software/R&D 등에 각각 1%~3.75%가 자산별 위험할증률로 가산된 점에 유의하여야 한다. 또한 전체 구성자산들의 비중에 따른 가중평균자산수익률 WARA과 현금창출단위 전체의 내부수익률, 즉 WACC가 일치하는지 여부를 검증하고, 일치하지 않을 경우에는 전체적으로 재조정하는 WARA분석 과정을 거쳐야 한다.

대상기업의 식별가능무형자산은 숙련된 노동력, Software/R&D, 고객관계(고객목록) 등이라고 가정하며, 이중 핵심무형자산은 고객관계(고객목록)인 것으로 파악된다. 핵심무형자산에 대한 매출액의 추정은 대상기업의 과거 매출액 및 매출원가율 변동추이, 동종산업의 장단기 전망이나 소비자물가상승률, 경제성장률 등을 종합 고려하여 수행되었다. 그 결과 기존고객 매출은 전체매출의 80%로 분석되었으며, 고객감모(이탈)율 customer attrition rate: CAR은 추정매출액의 20% 수준으로 분석된다. 과거 신규고객마케팅비용은 영업비용에서 뺀 것과 동일한 수준으로 향후 신규고객 마케팅비용을 1~6기에 가산하여 〈표 6〉과 같이 현금흐름을 추정한다. 여기서 추정 기존고객매출은 다음 공식에 따라 산정된다.

$$Rv\,CR_t = Rv\,CR_{t-1} \times (1 - CAR)$$

$Rv\,CR_t$: t기의 기존고객매출, $Rv\,CR_{t-1}$: 전기기존고객매출, CAR : 고객감모율

표 6 고객관계 자산의 현금흐름 추정표

(단위 : 백만원)

	1기	2기	3기	4기	5기	6기
매출액(백만원)	22,650	23,783	24,972	26,220	27,531	27,531
고객감모율(20%)	80%	64%	51%	41%	33%	26%
기존고객매출	18,120	15,221	12,785	10,740	9,021	7,217
기존고객매출원가	14,000	11,760	9,878	8,289	6,970	5,576
기존고객판관비	800	672	564	474	398	319
EBIT	3,320	2,789	2,343	1,968	1,653	1,322

자산별 ROR을 적용한 각 자산의 평가가치와 각각의 CAC는 아래와 같이 산정된다.

표 7 유 · 무형자산의 평가방법 및 CAC 산정

(단위 : 백만원)

	평가방법	평가액	ROR	CAC
고정자산	시장가치평가	16,580	8.0%	5.18%
순운전자본	장부가치	7,500	4.5%	1.42%
무형자산				
① Software/R&D	원가법	5,000	20.00%	4.65%
② 숙련된 노동력	원가법	87	17.00%	0.06%

아래와 같이 추정EBIT에서 각 기여자산에 대한 CAC를 공제하여 세전현금흐름을 산정하고, 다시 여기서 법인세비용을 차감하면 평가대상 고객관계(고객목록) 자산으로부터 창출되는 세후현금흐름 ATCF이 산정된다.

표 8 고객관계(고객목록)의 ATCF

(단위 : 백만원)

	CAC	1기	2기	3기	4기	5기	6기
EBIT		3,320	2,789	2,343	1,968	1,653	1,322
기존고객매출		18,120	15,221	12,785	10,740	9,021	7,217
① 고정자산	5.18%	938	788	662	556	467	374
② 순운전자본	1.42%	256	215	181	152	128	102
③ software/R&D	4.65%	843	708	595	500	420	336
④ 숙련된 노동력	0.06%	11	9	8	7	6	4
⑤ 세금(22.00%)		730	614	515	433	364	291
ATCF		541	455	382	321	270	216

아래와 같이 대상기업의 핵심무형자산인 고객관계(고객목록)에 대하여 ROR 17.00%의 할인율을 적용하면 핵심무형자산인 고객관계(고객목록) 가치는 1,572백만원으로 산정된다.

표 9 고객관계(고객목록)의 가치_핵심무형자산

(단위 : 백만원)

	1기	2기	3기	4기	5기	6기
ATCF	541	455	382	321	270	216
할인율(17.00%)	0.8547	0.7305	0.6244	0.5337	0.4561	0.3898
현재가치	463	332	239	171	123	84
예측기간가치	1,412					
잔존가치	161					
고객관계(고객목록)가치	1,572					

4단계 (WARA분석 및 최종 영업권가치의 결정) 기업가치 구성자산들의 비중에 따른 가중평균자산수익률 WARA과 현금창출단위 전체의 내부수익률, 즉 WACC가 일치하는지 여부를 검증하고, 일치하지 않을 경우에는 전체적으로 재조정하는 WARA분석 및 검토를 수행한다. 그리고 2단계에서 구한 기업가치에서 3단계에서 구한 식별가능 자산의 가치를 차감한 잔여부분으로 대상 영업권의 가치를 최종 결정한다.

ABC기업의 다기간초과이익법에 의한 순영업권 가치는 기업가치 33,863백만원에서 유형자산(순운전자본 7,500백만원, 고정자산 16,580백만원)과 식별가능 무형자산을 제외하면 3,133백만원으로 산정된다. 아울러 평가대상 핵심무형자산의 가치산정 후에는 대상 영업권 및 다른 구성자산들에 대한 가중평균자산수익률 WARA과 현금창출단위 전체의 내부수익률, 즉 WACC 11.00%가 일치하는지 여부를 검토하고, 조정과정을 거친다.

표 10 영업권가치평가 결과 및 WARA 분석- MPEEM

(단위:백만원)

자산	평가액	ROR	구성%	WACC 기여율
순운전자본	7,500	4.50%	22.15%	1.00%
고정자산	16,580	8.00%	48.96%	3.92%
유형자산 합계	24,080		71.11%	
고객관계	1,572	17.00%	4.64%	0.79%
Software/R&D	5,000	20.00%	14.77%	2.95%
숙련된 노동력	78	17.00%	0.23%	0.04%
순영업권	3,133	24.91%	9.25%	2.31%
영업권(광의)	4,783		14.13%	
기업가치	33,863			
WARA				11.00%
WACC				11.00%

마지막으로 4단계에서는 WARA분석을 수행한 결과 〈표 10〉에서와 같이 가중평균자산수익률과 WACC가 일치하였다. 자기자본비용 16.11%, 유형자산의 ROR 4.5~8.0%, 무형자산의 ROR 17~20%, 영업권의 ROR 24.91%로 나타났는 바 고위험·고수익의 투자원리에 부합되는 것으로 분석된다. 따라서 순영업권의 가치는 3,133백만원, 식별가능 무형자산(고객관계 1,572백만원, 숙련된 노동력 78백만원)을 포함한 광의의 영업권 가치는 잔여법과 동일한 4,783백만으로 정합성이 검증된다.

4.5 잔여법과의 차이분석

위의 [예제 1-1]과 [예제 2-1]에서 ABC기업의 20x8년말 현재 영업권 가치는 잔여법에 의하면 4,783억원, 다기간초과이익법에서는 2,836백만원으로 각각 산정되었다. 그러면 과연 이러한 평가액의 차이는 어디서 생긴 것일까? MPEEM에 의한 고객관계(고객목록)의 가치를 1,947백만원으로 별도 인식함으로써 그 만큼 영업권의 가치가 감소된 것이지만, 전체 무형자산의 가치는 동일하다.

이는 평가방법상 잔여법 residual from business enterprise method의 평가원리와 다기간초과이익법의 평가원리 간의 근본적인 차이에서 비롯된다. 예제에서 본 바와 같이 잔여법에서는 기업가치 BV에서 순영업자산을 차감한 가치를 영업권 가치로 평가하는 방식이지만, 다기간초과이익법은 식별가능무형자산 중 핵심자산(여기서는 고객목록)의 가치를 별도로 인식한 후 기업가치에서 각 유·무형자산과 별도로 핵심무형자산 가치를 차감한 나머지만 영업권 가치로 산정하는 방법이다.

따라서 '잔여가치의 원리'는 두 방식에 동일하게 적용된다. 만약 고객관계(고객목록) 가치를 광의의 영업권으로 인식하게 되면, 두 방식 다 동일한 결과가 도출되는 것이다. 다만, 다기간초과이익법에 의한 영업권의 평가액은 앞서 설명한 대로 식별가능 무형자산을 평가한 후, 그 잔여가치를 영업권으로 인식하는 방법인 바 WARA 검토과정을 통하여 잔여법보다 영업권 평가가치의 객관성과 정확성을 높일 수 있다.

앞서 강조한 바와 같이 다기간초과이익법의 적용은 식별가능 무형자산 중 가장 중요하다고 인식되는 핵심무형자산 core intangible asset의 평가에만 적용되어야 한다. 따라서 앞에서와 같이 '고객목록'이 대상기업의 수익 창출에서 가장 중요하다고 확인된 무형자산이라면, 이를 다기간초과이익법으로 평가해야 한다. 그리고 등록상표나 특허기술 등 대상기업에 식별가능 무형자산이 확인되는 경우 각 무형자산의 특성에 따라 RFRM이나 원가법 등으로 가치를 평가하여 이를 기업가치에서 빼서 영업권의 가치를 구한다. 이때 각 영업자산 평가가액 및 IRR적용의 적정성 검토는 앞에서 예시한 바와 같은 WARA분석과정을 통하여 이루어지게 된다.

5 단기간초과이익법 SPEEM

5.1 개요

단기간초과이익법은 기준시점 현재 재무상태표와 손익계산서를 분석하여 잉여현금흐름 FCFF을 산정하고, 여기에서 다시 적정 요구수익률에 의한 순운전자본과 고정자산의 정상이익을 차감한 것을 대상 영업권 등 무형자산에 의한 초과이익으로 본다. 이렇게 산정된 초과이익을 적정한 환원율로 할인한 가액이 영업권이 된다. 다만 여기서 산정된 영업권의 가치에는 식별가능 무형자산이 포함될 수 있다는 점에 유의해야 하며, 따라서 이 평가방법은 특허권이나 상표권 기타 지식재산권 등 식별가능 무형자산이 없는 기업이나, 규모가 작은 소기업의 영업권 평가에 있어 보충적 방법으로 유용하다. 특히 초과이익의 산정시 평균 순이익, 즉 대상기업의 안정화된 FCF를 구해야 한다는 점에 유의해야 한다.

단기간초과이익법에 의한 평가액에는 식별가능한 무형자산이 포함되어 있으며, 여러 해의 현금흐름을 고려하지 않은 직전 연도의 현금흐름만을 기준으로 함으로써 대상기업의 장기적 수익추이가 잘 반영되지 못할 위험이 있다. 그러나 정확한 현금흐름의 예측 및 적정한 할인율 적용시 간단한 방법으로 영업권 가치를 쉽게 산정할 수 있다는 장점도 있다.

$$V_G = \frac{FCFF - (WC_r + TA_r)}{R}$$

V_G : 영업권가치, $FCFF$: 기업잉여현금흐름, WC_r : 순운전자본의 정상이익
TA_r : 유형자산의 정상이익, R : 환원율

단기간초과이익법 SPEEM에 의한 영업권 가치평가 방법을 간단한 예제를 통하여 살펴 보자. 다음과 같이 어떤 기업의 투하자본과 잉여현금흐름, 그리고 투하자본에 대한 요구수익률과 환원율 등 재무정보들에 대한 기본가정 하에 영업권 가치를 산정하여 보면 〈표 4-4〉와 같이 예시할 수 있다.

〈재무정보〉

① 유동자산	3,500,000
② 유동부채	2,000,000
③ 고정자산(장부가액)	3,000,000
④ 고정자산(재평가액)	3,500,000
⑤ 잉여현금흐름	750,000
⑥ 순운전자본 가치	1,500,000
⑦ 요구수익(률) ^{WCr}	3.0%
⑧ 고정자산 가치	3,500,000
⑨ 요구수익(률) ^{FAr}	7.0%
⑩ 환원율	20.0%

표 4-4
단기간초과이익법에 의한 영업권가치 산정

잉여현금흐름	750,000
순운전자본가치	1,500,000
요구수익 (WCr: 3.0%)	45,000
고정자산 가치	3,500,000
요구수익 (FAr: 7.0%)	245,000
정상이익	290,000
초과이익	460,000
환원율	20%
영업권 가치	₩2,300,000

5.2 적용절차

이상에서 설명한 단기간초과이익법을 이용한 영업권의 가치를 평가할 경우 적용할 수 있는 일반적인 평가절차를 5단계로 나누어 설명하면 다음과 같다.

1단계 : 재무제표 분석 및 매출액 추정
2단계 : FCFF의 산정
3단계 : 초과이익의 산정
4단계 : 환원율의 적용 및 영업권 시산가치 산정
5단계 : 최종평가가치 결정

그림 4-6
단기간초과이익법에 의한 영업권가치 평가절차

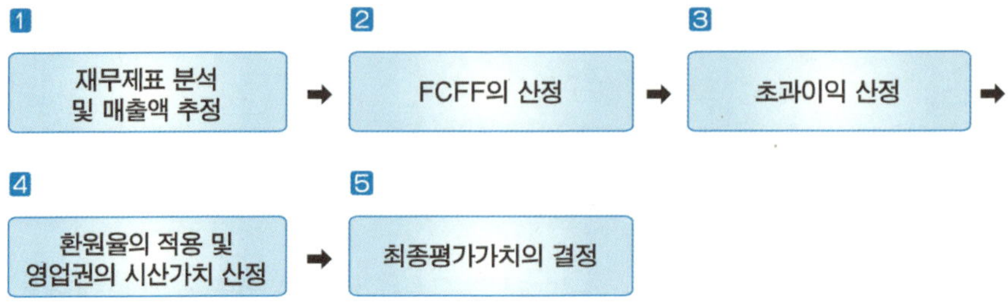

• **1단계 (재무제표 분석 및 매출액 추정)** 1단계는 재무제표 분석 및 매출액 추정 단계이다. 즉 대상기업의 미래 예상이익은 과거 회계자료를 분석함으로써 매출액을 추정하게 되는데, 분석의 중점은 손익계산서에 주어진다. 기대이익으로 산정되는 대상 이익은 손익계산서상의 영업이익, 경상이익, 당기순이익 등으로 나누어 볼 수 있는 바, 영업활동과 관계없는 특별손익 등을 제외한 경상적인 이익을 분석 대상으로 한다. 매출액의 추정은 대상기업의 과거 매출액 변동추이, 수입업체의 구성비율 및 증가추이, 매출액 구성비율, 정부기관 및 전문기관에서 발표한 예측자료, 과학 및 기술서비스업의 매출액증가율, 소비자물가상승률, 경제성장률 등을 종합 고려하여 결정한다.

• **2단계 (FCFF의 산정)** FCFF의 산정은 미래추정매출액에서 매출원가를 공제하여 매출총이익을 구한 후 여기에서 다시 판매비와 일반관리비를 공제하여 EBIT를 구한다. 이렇게 구한 EBIT에서 법인세를 차감하고 감가상각비를 합산하면, 총현금흐름 유입액이 산정된다. 여기서 시설자금소요액과 순운전자본증가액을 차감하면 생산과 판매라는 본업활동으로 인한 기업잉여현금흐름 FCFF이 측정된다.

• **3단계 (초과이익의 산정)** 초과이익의 산정은 순운전자본에 대한 요구수익

률과 고정자산에 대한 요구수익률을 적용한 정상이익을 대상기업 전체의 FCFF에서 차감하여 산정한다.

• **4단계 (환원율 적용 및 영업권 시산가치 산정)** 단기간초과이익법에서 환원율은 단기^{單期}의 할인율인 바 대상기업의 각종 자본비용지표 및 고정성장률 g 등을 종합적으로 고려하여 결정하고, 3단계에서 산정된 초과이익을 환원하여 영업권의 최종 시산가치를 산정한다.

• **5단계 (최종평가가치의 결정)** 4단계에서 구한 시산가치의 적정성을 1단계에서 4단계까지 적용한 각종 변수들에 대한 합리성을 재검토하여 최종 평가가치를 결정하는 단계이다. 만일 4단계에서 산정된 시산가치에 다른 식별가능 무형자산의 가치, 즉 ① 계약기반, ② 상표 및 브랜드, ③ 특허권, ④ 소프트웨어 등의 가치가 포함된 가액이라면 이를 공제한 잔여가치가 영업권의 가치가 된다. 그러나 이러한 무형자산들이 없는 것으로 확인되면, 계속기업가치 전부를 포괄한 영업권 가치로서 4단계에서 산정된 시산가치를 최종 영업권 가치로 결정한다.

5.3 예제

예제 3-1 단기간초과이익법

자동차부품제조회사인 JB주식회사의 20x9년도 재무상태표(20x9.12.31)와 손익계산서(20x9.1.1~12.31)는 다음과 같다. 단, 추정매출액은 2,510백만원, 감가상각비 14백만원, 예상 자본적지출 21백만원, 순운전자본 추가소요액은 17백만원으로 추정된다. 그리고 적정한 순운전자본 요구수익률은 2.5%이며, 고정자산 요구수익률이 4.5%라고 한다. 여기서 다음 두가지 물음에 답하여라.

① JB기업의 FCFF와 초과이익은 각각 얼마인가?
② 가중평균자본비용이 22.0%이고 기대 장기고정성장률이 2.0%라고 할 때 단기간초과이익법에 의한 대상기업의 20x9년 12월 31일 현재 영업권가치는 얼마인가?

표 1 **재무상태표** (20x9.12.31)

(단위 : 백만원)

자산	
유동자산	653
고정자산	493
자산합계	1,146
부채	
유동부채	130
장기부채	591
부채합계	721
자본	425
부채와 자본 합계	1,146

표 2 **손익계산서** (20x9.1.1~12.31)

(단위 : 백만원)

매출액	2,510
매출원가	1,524
매출총이익	986
판관비	552
EBIT(세전영업이익)	434
TAX(24.2%)	105
NOPAT(세후영업이익)	329

풀이

• **1단계 (재무제표 분석 및 매출액 추정)** 예제에서 이미 제시되어 있으므로 생략한다.

• **2단계 (FCFF의 산정)** FCFF의 산정은 세후영업이익에서 감가상각비를 가산하고, 자본적지출과 순운전자본 증가액은 차감하여 다음과 같이 산정한다.

$$FCFF = NOPAT + Dep - Cap\ Exp - WC$$
$$= 329 + 14 - 21 - 17 = 305\text{백만원}$$

표 1 FCFF (20x9.12.31)

(단위 : 백만원)

세후영업이익	329
감가상각비(+)	14
자본적지출(-)	21
순운전자본증가액(-)	17
FCFF	305

• **3단계 (초과이익의 산정)** 초과이익 산정은 영업자산(순운전자본, 고정자산)의 IRR을 적용하여 정상이익을 구한 후, FCFF에서 이를 차감하여 산정한다. 즉 다음과 같은 산식에 의해 초과이익을 산정한다.

$$I_o = I_{WC} + I_{FA}$$

(정상이익) = (순운전자본의 정상이익) + (고정자산의 정상이익)

$$I_o = (V_{WC} \times WC_r) + (V_{FA} \times FA_r)$$

$$= (523 \times 2.5\%) + (493 \times 4.5\%) = 35\text{백만원}$$

$$E_0 = FCFF - I_0$$

(초과이익) = (대상의 현금흐름) − (정상이익)

$$= 305 - 35 = 270\text{백만원}$$

표 2 초과이익의 산정

(단위 : 백만원)

FCFF	305
순운전자본	523
요구수익률(*WCr*)	2.5%
순운전자본요구수익	13
고정자산	493
요구수익률(*FAr*)	4.5%
고정자산요구수익	22
정상이익	35
초과이익	270

4단계 (환원율의 적용 및 시산가치 산정) 초과이익에 대한 대상 영업권의 적정한 환원율을 적용하여 영업권 가치를 산정한다. 환원율은 WACC 22.0%에서 장기고정성장률(2.0%)를 고려하여 추정한다.

표 3 영업권의 시산가치

(단위 : 백만원)

초과이익	270
환원율	20.0%
영업권	1,350

5단계 (영업권 평가가치의 결정) 위에서 구한 시산가치 13.5억원에는 특허기술이나 상표권 등 다른 식별가능 무형자산들이 없는 것으로 확인되었다. 다만, 미등록 상표, 비특허기술 및 제조노하우 등은 별도 식별이 불가능하므로 이러한 식별불능 무형자산을 포함한 대상기업의 20x9년 12월 31일 현재 영업권가치는 13.5억원으로 최종 결정한다.

6 초과이익환원법 CEEM

6.1 개요

초과이익환원법 capitalized excess earning method은 단일기간의 예상현금흐름 중 운전자본 등 순영업자산의 적정수익을 초과하는 이익 IVS, 또는 동종산업 내 유사기업의 정상수익을 초과하는 이익을 환원하여 영업권의 가치를 평가하는 방식이다. 초과이익환원법은 간단한 공식에 의하여 영업권 가치를 평가하므로 '공식법'이라고도 부른다. 원래 이 방식은 미국에서 1920~1933년 주류의 양조나 판매, 수출입 등을 막는 금주법 Prohibition law을 시행함으로써 영업손실을 입은 양조장이나 주점 등에 공식적인 보상을 하게 되어 적용하던 영업권가치 보상평가방법이므로 재무부법 treasury method이라고도 한다.

이 방식은 대상 영업권이 창출하는 미래 경제적 이익을 그 영업권이 없는 동일 업종 유사기업의 정상이익과 비교하거나, 운전자본 등 순영업자산의 적정이익과 비교하여 초과이익을 산정한 다음 이를 적정한 환원율을 적용하여 영업권가치를 평가하는 방식이다. 이 방식의 기본 평가모형은 다음과 같다.

$$V_G = \frac{T_e - (WC_e + TA_e + IA_e)}{R_{stable}}$$

V_G : 영업권가치, T_e : 예상NOPAT, WC_e : 운전자본 정상이익,
TA_e : 유형자산 정상이익, IA_e : 무형자산 정상이익, R_{stable} : 안정화 환원율

한편 초과이익환원법 가운데 다기간수익할인법을 적용하기 위한 기본 산식은 다음과 같다.

$$V_G = \sum_{t=1}^{n} \frac{E_t}{(1+r)^t}$$

V_G : 영업권가치, t : 수익발생연도, E_t : t년도 예상초과이익
n : 수익지속기간, r : 할인율

이 방식은 주로 초과이익의 발생기간이 5년 이내의 비교적 단기로 예측되는 영업권 평가시 유용한 방식이라 할 수 있으나, 단기로서 분리가능한 법적권리에서 나오는 초과이익인 경우 고정자산 등 다른 기여자산들의 공헌율이 포함됨으로써 과대평가될 수도 있으므로 특히 유의하여야 한다.

초과이익환원법 capitalized excess earning method에서 말하는 '초과이익'이란, 매출의 증가뿐만 아니라 제조원가나 투자의 감소를 가져오는 요소를 모두 포괄한다. 또한 영업권과 그 밖의 여러 가지 무형자산(기여자산)을 포괄하여 가치를 산정하는 경우에는 초과이익의 발생 원인을 판매가능액의 증가나 원가절감 등으로 세분하여 초과이익을 파악하여야 다른 기여자산의 공헌 정도를 판단할 수 있다. 미래 기대정상이익은 대상 영업권이 미래에 창출할 수 있을 것으로 예상되는 경제적 이익이고, 환원율은 초과이익을 자본 환원하는데 사용되는 적정한 위험조정할인율 risk adjusted discount rate이다.

그런데 초과이익환원법의 적용에서 기본이 되는 요소인 '초과이익'은 영업자산의 적정수익을 초과하는 이익(IVS 기준)이거나, 동종유사기업의 정상이익을 초과하는 부분(실무기준)이므로 혼동을 가져오기 쉽다. 즉 실무기준에서는 기대 미래 경제적 이익이 비교기업의 정상이익을 초과할 때의 차액을 지칭하

므로 IVS에서 말하는 초과이익과는 일정한 차이가 있다는 점에 유의하여야 한다. 다음의 간단한 재무정보들을 기초로 초과이익환원법에 의한 영업권 가치를 산정하여 보면 〈표 4-5〉와 같이 예시할 수 있다.

〈재무정보〉

① 세후영업이익(*NOPAT*)	₩750,000
② 영업자산(*WC* + *TA* + *IA*) 가치	₩5,000,000
③ 정상수익률	10%
④ 환원율	20%

표 4-5

초과이익환원법에 의한 영업권가치 산정

세후영업이익(*NOPAT*) (ⓐ)	₩750,000
영업자산(*WC* + *TA* + *IA*) 가치	5,000,000
정상이익률	10%
영업자산에 귀속될 현금흐름 (ⓑ)	₩500,000
초과이익 (ⓒ = ⓐ − ⓑ)	250,000
환원율	20%
영업권의 가치	₩1,250,000

이상과 같은 간단한 절차에 의하여 영업권 가치를 평가하므로, 흔히 이 방법을 '공식법' formula method이라고도 부른다. 그 이유는 이해하기 쉽고 적용이 간편하여 특히 미국 IRS에서 조세목적으로 오랜 기간 널리 사용되어 왔기 때문이다. 그러나 이 방법은 지나치게 단순한 가치평가기법으로서 정확한 가치산정을 요하는 경우 적용상 각별한 주의가 필요하며, 가치분석 관련자료나 회계적 증거자료가 부족하여 부득이한 경우 제한적으로 사용되는 것이 바람직하다. 특히 FCFF 등 평균적으로 안정된 현금흐름이 아닌 전년도 손익계산서 상의 세후영업이익 등을 기준으로 초과이익을 구하여 현재가치로 자본화하는 지나치게 단순한 방법이므로, ① 안정적 성장률(또는 쇠락률)을 나타내고, ② 지속적인 영업이익률을 시현하는 기업으로서 기여자산들의 공헌율이 일정한 기업에 대하여만 제한적으로 적용하여야 할 것이다.

6.2 다기간초과이익법 MPEEM과의 비교

그렇다면 위에서 설명한 초과이익환원법상의 '초과이익'은 다기간초과이익법에서의 초과이익 개념과 같은 것일까? 결론부터 말하면, 이 둘은 초과이익의 성격이나 가치산정 방식이 서로 다르다. 왜냐하면 CEEM에서는 단일기간의 예상현금흐름 중에서 순영업자산의 적정수익을 초과하는 이익[IVS], 또는 동종 유사기업의 정상이익(실무기준)을 초과하는 부분을 단일의 환원율로 자본화하여 가치평가를 수행한다. 그러나 MPEEM에서는 '여러 기간의 예상현금흐름 중 운전자본 등 다른 기여자산의 적정이익을 공제한 이익'을 적정요구수익률로 할인하여 가치를 산정하는 방식이므로 일정한 차이가 있다.

이러한 차이는 〈표 4-6〉에 비교 요약 설명된 바와 같다. 아울러 초과이익환원법은 영업권 이외의 다른 식별가능 무형자산이 없는 기업에 적용하기 적합한 기법이다. 그 이유는 영업권 이외의 다른 무형자산이 있는 기업에도 적용할 수 있는 다기간초과이익법과는 달리 영업권 이외의 식별가능 무형자산이 있는 기업의 경우 각각의 가치를 구분하여 평가하기 어렵기 때문이다. 〈표 4-6〉에는 이와 같은 초과이익환원법과 다기간초과이익법의 여러가지 차이를 비교하였다.

표 4-6 초과이익환원법과 다기간초과이익법의 비교

	초과이익환원법 CEEM	다기간초과이익법 MPEEM
초과이익 개념	단일기간의 예상현금흐름 중 ① 순영업자산의 적정수익을 초과하는 이익(IVS), 또는 ② 동종유사기업의 정상이익을 초과하는 부분(실무기준)	여러 기간의 예상현금흐름 중 운전자본 등 다른 기여자산의 적정이익을 공제한 이익
적용대상 기업	영업권 이외 다른 무형자산이 없는 기업	영업권 이외 다른 무형자산이 있는 기업에도 적용가능
평가대상 자산	영업권 등 단일 무형자산 평가에 적용	영업권 이외 무형자산 각각의 가치평가 가능

6.3 초과이익 지속기간과 환원율

이상에서 설명한대로 초과이익을 환원하여 영업권을 산정하는 초과이익환원법을 적용하기 위해서는 다음과 같은 3가지 사항의 판단이 관건이 된다.

1. 초과이익
2. 지속기간(경제적 수명)
3. 자본환원 또는 할인율

앞에서 초과이익에 대하여는 자세히 살펴보았으므로 여기서는 지속가능기간, 즉 경제적 수명에 대하여 살펴보기로 하자. 초과이익의 경제적 수명을 결정하는 경우에 유의할 것은 기간의 장단뿐 아니라 수익발생의 정기성 periodicity이다. 지속가능기간이란 해당 영업권의 존속가능 기간으로서 필연적으로 그 기간과 시간경과에 따른 수익의 변화 등을 포괄하는 개념이다. 이러한 지속가능기간 결정을 하는 경우에는 수익발생 기간이 영업권 가치에 비례한다는 것을 감안해야 한다. 이 때 그 기간의 구분은 평가대상 수익의 변화 정도에 따라 달라진다. 즉 수익변화가 월별 · 분기별 등으로 이루어지는 경우 그에 따라야 하고 그러한 변화가 없는 편이라면 그 기간을 장기로 구분할 수 있을 것이다.

환원율은 투자자가 특정한 자산을 보유함으로써 발생하는 위험을 보상 받고자 요구하는 미래의 기대수익률을 말한다. 즉 기업이 계속적으로 영업활동을 한다 going concern고 가정할 때 미래에 예상되는 수익을 해당 기업의 위험도를 고려한 적절한 할인율로 현가화하여 수익가치를 산출하게 되는데, 이러한 할인율을 환원율이라고 한다. 통상적으로 투자위험이 있는 주식을 보유하려는 투자자들은 위험이 없는 화폐성자산에 투자하는 투자자들에 비해 보다 높은 수익률을 요구한다는 관점에서 환원율은 아래의 식으로 나타낼 수 있다.

$$\text{환원율}(Kc) = \text{무위험이자율}(R_f) + \text{위험프리미엄}(\alpha)$$

환원율은 이론적으로 화폐의 시간가치를 반영하는 무위험이자율과 미래수익흐름이 불확실한 데에 대한 보상의 성격인 위험프리미엄에 의해 결정되는데, 위험도는 해당기업의 사업특성에 따라 다르고 동일업종 내에서도 기업마다 다를 수 있기 때문에 환원율은 해당기업에 내재하는 위험도, 즉 자본비용과 연계되어야 한다. 이에 대하여는 앞의 제2장 '영업권 평가와 기업가치평가'의 자본비용 측정 부분에서 이미 다룬 바 있으므로 생략하기로 한다.

6.4 정상이익률의 산정

초과이익을 구하기 위한 동종산업 유사기업의 정상이익률은 그 산정방식에 따라 편차가 매우 심하게 나타나는 경우가 많다. 이를 객관적으로 추정하기 위하여는 다음과 같은 여러가지 방식으로 구한 정상이익률을 상호 비교분석하여 최종 정상이익률을 결정하는 것이 합리적이다. 정상이익률은 주로 다음 3가지 방식에 의하여 산정한다.

1. 요구수익률법(RRR법)
2. 유사사례비교법
3. 한국은행 평균순이익률법(BOK법)

실무적으로는 대상기업과 직접 비교가능한 동종산업의 유사기업 사례를 구하기 어려울 경우가 많다. 이런 경우에는 대용치 surrogates로서 한국은행 등 공신력 있는 조사기관이 발표한 산업별 · 규모별 매출액영업이익률 net income to net sales ratio 통계를 활용하기도 한다. 아울러 요구수익률법 RRR method에 의하여 구할 수도 있다.

요구수익률법에는 두가지가 있다. 첫째, 대상기업의 자본비용, 즉 CAPM에 의한 WACC를 적용하는 방식이 있다. 둘째, 과거 평균순이익에서 순운전자본의 적정요구수익 WCr과 고정자산에 대한 적정요구수익 FAr 등 영업자산의 적정수익을 공제한 잔액으로 대상기업의 정상이익을 구하는 방식이 있다. 어떤 방식에 의하든 평가목적이나 대상기업의 특성에 따라 결정하면 된다. 이렇게 요구수익률법으로 산정된 평가가치에서 기타 무형자산의 가치를 제외한 잔여가치가 평가대상 무형자산의 평가가치가 된다.

6.5 적용절차

이상에서 설명한 초과이익환원법을 이용한 영업권 가치를 평가할 경우 적용할 수 있는 일반적인 평가절차를 5단계로 나누어 설명하면 다음과 같다.

1단계 : 매출추정 및 순이익(률)의 산정
2단계 : 정상이익(률)의 산정
3단계 : 초과이익(률) 산정
4단계 : 환원율의 적용 및 영업권 가치 산정
5단계 : 최종평가가치 결정

그림 4-7
초과이익환원법에 의한 영업권가치 평가절차

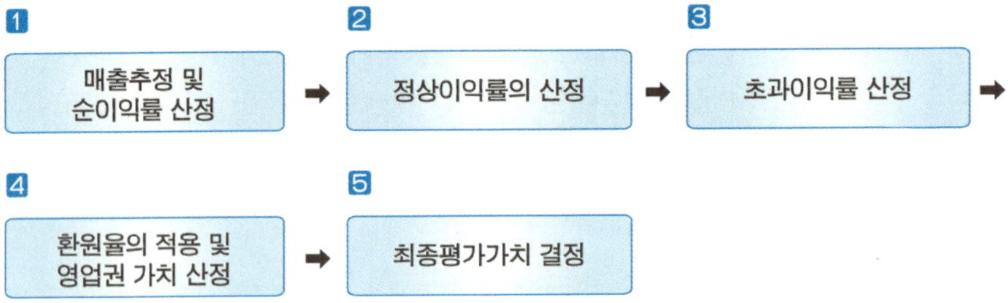

• **1단계 (매출추정 및 순이익(률)의 산정)** 대상기업의 과거매출액 변동추이와 향후 전망 등을 토대로 매출액과 성장률을 추정하고, 순이익(률)을 산정한다. 여기서 순이익(률)은 매출액순이익 net income to net sales 또는, 순자산순이익(투하자본 순이익)을 말한다. 어떤 순이익(률)을 쓰든 상관이 없다. 다만, 2단계(정상이익(률)의 산정)에 있어서도 반드시 같은 종류의 순이익(률)을 사용해야 한다.

• **2단계 (정상이익(률)의 산정)** ① 단일기간의 예상현금흐름 중 순운전자본이나 고정자산 등의 적정수익(률)(IVS) ② 동종산업 내 유사기업이 거둘 수 있는 정상이익(률)(실무기준)을 구한 다음, 1단계에서 구한 순이익(률)과 비교하여 분석한다. 단, 1단계에서 구한 대상기업의 순이익이 세후영업이익 NOPAT 이었다면, 여기서 정상이익을 구할 때에도 NOPAT를 기준으로 순이익을 산정한다.

• **3단계 (초과이익 산정)** 대상기업의 순이익률에서 2단계에서 구한 정상이익(률)을 차감하여 초과이익(률)을 산정한다.

$$E_e(\text{초과이익}) = I\ (\text{대상기업 평균순이익}) - I_o(\text{정상이익})$$

비교가능한 동종산업 유사사례를 구하기 어려울 경우에는 요구수익률법 RRR method에 의하여 구할 수도 있다. 즉 대상기업의 자본비용(CAPM에 의한 WACC)이나 순운전자본과 고정자산 등 영업자산에 대한 적정요구수익으로 대상기업의 정상이익을 구한다.

• **4단계 (환원율의 적용 및 영업권가치 산정)** 초과이익에 의한 대상 영업권의 적정한 환원율을 적용하여 영업권 가치를 산정한다. 한편 향후 관련 산업전망 등에 관한 분석결과로 도출된 고정성장률 g을 종합적으로 고려하여 적용 환원율을 산정하여야 한다.

• **5단계 (최종평가가치 결정)** 4단계에서 구한 예측기간가치와 잔존가치를 합산하여 최종 평가가치를 결정한다. 만일 4단계에서 산정된 가치가 식별가능 무형자산의 가치, 즉 ① 계약기반(고용계약), ② 상표 및 브랜드, ③ 라이선스, ④ 고객관계(고객목록), ⑤ 기술적 노하우(비특허) 등의 가치가 포함된 가액이라면 이를 공제한 잔여가치가 영업권의 가치가 된다. 그러나 이러한 무형자산들이 없는 것이 확인된다면, 무형의 계속기업가치 전부를 포괄한 광의의 영업권 가치로서 4단계에서의 가액으로 최종 영업권 가치를 결정한다.

6.6 초과이익환원법의 적용조건 및 한계

초과이익환원법에서 적용할 정상이익률을 시장에서 동종 유사기업과 비교하여 추출하거나 거래사례를 발견하여 대상기업의 영업이익률과 비교 분석하는 것은 실무적으로 그리 간단치 않다. 따라서 IVS에서는 순영업자산의 적정 IRR을 정상이익으로 보고 이를 초과하는 이익을 영업권에 귀속되는 초과 잔여이익으로 보고 있다. 또한 이 방법을 다음과 같은 조건하에서 제한적으로 사용할 것을 규정하고 있다는 사실을 다시 한번 강조한다.[53]

1. 안정적 성장률 또는 쇠퇴율 growth/ decay rate을 보일 것
2. 지속적인 영업이익률을 시현할 것
3. 일관된 기여자산 공헌수준 및 기여자산공헌율(액) CAC을 나타낼 것

초과이익환원법을 적용함에 있어서 이러한 엄격한 조건을 규정한 이유는 무엇일까? 비교적 실무적용이 단순하고 간편법이라 하여 이 방법의 한계를 무시하고 평가과제에 적용하게 된다면, 평가자 간 평가가치가 극심할 수도 있을 뿐 아니라 특히 정상이익률이나 할인율 등의 변수들을 시장에서 추출함에 있어서 평가자의 자의성이 개입되기 쉬우므로 이를 미리 차단하기 위한 것으로 볼 수 있다.

대개 영업권은 가치형성에 오랜 세월이 필요하다. 그러나 쇠락하는 경우 경제적 수명이 급격히 단축되는 경향이 있다. 더구나 기업마다 성장 쇠퇴 패턴이나 기여자산의 구성내용 및 공헌수준이 다르다. 이러한 다양한 변동성을 정확하게 반영하여 객관적인 평가가치를 도출할 수 있는 방법으로서는 부적절한 것이 초과이익환원법이다. 따라서 그 적용 한계를 명백히 한 데에 위의 3가지 엄격한 조건 규정의 의의가 있다고 본다.

6.7 예제

초과이익환원법의 적용에서 기본이 되는 '초과이익'을 무엇으로 보는가에 따라 영업권의 가치가 달라진다. 즉 초과이익을 국제평가기준에서는 '순영업자산의 적정 수익률을 초과하는 이익'이라 하고, 한국 실무기준에서는 '동종유사기업의 정상이익을 초과하는 부분'으로 보고 있으므로 혼동을 가져오기 쉽다. 즉 실무기준에서는 기대 미래이익이 비교기업의 정상이익을 초과할 때의 차액을 지칭하므로 IVS에서 말하는 초과이익과는 차이가 있다. 따라서 다음과 같은 세가지 방식의 예제를 각각 살펴봄으로써 그 차이를 분명히 밝히기로 한다. 단, 비교의 편의를 위하여 앞서 SPEEM에서 예로 든 자동차부품제조회사 JB(주)의 재무자료를 그대로 적용하기로 한다.

[53] IVS 210, par. 60.9.

[예제 4-1] 초과이익환원법 (IVS기준법)
[예제 4-2] 초과이익환원법 (단기수익자본화법)
[예제 4-3] 초과이익환원법 (다기간수익할인법)

예제 4-1 초과이익환원법 (IVS기준법)

자동차부품제조회사 JB기업의 20x9년도 재무상태표(20x9.12.31)와 손익계산서(20x9.1.1~12.31) 등 재무분석 자료는 앞서 [예제 3-1]에서 제시한 것과 같다. 단, 감가상각비 14백만원, 예상 자본적지출 21백만원, 순운전자본 추가소요액은 17백만원이다. 그리고 적정 순운전자본 요구수익률 WCr은 2.5%이며, 고정자산 요구수익률 FAr이 4.5%라고 한다. 대상기업의 가중평균자본비용은 20.0%라고 할 때 IVS기준에 따른 초과이익환원법을 적용하여 대상기업의 20x9년 12월 31일 현재 JB기업의 영업권가치를 산정하라.

풀이

• **1단계 (매출액 추정 및 순이익의 산정)** 단기간초과이익법과 매출추정은 같으나, 순이익을 산정하는 방식만 다르다. 즉 단기간초과이익법은 FCFF에 의하여 산정하지만, 여기서는 세후영업이익 NOPAT을 기준으로 순이익을 산정한다.

$$\text{순이익} = \text{매출총이익} - \text{판관비} - \text{법인세}(24.2\%)$$
$$= 986 - 552 - 105 = 329\text{백만원}$$

• **2단계 (정상이익의 산정)** 정상이익은 영업자산, 즉 순운전자본과 고정자산에 대한 ROR을 적용하여 다음과 같이 산정한다.

$$I_o(\text{정상이익}) = I_{WC}(\text{순운전자본의 정상이익}) + I_{FA}(\text{고정자산의 정상이익})$$
$$= (V_{WC} \times WC_r) + (V_{FA} \times FA_r)$$
$$= (523 \times 2.5\%) + (493 \times 4.5\%)$$
$$= 35\text{백만원}$$

• **3단계 (초과이익의 산정)** 초과이익은 대상의 순이익에서 영업자산에 대한 정상이익을 차감하여 평가대상 기업의 초과이익을 다음과 같이 산정한다.

$$E_o(\text{초과이익}) = I(\text{대상기업 순이익}) - I_o(\text{정상이익})$$
$$= 329 - 35 = 294\text{백만원}$$

표 1 초과이익의 산정

(단위 : 백만원)

세후영업이익(NOPAT)	329
순운전자본	523
요구수익률 WCr	2.5%
순운전자본요구수익	13
고정자산	493
요구수익률 FAr	4.5%
고정자산요구수익	22
순운전자본과 고정자산의 요구수익	35
초과이익	294

• **4단계 (환원율의 적용 및 시산가치 산정)** 초과이익에 대하여 영업권의 적정한 환원율을 적용하여 영업권 가치를 산정한다.

표 2 영업권가치의 산정

(단위 : 백만원)

초과이익	294
환원율	20.0%
영업권	1,470

• **5단계 (영업권 평가가치의 결정)** 위에서 구한 시산가치 1,470백만원에는 특허기술이나 상표권 등 다른 식별가능 무형자산들이 없는 것으로 확인되었다. 다만, 미등록 상표나 비특허기술 및 제조노하우 등 별도 식별불가능한 무형자산이 있다면 이러한 식별불능 무형자산을 포함한 대상기업의 20x9년 12월 31일 현재 영업권가치는 1,470백만원으로 최종 결정한다.

예제 4-2 초과이익환원법(단기수익자본화법)

자동차부품제조회사 JB기업의 추정 연간순이익은 329백만원이며, 영업권 이외에 순영업자산의 가치는 1,016백만원이라고 한다. 동종 유사기업의 정상수익률은 5%로 조사되었으며, 가중평균자본비용 WACC은 20.0%(기대 장기고정 성장률 0%)라고 할 때 JB기업의 영업권 가치는 얼마인가? 단, 상표권이나 특허권 등 별도의 식별가능 무형자산은 없는 것으로 확인되었다.

풀이

초과이익환원법 가운데 단기수익자본화법의 기본 산식은 다음과 같다.

$$V_G = \frac{E_o}{R} = \frac{I - I_o}{R}$$

V_G : 영업권가치, E_o : 초과이익, I : 순이익, I_o : 정상수익, R : 환원율

$$V_G = [329 - (1{,}016 \times 5\%)] \div 20.0\%$$
$$= 278.2 \div 20.0\%$$
$$= 1{,}391\text{백만원}$$

JB기업의 자산내역 조사 결과 별도의 상표권이나 특허권 등 식별가능 무형자산이 없는 것으로 확인되었으므로 위에서 구한 시산가치 1,391백만원으로 영업권 가치를 평가한다. 이상에서도 알 수 있듯이 이 방식은 주로 별도 식별가능 무형자산이 없는 중소기업으로서 경영상황이 안정적 성장(쇠퇴) 추이를 나타내고, 영업이익률이나 CAC 구성 및 기여비율에 있어서도 일관성을 지닌 기업에 적합한 방식이라 할 수 있다. 이 방식은 「감정평가 실무기준」(650-3.3.2) 제2호에 의한 방식이다.

예제 4-3 초과이익환원법(다기간수익할인법)

DOS㈜에서는 최근 자사제품에 대한 5년간의 특별독점공급계약을 OO대기업과 체결하였다. 이 공급계약을 통하여 기대되는 향후 5년간의 예상 초과이

익은 연간 5억원으로 추정된다. 초과이익에 대한 할인율은 18%라고 할 경우 DOS㈜의 독점공급계약권에 대한 영업권의 가치는 얼마인가?

풀이

초과이익환원법 가운데 다기간수익할인법을 적용하기 위한 기본 산식은 다음과 같다.

$$V_G = \sum_{t=1}^{n} \frac{E_t}{(1+r)^t}$$

V_G : 영업권가치, t : 수익발생연도, E_t : t년도 예상초과이익
n : 수익지속기간, r : 할인율

$$V_G = \sum_{t=1}^{5} \frac{500{,}000{,}000}{(1+0.18)^t}$$

$$= 1{,}563\text{백만원}$$

따라서 DOS㈜의 제품 독점공급계약권에 대한 영업권가치는 1,563백만원으로 산정된다. 이 방식(다기간수익 할인법)은 주로 초과이익의 발생기간이 5년 내외의 비교적 단기로서 예측 가능한 기업의 영업권적 자산평가시 유용한 방식이라 할 수 있다. 다만, 이러한 계약권리 등 분리가능한 법적권리에서 나오는 초과이익에는 다른 영업자산들의 기여이익이 포함될 수 있어 그 가치가 과대평가되는 경향이 있으므로 특히 유의하여야 한다.

아울러 이는 엄밀히 말하자면 영업권 가치라고는 할 수 없다. 왜냐하면 영업권의 인식조건은 식별불능이거나 분리불가능하여야 하는데, 이러한 권리는 명백히 식별될 뿐 아니라 분리 가능한 '계약권리'의 가치라고도 할 수 있기 때문이다.[54] 따라서 IVS에서는 이 방법을 안정적 성장률(또는 쇠퇴율)하의 기업일 것 등 일정한 조건 하에서만 제한적으로 사용할 것을 요구하고 있다. 이 방식도 「감정평가 실무기준」(650- 3.3.2) 제2호에 의한 방식이다.

[54] IVSC, IVS 210, par 20.7.

5장

영업권의 다양한 평가방법과 이슈

Various Approaches in Goodwill Valuation & Current Issues

1. 시장접근법
2. 비용접근법
3. 매수가격배분법
4. 상각절세효과 TAB
5. 세법상의 보충적 방식
6. 개별물건기준 원칙과 영업권 평가
7. 개인영업권과 기업영업권
8. 시장성할인
9. 소수지분할인

영업권의 정확한 가치결론을 도출해 내기 위해서는 가능한 한 다양한 평가방법을 적용하고, 기업가치나 최종 시산가액의 적정성을 검증하는 과정이 매우 중요하다. 따라서 감정평가의 3방식 원리에 따라 시장접근법은 물론 비용접근법, 매수가격배분법, 상증법에 의한 보충적 방식 등에 대하여도 다각적으로 연구할 필요성이 있다. 왜냐하면 어느 방식에 의존하든 각 방식의 장 · 단점이 있게 마련이고, 자료의 신뢰도에도 차이가 있으므로 다른 방식에 의한 검증과정이 병행되어야 비로소 합리적인 가치결론에 도달할 수 있기 때문이다.

이 장에서는 국제평가기준 IVS 210(Intangible Assets)에서 영업권 등 무형자산의 평가와 관련하여 규정하고 있는 다양한 접근방식, 즉 시장접근법, 비용접근법, 매수가격배분법 등을 중심으로 설명한다. 그리고 상각절세효과나 상증법상의 보충적 평가방식, 기타 영업권 평가와 관련하여 최근 제기되고 있는 여러 이슈들에 대하여도 논의하기로 한다.

특히 대상 영업권 가치를 결정짓는 기업가치의 시산조정 단계에서 최근 활발히 제기되는 이슈로서, ① 개별물건기준원칙과 일괄평가문제, ② 개인영업권과 기업영업권 가치를 결정하는 개인요소와 기업요소의 구분문제, ③ 시장성할인율의 결정 문제, ④ 경영권프리미엄과 소수지분할인 문제 등에 대하여 논의하기로 한다.

1 시장접근법

비교방식 market approach 은 동종 유사 규모의 영업권 거래사례를 선택하여 개별적 차이에 따른 격차요인을 보정하여 영업권 가치를 구하는 방식이다. 기업가치는 계속기업을 전제로 기업의 모든 자산을 이용하여 기업이 창출하는 가치의 합이다. 그러나 기업을 매각하면서 영업권을 제외한 기업가치를 상회한 금액을 지불했다면, 그 지불가격과 기업가치의 차이가 영업권 가치가 된다.

비교방식은 동종 유사 규모의 기업에 대한 이와 같은 영업권 거래사례를 통해 당해 기업에 대한 영업권을 산출하는 방식이다. 원가방식이나 수익방식이 주로 해당 기업 자체의 자료를 근거로 하는 반면 비교방식은 반드시 비교대상 회사를 필요로 한다. 또한 이 방식은 원가방식과 더불어 수익방식에 의한 영업권 시산가액의 적정성을 검증하는 수단이 된다.「감정평가 실무기준」(650-3.3.3)상 비교방식을 적용하고자 하는 경우의 감정평가 방법은 다음과 같다.

> **1. 영업권만의 거래사례가 있는 경우** : 영업권이 다른 자산과 독립하여 거래되는 관행이 있는 경우에는 같거나 비슷한 업종의 영업권만의 거래사례를 이용하여 대상 영업권과 비교할 수 있다.
>
> **2. 영업권을 포함한 기업전체에 대한 거래사례까지 있는 경우** : 영업권만의 거래가격을 추출한 후, 거래사례비교법을 적용하여야 한다. 같거나 비슷한 업종의 기업전체 거래가격에서 영업권을 제외한 순자산가치를 차감한 가치를 영업권의 거래사례 가격으로 보아 대상 영업권과 비교하는 것이다.
>
> **3. 상장기업** : 시장에서 거래가 되고 있는 것으로 볼 수 있는 바 해당 정보를 참고하여 영업권만의 가격을 구한 후 거래사례비교법을 적용하는 방법이다. 대상기업이 유가증권시장이나 코스닥시장에 상장되어 있는 경우에는 발행주식수에 발행주식의 주당가격을 곱한 가치에서 영업권을 제외한 순자산가치를 차감하는 것이다.[55]

[55] 상장기업에 적용하는 거래사례비교법은 발행주식수에 기준시점의 거래가격을 곱한 시가에서 영업권을 제외한 순자산가치를 차감하여 영업권가치를 산정한다.

실무적으로 영업권은 계속기업 going-concern을 가치전제로 평가하게 되므로 영업권만의 단독거래사례를 찾기 어렵다는 점에서 결국 영업권만의 거래사례를 이용한 비교방식은 기업가치와 매각가치와의 차이를 이용하게 된다. 이때 평가의 전제조건은 업종 및 규모 측면에서 유사한 기업을 선정한 다음, 매출액 등의 비교지표를 선정한 후 배수를 산정하여 평가하는 방식을 주로 사용한다. 비교방식으로 평가를 하는 경우 사례 선정 시 사정개입 여부와 현금등가 분석 등을 통하여 사례를 정상화시키는 것이 전제가 되어야 한다.

이와 같이 시장접근법 적용의 성패는 영업권을 제외한 기업가치와 사정을 보정한 정상사례의 매각가격 산출이 관건이 된다. 그러나 자료의 수집과 분류 시 자료의 수집 범위를 너무 좁힐 경우 비교 가능성은 제고되지만 사정을 배제하기 어렵고, 반대로 너무 넓힐 경우 사례의 정상화 여부를 판단할 수는 있으나 그만큼 비교 가능성이 낮아지므로 사례 수집범위의 적정성을 기해야 한다. 또한 사례 선정 시 단순히 업종과 규모뿐만 아니라 거래의 특수성이나 외국기업 여부, 금융조건 등 기타 영향변수들에도 유의하여야 한다. 특히 매각 당시의 시장변화 및 법제의 변화도 함께 고려하여야 한다. 이 같이 영업권의 가치는 비교 가능한 거래사례에서 지불된 가격을 기초로 나타나게 되며, 다음과 같은 전제조건이 필요하게 된다.

1. 비교 가능한 자산거래가 활발히 이루어지는 시장이 존재할 것
2. 비교 가능한 자산이 과거에 거래된 적이 있을 것
3. 비교 가능한 자산 거래가격에 관한 정보의 입수가 가능할 것
4. 독립 당사자간의 거래일 것

국제평가기준에서는 다음 두 기준이 모두 충족되는 경우에만 무형자산의 가치에 대한 시장접근법을 적용해야 한다고 규정한다.[56]

1. 평가시점 또는 그 근접기간에 동일 또는 유사한 무형자산을 사용하는 정상거래에 대한 정보가 있다.

[56] IVS 210, par 50.3

2. 평가사가 대상 무형자산과 거래관련 자산 사이의 모든 중요한 차이를 조정할 수 있도록 충분한 정보가 제공되어야 한다.

가격 또는 평가배수의 증거를 이용할 수 있는 경우, 평가사는 대상 자산과 거래관련 자산 사이의 차이를 반영하도록 이들을 조정해야 한다. 이러한 조정은 대상 무형자산과 거래관련 자산의 차별화 특성을 반영하기 위해 필요하다. 그러한 조정은 정량적 수준이 아닌 정성적 수준에서만 결정할 수 있다. 단, 중요한 정성적 조정의 필요는 다른 접근방식이 평가에 더 적합함을 나타낼 수 있다. 위의 예와 일치하게, 시장접근법을 사용하는 무형자산의 예는 다음과 같다.[57]

1. 방송 주파수
2. 인터넷 도메인명
3. 택시 면허

2 비용접근법

비용접근법 cost approach은 원가방식이라고도 하는데, 영업권을 기준시점 현재 재생산하는 데에 드는 비용으로 산정하는 방법이다. 이는 평가대상을 기회비용 측면에서 접근하여 파악하는 것으로 영업권을 평가하는 경우 당해 영업권 구축에 소요되는 기간에 취득할 수 있었던 상대적 경제적 이익으로 산정한다. 국제평가기준 IVS에서는 무형자산의 원가방식을 주로 내부적으로 창출된 자산으로서 아무런 식별가능한 현금흐름이 없는 무형자산의 평가에 적용한다고 규정하고, 유사한 자산이나 유사한 서비스나 효용을 제공하는 자산의 대치원가 replacement cost로서 가치를 산정하며, 비용접근법은 일반적으로 다음과 같은 무형자산에 사용된다고 제한하고 있다.[58]

[57] IVS 210, paras 50.5~50.6.
[58] IVSC, IVS 210, par 70.3

1. 취득한 제3자 소프트웨어
2. 내부적으로 개발되고 내부적으로 사용되는 비시장성 소프트웨어
3. 조직화된 노동력

우리나라 감정평가 실무기준에서는 비용접근법을 영업권 평가에 적용하는 방법에 대하여 다음과 같이 규정하고 있다. (「감정평가 실무기준」 650-3.3.4 원가법의 적용)

> 영업권을 원가법으로 감정평가할 때에는 다음 각 호의 방법으로 감정평가할 수 있다. 다만, 대상영업권의 원가에 근거하여 합리적으로 감정평가할 수 있는 다른 방법이 있는 경우에는 그에 따라 감정평가할 수 있다.
> 1. 기준시점에서 새로 취득하기 위해 필요한 예상비용에서 감가요인을 파악하고 그에 해당하는 금액을 공제하는 방법
> 2. 대상 무형자산의 취득에 든 비용을 물가변동률 등에 따라 기준시점으로 수정하는 방법

이 방법은 평가목적과 평가대상에 따라 한정적으로 적용될 수 있다. 예를 들어 계약의 무단 해지나 각종 권리의 침해에 관한 소송제기를 목적으로 하여 비교적 시장에서 대체하기 쉬운 평가대상인 경우에 적용될 수 있다. 그 밖에 타방식에 의한 가격의 적정성 검증 수단으로도 활용될 수 있다.

그러나 영업권 평가시 사업장의 영업권이 매우 오랜 전통을 보유하고 있거나 독특한 요소의 결합으로 발생된 것이라면 이 방법을 적용하기는 어렵다. 그 이유는 당해 영업권 구축에 소요되는 기간에 취득할 수 있었던 상대적 경제적 이익의 산정이 쉽지 않기 때문이다. 또한 영업권 평가의 목적이 인수·합병·매각·교환 등인 경우에는 이 방법을 적용하기가 곤란하다. 이러한 거래에서 주로 고려되는 것은 매입자의 과거비용이 아니라 미래의 경제적 이익이고, 이러한 사고를 바탕으로 하여 거래에 대한 의사결정을 하기 때문이다. 원가방식 적용의 예를 설명하면 다음과 같다.

1. 영업권을 구성하는 각각의 구성요소를 나열한다(예를 들어 상표, 상호, 고객사·협력사·종업원과의 관계 등).

2. 각각의 구성요소 구축에 필요한 금액을 추정한다.
3. 이를 합산한다.

만약 해당 기업 특유의 고객관계 구축 프로세스에 침해된 권리에 대한 소송에 관한 사안이라면 해당 프로세스 구축에 소요되는 인력과 시간, 그 동안의 기회비용을 모두 감안하여 그 금액을 추정한다. 그리고 이러한 프로세스 이외에 협력사 구축 프로세스에 대해서도 침해가 있었다면 이에 따른 금액을 추산하여 이와 합산하는 방식을 적용한다. 이를 좀 더 구체적으로 설명하면 다음과 같다.

해당 영업권을 구축하는 데 든 시간이 2년이라고 가정하면, 그 2년 동안 소요된 비용은 설비의 구입 및 설치, 부동산 구입, 협력업체선정, 유통시스템 구축, 종업원에 대한 교육실시, 고객의 인지도와 신뢰도 제고를 위한 노력 등이 모두 포함된다. 이 경우 영업권은 동일한 유형자산으로 벌어들일 수 있었던 금액, 즉 2년간 기회비용의 현재가치로 추산된다.

원가방식을 적용하여 영업권을 평가할 때에는 재생산 비용을 원본의 재연, 즉 재생산원가 reproduction cost로 설정할 것인지, 원본 효용의 재연, 즉 대치원가 replacement cost로 할 것인지에 대한 결정이 필요하다. 또한 이 방법 적용 시 원가에는 인건비와 제조비 등의 생산비, 간접비와 생산자의 적정이윤 등이 포함되는 것에 유의해야 할 것이다.

이와 같이 원가방식은 수익방식이나 비교방식 등 다른 두 가지 평가방법에 비하면 포괄성이 부족하다. 즉 가치에 영향을 미치는 극히 중요한 요소들이 두루 감안되지 않으므로, 이러한 요소들에 대하여 별도로 분석 검토하지 않으면 안 된다. 예를 들면 영업권에서 얻을 수 있는 경제적 이익 측정방법이나 그 추세에 관한 정보, 미래 경제적 이익의 지속가능 기간, 기대이익을 얻는데 수반되는 위험, 그리고 진부화에 의한 영업권 가치손상 부분 등을 고려해야 한다. 평가사는 대체원가법을 적용할 때 다음을 고려해야 한다.[59]

[59] IVSC, IVS 210, par 70.7

(a) 인건비, 재료비 및 간접비를 포함하여 자산의 유용성을 대체하는 직접 비용 및 간접비용
(b) 대상 무형자산이 노후화 될 수 있는지 여부. 무형자산이 기능적으로 또는 물리적으로 쓸모 없게 되는 것은 아니지만 경제적으로 노후화 될 수 있다.
(c) 포함된 비용에 수익 인상을 포함하는 것이 적절한 지 여부. 제3자로부터 얻은 자산은 아마도 자산의 창출과 관련된 비용뿐만 아니라 투자 수익을 제공하기 위한 어떤 형태의 이익을 반영할 것이다. 따라서 가설적 거래를 가정하는 가치기준(IVS 104 "가치기준" 참조)에 따라서 비용에 가정된 이익 인상을 포함하는 것이 적절할 수 있다. IVS 105(평가의 접근방식 및 방법)에 명시된 바와 같이, 제3자의 측정에 근거하여 개발된 비용은 이미 이익 인상을 반영한 것으로 추정된다.
(d) 창출 과정에서 일정기간 동안 대상 무형자산을 보유하지 않은 것과 관련된 비용을 반영하는 기회비용도 포함될 수 있다.

원가방식은 가치평가 작업의 출발점으로 삼거나, 수익방식 등 다른 평가방법에 의한 평가가치를 점검하기 위한 수단으로서 유용한 방법이다. 왜냐하면, 원가방식은 영업권에 대한 가치의 대략적인 크기를 나타낼 수 있기 때문이다. 그러나 영업권과 같은 무형자산이 가지는 가치의 크기를 추정하는 수단으로서 원가방식을 이용하는 경우 자칫 평가오류를 범하기 쉽다. 따라서 영업권의 가치를 정확히 추산하기 위해서 뒤에서 다루는 매수가격배분법과 같은 사업 원가방식에 따라 기타 무형자산과 영업권의 가치를 배분하게 된다.

3 매수가격배분법 PPA method

3.1 기본개념과 목적

매수가격배분법 purchase price allocation method:PPA이란, 사업결합 과정에서 무형자산과 영업권을 평가하는 방법이다. 이를 잔여법적 사고에 따라 영업권가치

를 산정하므로 매수가격잔여법 purchase price residual method이라고도 한다. 이 방식은 사업결합시 인수대상 회사의 자산 및 부채가 모두 공정가치로 평가되고, 기존에 인식되지 않았던 무형자산이 새로이 추가 인식됨에 따라 매수대가와 장부가액의 차이를 공정가치로 평가된 자산에 배분하는 방법을 말한다. 이 방식에서 무형자산의 인식과정은 계약적 · 법적기준과 분리가능성 조건을 만족하는 무형자산을 먼저 인식하고, 그 나머지 미래 경제적 이익을 창출하는 잔여자산의 가치를 영업권으로 평가한다. 이와 같이 평가된 영업권은 사업결합시 취득한 것만 인정된다. 이 방식에 의한 영업권은 사업결합원가 purchase price에서 취득한 식별가능한 자산, 그리고 부채 및 우발부채의 공정가치 순액 중 취득자지분을 초과하여 지급한 금액으로 정의된다.

$$V_G = Pp - (WC + TA + IA - V_D)$$

V_G : 영업권가치, Pp : 매수원가, WC : 순운전자본
TA : 유형자산, IA : 무형자산, V_D : 부채의 가치

만일 사업결합시 매수가격과는 관계없이 종속기업의 식별가능 무형자산을 개별적으로 평가하여 다른 자산의 공정가치와 단순 합산한다면, 취득한 유 · 무형자산의 공정가치 합계가 매수가액과 불일치 할 수 있기 때문에 공정가치 평가의 신뢰성도 떨어질 우려가 있다. 그러므로 이러한 문제점을 사전에 방지하고자 K-IFRS 1103호(사업결합)에서는 사업결합시 매수가격배분법에 의하여 매수가격을 무형자산에 적의 배분하도록 규정하고 있는 것이다.

이와 같이 매수가격배분법은 사업결합 과정에서 인수대상 종속기업의 재무제표에 기록된 자산과 부채뿐만 아니라 식별가능 무형자산을 공정가치로 측정하여 이에 따라 매수가격을 배분하는 것이다. 즉 사업결합시 취득기업은 종속기업의 자산과 부채의 공정가치를 측정하고, 공정가치를 기준으로 매수가격을 우선적으로 배분한다. 공정가치로 측정하는 자산에는 재무제표에 기록된 자산 · 부채뿐만이 아니라 기록되지는 않았지만 식별가능 무형자산과 우발부채의 공정가치도 함께 순자산의 공정가치로 측정한다.

(차) (피취득회사) 자산	×××	(대) (피취득회사) 부채	×××
영업권	×××	현금 등	×××

위의 사업결합 회계처리 예시에서와 같이 피취득회사의 식별가능자산과 부채의 공정가치를 취득원가로 인식하는 반면, 지급한 사업결합 대가와 순자산의 공정가치 간 차이를 영업권 자산으로 차변에 인식하게 된다. 매수가격배분법 PPA을 적용할 때 식별가능 무형자산을 인식하기 위해서는 대상기업에 대한 깊이 있는 산업지식이 요구되며, 전문 평가사를 동원하기 전에는 수행하기 곤란한 평가분야이다. 이러한 산업분석의 심도도 문제이지만, 상업적 적합성 commercial relevance에 대한 판단 문제도 평가사에게는 대단히 도전적인 과제이다. 아울러 적절한 가치평가 방법이나 평가기준을 선택하는 것도 중요한 이슈가 되고 있다.

3.2 무형자산의 식별

일반적으로 사업결합으로 인한 무형자산의 평가는 인식할 무형자산의 파악으로 시작된다. 평가대상 무형자산을 식별하기 위해서는 동일 혹은 유사한 산업에서의 과거사례를 통하여 식별가능 무형자산들을 파악하게 된다. 실무적으로는 무형자산의 식별이 무형자산 평가과정의 대부분을 차지하기도 한다. 무형자산의 식별은 과거사례, 기준서 및 관련규정 검토와 함께 담당자와의 인터뷰 절차를 거치게 된다. K-IFRS 1103호 IE 16-44에서는 크게 다음과 같은 5가지 유형의 무형자산에 대한 사례를 예시하고 있다.

1. 마케팅관련 무형자산 marketing-related intangible assets
2. 고객관련 무형자산 customer-related intangible assets
3. 예술관련 무형자산 artistic-related intangible assets
4. 계약기반 무형자산 contract-based intangible assets
5. 기술기반 무형자산 technology-based intangible assets

이상의 무형자산 유형별로 예시된 사례를 토대로 회사담당자와의 인터뷰를 통하여 식별가능 무형자산을 파악하게 되는데, 이때 물리적 실체가 없는 비화폐성 자산으로서 기업의 자원에 대한 통제가능 여부, 미래 경제적 이익 유무, 그리고 식별가능성 조건 만족 여부 등의 조건을 충족하는지를 판단하여 만약 이러한 인식요건을 충족하는 경우 이를 분리하여 별도의 무형자산으로 인식하게 된다. 이러한 무형자산의 인식조건과 처리과정은 〈그림 5-1〉과 같다.

그림 5-1 무형자산 인식조건 및 처리과정

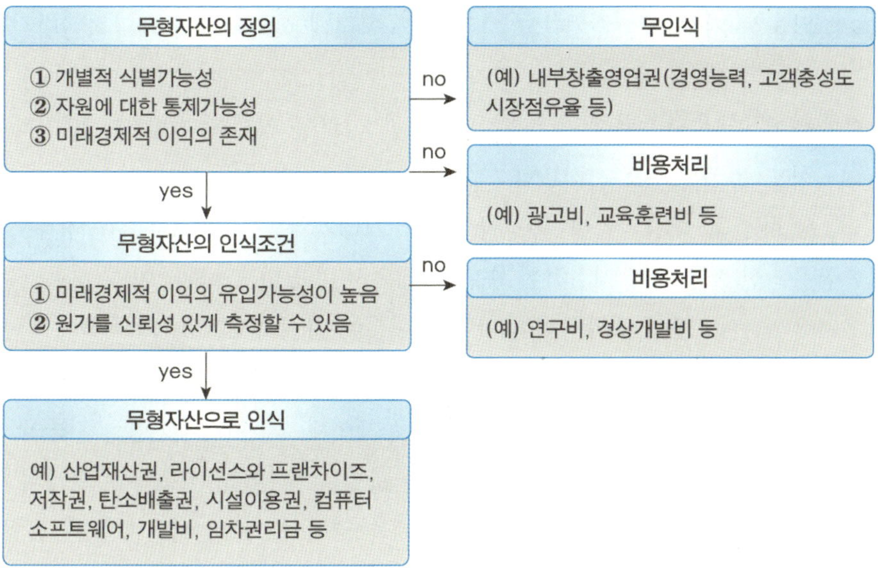

3.3 영업권의 가치

사업결합시 물리적 실체는 없지만, 기업이 통제하고 있으며, 식별가능성과 미래 경제적 이익의 유입가능성이 높고 화폐가치로 측정가능한 자산은 무형자산으로 인식한다. 이 중에서 사업결합시 무형자산을 인식하기 위한 가장 중요한 조건은 식별가능성이다. 무형자산이 식별가능성을 충족하기 위해서는 ① 계약적·법적 기준과 ② 분리가능성이라는 두 가지 조건을 만족시켜야 한다.

1. 계약적·법적 기준이란, 계약상의 권리 또는 기타 법적 권리로부터 발생해야 하며, 그렇지 않은 경우 개별적 또는 관련 계약, 자산, 부채와 함께 매각, 임대, 또는 교환 등이 가능해야 한다는 것을 의미한다.

2. 분리가능성이란, 취득한 무형자산이 피취득자에게서 분리되거나 분할될 수 있고, 개별적으로 또는 관련된 계약이나, 식별가능한 자산 및 부채와 함께 매각, 이전, 라이선스, 임대, 교환할 수 있어야 무형자산으로 인식될 수 있다는 것이다.

그러나 피취득자 또는 결합기업에서 개별적으로 분리할 수 없는 무형자산이 관련 계약, 식별가능한 자산이나 부채와 결합하여 분리할 수 있다면 분리가능성 기준을 충족한다고 가정된다. 이렇게 사업결합시 계약적 · 법적기준과 분리가능성을 충족하는 무형자산은 일반적으로 미래 경제적 이익의 유입가능성이 항상 충족된다고 가정하며, 또한 신뢰성 있게 측정할 수 있는 측정가능성도 충족된다고 전제된다.

예컨대 대상기업이 특정회사와의 거래계약을 일반적인 시장거래조건보다 유리한 조건으로 체결하여 수년간 계속하고 있다고 하자. 이럴 경우 정상이익을 넘는 수준의 초과이익이 발생하는 것이 확실하지만, 이는 계약에 의한 것이지 영업권에 의한 초과이익은 아니다. 따라서 이 계약에 의한 초과이익의 권리가 회사와 함께 이전될 수 있는가가 문제이다. 즉 계약적 · 법적 기준을 충족시키면서 동시에 회사에서 분리되거나 분할될 수 있는 경우에만 별개의 무형자산으로 인식되며, 그렇지 않은 경우에는 영업권으로 인식되는 것이다. 결국 초과이익이 있다고 해서 반드시 영업권이 존재하는 것은 아니라고 할 수 있다.

이와 같이 사업결합시 사업취득자는 식별가능 무형자산을 영업권과 분리하여 인식해야 한다. 영업권은 개별적으로 식별하여 별도로 인식할 수 없으나, 사업결합에서 획득한 그 밖의 자산에서 발생하는 미래 경제적 이익을 창출하는 잔여자산 residual asset을 나타낸다.

영업권은 사업결합원가 purchase price에서 취득한 식별가능한 자산(사업 취득시 인식한 무형자산 포함), 부채 및 우발부채의 공정가치 순액 중 취득자지분을 초과하여 지급한 금액으로 산정한다. 즉 사업결합 과정에서 무형자산과 영업권을 인식하는 과정은 계약적 · 법적기준과 분리가능성의 조건을 만족하는 무형자산을 먼저 인식하고, 그 나머지 잔여가치를 영업권으로 평가한다. 이와 같이 평가된 영업권은 사업결합시 취득한 것만 인정되며 기업내부에서 자체적으로 창출한 영업권은 인정되지 않는다. 매수가격배분법은 대개 다음과 같은 4단계 절차를 거쳐 이루어진다.

1단계 : IRR과 가중평균자본비용 추정을 위한 종속기업 가치 평가
2단계 : 종속기업의 식별가능 무형자산 인식
3단계 : 무형자산 공정가치 평가
4단계 : 평가결과의 조정

다음의 재무정보들을 기초로 매수가격배분법에 의한 영업권 가치를 산정하여 보면 〈표 5-1〉과 같이 예시할 수 있다.

〈재무정보〉

① 총매수원가	₩600,000
② 유동자산	250,000
③ 유동부채	220,000
④ 고정자산(장부가액)	70,000
⑤ 고정자산(재평가액)	80,000
⑥ 식별가능 무형자산	
(조직화된 노동력)	25,000
(개발소프트웨어)	110,000
(고객목록)	30,000

표 5-1 매수가격배분법에 의한 영업권 가치 산정

	총매수원가	₩600,000
(-)	순운전자본	30,000
(-)	고정자산(재평가액)	80,000
	식별가능 무형자산	
(-)	(조직화된 노동력)	25,000
(-)	(개발소프트웨어)	110,000
(-)	(고객목록)	30,000
	영업권의 가치	325,000

매수가격배분법의 적용을 위한 이와 같은 4단계 절차 및 적용방법에 대하여는 다음 제7장에서 실제사례를 통하여 더 자세히 다루기로 한다.

4 상각절세효과 TAB

무형자산은 전체 내용연수에 걸쳐 회계적으로 상각처리 되면서 법인세 절감효과를 거둘 수 있다. 이때 상각처리액에 대한 법인세 절감효과만큼 현금흐름이 증가되는 효과를 상각절세효과 tax amortisation benefit라고 한다. 그러므로 평가의 목적과 방법에 따라 대상 무형자산에 대한 상각절세효과를 계산하여 가산하여야 한다.

그러나 시장접근법이나 원가법을 사용하여 무형자산을 평가할 경우에는 거래사례나 매입가격에 이미 상각절세효과가 반영되어 있으므로 거의 문제가 되지 않는다. 그러나 소득접근법에서는 TAB를 적정하게 계산하여 포함시켜야 한다.

이에 대한 실례를 들어보자. 예컨대 어떤 무형자산(상표권)의 상각기간이 10년이고, 법인세율은 24%, 할인율은 18.0%라고 할 경우 이 상표권의 TAB는 얼마인가? 이 상표권의 TAB와 TAB증가요소 step up factor는 다음 〈표 5-2〉과 같이 산정된다.

표 5-2 TAB의 산정방법(예)

Mid Year Discount	0.5	1.5	2.5	3.5	4.5	5.5	6.5	7.5	8.5	9.5
상각기간(10 년)*	10.00%	10.00%	10.00%	10.00%	10.00%	10.00%	10.00%	10.00%	10.00%	10.00
법인세율	24.00%	24.00%	24.00%	24.00%	24.00%	24.00%	24.00%	24.00%	24.00%	24.00
할인율(18.0%)	0.92	0.78	0.66	0.56	0.47	0.40	0.34	0.29	0.24	0.21
Tax Benefit Factor	0.0221	0.0187	0.0159	0.0134	0.0114	0.0097	0.0082	0.0069	0.0059	0.005
합계	0.1172									
Step up factor	13.27%									

* Tax Amortization Period

그리고 TAB증가요소 step up factor는 다음 산식과 같이 산정된다.

$$TAB_{stepup\,factor} = \frac{1}{(1-0.1172)} - 1 = 13.27\%$$

여기서 TAB를 계산할 때 사용할 적정한 할인율은 실무상 기업가치 산정에 적용한 가중평균자본비용, 즉 WACC를 사용하거나, 대상 무형자산 평가에 사용된 할인율을 사용할 수도 있다. 양자 중 평가목적이나 방법에 따라 적정한 할인율을 결정하게 된다. 그리고 무형자산에 대한 소득접근법을 적용하는 경우 반드시 매수자의 입장에서 이러한 TAB를 이용할 수 있는지를 고려하여 할인율과 현금흐름을 적절히 조정하여야 한다.

5 세법상의 보충적 방식

영업권을 평가하는 방식은 여러 가지가 있으나「상속세 및 증여세법」제64조(무체재산권의 가액)에 의하면, 무체재산권의 가액은 장부가치나 시행령에서 정한 수익방식 중 큰 금액으로 평가하도록 다음과 같이 규정되어 있다.

> **(무체재산권의 가액)** 무체재산권의 가액은 다음 각 호에 따른 금액 중 큰 금액으로 한다.
> 1. 재산의 취득 가액에서 취득한 날부터 평가기준일까지의 「법인세법」 상의 감가상각비를 뺀 금액
> 2. 장래의 경제적 이익 등을 고려하여 대통령령으로 정하는 방법으로 평가한 금액

이와 같이「상속세 및 증여세법」에서는 비용접근법이나 초과이익 개념을 이용한 수익방식에 의하여 평가하도록 하고 있다. 초과이익 개념을 이용한 수익방식이란 회사가 벌어들이는 이익이 동일한 산업의 정상이익을 초과하는 금액을 기초로 영업권을 평가하는 방식이다. 따라서「상속세 및 증여세법」에서 경제적 실질을 제대로 반영하기 위하여는 주로 수익방식에 의하여 산정하

게 되는데 이를 '보충적 방식'이라 일컬으며, 「상속세 및 증여세법」시행령 제59조 제2항에 의하면 다음과 같은 식으로 '초과이익금액'을 산출한다.

$$\text{초과이익금액} = (\text{최근 3년간의 순손익액의 가중평균금액} \times 50\%) - (\text{평가기준일 현재 자기자본} \times 10\%)$$

여기서 최근 3년간 순손익액의 가중평균금액은 비상장주식의 순손익가치를 평가할 때 적용하는 규정을 준용해서 산출한다. 즉 동법 시행규칙 제19조 제1항에서는 자기자본비용을 "100분의 10"이라 규정한다. 그리고 평가기준일 현재 자기자본이란 「상속세 및 증여세법」에 의해서 계산한 순자산가액을 말하는데 자산총계에서 부채총계를 차감하여 계산한다. 만약 이렇게 자기자본을 확인할 수 없는 경우에는 다음 중 큰 값을 자기자본으로 사용한다.

$$\text{① 자기자본} = \frac{\text{사업소득금액}}{\text{자기자본이익률}} \quad \text{or} \quad \text{② 자기자본} = \frac{\text{수입금액}}{\text{자기자본회전율}}$$

$$\text{자기자본} = \text{MAX}\ [\text{①},\text{②}]$$

이러한 방식에 따라 초과이익금액이 산출되면 이 금액을 평가기준일 이후의 영업권지속연수를 감안해서 현재가치로 환산하여 영업권의 가치로 본다. 단, 영업권지속연수는 원칙적으로 5년으로 한다. 따라서 영업권의 가치를 평가하는 식은 다음과 같이 나타낼 수 있다.

$$\text{영업권평가액} = \sum_{t=1}^{n} \frac{\text{각연도 초과이익금액}}{(1+\frac{10}{100})^t}$$

위의 평가식에서 n은 영업권지속연수로 5년이 된다. 그리고 초과이익 금액의 현재가치를 구하기 위한 할인율은 10%로 되어 있는데, 이는 「상속세 및 증여세법」 시행규칙 제19조에 의한 것이다. 결과적으로 「상속세 및 증여세법」에서는 정상이익률을 평가기준일 현재 자기자본의 10%로 보고, 10%이상의 순손익 부분을 초과이익으로 인정하여 5년간 지속되는 것으로 계산된다. 다만, 과거 3년간의 순손익액 가중평균금액 전부를 영업권에 의해 발생되는 손익으로 보지 않고, 그의 50%만을 인정하고 있다.

예제 5-1 보충적 방식

세법상 영업권의 평가는 보충적방식으로 상증법에서 초과이익환원법의 개념을 이용해서 평가하도록 규정되어 있는 바 다음 SK시스템㈜의 최근 3년간의 법인세법상 순손익을 근거로 영업권의 가치를 평가하라. 단, 자기자본은 기준시점 현재 2억원이다.

(기준시점: 20x7. 12. 31)

연 도	순손익 (천원)
20x5	278,000
20x6	497,000
20x7	295,000

* 순손익: 각 사업연도소득 + 가산할 금액 - 차감할 금액

풀이

① 최근 3년간의 가중평균손익을 산출한다.

$$\frac{278,000 + (497,000 \times 2) + (295,000 \times 3)}{6} = 359,500$$

② 초과이익은 가중평균손익금액의 50%에 해당하는 금액에서 자기 자본의 10%에 해당하는 정상이익을 차감하여 구한다.

$$(359,500 \times 50\%) - (200,000 \times 10\%) = 159,750$$

③ 상증법에서는 초과이익이 5년간 지속된다고 본다. 따라서 초과이익 159,750천원에 대한 5년간의 현금흐름을 10%의 할인율로 현가화 하면, 영업권 평가액은 605,578,000원으로 산정된다.

다만, 이 같은 세법상의 보충방식은 평가목적이 상속세 및 증여세법에 의한 무체재산권의 평가이므로 실제 영업권의 시장가치나 공정가치 평가에서는 참고 가격군의 하나로 활용할 수는 있으나, 주방식으로 삼는 것은 바람직하지 않다.

6 개별물건기준 원칙과 영업권 평가

6.1 개별평가와 일괄평가 등

감정평가에 관한 규칙 제7조에서는 개별물건기준 원칙을 규정하고 있다. 감정평가는 대상물건마다 개별로 하여야 한다는 원칙이다. 물론 기본적으로는 무형자산도 개별물건기준 원칙에 따라 영업권을 개별평가 stand-alone appraisal 하는 것이 적절할 수 있다. 그러나 영업권의 경우도 그러한가 하는 의문이 제기된다.

왜냐하면 영업권은 무수히 많은 내-외부 경영자원들의 상호결합에 의하여 형성되며, 영업권의 종속성 dependability 과 총체성 integrity 이라는 특성이 있기 때문이다. 즉 영업권은 그 기업과 분리하여 단독으로 존재할 수 없으며, 다른 식별가능 자산과 별도로 매각될 수도 없는 특수자산이다. 영업권은 이러한 특성상 기업실체를 전체적으로 볼 때에만 성립되는 자산이며, 영업권 자체가 수익을 창출하는 별도의 무형자산이 아니라, 전체 식별가능 개별자산들의 가치를 초과하는 잔여가치가 존재하는 경우에만 성립될 수 있다.

그러나 감정평가에 관한 규칙 제7조 제2항 ~제4항에서는 개별물건기준 원칙의 예외로서 다음과 같이 ① 일괄평가, ② 구분평가, ③ 부분평가 등 세 가지 경우를 인정하고 있으므로 이에 대하여 살펴본다.

> 제7조(개별물건기준 원칙 등) ② 둘 이상의 대상물건이 일체로 거래되거나 대상물건 상호 간에 용도상 불가분의 관계가 있는 경우에는 일괄하여 감정평가 할 수 있다.
>
> ③ 하나의 대상물건이라도 가치를 달리하는 부분은 이를 구분하여 감정평가 할 수 있다.
>
> ④ 일체로 이용되고 있는 대상물건의 일부분에 대하여 감정평가 하여야 할 특수한 목적이나 합리적인 이유가 있는 경우에는 그 부분에 대하여 감정평가 할 수 있다.

첫째, 일괄평가 grouped asset appraisal란, 2개 이상의 물건을 일체로 하여 동일 가액으로 평가하는 것을 말한다. 다만, 대상물건이 일체로 거래되거나, 대상물건 상호 간에 용도상 불가분의 관계가 있는 경우에라야 일괄하여 평가할 수 있다. 여기서 대상물건 간 '용도상 불가분 관계'라는 것은 별도로 식별하거나 회계적으로 인식할 수 없는 경우를 말하는 것으로 볼 수 있다. 특허권이나 등록상표와 같이 별도로 식별가능하거나 회계적으로 인식할 수 있는 무형자산이 있는 경우에는 이를 제외한 나머지만을 영업권가치로 평가하여야 할 것이다. 그러나 만약 이러한 식별가능 무형자산들을 포함한 일괄평가 조건으로 영업권 평가가 의뢰되었다면 어떻게 처리할 것인가? 이런 경우에는 대상 영업권에 포함하여 평가되는 무형자산이 '용도상 불가분의 관계'나 '일체로 거래될 것'이라는 일괄평가 조건을 충족하지 못하는 사유와 영업권에 포함 평가되는 무형자산의 내역을 보고서에 일일이 명시하여야 할 것이다.

둘째, 구분평가 separated asset appraisal란, 하나의 물건이라도 가치를 달리하는 부분이 있는 경우 구분하여 각각 평가하는 것을 말한다. 예컨대 대상 무형자산이 숙련된 노동력과 상표 및 특허기술 등으로 구성되어 식별가능 하다면, 그 용도나 가치가 각각 다르므로 이를 구분하여 평가할 수 있을 것이다. 그러나 만약 이들 무형자산들이 각기 식별불가능하다면 일괄평가 하되, 무형자산 상호간 '용도상 불가분한 관계'임과 '식별불가능 할 것'이라는 일괄평가의 조건을 갖추어야 할 것이다. 영업권 평가 시 대상기업의 미등록상표나 비특허 제조기술이라고 할지라도 분명히 별도의 가치를 지니고 있어 식별가능하고, 용도상 분리하여 거래 대상이 될 수 있다면, 이를 개별물건기준 원칙에 따라 영업권과 별도로 각기 구분평가 하는 것이 타당하다 할 것이다.

셋째, 부분평가 partial asset appraisal란, 전체 물건 중 일부 구성부분의 가치에 대해서만 행하는 평가로서 원칙적으로 금지되나, 합리적인 이유가 있는 경우에만 평가할 수 있다. 즉 일체로 이용되고 있는 대상물건의 일부는 평가하지 아니함을 원칙으로 하지만, 일체로 이용되고 있는 대상물건의 일부분에 대하여 특수한 목적 또는 합리적인 이유가 있는 경우는 예외적으로 '부분평가' 할 수 있다. 즉 의뢰인의 요청에 의거 영업권을 현물출자 목적으로 평가하는 경우 비록 영업권이 상표나 기술, 노동력 등으로 구성되어 있다 하더라도 각각이 식별가능하고, 용도상 분리하여 거래 대상이 될 수 있다면, 각각에 대하여 부분평가 할 수 있다고 본다.

하나의 예를 보자. 대상 영업권이 상표나 비특허 제조기술 등으로 구성된 자산으로서 현물출자를 위한 공정가치 산정을 위하여 부분평가 하도록 평가의뢰 되었다 하자. 여기서 상표나 비특허 제조기술 자산에 대하여 의뢰인의 특수한 평가목적과 합리적인 이유가 있는 경우로서 '부분평가' 할 수 있을 것이다. 다만, 이러한 무형자산들이 대상 영업권과 결합하여 사용되는 것이 합리적인지 여부나, 대상물건 상호간 용도상 불가분성이 있는지 여부, 그 평가과정 등을 밝히고, 각 무형자산별 평가내역을 보고서에 분명히 기재하여야 할 것이다.

6.2 잔여가치 원리와 일괄평가 시 유의점

앞에서도 언급하였듯이 국제평가기준 IVS에서는 영업권을 기업가치에서 유형자산 및 무형자산가치를 뺀 잔여가치로 측정하며, 자산집합이나 시스템의 개념으로 파악하여 식별가능한 모든 자산들 이외의 자산들을 이용하여 얻는 경제적 이익으로 인식하고 있다. 즉 영업권이란 기업실체가 경영목적 달성과정에서 조직 내 모든 자산과 속성을 유기적으로 결합하여 창출하는 경제적 이익이 식별가능한 자산들의 적정가치를 초과하는 잔여가치로 볼 수 있다는 관점이라는 데에 유의하여야 한다. 따라서 영업권을 잔여법 residual from business enterprise methed에 의하여 기업가치 *BV*에서 유형자산과 식별가능 무형자산 등을 공제한 잔여가치로 측정하는 것을 기본으로 하는 '잔여가치 원리'에 따라 일련의 무형자산 평가기준을 제시하고 있는 것이다.

이에 의하면 영업권과 같은 무형자산을 다른 유-무형자산과 함께 사용하지 않고 개별물건기준 원칙에 따라 평가하는 것은 아예 불가능하거나, 현실성이 없을 수 있다. 기업회계기준에서는 제1장에서 설명한대로 영업권이 잔여가치라는 입장은 같지만, 오직 사업결합으로 인식하는 영업권에 대한 정의만을 내리고 있다. 즉 사업결합시 별도로 식별불가능한 기타 자산에서 발생하는 미래 경제적 효익의 가치를 영업권으로 정의하고 있다.

> "사업결합으로 인식하는 영업권은 사업결합에서 획득하였지만 개별적으로 식별하여 별도로 인식하는 것이 불가능한 그 밖의 자산에서 발생하는 미래 경제적 효익을 나타내는 자산이다."

따라서 평가사는 평가목적이나 대상영업권의 성격에 따라 영업권을 독립적으로 개별평가할 수도 있지만, 상표권, 고객목록, 비특허기술 등 다른 자산과 함께 사용되는 것을 전제로 일괄평가 할 수도 있는 것이다. 다만 일괄평가한 경우라면, 평가목적과 관련하여 다른 무형자산과 대상 영업권이 용도상 불가분하여 함께 사용되어야 할 필요성을 합리적으로 설명해야 하고, 대상무형자산과 결합하여 사용된 유-무형자산이 무엇인지를 평가서에 구체적으로 일일이 열거하고, 식별가능성 여부, 각 무형자산을 별도로 식별한 경우 그 각각의 가액에 대한 평가 과정과 가치결론을 명확하게 기술하여야 할 것이다.

특히 실무에서 대상기업의 대표자가 개인적으로 소유한 상표권이나 특허권 등이 있는 상황에서 영업권을 일괄평가 할 경우 과대평가 우려가 크므로 주의할 필요가 있다. 즉 대표자 개인 소유의 무형자산은 분명히 식별가능 할 뿐더러 만약 회사의 현금흐름 창출에 적지 않은 영향을 미치고 있는 상황에서 영업권을 일괄평가 할 경우 무형자산의 가치가 혼입되어 과대평가될 가능성이 높다.

7 개인영업권과 기업영업권

7.1 영업권의 양도성과 개인영업권

영업권의 양도성 transferability 이란, 영업권이 타인에게 이전되는 경우 그 영업권을 양도받은 사람에게 대상기업이 계속기업으로서 향후 창출할 경제적 이익이 이전될 수 있는 힘이나 조건을 말하는 것이다. 예컨대 상호나 상표, 입지요소, 제조비결 등 초과이익을 발생시키는 요인이 외부적으로 드러날 수 있는 경우에는 제3자에 이전될 가능성도 높아지므로 '양도가능 기업영업권' transferrable entity goodwill에 속하는 경우라 할 수 있다. 그러나 전문직이나 기업 내 핵심인력의 특별한 전문역량 등의 경우 내부적으로 축적된 요소에 의해 발생되는 초과이익은 '양도불능 개인영업권' non-transferrable personal goodwill에 귀속될 경우가 많다. 예컨대 초과이익을 창출하는 유명 개업의사나, 매출이나 이익의 상당한 비중을 기여하는 임직원 등은 양도불능 개인영업권에 속하는 경우가 대부분이다.

이와 같은 개인영업권 요소는 핵심인력할인 key person discount과 유사한 개념이라고 할 수도 있다. 이는 기업가치 결정에 직접 적용하여 일괄할인·할증하게 되므로 '기업가치수준 할인·할증' entity level discount/premium이라 한다. 반면 뒤에서 설명할 시장성할인이나 소수주주할인 등은 주식가치에 적용하게 되므로 '지분수준 할인·할증' equity level discount/premium이라고 한다.

7.2 개인요소와 기업요소의 구분

영업권을 개인요소와 기업요소로 나누기 위하여 일반적으로 정립된 방법론은 없다. 그러나 미국의 실무에서 전문직의 영업권을 기업요소와 개인요소로 구분 산정하는 두 가지 방법을 제시하여 보면 다음과 같다.[60]

1. 사업체를 '매각하거나 양도가능' 할 경우 기업영업권으로 전부 포함하여 영업권가치를 평가하는 방법
2. 기업영업권과 개인영업권에 관련된 다양한 가치형성요인을 분석한 후 전체가치를 적절한 비율로 배분하는 방법

[60] Hitchner James, *ibid*, p. 835~836. Indiana Supreme Court 'Yoon decision'은 인디애나 대법원의 윤 판사 판결에서 제시된 방법으로 전문직의 영업권을 기업요소와 개인요소로 구분 산정하는 방법.

그러나 어떤 사업체를 매각하거나 타인에게 양도할 수 있다고 해서 대상 영업권의 가치가 모두 기업영업권에 속하고, 개인영업권은 '0'이라고 평가하기는 어려울 것이다. 왜냐하면 개인영업권이라 할지라도 매각조건에 따라서는 양도성이 완전히 인정될 수도 있기 때문이다. 만약 대상 영업권의 소유자가 비경쟁합의 계약조건을 일정기간 완전히 이행하는 거래가 가능하다면, 이를 기업영업권으로 평가할 수도 있을 것이다.

예컨대 유명한 치과병원을 경영하는 두 명의 동업의사가 있다고 하자. 그 중 한 명의 의사가 비경쟁합의 계약을 맺고, 소유지분을 모두 동업자에게 양도하는 경우 매도자의 영업권은 기업영업권으로 평가될 수도 있기 때문이다. 따라서 다음과 같은 여러가지 가치형성요인을 분석한 다음 총영업권가치를 개인요소와 기업요소로 나누어 각각의 적절한 비율로 배분하는 방법이 바람직하다. 여기서 개인영업권적 요소를 결정하는 가치형성요인은 다음과 같다.

1. 전문직의 연령 및 건강 age and health of the professional
2. 전문직의 입증된 수익 능력 earning power
3. 판단, 기술 및 지식에 대한 지역사회의 전문가 평판 Professional's reputation
4. 전문직의 상대적 성공도 professional's comparative professional success
5. 단독소유주, 동업자, 전문기업 구성원으로서 전문직의 업무특성 및 영업기간 nature and duration of the professional's practice

아울러 다음과 같은 영업권 관련 가치형성요인들은 전문직 영업권의 개인적 요소를 판정하여 개인영업권과 기업영업권 간에 적절한 비율을 배분하는 데에 적합할 수 있다.[61] 이러한 비율배분요소들은 특히 실무에서 변호사나 세무사, 개업의사의 영업권 가치 평가 시 전체가치를 양도가능한 것으로 보고 기업영업권 요소로 판단함으로써 발생하는 과다평가 위험을 줄일 수 있다.

1. 당해 서비스업의 매각가능성 Marketability of the practice
2. 고객 및 서비스의 유형 Types of clients and services

[61] Hitchner James, *ibid*, p. 837.

3. 입지 및 인구 정보 Location and demographics
4. 수수료 청구 방법 how the fees are billed
5. 신규 고객의 원천 Source of new clients
6. 개업전문직의 개인실적 Individual practitioner's amount of production
7. 종사인력과 업무경력 기간 Workforce and length of service
8. 지역내 동종 유사분야의 경쟁 전문직 수 Number of other professionals m the community competing in the same service or specialty

이러한 방법은 다소 주관적이기는 하지만, 소송목적 평가 등 이해가 첨예한 경우 전문직의 일신전속적 개인영업권 요소 배분에 대한 실질적인 해결책을 제시할 수도 있다. 어떤 경험적 연구도 특정 영업권을 측정할 수 있는 완벽한 기준을 제시해주고 있지는 않다. 평가사가 자신의 평가과제를 정확히 이해하고, 건전한 논리와 충분한 가치증거로서 그 배분율을 뒷받침한다면, 개인요소 대 기업요소로 영업권을 합리적으로 배분할 수 있는 합리적 근거를 제시할 수 있다. 대상 영업권을 실무적으로 개인영업권 또는 기업영업권으로 완벽하게 구분할 수 있는 평균비율 관련 연구는 아직 나타나지 않고 있다.

실무에서는 개인사업체가 법인으로 전환하거나, 영업을 양수도하는 경우에 영업권 평가가 자주 이루어지고 있다. 이때 핵심인력의 개인영업권을 양도가능한 것으로 보고 기업영업권으로 평가하도록 의뢰되었다면, 어떻게 평가할 것인가? 이런 경우 영업의 포괄양수도에서와 같이 핵심인력 key person의 비경쟁합의 계약조건을 충족하는 동시, 인수법인에 그대로 승계되는 경우에 한하여 기업영업권으로 평가할 수 있을 것이다. 만약 개인영업권 보유자가 승계되지 않는다면 핵심인력할인 key person discount이 별도로 이루어져야 한다.

여기서 핵심인력할인이란, 유능한 경영자나 직원이 대상기업 매출이나 이익에 대해 상당한 영향력을 갖거나, 특히 개인사업체의 경우 그 개인이 없다면 영업활동에 직접적인 영향을 미침으로써 기업가치가 저하될 경우를 말한다. 이런 경우 앞서 설명한 기업가치수준할인 entity level discount이 필요하게 된다.[62]

8 시장성할인 DLOM

앞서 설명한대로 대상 영업권 가치를 평가하려면 우선 기본적으로 기업가치 평가 결론이 도출되지 않으면 안 된다. 그리고 최종적으로 기업가치를 결정하려면, 반드시 대상자산의 시장성이나 경영권 유무를 분석하여야 한다. 왜냐하면 이 두 가지 요소는 할인율 및 최종가치 결정에 매우 큰 영향을 미치는 요소이기 때문이다. 그런데 자본자산가격결정모형 CAPM에서 자기자본비용은 공개거래 되는 상장회사를 기반으로 하므로 시장에서 거래되지 않는 비상장회사 private firm의 자본비용으로는 적절하지 않다. 따라서 자기자본비용을 결정할 때 중요한 이슈로 대두되는 것이 시장성할인 DLOM[62]: discount for lack of marketability과 소수지분할인이다. 우선 무엇이 시장성할인율을 결정하는 요인이며, 어떻게 할인율의 크기를 결정하여 적용할 것인가를 논의한다.

8.1 시장성할인율 결정요인

시장성할인 또는 유동성 liquidity 할인 이슈는 무형자산 고유의 비시장성 unmarketability이라는 특징에서 발생한다. 이는 영업권 가치의 기본이 되는 기업가치나 주식가치 평가 시부터 고려해야 할 중요한 고려사항이다. 유동성이 높은 자산일수록 투자자로 하여금 가치를 높게 평가하게 만든다. 그러나 본래 무형자산의 비시장성은 무형자산에 대한 조직적·경쟁적 시장이 존재하지 않기 때문에 발생한다. 즉 무형자산의 경우에는 일반 유형자산과는 달리 유사한 거래사례를 파악하기 어렵고, 거래에 필요한 조직화된 경쟁시장이 존재하지 않기 때문에 가치를 평가하는 것도 용이하지 않다. 따라서 대상 자산의 가치를 평가함에 있어 다른 모든 요소가 동일하더라도 대상자산에 대한 공개시장이 없는 경우 기준값, 즉 공개시장에서 형성되는 시장가치에서 일정부분을 할인하여 평가하게 되는 바 이를 시장성할인 또는 유동성할인 liquidity discount이라 한다.

---

[62] Hitchner R. James, *ibid*, p. 427.

예컨대 대상기업이 비상장회사일 경우 해당 주식이 거래되는 공개시장이 존재하지 않으므로 동일한 상장기업의 가치를 기준으로 시장성할인이라는 일괄할인을 적용하여야 한다. 이 경우 어느 정도의 시장성할인을 적용할 것인가 하는 데에 영향을 미칠 수 있는 대표적인 요소들은 다음과 같다.

1. 잠재적 매수자의 존재여부
2. 기업공개나 인수합병 가능성
3. 주식매매에 대한 제한사항(주주간 협약, 매매단위 제한 등)
4. 상환옵션(상환우선주 등)의 존재여부
5. 매출 성장률에 대한 예측
6. 배당금 지급능력
7. 기업정보에 대한 신뢰성, 지배주주의 신뢰성 및 우호적 태도
8. 시장참가자들의 투자분위기 등 기타 시장성에 영향을 미칠 수 있는 사항

시장성할인율은 이상의 여러 변수들을 고려하되, 개별상황에 따라 각기 다른 일괄할인율이 적용되어야 한다. 현재 평가업무에 적용할 만한 시장성할인율에 대한 체계적인 실증자료는 매우 부족한 실정에서 어떻게 시장성할인율을 결정할 것인가 하는 과제가 대두된다.

8.2 시장성할인율의 적용방법

평가실무에 적용할 만한 시장성할인율에 대한 실증자료가 비교적 풍부한 미국의 경우 대부분 다음 2가지 방법에 의하여 시장성할인율을 구하고 있으므로 이에 대하여 자세히 설명하기로 한다.

1. 기업공개 전후의 주가를 비교하여 시장성 할인율을 측정하는 기업공개 연구법 IPO studies
2. 시장성이 낮은 장외시장에서 거래되는 제한된 주식 restricted stock과 증권거래소에서 공개거래 되는 상장주식을 비교하여 시장성 할인율을 측정하는 제한주식연구법 Restricted stock studies

8.2.1 기업공개연구법

기업공개 IPO: initial public offering 전후의 주가를 비교하여 시장성 또는 유동성 할인 정도를 측정하는 방법이다. Emory Business Valuation 에서는 시장성 부족에 따른 할인율을 1980년도부터 조사 · 발표하고 있다. 2002년에는 543개 기업에 대한 IPO연구 결과 평균 46%, 중간값 47%의 시장성할인율이 측정된 것으로 발표하였다. 다음의 〈표 5-3〉에서는 이 기관의 시장할인율 측정결과가 연구기간별로 요약되어 있다.

표 5-3
Emory Studies의 시장성할인율 측정치

연구기간	거래사례(개)	평균	중간값
1997. 5~2000.12	266	50%	52%
1995.11~1997. 4	84	43%	41%
1994. 1~1995. 6	45	45%	47%
1992. 2~1993. 7	49	45%	43%
1990. 8~1992. 1	30	34%	33%
1989. 2~1990. 7	17	46%	40%
1987. 8~1989. 1	21	38%	43%
1985. 1~1986. 6	19	43%	43%
1980. 1~1981. 6	12	59%	68%
Total	543	46%	47%

자료: Hitchner R. James, *Financial Valuation :Applications and Models*, 3rd Edition, Wiley, 2011. p.386.

한편 Williamette 경영연구소에서는 1975~2000년 사이에 이루어진 IPO 사례를 분석하여 Emory 연구와 유사한 시장성할인율 측정치를 발표하였다. 그러나 Emory 연구가 IPO 실행 전 최대 5개월의 주가와 IPO 수가를 비교하였으나, 여기서는 IPO 실행 전 1~30개월의 주가와 IPO 주가를 비교하였다. 〈표 5-4〉에는 그 측정결과가 연도별로 제시되어 있다.

표 5-4
기업공개연구법에 의한 측정치: IPO Studies

연구기간	시장성할인율 중간값
1975~1978	52.5%
1979	62.7%
1980~1982	56.5%
1983	60.7%
1984	73.1%
1985	42.6%
1986	47.4%
1987	43.8%
1988	51.8%
1989	50.3%
1990	48.5%
1991	31.8%
1992	51.7%
1993	53.3%
1994	42.0%
1995	58.7%
1996	44.3%
1997	35.2%
1998	49.4%[b]
1999	27.7%[b]
2000	31.9%[b]

[a] Shannon P. Pratt. *Business Valuation Discounts and Premiums* (New York : John Willey & Sons, Inc., 2001), p.84.
[b] Data from www.willamette.com
자료: Hitchner R.James, *ibid.* p.386.

8.2.2 제한주식연구법

제한주식과 상장회사주식의 주가비교를 통한 방법, 즉 '제한주식연구법'에 의하여 측정된 시장성할인율은 〈표 5-5〉에 요약된 바와 같다. 하나의 예로서 최근 Trugman Valuation Associates 의 연구결과를 보면, 2007~2008년의 시장성할인율은 18.1%로 나타났다. 반면 Stryker & Pittock에 의하면, 1978~1982년 중 중간값이 45%로 높게 나타났음을 알 수 있다.[63] 이와 같이 제한주식연구법은 장외시장에서 거래되는 제한 주식과 증권시장의 상장주식 시가를 비교하여 시장성할인율을 추정한다.

표 5-5 제한주식 연구법에 의한 시장성할인율 측정치

연구기관	연구기간	시장성할인율
Securities Exchange Commission	1966-1969	26%
Hall and Polacek	1979-1992	23%
Saber	1981-1988	33.7%
Stryker and Pittock	1978-1982	45%
Maher	1969-1973	35%
Gelman	1968-1970	33%
Moroney	1969-1973	35.6%
Trout	1968-1972	33.45%
Arnesson	Opinion	50% 이상
Willamette	1981-1984	31.2%
Management Planning. Inc.	1980-1996	27.1%
FMV Opinions, Inc.	1980-1997	22%
Johnson Study	1991-1995	20%
Columbia Financial Advisors Inc.	1996-1997	21%
Columbia Financial Advisors Inc.	1997-1998	13%
Bajai, et al.	1990-1995	22.2%
Management planning, Inc.	2000-2007	14.6%
LiquiStat[d]	2005-2006	32.8%
FMV Opinions, Inc.	2002-2005	14.6%
FMV Opinions, Inc.	1997-2005	21.6%
FMV Opinions, Inc.	1980-2005	22.0%
Management Planning, Inc.	1980-2000	27.4%
Trugman Valuation Associates, Inc.	2007-2008	18.1%

자료: Hitchner R. James, *ibid.* p.393.

[63] Stryker, Charles, and Pittock, William F., Revenue, *Ruling 77-287 Revisited*, SRC Quarterly, 1983.

8.2.3 평가 적용방법

평가가치기준 재무상태표상의 유·무형자산가치에서 부채가치를 차감하면, 그 기업의 자기자본가치가 산정된다. 자기자본 중에서 우선주가 있으면 우선주가치를 차감하여 보통주가치를 산정할 수 있다. 이 때의 보통주가치는 시장성과 경영권이 모두 있는 경우의 보통주가치이고, 보통주라도 시장성이 없거나 경영권이 없는 경우에는 할인이라는 조정과정을 한번 더 거쳐야 한다. 실무적으로 비상장사의 시장성할인율을 조정하는 방법으로는 다음의 4가지 접근방식이 있다.

1. 상장기업에 적용하는 자본비용 산정방식과 같이 할인율을 구하여 주가를 추정하되, 추정가액에서 일괄 할인하여 대상주가를 산정하는 '시가일괄할인법'.
2. 자기자본비용 산정시 시장성위험할증률을 추가 가산하는 '위험할증률가산방식'.
3. 측정된 시장성위험, 즉 주식의 적시 매각불능위험이 반영된 베타를 사용하는 '조정베타적용법'.
4. 기업공개가 가까울 경우 상장을 가정하여 비상장기업위험할증을 고려하지 않는 방식.

첫째, '시가일괄할인법'은 다음에 설명할 '위험할증률가산방식'과 함께 실무적으로 가장 널리 활용되는 방식이다. 실제 비상장회사의 시장성할인율을 계량화하여 평가에 적용한다는 것에는 어려움이 많다. 따라서 비상장회사 주식의 시장성(유동성)위험을 자본비용에 반영하지 않고, 상장기업과 동일한 방법으로 자본비용을 산정하되, 산정된 가치에서 일정비율을 일괄할인하여 비상장 주가를 산정한다.

그러나 우리나라에는 시장성할인율에 대한 공표자료나 체계적인 연구자료가 미흡한 바 상장회사와 합병 등의 경우 준용되는 "증권의 발행 및 공시 등에 관한 규정 시행세칙 제7조"를 적용하기도 한다. 여기서 규정하고 있는 최저 할인비율인 30%를 회사의 시장성할인율로 채택하기도 한다. 이는 합병가액 산정을 위한 상대가치에 적용하는 할인율로서 평가대상 회사와 유사한 업종의 상장회사 주가를 기준으로 유사회사의 주당 법인세차감전이익과 주당순자산을 적용하여 구한 유사회사 비교가치 평균가액에 30% 이상을 추가 할인하여 구한다. 이는 일반 비상장기업의 기업공개시에도 적용될 수 있다. 즉 주권상장법인이 일반공모 증자방식에 의해 유상증자시 30%를 시장성할인율로서 적용할 수 있도록 규정하고 있다.[64]

둘째, '위험할증률가산방식'은 비상장회사 주식의 적시매각불능위험을 자본비용 추정시 직접 가산하여 대상주식의 주가를 산정한다. 그러나 이 방식은 시장성위험할증률을 어느 정도로 가산할 것인가에 대한 투자자의 요구수익률 관련 연구자료가 부족한 단점이 있다. 다만 DCF모형 적용시 자기자본비용에 위험할증률을 가산하는 방식으로 투자자의 요구수익률을 합리적으로 반영할 수 있으므로 유용한 방법이다.

셋째, '조정베타적용법'은 비상장회사 주식의 시장성 위험을 자본비용 추정시 사용하는 베타에 반영하여 대상 주식의 가치를 산정한다. CAPM에서는 상장회사의 한계투자자 marginal investor 입장에서 잘 분산된 포트폴리오에 분산투자함으로써 위험을 관리할 수 있는 시장위험을 측정한다. 반면 비상장사 주주는 분산투자에 의해 위험이 제거되지 않는 총위험을 부담하게 되므로 이에 상응하는 총베타 total beta로 조정하는 과정이 필요하게 된다.

$$\text{total } \beta = \beta m \ / \ R$$

βm : 시장포트폴리오의 β R : 개별주식과 시장포트폴리오 수익률간 상관계수

총베타 도출 시 우선 대상기업의 시장포트폴리오에 대한 상대적 총위험 total risk의 크기는 개별주식수익률의 표준편차를 시장포트폴리오의 표준편차를 나눈 값으로 산출한다. 상관계수는 1보다 클 수 없으므로 총베타 βr는 시장베타 βm 보다 높다. 비상장기업은 시장에서 거래되지 않으므로 시장포트폴리오 베타 βm와 '개별주식과 시장포트폴리오 수익률 간의 상관계수'를 계산할 수 없

64 증권의 발행 및 공시 등에 관한 규정, 제5-18조(유상증자의 발행가액 결정)

다. 따라서 대상기업이 속한 업종의 유사기업 시장포트폴리오베타 $^{\beta m}$와 R을 구하여 대용으로 사용하게 된다. 한편 총베타를 이용하는 것은 하나의 대안이기는 하나, 모든 비상장사에 일의적으로 적용하는 것은 부적절하다. 따라서 조정 β는 평가 목적에 따라 달리 적용하여야 한다.

넷째, 대상기업이 가까운 시일 내에 기업공개 [IPO]되거나, 상장기업에 매각될 것으로 가정하여 DLOM을 고려하지 않는 방법이다. 기준시점 현재 매각되거나 기업공개 된다면, 대상 주가 관련 정보가 반영된 자본비용을 측정할 수 있으므로 CAPM에 의한 자본비용 측정으로 충분할 것이다.

9 소수지분할인 [MID]

9.1 지배주주와 소수주주

기업의 경영권자는 대개 기업의 자본구조를 비교적 쉽게 변경할 수 있기 때문에 경영권을 평가할 때 자기자본보다는 투하자본 전체의 시장가치에 중

그림 5-2
경영권가치와 소수지분가치의 관계

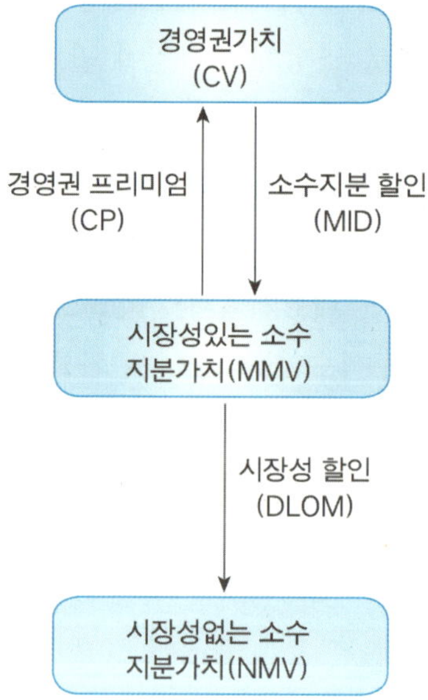

점을 두게 된다. 반면에 소수지분 少數持分, minority shareholders' equity을 평가하는 경우에는 대상기업의 자기자본가치 측정치에 중점을 두게 된다. 그러나 때로는 소수지분을 평가함에 있어서 투하자본의 시장가치에서 부채를 차감하여 자기자본의 가치를 측정하기도 한다.

여기서 소수지분할인 MID: minority interest discount이란 평가대상 지분이 소수지분인가, 아니면 지배지분인가에 따라서 경영권에 대한 통제의 정도가 달라지는 상황을 대상의 평가에 반영하는 것이다. 〈그림 5-2〉에서는 이러한 관계를 도시하여 설명하고 있다. 경영권에 대한 통제가능성은 지분율 뿐만 아니라 경영의사 결정구조, 해당 주식의 특성 등에 따라 다르게 나타날 수 있는 바, 그 주요 변수는 다음과 같다.

1. 해당 주식의 전체주식에 대한 백분율
2. 해당 주식의 주주구성 및 분산 정도
3. 관련법규에서 정하는 주식소유비율 한도
4. 기업 자체의 정관이나 내규
5. 관련 거래 이해당사자간의 계약

한편 지배주식 management control stock이란, 경영권을 장악하는데 필요한 주식지분을 의미한다. 회사의 경영권을 장악하는 지배주주는 소유한 주식지분으로 회사의 경영판단을 주도적으로 실행할 수 있다. 경영권은 의사결정권에서 나오는 바, 회사의 의사결정은 지배지분의 결정에 의하여 이루어지는 경우가 대부분이므로 회사의 최고 의사결정기구인 주주총회에서나 실무의결기구인 이사회에서 주도적으로 의사결정을 이끌어 낼 수 있는 주식지분을 지배주식이라고 할 수 있다.

지배주식을 가진 지배주주는 이사를 선출할 수 있으며, 경영진의 임명은 물론, 이익배당을 결정할 수 있으며, 주요 경영정책을 결정할 수 있다. 회사는 회사의 경영을 위하여 영업, 인사, 노무, 재무, 투자, 시설의 관리 운영 등 수없이 많은 결정을 내리고 수행하여야 한다. 이러한 수많은 결정사항들을 법적 대내외적으로 인정되는 의사결정 기구를 통해서 주도적이고 안정적으로 결정해 나갈 수 있는 힘이 경영권으로 표상된다. 따라서 경영권 확보에 필요한 주식지분을 소유하지 못한 50%이하의 지분을 지배권 없는 주식으로 보아 소수지분 minority interest으로 분류한다.

경영권 장악여부에 따라 대별되는 지배지분과 소수지분을 경영에 미치는 영향력에 따라 세 분류할 수 있다. 지배지분이라도 청산이나 합병 등 중요한 사항을 결정하기 위해서는 과반수의 지분만으로 불가능한 경우가 있고 소수지분이라도 결과에 결정적 역할을 줄 수 있는 스윙보트 swing vote의 역할을 할 수 있는 경우가 있다. 주식지분이 경영권에 미치는 영향에 따라 기업의 소유권의 수준을 나타낼 수 있는 바 100% 지배지분으로부터 순수 소수지분까지 몇 가지 단계로 세분 할 수 있다. 이에 대해 Hitchner는 주식의 소유권 수준 levels of ownership을 다음과 같이 8단계로 분류하였다. [65]

표 5-6
주식소유권의 수준

구분	수준	
지배지분	1. 100% 지분	↑
	2. 청산, 합병 등에 필요한 지분	
	3. 51% 경영권 지분	
소수지분	4. 50% 지분	
	5. 50% 미만. 단, 최대지분	
	6. 50% 미만. 단, 스윙보트(swing vote) 지분	
	7. 50% 미만. 단, 집중투표권을 가지는 지분	↓
	8. 순수 소수지분	

자료: Hitchner, James R., *Financial Valuation: Applications and Models*, John Wiley & Sons, 2011, p.374.

여기서 보는 바와 같이 지배지분을 좀더 세분하면 51% 지분과 100% 지분으로 나눌 수 있으며, 그 중간에 청산이나 합병 등에 필요한 지분을 가진 지배지분을 둘 수 있다. 51% 지배지분은 상술한 바와 같이 반수가 조금 넘는 지분만으로 기업을 소유하고 경영권을 행사할 수 있다. 이는 일반 회의체의

[65] Hitchner, James R., *Financial Valuation :Applications and Models*. John Wiley & Sons, 2011. pp.374~376.

다수가결의 원칙에 따라 51%의 다수로서 상정 의안을 결정할 수 있고, 다른 주주의 간섭에도 불구하고 경영정책 결정에 결정적 권한을 갖게 되기 때문이다. 그러므로 다른 주주의 문제 제기나 거부권의 행사가 있을지라도 이를 효과적으로 방어할 수 있을 뿐 아니라 주도적인 결정을 내릴 수 있으므로 실질적으로 기업을 소유하고 있다고 할 수 있으며, 사회적으로나 법률적으로도 지배주주로서의 대우와 규제를 받고 있다.

9.2 경영권프리미엄과 소수지분할인

9.2.1 지배주식의 가치평가 방법

지배주식 가치평가에 있어서 상대가치평가법 Comparable Method은 가장 직접적이고 이해하기 쉬운 평가방식이다. 이 방법은 시장에서 거래되는 가격과 평가대상회사의 재무상황이나 가치창출활동 등을 상호 비교함으로써 주식의 가치를 평가하는 방법이다. 그러므로 상대가치 평가방법을 시장접근법 market approach이라고도 한다. 이 방식에는 크게 두 가지 기법이 있다.

1. 대상기업 특성과 유사한 거래사례를 구하여 특성치를 비교분석하여 대상주식의 상대가치를 구하는 유사거래비교평가법 M&A market comparison method
2. 대상기업과 업종 및 규모가 유사한 상장회사의 주가를 선택하여 대상기업과 비교회사의 특성치를 비교 · 분석함으로써 대상기업 주식의 상대가치를 구하는 유사기업비교평가법 guideline company method

현재 감정평가 실무적으로 주식가치의 평가는 대개 세법의 규정을 중시하여 시장접근법인 거래사례비교법을 주방식으로 적용하되, 「상속세 및 증여세법」 제63조제1항에 따른 기준주가(상증법상 기준시점 이전 · 이후 2개월간의 평균)에다 경영권프리미엄 가치를 가산하여 결정하는 추세이다. 거래사례비교법은 실무에서 널리 사용되는 가치평가방법이고, 평가목적상 경영권프리미엄을 고려하여야 하는 바 시장접근법을 주방식으로 주식 가치를 산정하게 된다.

상속세 및 증여세법 제63조 (유가증권 등의 평가) 제 ① 항 제1호 제 가목에서 상장주식의 평가는 평가기준일 이전·이후 각 2개월 동안 공표된 매일의 거래소의 최종 시세가액의 평균액으로 산정하도록 되어있다. 구체적인 적용 방식으로는 감정평가에 관한 규칙 제24조 1항 및 상속세 및 증여세법 제63조 1항에 의한 거래사례비교법으로서 상장기업의 경우 증권시장에서 형성된 주가를 기초로 주식발행기업의 시장가치를 평가할 수 있는 '기준주가비교법'과 유사기업군으로부터 평가대상의 가치를 추정해내는 '시가배수법', 그리고 'M&A사례 비교평가법' 등이 있다. 기준주가는 감정평가실무기준 660-1.1.3 및 상속세 및 증여세법 제63조 제1항에서 규정하고 있으며, 평가방법은 상장주식의 기준시점 이전 30일간(감칙), 또는 기준시점 이전·이후 2개월간(상증법)의 평균(가중평균/종가 평균)으로 평가한다.

유사기업비교평가법에서 평가되는 대상기업의 주식은 시장성이 있지만 경영권이 없는 소수주주의 주식이다. 반면 유사거래비교평가법에서는 대상기업 전체 또는 사업단위의 경영권이 매매될 가능성이 가장 높은 가치를 평가한다. 그런데 이 가치는 대상기업의 자기자본가치가 아니라 총투하자본(자기자본과 총부채)의 시장가치가 된다. 왜냐하면 경영권 인수자는 인수기업의 자본구조를 변화시킬 수 있기 때문이다. 물론 이때 인수되는 경영권이 있는 대주주의 주식은 주식시장에서 매일 거래되는 주식이 아니므로 평가목적이나 거래상황에 따라 할인·할증 평가된다.[66]

9.2.2 비상장주식의 경영권프리미엄과 소수지분할인

이론적으로 자본자산가격결정모형 CAPM에서 산정되는 자기자본비용은 지배주주의 경영권이 있는 상장기업을 기본전제로 하고 있다. 그러므로 이를 비상장기업 소수주주에 적용하여 기업가치나 영업권의 평가에 사용하는 데에는 일정한 제약이 따른다.

〈그림 5-3〉에서 보는 바와 같이 잉여현금흐름법에서 추정하는 FCF는 대

[66] 주식시장에서 평균 거래량을 기준으로 거래지분 규모가 너무 커서 적시에 매매하기 어려운 상황을 주식가치평가에 반영하여 할인하는 것을 거래제한할인 이라고 한다.

상기업의 경영권자에 의해 창출된다. 경영권자는 경영의사결정 및 투자활동을 통해 미래현금흐름을 좌우할 수 있다. 이는 곧 대상 기업가치나 영업권 가치평가시 미래잉여현금흐름을 CAPM에 의해 산정된 자본비용으로 할인한 현재가치는 경영권을 갖는 지배주주의 지분가치를 산정하는 과정이다. 이러한 평가가치는 시장에서 거래되는 주식을 소유한 지배주주가 자신의 지분을 적시에 매각하여 현금화할 수 있는 가액이 된다. 따라서 비상장회사나 상장회사라도 소수주주의 경우에는 다음과 같은 상황을 반영한 자본비용의 조정 및 기업가치 평가가 이루어져야 한다.

1. 소수주주의 통제불가능성 lack of control을 반영하여 위험할증을 추가한다.
2. 소유지분을 쉽게 유동화할 수 없는 위험 lack of liquidity을 반영하여 위험할증을 추가한다.

소수주주의 통제불가능성은 경영권프리미엄과 상대개념이며, 이를 가치평가에 반영하는 것은 많은 실무적 경험과 전문성을 필요로 한다.

그림 5-3

지배주주 경영권과 소수지분 자본비용의 조정

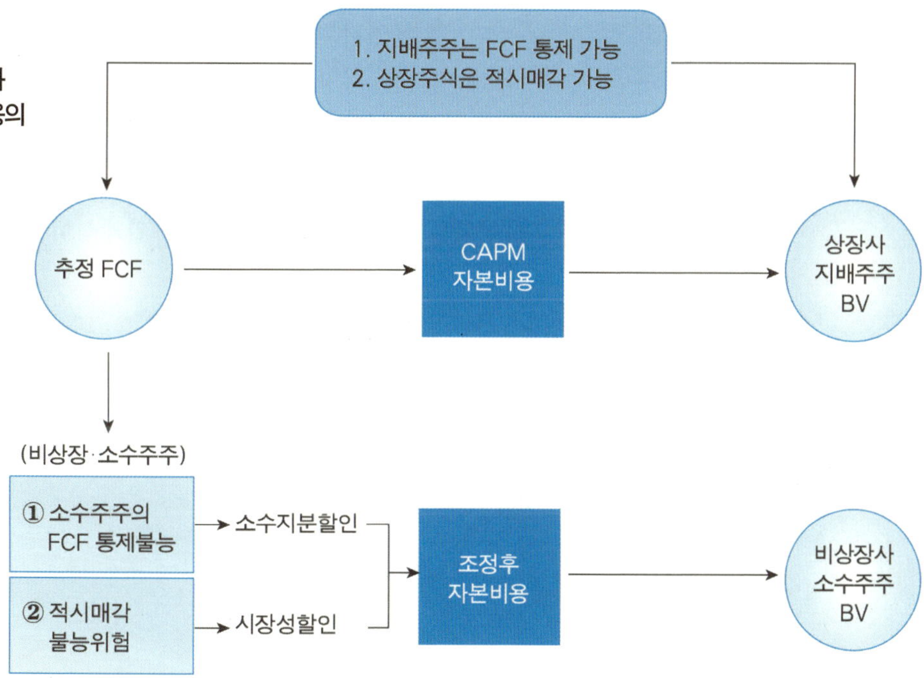

앞에서 언급한 상장주식의 실제 거래주가는 소액주주간의 거래에서 형성된 가격으로 경영권이 포함된 주식가치라고 보기 어려우므로 실제로는 평가대상 주가에 경영권 이전이 수반되는 지배주주 주가 VCS: value of control stocks 평가는 다음과 같은 평가모형에 의하여 산정할 수 있다.

$$V_{CS} = V_{STD} + V_{CP}$$
$$= V_{STD} + (V_{STD} \times CP)$$

V_{CS} : 지배주주 주가 V_{STD} : 상장주식 기준주가
V_{CP} : 경영권프리미엄가치 CP : 경영권프리미엄률

상대가치평가법의 실무 적용에 있어서는, 대상기업과 비교가능성(동일성 또는 유사성)이 있는 다수의 거래사례 또는 비교사례를 수집하여 적절한 사례를 선택하여 사정보정, 시점수정, 기업특성을 비교 · 분석함으로써 대상기업의 비교가치를 구해야 한다.

한편 지배주식의 평가를 위해서는 경영권프리미엄을 도출해야 하므로 유사거래비교평가법 중에서 주가매출액배율법 PRM이나 주가영업이익배율법 PEM 등 시가배율법 Market Price Multiples Method이나, M&A사례비교법 등을 이용하여 평가한다. 왜냐하면 지배주식의 평가는 경영권이 있는 지배주주의 주식가치를 평가하기 위한 것이므로 타 상장회사의 실제 거래사례를 통하여 평가하는 것이 가장 합리적이라고 판단되기 때문이다. 한편 소수지분할인율 MID: minority interest discount과 경영권프리미엄률 사이에는 다음과 같은 관계식이 성립한다.

$$MID = 1 - [\frac{1}{(1+CP)}]$$

MID : 소수지분할인률 CP : 경영권프리미엄률

예컨대 경영권프리미엄률 CP 이 40%라면, 이에 상응하는 소수지분할인율 MID 은 다음과 같이 산정된다.

$$MID = 1 - [\frac{1}{(1+0.4\ )}] = 28.6\%$$

위 예에서 경영권프리미엄률 CP이 40%일 때 소수지분할인율 MID은 28.6%로 산정된다. 이는 많은 관련연구에서 평균CP가 30~40% 수준으로 조사되었는 바 평균MID를 23~29% 수준이라고 볼 때 평균범위 내에 속한다고 할 수 있다.

9.2.3 우리나라의 경영권프리미엄과 소수지분할인

일반적으로 상장회사 지배주주의 경영권 획득을 수반하는 주식의 주당가치는 시장에서 거래되는 개별주식의 주당가치보다 경영권프리미엄만큼 높게 거래되는 것이 통상이다. 그러므로 상속세 및 증여세법에 따른 보충적 평가방법에서도 지배주식 양수도시 20~30%(중소기업은 10~15%)의 할증평가를 적용하고 있다(상증법 제63조 ③).

표 5-7 상증법상 최대주주의 할증평가

	일반기업	중소기업	비고
지분율 50% 이하	20%	10%	-
지분율 50% 초과	30%	15%	-

우리나라 기업인수시장에서 경영권프리미엄은 일반적으로 지배주주에게만 귀속된다. 기업인수 과정에서 대부분의 소수주주에게는 경영권프리미엄이 지급되지 않으며, 지배주주 변동으로 인한 리스크 회피기회도 주어지지 않는다. 따라서 소수주주의 이익이 상당히 침해될 수 있다. 이것이 곧 소수지분할인의 근본원인이라 할 수 있다.

이와 관련하여 최근 연구결과에 의하면, 2017년 기준 우리나라의 경영권프리미엄 규모 평균은 50% 내외로 조사되었다.[67] 이는 타 국가의 지급규모에 비해 상당히 높은 수준이다. 즉 미국, 독일, 싱가포르 등 외국에서 2005 년부터 2015년까지 지급된 평균 경영권프리미엄 규모는 30% 내외로 이루어져 한

[67] 임자영, "기업 인수 과정의 경영권프리미엄 지급 동향", 「KCGS 리포트」 8권5호, 한국기업지배구조원, 2018. 8.

국의 경영권프리미엄 지급규모가 상대적으로 높은 수준임을 나타낸다.

표 5-8
인수지분율에 따른 경영권프리미엄 지급률

구분	인수지분율	개수	1일전	1주전	1달전
평균	20%미만	14	52.4%	56.5%	58.0%
	20%이상 ~ 50%미만	13	45.7%	57.4%	61.8%
	50%이상	4	40.0%	38.7%	34.9%
	합계	31	48.0%	54.6%	56.6%
중앙값	20%미만	14	33.3%	39.9%	48.4%
	20%이상 ~ 50%미만	13	35.6%	44.7%	72.0%
	50%이상	4	43.9%	44.4%	38.5%
	합계	31	37.4%	42.9%	47.1%

자료: 임자영, "기업 인수 과정의 경영권프리미엄 지급 동향", 한국기업지배구조원, 2018

〈표 5-8〉에서 경영권프리미엄은 2017년 상장사 중 지배주주 지분이전으로 최대주주가 변동된 기업을 대상으로 조사된 것이다. 즉 주식양수도 계약에서의 주당 인수가와 기준 시장가격의 차액을 시장가격으로 나누는 방식으로 계산된 것이다. 거래가 발표되기 1일, 1주일, 1개월 전일 종가보다 모든 경우 주당 인수 가격이 할증되었다면, 경영권프리미엄이 지급되었다고 판단한 것이다. 여기서 조사된 경영권프리미엄을 기초로 소수지분할인률 MID을 산정하면, 다음 〈표 5-9〉와 같이 27.2% ~ 36.1%로 추정된다.

표 5-9
경영권프리미엄과 추정 소수지분할인율

구분	1일전 종가기준		1주전 종가기준		1달전 종가기준	
	CP*	MID**	CP	MID	CP	MID
평균	48.0%	32.4%	54.6%	35.3%	56.6%	36.1%
중앙값	37.4%	27.2%	42.9%	30.0%	47.1%	32.0%

*MID : 소수지분할인률 **CP : 경영권프리미엄률
자료: 임자영, 상게서, 일부 수정

6장

영업권 평가사례

Case Study in Goodwill Valuation

1. 회사 및 평가개요
2. 거시경제 및 산업환경 분석
3. 기업분석
4. 기업가치의 산정
5. 영업권의 가치평가

영업권의 경제적 가치는 식별이 불가능한 경우가 많으므로 일반적으로 인정된 평가원칙[GAVP]이나 기준에 의하지 않을 경우 평가하는 사람에 따라 혹은 거래상황이나 평가목적에 따라 큰 차이가 발생하게 된다. 그리고 국제사회와 동떨어진 전통적 방법론만 고수해서는 글로벌 경제사회에서 거래기준이 될 수 있는 공정한 가치평가 결과를 기대할 수 없으므로 국제평가기준의 원칙이나 기준, 그리고 방법에 따른 가치평가가 이루어져야 한다.

이러한 배경에서 작성된 다음 사례는 국제평가기준[IVS]에서 제시하고 있는 보편적으로 적용가능한 영업권의 평가원리와 기준을 실제 영업권 평가과제에 적용한 평가보고서이다. 즉 국내의 한 전자부품 제조회사인 ABC시스템주식회사(가칭)의 영업권 지분매각 의사결정을 지원하기 위한 시장가치 평가사례이다.

이 보고서의 내용은 실제 자료를 바탕으로 하였으나 앞 장에서 지금까지 설명한 영업권의 평가이론과 실무 방법론을 평가보고서 작성에 직접 적용하기 위한 순수 연구목적의 사례연구 자료임을 밝혀둔다. 그러므로 국제평가기준[IVS]에 의한 영업권 평가기준에 부합하도록 필요한 경우 부분적으로 수정 보완된 사례임에 유의하여야 할 것이다. 그리고 우리나라의 영업권 평가기준이나 절차가 IVS와 어떤 차이가 있는지를 살펴보도록 한다.

1 회사 및 평가개요

ABC시스템㈜은 신호변환기와 피뢰기, 적산지시계 등의 제품을 개발·제조·판매하는 회사로서, 19x1년 10월에 설립하여 19x7년 미국 DEVER사와 판매대리점 계약을 체결하고, 19x8년 싱가폴 UMS사와 싱가폴지역 독점판매대리점 계약을 체결하는 등 국내에서 뿐 아니라 해외로도 사업영역을 확장하고 있는 국내 전기통신기기 및 계측기 제조업체이다.

표 6-1 대상기업 개요

상 호	ABC시스템 주식회사		
대표자	홍지성	사업장소재지	서울시 영등포구 문래동
설립일	19x1년 10월	업 태	제조, 도매
자본금	200,000,000원	업 종	전기통신기기, 계측기 등
상장여부	비상장	연간매출	2,500,000,000원

1.1 평가목적

본건은 서울특별시 영등포구 문래동에 소재하는 ABC시스템㈜ 영업권의 일반거래(시장가치) 목적의 감정평가이다. 본 평가의 목적은 계속기업을 가치의 전제로 하여 산정된 기업가치 BV: business value와 영업권가치에 대한 독립적 평가의견을 제공하는 데에 있다. 본 평가서는 잠재적 투자자에게 대상기업 지분을 매각하는 데에 의사결정 자료로 사용될 것이다.

1.2 기준가치

본 평가의 기준가치 basis of value는 대상회사의 기업가치 및 영업권에 대한 시장가치 market value이다. 따라서 시장가치가 아닌 개념으로 사용되는 특수가치나 투자가치, 보증가치 등 비시장가치로 해석될 수 없다. 여기서 시장가치는 대상물건이 통상적인 시장에서 충분한 기간 동안 거래를 위하여 공개된

후, 그 대상물건의 내용에 정통한 당사자 사이에 신중하고 자발적인 거래가 있을 경우 성립될 가능성이 가장 높다고 인정되는 대상물건의 가액을 말한다.

1.3 기준시점 및 조사평가기간

본건의 기준시점은 감정평가 의뢰일인 20x8년 07월 01일이며, 조사기간은 20x8년 07월 01일~20x8년 07월 20일이다.

1.4 평가대상

본건 평가대상은 ABC시스템㈜의 최대주주인 홍지성 대표의 100% 소유지분에 대한 영업권가치이다. 설립자 홍지성 대표는 본 평가의 기준시점 현재 동 지분을 매각하고자 하며, 기업가치와 별도로 영업권가치를 명확히 구분하여 투명한 투자유치계획을 추진하고 있다. 여기서 영업권이란 동종 산업의 유사기업에 비해 특별히 유리한 사항을 집합한 무형의 자원을 말하는 것으로, 동종업계의 다른 회사보다 더 높은 수익을 창출할 수 있는 초과이익력 및 계속기업가치 등을 포함한다. 즉 대상기업 ABC시스템㈜의 상호, 제조상의 기술과 노하우, 숙련된 노동력, 고객관계(고객목록) 등을 포함하며, 이는 식별가능하지만 외부에서 매입하는 경우가 아니고 내부창출 영업권 요소들이므로 재무제표에 계상되지 못하나 본 평가대상에는 포함된다.

1.5 초과이익의 발생요소

대상기업의 영업권에 대한 현지 조사결과 다음과 같은 발생요소에 의하여 초과이익이 형성되고 있음을 확인하였다.

1. 'ABC시스템' 이라는 상호 trade name가 국내외에 널리 알려져 고객들의 신용도가 높다.
2. 신호변환기 등의 주력제품에 대한 제조상 노하우 및 비특허기술을 갖고 있다.

3. 창업자 등 우수한 경영진, 연구직 및 숙련된 노동력(고용계약)을 확보하고 있다.
4. 비교적 높은 은행 신용도와 고객관계(고객목록)를 형성하고 있다.
5. 효율적인 마케팅 조직 및 전략을 갖고 있어 국내외 영업활동이 원활하다.
6. 계측기 전문회사로서 명성이 높은 싱가폴 UMS사 및 미국 DEVER사와 판매대리점 계약을 맺고 있다.

이와 더불어 대상회사는 계속기업으로서 지속적 R&D투자와 신제품 연구, 그리고 효율적인 마케팅 활동과 해외시장 개척 등으로 기업가치가 유지 및 성장하고 있으므로 위에서 열거한 영업권 발생요소들에 의한 초과이익도 지속될 것으로 판단된다.

1.6 평가방법

(1) 본건 영업권은 국제평가기준 IVS, 감정평가 및 감정평가사에 관한 법률, 감정평가에 관한 규칙(이하 '감칙'이라 한다) 등 관계법규와 일반적으로 인정된 감정평가이론에 의거하여 평가하였다.

(2) 본건 영업권의 평가방법은 감칙 제23조(무형자산의 평가)에 따라 수익법을 적용하였다. 그리고 ① 기업가치 BV에서 고정자산 등의 영업자산을 공제한 나머지 가치로서 영업권의 평가액을 산정하는 잔여법 ② 잉여현금흐름법 FCFF을 통하여 산정한 체기업가치 BV에서 대상무형자산의 수명기간 중 예상 현금흐름에서 다른 자산에 귀속되는 기여자산공헌율(액) CAC을 공제한 초과이익으로 대상 자산의 가치를 산정하는 다기간초과이익법 MPEEM: multi-period excess earning method ③ 단기 單期의 잉여현금흐름 FCFF을 산정한 후 적정 요구수익률에 의한 순운전자본 등 영업자산의 정상이익을 차감한 초과이익을 적정환원율로 자본화하여 대상영업권의 가치를 산정하는 단기간초과이익법 SPEEM: single period excess earning method ④ 영업자산에 대한 정상이익을 초과하는 이익을 자본환원하는 초과이익환원법 CEEM 등 4가지 방식으로 산정된 시산가액에 대한 시산조

정을 통해 평가대상 영업권의 최종평가액을 결정한다. 단, 다기간초과이익법은 '잔여법'의 영업권 평가결과를 검증하기 위한 보조기법으로 적용한다.

(3) 매출액 및 성장률의 추정은 대상기업의 평균 매출성장률 등 과거 추세치를 반영하되, 일반적으로 경기변동으로 인한 소비의 변화나 시장의 경쟁상황 변화, 경제성장률, 그리고 동종업계 유사기업의 변동률 등을 고려하여 결정한다.

1.7 일반가정 및 제약조건

(1) 본 건은 감칙 제7조 제②항에 따라 일괄 평가하였다. 즉 영업권의 자산 특성상 다른 구성자산들과 상호 용도상 불가분의 관계가 있으므로 대상회사가 계속기업으로서 향후에도 현재의 자산집합 a group of assets을 이용하여 지속적으로 수익을 창출하는 것을 전제로 하였다. 다만, 식별가능 무형자산의 가치는 별도산정하여 순영업권가치와 구분평가하되, 광의의 영업권가치로 일괄평가하였다.

(2) 본 평가서는 20x8년 5월 28일자 용역계약서나 본 평가서에 명시된 목적과 관련하여 사용되어야 하며, 법에 의하여 요구되거나 사전에 문서로 동의하지 않는 한 제3자에게 제공될 수 없다. 이를 위반하여 본 평가서를 사용하거나 일부를 인용한 제3자에 대하여 어떠한 책임도 지지 않음에 유의해야 한다.

(3) 평가일 현재 예측이 불가능한 미래경영환경, 즉 향후 동종 산업의 사업환경 등의 변화로 인한 영향은 본 평가의 범위에 해당하지 않으며, 따라서 이러한 영향으로 인해 본 평가서의 추정결과와 향후 실제 발생손익 사이에 차이가 발생할 수도 있음에 유의해야 한다.

(4) 의뢰인 제시자료인 재무상태표, 손익계산서 및 기타 자료에 근거하여 본 영업권 평가업무를 수행하였으며, 제시자료의 진정성을 기반으로 평가업무를 수행하였으므로 만일 사실과 다를 경우 영업권가치의 평가 결과도 달라질 수 있음에 유의해야 한다. 아울러 본건 평가가 대상회사의 감사업무나 부

정, 오류, 불법행위의 감사업무를 수행한 것이 아니므로 과거 재무상태나 경영성과를 보증하는 것은 아니다.

(5) 당 보고서는 대상회사의 재무제표나 사업계획 등에 근거하고 있으나 그 진위나 적정성에 대한 확인은 하지 않았다. 따라서 본 평가작업은 의뢰인 제시자료와 당 법인의 독립적인 산업분석 및 기업분석의 결과 등에 의하여 수행되었으며, 평가업무의 범위도 이에 한정된다.

2 거시경제 및 산업환경 분석

대상기업 ABC시스템주식회사가 속한 전기통신기기 및 계측기 제조산업이 처해 있는 거시경제 및 산업환경 분석은 다음과 같은 광범위한 분야의 산업적, 기술적 특성과 경쟁력 분석을 포함한다. 여기서는 한국은행의 '경제전망 보고서(2018.7)'를 토대로 작성하였다.

2.1 국내경제 현황과 전망

우리나라 경제성장률은 20x8년중 2.9%, 20x9년에는 2.8%를 나타낼 것으로 전망된다. 금년중 국내경제는 투자가 둔화되겠으나 수출이 양호한 증가세를 이어가고 소비도 개선흐름을 보이면서 꾸준한 성장세를 지속할 것으로 보인다. 부문별로 보면 민간소비는 양호한 소비심리 지속, 재정지출 확대 등에 힘입어 개선흐름을 이어갈 전망이다.

- 설비투자는 지난해의 투자 급증에 따른 기저효과/ 일부 업종의 투자 지연 등으로 증가세가 둔화될 전망
- 건설투자는 건물 착공면적 감소세, SOC 예산 감축 등의 영향으로 소폭 감소할 전망
- 상품수출은 세계교역 회복세 지속 등에 힘입어 양호한 증가세를 이어가겠으며, 서비스수출은 외국인 관광객 증가 등으로 개선될 전망

20x9년에도 수출 및 소비의 증가세가 이어지면서 잠재수준의 성장률을 보일 것으로 예상되며, 취업자수는 20x8년중 18만명 내외, 20x9년에는 24만명 내외 증가가 예상된다. 금년중 취업자수는 일부 업종의 업황 부진 및 구조조정 등의 영향으로 증가폭이 축소될 것으로 보이며, 내년중에는 일부 제조업종이 구조조정의 영향에서 벗어나고 서비스업 고용도 다소 회복되면서 증가세가 확대될 것으로 예상된다.

소비자물가 상승률은 20x8년중 1.6%, 20x9년에는 1.9%를 나타낼 것으로 전망되고, 소비자물가 상승률은 금년 상반기중 1% 대 중반 수준을 보이다가 유가 상승 등의 영향으로 오름세가 점차 확대될 것으로 예상된다. 경상수지 흑자규모는 20x8년중 650억달러, 20x9년중 640억달러로 전망되며, GDP 대비 경상수지 흑자 비율은 20x7년 5% 내외에서 20x8~x9년에는 3% 대 후반 수준을 기록하며 점진적으로 하락할 전망이다.

(전년동기대비, %)

표 6-2 경제전망

	20x7	20x8[e)]			20x9[e)]		
	연간	상반	하반	연간	상반	하반	연간
GDP	3.1	2.9	2.8	2.9	2.8	2.8	2.8
민간소비	2.3	3.1	2.2	2.7	2.5	2.8	2.7
설비투자	14.6	1.8	0.6	1.2	0.8	2.7	1.7
지식재산생산물투자	3.0	2.8	2.6	2.7	2.7	2.5	2.6
건설투자	7.6	0.7	−1.5	−0.5	−2.6	−1.8	−2.2
상품수출	3.8	3.0	4.0	3.5	3.9	3.1	3.5
상품수입	7.4	2.5	3.4	3.0	2.1	3.7	2.9
취업자수 증감[1)]	32	14	21	18	25	22	24
실업률	3.7	4.1	3.5	3.8	4.2	3.4	3.8
고용률	60.8	60.4	61.3	60.9	60.6	61.5	61.1
소비자물가	1.9	1.4	1.8	1.6	2.0	1.8	1.9
식료품 · 에너지 제외	1.5	1.3	1.6	1.4	1.9	1.9	1.9
농산물 · 석유류 제외	1.5	1.3	1.6	1.4	1.9	1.8	1.9
경상수지[2)]	785	285	365	650	255	385	640
상품수지[2)]	1,199	559	550	1,110	500	575	1,075
서비스 · 본원 · 이전소득[2)]	−414	−275	−185	−460	−245	−190	−435

주 : 1) 만명기준 2) 억달러 기준

2.2 세계경제 현황과 전망

세계경제는 양호한 성장세를 이어갈 전망이며, 선진국은 유로지역과 일본이 일시적으로 부진하였으나 미국이 견조한 성장세를 보였으며 신흥국 경제도 양호한 성장세가 유지되었다. 향후 주요국의 고용여건 개선 및 소비 · 투자 증대 등이 글로벌 성장세를 뒷받침할 것으로 예상되나, 보호무역주의 확대, 주요국 통화정책 정상화 등과 관련된 불확실성이 상존한다.

표 6-3
계경제
장률 전망

(%)

	전망시점	20x7	20x8[e)]	20x9[e)]
IMF	20x8.4월	3.8	3.9	3.9
(선진국)	〃	2.3	2.5	2.2
(신흥국)	〃	4.8	4.9	5.1
OECD	20x8.5월	3.7	3.8	3.9
World Bank	20x8.6월	3.7	3.8	3.8
Gobal Insight	20x8.6월	3.8	3.8	3.8
6 개 IB 평균	〃	3.8	4.0	3.9

림 6-1
로벌 PMI 및
ECD 선행지수

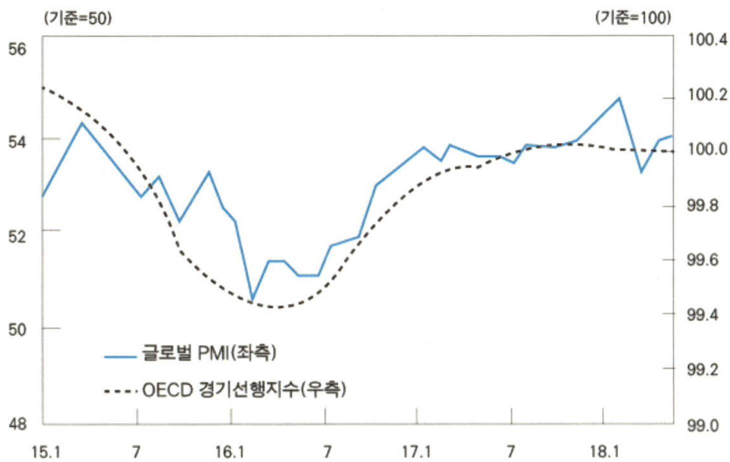

주 : 1) OECD 국가 및 브라질, 중국, 인도, 인도네시아, 러시아, 남아공 포함
자료 : Bloomberg, OECD

세계교역은 양호한 증가세를 유지할 전망이며, 1/4분기중 증가세가 일시적으로 둔화되었으나, 4월에는 선진국과 신흥국 모두 반등하는 모습을 보였다.

앞으로도 세계수입수요와 상관관계가 높은 투자의 증가 등으로 양호한 흐름이 지속될 것으로 보이나, 글로벌 무역갈등, 중국의 디레버리징 정책 기조 등은 교역 확대의 제약요인으로 작용할 전망이다. 한편, 글로벌 인플레이션은 주요국의 내수회복, 유가 상승 등으로 상승 압력이 높아질 전망이다.

그림 6-2

권역별 세계교역량[1] 및 물가상승률[1] 전망[2]

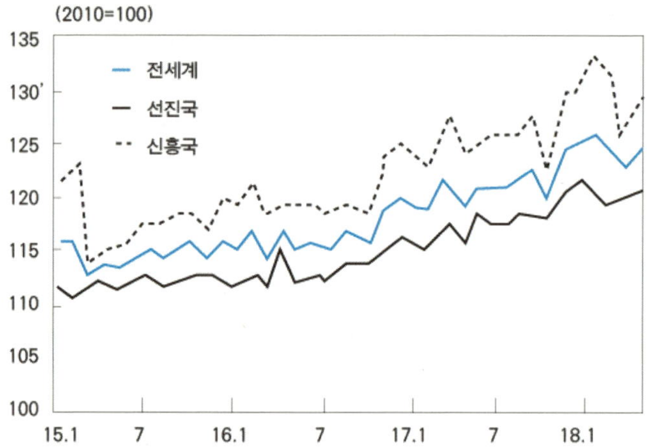

주 : 1) 상품수출량 기준
자료 : CPB

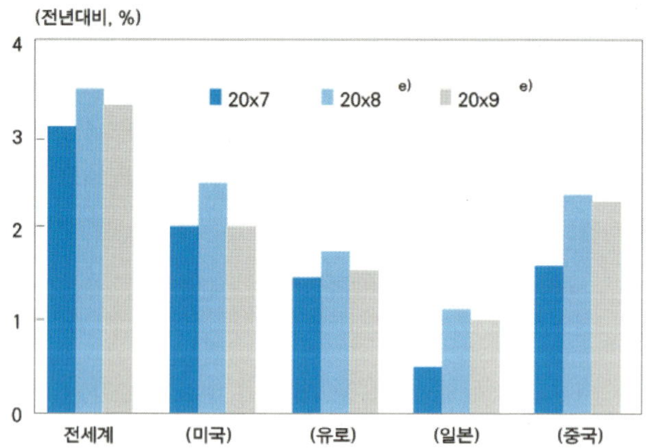

주 : 1) 소비자물가 기준
2) 전 세계는 IMF WEO(2018. 4월), 각국은 4개 IB 전망치 평균(2018.5~6월)
자료 : 각 기관

3 기업분석

기업분석 부분에서는 본 사례연구가 단순히 국제평가기준에서 제시하고 있는 보편적으로 적용가능한 영업권의 평가원리와 기준의 실무적 적용을 연구하기 위한 것이므로 기업연혁이나 사업분야(제조 및 판매), 경영진 및 종업원, 제품 및 경쟁력 분석 등에 대한 구체적인 내용 기술은 이를 생략하고, 재무분석 관련자료는 아래와 같이 요약 제시한다.

표 6-4 ABC시스템 과거 5년간 현금흐름

(단위: 백만원)

	1기	2기	3기	4기	5기
매출액	2,560	2,087	2,408	2,882	2,510
매출원가	1,608	1,376	1,566	1,731	1,524
매출총이익	952	711	842	1,151	986
판관비	440	385	417	408	455
R&D	81	76	76	74	83
상각전영업이익	431	250	349	669	448
감가상각	20	48	11	10	14
세전영업이익	411	202	338	659	434
세금	99	49	82	159	105
감가상각	20	48	11	10	14
자본적지출	18	17	20	23	21
운전자금	15	15	17	19	17
Free Cash flow	299	169	230	468	305

4 기업가치의 산정

수익방식에 의한 영업권의 평가방법을 적용함에 있어 그 전제가 되는 것이 당해 기업이 갖는 미래 경제적 이익의 추정이다. 기업전체에서 발생되는 미래 경제적 이익의 가치를 구하기 위해서는 기업잉여현금흐름법 FCFF method을 사용한다. 즉 기업의 모든 청구권자에게 귀속되는 잉여현금흐름 FCFF을 그에 해당하는 위험을 반영한 적정 할인율로 자본화하여 산정한다.

여기서 기업전체에 발생되는 FCFF란, 기업의 영업활동으로 인해 주주와 채권자 모두에게 귀속되는 현금흐름을 의미하며 다음과 같이 계산된다.

$$FCFF = EBIT(1-t) + Dep - CapEx - WC$$

EBIT: 영업이익 *t*: 법인세율 *Dep*: 감가상각비 *CapEx*: 자본적지출 *WC*: 순운전자본증가

기업가치는 영업을 통해 창출하는 미래 현금흐름을 해당 기업의 경영위험을 반영하는 적정할인율로 나누어 산출하며, 정확한 가치평가를 위해서는 가능한 한 오랜 기간의 미래 현금흐름을 추정하여야 한다. 그러나 지나치게 장기간에 걸친 현금흐름 추정작업은 미래 현금흐름의 현재가치 기여도를 감안할 때 노력에 비해 큰 의미를 지니지 못하는 것이 일반적이다. 따라서 미래추정에 있어서 현금흐름의 추정기간은 기준시점 이후 5년간(1기~5기)을 산정하였고, 그 이후 잔존가치를 합하여 기업가치를 산정하였다. 기업가치 산정의 기본가정과 적용절차는 다음과 같다.

4.1 기본가정

① 현금흐름 예측기간 : 1기~5기(20x8.7.1 ~ 20x3. 6.30)
② 매출증가율 : 최근 5년간 매출액 변동추이, 상품매출액 변동추이, 제품매출액 변동추이, 수출 매출액 등을 고려하여 각각의 매출액성장률 추정.
③ 매출원가 : 과거 5개년 평균치와 최근 20x7년 원가율을 각각 50%씩 가중평균하여 적용.
④ 판관비 : 대상기업의 장래 성장성, 동종 유사업종의 경쟁관계 및 평가대상 업체의 최근비용율 등을 감안하여 결정.
⑤ 감가상각비 및 운전자본 : 매출액 변동추이와 동일하게 변동.
⑥ 고정성장률 : 과거 5개년의 매출액 성장률, 향후 동종산업의 성장전망 등을 종합적으로 감안하여 추정.
⑦ 할인율 : MCAPM modified CAPM에 의거 산정.

4.2 평가절차

(1단계) FCFF의 추정
(2단계) 환원율 및 할인율의 결정
(3단계) 예측기간가치 추정
(4단계) 예측기간 이후의 잔존가치
(5단계) 기업가치의 산정

• 1단계 (FCFF의 추정)

• **매출액의 추정** 최근 5개년간 매출액 변동추이, 상품 매출액 및 제품 매출액 변동추이, 수출 매출액 변동추이 및 향후 경기변동 등을 종합적으로 고려하여 추정된 매출액성장률은 2.0%이며, 이를 적용하여 ABC시스템㈜의 향후 매출액을 추정하면 다음과 같다.

표 6-5
대상기업의 추정 매출액

	1기	2기	3기	4기	5기	그 이후
매출액(백만원)	2,560	2,611	2,664	2,717	2,771	2,827

• **매출원가** 매출원가율은 과거의 추세를 반영하여 과거 5개년 평균치와 최근 20x7년도 원가율을 각각 50%씩 가중평균하여 추정한 결과, 매출액 대비 61.5%로 산정되었으므로 이를 그대로 적용한다.

• **판매비 및 관리비** 판매비와 관리비는 대상기업의 장래 성장성, 동종 유사업종의 경쟁관계 및 평가대상 업체의 최근자료 등을 감안하여 결정하였다. 임원급여는 물가상승률 등을 고려하여 4%로 추정하고, 직원급여, 상여금, 제수당, 성과급은 과기변동추이를 고려하여 8.3%, 복리후생비는 10.0%, 기타비용은 4.0%씩 각각 증가하는 것으로 추정한다.

• **감가상각비** 감가상각비는 보수적으로 최근 3개년의 재무상태표상 감가상각비를 기준으로 하되, 건물 및 기계장치 등의 노후화 등을 감안하여 추정한다.

• **자본적지출** 자본적지출은 미래의 이윤창출, 용역잠재력의 유지를 위해 소요되는 투자원가로서 아래와 같이 증감규모를 추정하였으며, 재무상태표상 차량운반구 · 비품 · 시설장치 등의 취득일자, 경과연수로 보아 신규취득이 필요할 것이라 판단되는 비품 · 시설장치에 대한 시설대체충당금 소요액을 반영한다.

$$① \text{ 자본적 지출}_t = (\text{유형자산}_t - \text{유형자산}_{t-1}) + (\text{무형자산}_t - \text{무형자산}_{t-1}) + \text{시설대체충당금}$$

$$② \text{ 자본적 지출}_t = \frac{(\text{추정매출액}_t - \text{추정매출액}_{t-1})}{\text{유형자산회전율}_t} + \text{시설대체충당금}$$

• **추가운전자본** 운전자본은 기업자본 중에서 일상적인 기업운영에 필요한 부분이며, 영업자본 또는 경영자본이라고도 한다. 추가운전자본의 추정은 재고자산 및 현금 보유분 등을 고려하여 다음과 같이 산정하였다.

$$\text{추가운전자본} = \text{매출채권증가액} + \text{재고자산증가액} - \text{매입채무증가액}$$

$$\text{추가운전자본} = (\text{추정매출액}_t - \text{추정매출액}_{t-1}) \times \text{운전자본소요율}$$

여기서,

$$\text{운전자본소요율} = \frac{1}{\text{매출채권회전율}} + \frac{1}{\text{재고자산회전율}} - \frac{1}{\text{매입채무회전율}}$$

• **법인세비용** 20x1년 12월 31일자로 공포된 법인세법 개정에 따른 세율을 기준으로 결정한다.

• **FCFF** Free Cash Flow to Firm 이상에서 추정된 매출액과 매출원가, 그리고 판매비 및 관리비, 추가 자본적 지출과 운전자본 등을 종합 고려하여 계산하면, 예측기간(1~5기) 및 예측기간 이후의 대상기업 기업잉여현금흐름[FCFF]은 다음 〈표 6-6〉과 같이 산정된다.

표 6-6 FCFF의 추정

(단위: 백만원)

	1기	2기	3기	4기	5기	그 이후
매출액	2,560	2,611	2,664	2,717	2,771	2,827
매출원가	1,575	1,606	1,638	1,671	1,704	1,738
매출총이익	986	1,005	1,025	1,046	1,067	1,088
판관비	422	431	439	448	457	466
R&D	64	65	67	68	69	71
EBITDA	499	509	519	530	540	551
감가상각비(-)	21	21	22	22	23	23
EBIT	478	488	498	507	518	528
Taxes	105	107	109	111	113	116
NOPLAT	373	381	389	396	405	412
감가상각비(+)	21	21	22	22	23	23
Gross Cash Flow	394	402	410	419	427	435
자본적지출	15	15	15	15	15	15
운전자본증감	5	5	5	5	5	6
Free Cash Flow	374	382	390	398	407	415

• 2단계 (환원율 및 할인율의 결정)

① **자기자본비용** 자기자본비용은 MCAPM 모형과 조성법을 이용하여 다음 〈표 5-9〉와 같이 산정하였다. 여기서 β는 국내에는 비상장 유사기업 관련 자료가 없으므로 상장기업 중 유사한 JWD전자(주)의 β(1.12), 그리고 Duff & Phelps의 전자부품 설비업 베타 levered β(Median) 1.1~1.3 등을 참고하여 1.10으로 결정한다. 따라서 MCAPM에 의한 K_e는 다음과 같이 산정된다.

$$K_e = R_f + \beta(RP_m) + RP_s + RP_u$$

$$= 3.00 + 1.10(5.75) + 3.50 + 2.00$$

$$= 14.83\%$$

표 6-7

Duff & Phelps 전자부품설비업 베타(levered)

Betas(Levered)	Raw (OLS)	Blume Adjusted	Peer Group	Vasicek Adjusted
Median	1.3	1.2	1.1	1.2
SIC Composite	1.1	1.1	1.1	1.1
Large Composite	1.0	1.0	1.1	1.0
Small Composite	0.5	0.7	1.1	0.7
High Financial Risk	2.1	1.7	1.1	2.0

자료: Duff & Phelps, 20X8 Valuation Handbook: Industry Cost of Capital

표 6-8

Duff & Phelps 전자부품설비업 자기자본비용

Cost of Equity Capital	CAPM	CRSP Deciles		Risk Premium RPT	
		CAPM+Size Prem	Build-Up	CAPM+Size Prem	Build-Up
Median	10.8	13.2	11.7	14.0	13.6
SIC Composite	10.0	10.0	10.0	11.0	10.1
Large Composite	9.8	9.5	9.8	10.2	9.4
Small Composite	7.7	12.0	14.3	13.4	16.6
High Financial Risk	-	-	-	23.0	19.9

자료: Duff & Phelps, 20X8 Valuation Handbook: Industry Cost of Capital

표 6-9

자기자본비용의 산정

MCAPM : $K_e = R_f + \beta(RP_m) + RP_s + RP_u$		
(1) 무위험수익률(R_f)		3.00%
(2) 베타(β)	1.10	
(3) 시장위험할증(RP_m)	5.75%	6.33%
(4) 규모위험할증(RP_s)		3.50%
(5) 기업고유(비체계적)위험할증(RP_u)		2.00%
	K_e	= 14.83%
조성법(build-up) : $K_e = R_f + R_t + RP_m + RP_s + RP_u$		
(1) 무위험수익률(R_f)		3.00%
(2) 산업위험할증(R_t)		4.50%
(3) 시장위험할증(RP_m)		5.75%
(4) 규모위험할증(RP_s)		3.50%
(5) 기업고유(비체계적)위험할증(RP_u)		2.00%
	K_e	= 18.75%
자기자본비용의 결정	K_e	= 16.79%

주) Ri, R_m, RP_s, RP_u 등은 동종산업에 대한 시장증거자료에 의거 산출

위와 같이 자기자본비용[Ke]은 MCAPM 14.83%, 조성법 18.75%로 각각 산정되었는 바 두 가지 자료가 각각 산정방법상의 장단점이 있으므로 이를 산술평균하여 16.79%로 결정한다.

② **타인자본비용** 20x7년말 현재 회사가 발행한 장기채권이 없으므로 ABC 시스템㈜이 보유하고 있는 차입금의 가중평균금리 6.34%를 이용하면, 법인세율을 감안한 타인자본비용은 아래와 같이 4.95%로 산정된다. 이는 대상회사의 적정한 타인자본조달비용 수준으로 판단된다.

표 6-10
타인자본비용의 산정

타인자본비용 : $K_d = R_b(1-t)$	
차입금이자율(R_b)	6.34%
법인세율(t)	22.0%
	Kd = 4.95%

③ **WACC의 산정** 현금흐름을 현가화시키는 할인율은 주주의 기대수익률(자기자본비용)과 채권자의 기대수익률(타인자본비용) 모두를 적절하게 반영하여야 한다. ABC시스템㈜의 수정 재무상태표를 분석한 결과 자기자본비율 70%, 타인자본비율 30%가 가장 적합한 대상기업의 자본구조로 판단되어 이를 적용하여 산정한 결과, WACC(가중평균자본비용)은 아래와 같이 13.25%로 결정하였다.

표 6-11
WACC의 산정

자본구조		자본비용	가중평균
자기자본	70%	16.79%	11.75%
타인자본	30%	4.95%	1.48%
			WACC = 13.23%
			13.25% Rounded

④ **자산유형별 수익률**[ROR] 순영업자산의 소득흐름에 대한 할인율은 자본제공자인 주주나 채권자 입장에서 보면 요구수익률이고, 자본조달자인 회사입장에서는 자본비용이 된다. 따라서 대상기업의 순영업자산인 운전자본과 고

정자산에 대한 자산별 수익률 ROR은 자금조달원천에 따라 구분하여 산정한다. 즉 운전자본의 ROR은 타인자본에 100% 의존하므로 4.95%로 산정된다. 또한 고정자산의 ROR은 LTV 70% 부분에 대하여는 타인자본비용(4.95%)을, 나머지 30% 부분은 자기자본비용(16.79%)을 각각 적용하면, 아래와 같이 8.50%로 산정된다.

표 6-12
자산유형별 ROR의 산정

	운전자본	고정자산
타인자본비율	100.00%	70.00%
세후타인자본비용 (K_d)	4.95	4.95
(가중평균타인자본비용)	4.95	3.46
자기자본비율	0.00	30.00
자기자본비용 (K_e)	16.79	16.79
(가중평균자기자본비용)	0.00	5.04
ROR	4.95	8.50
Rounded	5.00	8.50

• 3단계 (예측기간가치의 추정)

추정 1기~5기의 예측기간 중 FCFF의 현재가치는 위에서 산정된 WACC 13.25%를 할인율로 적용하면 다음 〈표 5-13〉과 같이 1,442백만원으로 산정된다.

$$\text{예측기간가치} = \sum_{t=1}^{n} \frac{FCFF_t}{(1+WACC)^t}$$

(단위 : 백만원)

표 6-13
예측기간의 현재가치

	1기	2기	3기	4기	5기
Free Cash Flow	374	382	390	398	407
할인율(%)	13.25	13.25	13.25	13.25	13.25
현재가치	351	317	285	257	232
합계	1,442				

- **4단계 (예측기간 이후의 잔존가치)**

① **고정성장률** 대상회사가 안정적 거래처를 확보한 가운데 해외수출 거점의 확보(일본, 싱가폴 등), 꾸준한 시설투자, 사업다각화 등을 통해 매출신장세를 유지하고 있으므로 향후 동종산업의 성장전망 및 경쟁상황 등을 종합 감안하여 추정 1~5기는 2.0%, 그 이후는 0.0%로 적용한다.

② **자본환원율 및 잔존가치** 잉여현금흐름이 앞으로 어느 정도 지속될 것인가에 따라 기업가치가 달라지며, 기업가치는 계속기업이라는 전제하에 환원율 13.25%를 적용하면 추정 6기 이후 잔존가치 CV는 다음과 같이 1,787백만원으로 산정된다.

$$CV = \frac{FCFF_{n+1}/(WACC - g_n)}{(1+WACC)^n}$$

표 6-14
예측기간 이후 잔존가치

	잔존가치(백만원)
잉여현금흐름(FCFF)	415
WACC	13.25%
고정성장률(g)	0.0%
환원율(WACC-g)	13.25%
잔존가치(CV)	1,787

- **5단계 (기업가치의 산정)**

추정 1기~5기 FCF는 1,442백만원, 잔존가치는 1,787백만원으로 각각 산정되므로 ABC시스템㈜의 기업가치 BV는 다음과 같이 평가된다. 다만 비영업용자산 NOA은 없는 것으로 분석되었다.

$$EV(\text{총기업가치}) = BV(\text{기업가치}) + NOA(\text{비영업용자산})$$

$$\begin{aligned} BV &= OV \text{ of projection period}(\text{예측기간가치}) + CV(\text{잔존가치}) \\ &= 1{,}442 + 1{,}787 \\ &= 3{,}229\text{백만원} \end{aligned}$$

표 6-15 기업가치의 산정

(단위: 백만원)

	1기	2기	3기	4기	5기	그 이후
Free Cash Flow	374	382	390	398	407	415
성장률(%)	2.0	2.0	2.0	2.0	2.0	0.0
할인기간	0.5	1.5	2.5	3.5	4.5	4.5
할인율(%)	13.25	13.25	13.25	13.25	13.25	13.25
현가계수	0.94	0.83	0.73	0.65	0.57	4.31
Present FCF	351	317	285	257	232	1,787
예측기간가치	1,442					
잔존가치	1,787					
기업가치	3,229					

5 영업권의 가치평가

본건 영업권가치의 평가는 수익환원법을 적용하였으며, 구체적인 적용방법은 ① 잔여법 ② 다기간초과이익법 MPEEM ③ 초과이익환원법 CEEM ④ 단기간초과이익법 SPEEM 등이다. 이러한 4가지 방식에 의하여 산정된 시산가액들에 대한 조정을 통해 평가대상 영업권의 최종 감정평가가액을 결정한다.

5.1 잔여법

(1) 평가방법

잔여법 residual from business entorprise method은 대상기업의 기업가치에서 영업권을 제외한 유형자산가치 및 식별가능 무형자산가치를 공제하고 남는 가치를 영업권의 가치로 평가하는 방법이다. 즉 기업가치를 시장가치로 구한 다음 영업권을 제외한 순영업자산의 가치를 공제함으로써 그 나머지 잔여가치로 영업권가치를 평가하는 것이다. 이 방식에 의한 영업권 가치 평가모형은 다음과 같다.

$$V_G = BV - (WC + TA + IA)$$

영업권 = 기업가치 − (운전자본 + 유형자산 + 식별가능무형자산)

(2) 평가절차

잔여법을 이용한 영업권의 가치를 평가할 경우 적용할 평가절차를 4단계로 나누어 제시하면 다음과 같다.

(1단계) FCFF의 추정 및 기업가치 산정
(2단계) 유형자산 및 식별가능 무형자산 가치산정
(3단계) 유 · 무형자산가치 차감 및 영업권의 시산가치 산정
(4단계) WARA 검토 및 최종평가가치의 결정

• **1단계 (FCFF 추정 및 기업가치 산정)** 1단계에서는 기업가치 산정을 위하여 우선 FCFF를 추정하여야 한다. 평가대상 영업권을 보유한 기업의 매출액 및 FCFF를 추정하면, 앞의 〈표 6-15〉 (기업가치 산정)에 제시된 바와 같이 3,229백만원이 영업관련 기업가치^{BV}로 산정된다.

$$BV = OV \text{ (projection period)} + CV$$

기업가치 = 예측기간가치 + 그 이후 잔존가치
= 1,442 + 1,787
= 3,229백만원

• **2단계 (유형자산 및 식별가능 무형자산 가치산정)** 2단계에서는 대상기업의 유형 및 무형 자산들에 대한 가치를 각 자산 특성에 따라 수익방식, 원가방식, 비교방식 등의 방법을 이용하여 재산정한다. 다만 여기서 식별가능 무형자산은 평가목적상 영업권에 포함 일괄 평가한다. 따라서 유형자산가치는 재무상태표에 명시된 자산을 기준으로 기준시점 현재 다음과 같이 1,516백만원으로 산정된다. 이는 장부가치에 비하여 118백만원 증가된 것이며, 주로 토지 및 건물에 대한 재평가 결과에 의한 평가가치변동에 기인한다.

(단위: 백만원)

표 6-16
유형자산 가치 산정

	장부가액(A)	평가액(B)	차이(B-A)
운전자본	481	423	-58
고정자산	917	1,093	176
합 계	1,398	1,516	118

앞에서 산정된 기업가치에는 유형자산과 무형자산의 가치가 모두 포함되어 있는 것으로, 평가대상가치인 영업권의 가치를 구하기 위해서는 기업가치에서 유형 및 식별가능 무형자산의 가치를 공제하여야 한다. 이때 유형자산의 가치는 기준시점 현재의 시장가치를 기준으로 재평가한다. 그리고 본건은 평가목적이 지분매각을 위한 시장가치 평가이므로 비록 대상기업에는 고객관계(고객목록) 등 식별가능무형자산이 존재하지만, 평가목적상 이를 별도 평가하지 않았으며, 모두 영업권에 포함하여 산정한다.

(단위: 백만원)

표 6-17
무형자산 가치 산정

	평가액	구성비
기업가치평가액 (A)	3,229	100%
유형자산가치평가액 (B)	1,516	46.9%
식별가능무형자산 (C)	0	0
무형자산가치평가액 (D=A-B-C)	1,713	53.1%

• **3단계 (유 · 무형자산가치 차감 및 영업권의 시산가치 산정)** 여기서는 식별가능 무형자산을 영업권에 포함하여 평가하므로 대상기업의 유형자산은 2단계에서와 같이 1,516백만원이며, 이를 기업가치 3,229백만원에서 차감하게 되면 영업권의 시산가치는 1,713백만으로 산정된다.

$$V_G = BV - (V_{TA} + V_{IA})$$

영업권가치 = 기업가치 - (수정후 유형자산가치 + 식별가능무형자산)
= 3,229 - (1,516 + 0)
= 1,713백만원

• **4단계 (WARA 검토 및 최종평가가치의 결정)** 대상기업에는 고객관계(고객목록) 등 식별가능 무형자산이 존재하나, 평가목적(지분매각을 위한 시장가치산정)상 영업권에 포함하여 평가하므로 대상기업의 유형자산은 2단계에서 수정평가된 바와 같이 1,516백만원이다. 이를 기업가치 3,229백만원에서 차감하게 되면, 영업권의 시산가치는 1,713백만으로 산정된다. 대상 영업권 및 다른 구성자산들에 대한 가중평균자산수익률 WARA과 현금창출단위 전체의 내부수익률, 즉 WACC 13.25%가 일치하는지 여부를 검증하고, 일치하지 않을 경우 조정과정을 거쳐 자산유형별 ROR을 결정하였다. 즉 WARA 분석결과, 다음과 같이 기업가치 구성자산 유형별 특성이나 위험도에 따라 ROR적용의 일관성이 유지된 것으로 판단된다.

운전자본(5.0%) 〈 고정자산(8.5%) 〈 영업권(18.3%)

표 6-18 가치평가 결과 및 WARA 분석

자산	평가액(백만원)	ROR	구성비	WACC기여율
운전자본	423	5.0%	13.1%	0.66%
고정자산	1,093	8.5%	33.8%	2.87%
영업권	1,713	18.3%	53.1%	9.72%
기업가치	3,229			
WARA				13.25%
WACC				13.25%

5.2 다기간초과이익법 MPEEM

(1) 평가방법

다기간초과이익법 MPEEM이란, 대상 무형자산이 창출할 것으로 예상되는 여러 기간의 현금흐름에서 다른 자산에 귀속될 기여자산공헌율 contributory asset charges: CAC을 공제한 후 대상 무형자산에 귀속되는 초과이익을 현가화하여 대상물건의 가치를 평가하는 방식이다. 이 방식은 영업권만의 가치산정을 위하여 독립적으로 사용되지 않으며, 우선 식별가능 유형 · 무형자산에 대한 평가 후 잔여가치 원리 residual value principle에 따라 영업권 가치가 되는 것이다.

그렇다고 해서 이 방식이 의미없다는 뜻이 아니다. 오히려 앞서 잔여법에서 도출된 영업권 가치가 구체적으로 어떠한 무형자산들로 구성되어 있는지, 무형자산 중 핵심무형자산은 무엇인지를 파악하여 평가가치의 적정성을 검증하는 기법으로서 그 의의가 크다. 본건 평가는 지분매각을 위한 일반거래 목적의 시장가치 평가이므로 이 방식을 적용하지 않아도 무방하지만, 여기서는 고객관계(고객목록)자산을 대상기업의 핵심무형자산이라는 가정하에 MPEEM을 다음 절차에 따라 적용함으로써 앞서 잔여법에 의한 영업권 평가결과를 검증하고, 구체적으로 영업권의 구성내용을 확인하기로 한다.

(2) 평가절차

다기간초과이익법에 의한 영업권의 가치평가 절차를 4단계로 나누어 제시하면 다음과 같다.

(1단계) 매출액 및 FCFF의 추정
(2단계) 기업가치의 산정
(3단계) 자산별 ROR분석 및 핵심무형자산가치의 산정
(4단계) WARA분석 및 최종 영업권가치의 산정

• **1단계 (매출액 및 FCFF의 추정)** 대상기업 전체의 매출액과 FCFF를 추정한다. 매출액은 대상기업의 과거 매출액 및 매출원가율 변동추이 등 기업분석, 동종산업의 장단기 전망이나 소비자물가상승률, 경제성장률 등에 대한 산업분석 결과 등을 종합고려하여 다음 〈표 6-19〉와 같이 추정한다.

• **2단계 (기업가치 산정)** 대상기업의 영업관련 기업가치 *BV*를 구하기 위하여 제1단계에서 구한 잉여현금흐름을 적정한 가중평균자본비용 WACC에 의하

(단위: 백만원)

표 6-19 FCFF의 추정

	1기	2기	3기	4기	5기	그 이후
매출액	2,560	2,611	2,664	2,717	2,771	2,827
매출원가	1,575	1,606	1,638	1,671	1,704	1,738
매출총이익	986	1,005	1,025	1,046	1,067	1,088
판관비	422	431	439	448	457	466
R&D	64	65	67	68	69	71
EBITDA	499	509	519	530	540	551
감가상각비(-)	21	21	22	22	23	23
EBIT	478	488	498	507	518	528
Taxes	105	107	109	111	113	116
NOPLAT	373	381	389	396	405	412
감가상각비(+)	21	21	22	22	23	23
Gross Cash Flow	394	402	410	419	427	435
자본적지출	15	15	15	15	15	15
운전자본증가	5	5	5	5	5	6
Free Cash Flow	374	382	390	398	407	415

여 할인하면, 앞의 〈표 6-15〉에 나타난 바와 같이 기업가치는 예측기간가치와 그 이후 잔존가치를 합하여 3,229백만원으로 산정된다.

$$
\begin{aligned}
\text{기업가치} &= \text{예측기간가치} + \text{그 이후 잔존가치} \\
&= 1{,}442 + 1{,}787 \\
&= 3{,}229\text{백만원}
\end{aligned}
$$

• **3단계 (자산별 ROR 분석 및 핵심무형자산가치의 산정)** 각 자산별 수익률은 자본조달 원천에 따라 대상기업의 자기자본비용과 타인자본비용을 적용하여 산출한다. 다만 무형자산에 대하여는 상표(15%)를 제외하고는 담보대출이 불가능하므로 100% 자기자본에 의한 조달을 원칙으로 자산별 ROR을 구하되, 무형자산 고유의 특성과 위험을 고려한 할인율을 적용한다.

여기서 자산별 ROR은 기업가치 구성자산별 자금조달원천에 따라 산정된다. 그 결과 〈표 6-20〉에서와 같이 각 자산별 ROR은 운전자본 5.00%, 고정자산 8.50%, 상표 15.00%, 그리고 고객관계, 기술가치 및 노동력(고용계약)은 자기자본비용과 유사한 수준인 16.75%로 각각 산정된다.

표 6-20 각 자산별 ROR 분석

	기업가치	운전자본	고정자산	상표	고객관계	기술가치	노동력
타인자본비율(%)	30.00	100.00	70.00	15.00	0.00	0.00	0.00
세후타인자본비용(*Kd*)	4.95	4.95	4.95	4.95	4.95	4.95	4.95
(가중평균타인자본비용)	1.49	4.95	3.47	0.74	0.00	0.00	0.00
자기자본비율(%)	70.00	0.00	30.00	85.00	100.00	100.00	100.00
자기자본비용(*Ke*)	16.79	16.79	16.79	16.79	16.79	16.79	16.79
(가중평균자기자본비용)	11.75	0.00	5.04	14.27	16.79	16.79	16.79
ROR	13.24	4.95	8.50	15.01	16.79	16.79	16.79
Rounded	13.25	5.00	8.50	15.00	16.75	16.75	16.75

2단계의 기업가치 산정과정에서 나타난 핵심 무형자산을 분석하고, 대상기업의 EBIT에서 각 기여자산에 대한 CAC 및 법인세비용을 차감하여 핵심무형자산의 시산가치를 산정한다. 기여자산 산정시 자산수익률법 return on asset method에서는 기여자산에 대한 이자비용만을 CAC 개념으로 보기 때문에 감가상각후 이익인 EBIT로부터 차감한다. 또한 전체 구성자산들의 비중에 따른 가중평균자산수익률 WARA과 현금창출단위 전체의 내부수익률, 즉 WACC가 일치하는지 여부를 검증하고, 조정하는 WARA분석 과정을 거쳐야 한다.

평가대상기업의 식별가능무형자산은 숙련된 노동력, 상표, 고객관계(고객목록), 기술(비특허) 등이며, 이중 핵심무형자산은 고객관계(고객목록)인 것으로 파악된다. 고객관계자산에 대한 매출액 추정은 대상기업의 과거 매출액 및 매출원가율 변동추이, 동종산업의 장단기 전망이나 소비자물가상승률, 경제성장률 등을 고려하여 수행한다. 그 결과 기술관련매출을 제외한 기존고객 매출은 전체매출의 90% 수준으로 분석되며, 고객감모율 attritoin rate은 추정매출액의 15% 수준으로 분석된다. 과거 신규고객 마케팅비용을 영업비용에서 뺀 것과 동일한 수준으로 향후 신규고객 마케팅비용을 1~6기에 가산하면 〈표 6-21〉과 같이 현금흐름이 추정된다. 여기서 기존고객매출은 다음 공식에 따라 산정된다.

$$R_v CR_t = R_v CR_{t-1} \times (1 - CAR)$$

$R_V CR_t$: t 기의 기존고객 매출, $R_V CR_{t-1}$: 전기기존고객매출, CAR : 고객감모율

표 6-21
고객관계자산의 현금흐름 추정

(단위 : 백만원)

	1기	2기	3기	4기	5기	6기
기술관련매출	296	337	387	432	477	501
고객관계매출	2,264	2,274	2,277	2,285	2,294	2,326
고객감모율(15%)	90%	77%	65%	55%	47%	40%
기존고객매출	2,037	1,739	1,480	1,262	1,077	928
매출원가	1,252	1,069	910	776	662	570
판관비	336	287	244	208	177	153
EBITDA	449	383	326	278	238	205
감가상각비	16	14	12	10	8	7
EBIT	433	369	314	268	230	198

앞서 산정된 자산별 ROR을 적용한 각 자산의 수정후 평가액과 각각의 CAC는 아래와 같이 산정된다.

표 6-22
유·무형자산의 평가방법 및 CAC의 산정

	평가방법	평가액(백만원)	ROR	CAC
순운전자본	장부가치	423	5.0	0.80
고정자산	시장가치평가	1,093	9.0	3.36
무형자산				
① 노동력(고용계약)	원가법	90	16.75	0.47
② 상표 및 브랜드	로열티면제법	150	15.00	0.78
③ 기술(비특허)	기술유무법	440	16.75	N/A

주) 고객관계는 기존고객에 대한 수익이므로 기술관련매출과 관계 없는 것으로 분석됨.

아래와 같이 추정 EBIT에서 각 기여자산에 대한 CAC를 공제하여 세전현금흐름이 산정되고, 다시 법인세비용을 차감하면 평가대상 고객관계(고객목록)로부터 창출되는 세후현금흐름이 산정된다.

(단위 : 백만원)

표 6-23 고객관계의 ATCF

	CAC	1기	2기	3기	4기	5기	6기
EBIT		433	369	314	268	230	198
(1)순운전자본	0.80%	16	13	11	10	8	7
(2)고정자산	3.36%	68	58	49	42	36	31
(3)노동력(고용계약)	0.47%	9	8	7	5	5	4
(4)상표 및 브랜드	0.78%	15	13	11	9	8	7
(5)세금(22.00%)		95	81	69	58	50	43
ATCF		230	196	167	144	123	106

아래와 같이 핵심무형자산인 고객관계(고객목록)에 대하여 ROR 16.75%를 할인율로 적용하면, 고객관계(고객목록)의 평가 가치는 아래와 같이 769백만원으로 산정된다.

(단위 : 백만원)

표 6-24 고객관계의 평가가치

	1기	2기	3기	4기	5기	6기
ATCF	230	196	167	144	123	106
할인율(16.75%)	0.93	0.79	0.68	0.58	0.50	0.43
현재가치	212	155	113	83	61	45
예측기간가치	669					
잔존가치	100					
현재가치	769					

• **4단계 (WARA분석 및 최종 영업권가치의 산정)** 기업가치 구성자산들의 비중에 따른 가중평균자산수익률 WARA과 현금창출단위 전체의 내부수익률, 즉

WACC가 일치하는지 여부를 검증하고, 일치하지 않을 경우에는 전체적으로 재조정하는 WARA분석 및 검토를 수행한다. 그리고 2단계에서 구한 기업가치에서 3단계에서 구한 식별가능 무형자산의 가치를 차감한 잔여부분으로 대상 영업권의 가치를 최종 결정한다.

ABC시스템㈜의 다기간초과이익법에 의한 순영업권 가치는 총기업가치 3,229백만원에서 유형자산(순운전자본 423백만원, 고정자산 1,093백만원)과 식별가능 무형자산을 제외하면 264백만원으로 산정된다. 아울러 평가대상 핵심 무형자산의 가치산정 후에는 대상 영업권 및 다른 구성자산들에 대한 WARA와 WACC가 일치하는지 여부를 검증한다.

표 6-25 영업권평가 및 WARA 분석

자산	평가액(백만원)	ROR	구성비	WACC기여율
운전자본	423	5.00%	13.1%	0.66%
고정자산	1,093	8.50%	33.8%	2.87%
유형자산합계	1,516		46.9%	
상표 및 브랜드	150	15.00%	4.6%	0.70%
기술	440	16.75%	13.6%	2.28%
고객관계	769	16.75%	23.8%	3.99%
노동력(고용계약)	90	16.75%	2.8%	0.47%
순영업권	264	27.90%	8.2%	2.28%
영업권(광의)	1,713		53.1%	
기업가치	3,229			
WARA				13.25%
WACC				13.25%

그림 6-3

WARA분석 및 자산별 ROR

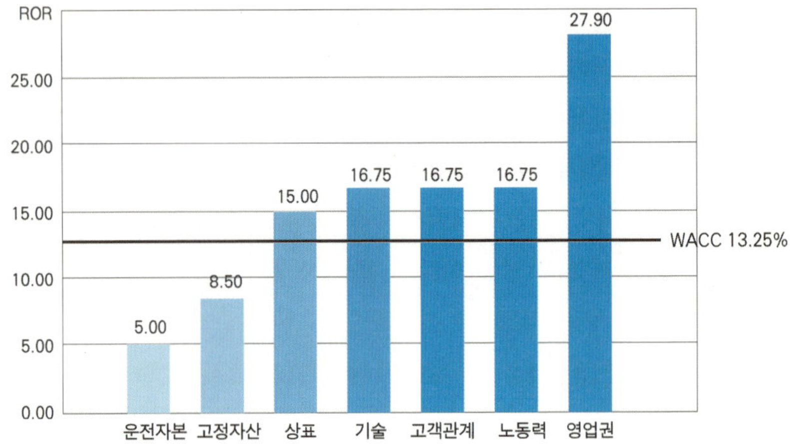

WARA분석 및 검토 수행 결과 〈그림 6-3〉에 나타난 바와 같이 각 자산별 ROR은 운전자본 5.00%, 고정자산 8.50%, 상표 15.00%, 그리고 고객관계, 기술가치 및 노동력(고용계약)은 자기자본비용과 유사한 수준인 각각 16.75%로 산정되고, 영업권은 27.9%로 나타나 위험 · 수익 상충원리에 따른 일관성이 유지된 것으로 판단된다. 그 결과 〈표 6-25〉에서와 같이 최종 영업권의 가치는 264백만원으로 나타났으며, 식별가능 무형자산(상표 150백만원, 기술가치, 440백만원, 고객관계 769백만원 등)은 1,449백만원으로 평가되는 바 이를 포함한 광의의 영업권 가치는 잔여법과 동일한 1,713백만으로 산정되어 적정한 가치결론이 도출된 것으로 분석된다.

5.3 초과이익환원법(IVS기준)

(1) 평가방법

IVS기준에 따르면 초과이익환원법은 세후영업이익 NOPAT을 기준으로 산정한 순이익에서 영업자산에 대한 ROR을 적용한 정상이익을 차감하여 평가대상의 초과이익을 산출한 후 여기에 적정한 환원율을 적용하여 영업권 가치를 산정한다. 이 방식에 의한 영업권가치 평가모형은 다음과 같다.

$$V_G = \frac{T_e - (WC_e + TA_e + IA_e)}{R_{stable}}$$

V_G : 영업권가치, T_e : 예상NOPAT, WC_e : 운전자본 정상이익,
TA_e : 유형자산 정상이익, IA_e : 무형자산 정상이익, R_{stable} : 안정화 환원율

(2) 평가절차

(1단계) 매출액 추정 및 순이익의 산정
(2단계) 정상이익의 산정
(3단계) 초과이익의 산정
(4단계) 환원율의 적용 및 시산가치 산정
(5단계) 영업권 평가가치의 결정

• **1단계 (매출액 추정 및 순이익의 산정)** 매출액 추정 및 순이익의 산정은 앞서 기업가치 평가에서의 1기 추정과 동일한 것으로 보고 세후영업이익 NOPAT을 373백만원으로 산정한다.

표 6-26 **매출액 추정 및 순이익의 산정**

	세후영업이익(백만원)
매출액	2,560
매출원가	1,575
매출총이익	986
판관비	486
감가상각	21
EBIT	478
TAX (22.0%)	105
NOPAT(세후영업이익)	373

• **2단계 (정상이익의 산정)** 정상이익은 영업자산, 즉 순운전자본과 고정자산에 대한 ROR을 적용하여 다음과 같이 114백만원으로 산정하며, 무형자산은 평가목적상 영업권에 포함하여 평가한다.

$$I_o(\text{정상이익}) = I_{WC}(\text{순운전자본의 정상이익}) + I_{FA}(\text{고정자산의 정상이익})$$
$$= (V_{WC} \times WC_r) + (V_{FA} \times FA_r)$$
$$= (423 \times 5.0\%) + (1{,}093 \times 8.5\%)$$
$$= 114\text{백만원}$$

• **3단계 (초과이익의 산정)** 초과이익은 대상의 순이익에서 영업자산에 대한 정상이익을 차감하여 평가대상 기업의 초과이익을 다음과 같이 산정한다.

$$E_o(\text{초과이익}) = I(\text{대상기업 순이익}) - I_o(\text{정상이익})$$
$$= 373 - 114$$
$$= 259\text{백만원}$$

• **4단계 (환원율의 적용 및 시산가치 산정)** 초과이익에 대하여 영업권 자산의 자본화를 위한 적정한 환원율을 적용하여 시산가치를 산출한다. 환원율은 기업가치 산정시 적용된 WACC와 자기자본비용, 잔여법에서 도출된 영업권의 ROR 및 장기고정성장률 등을 종합 고려하여 결정한다. 이중에서도 특히 자기자본비용 Ke 16.79%와 기술가치 등 기타무형자산에 적용된 ROR 16.75%에 중점을 두되, 영업권자산 고유위험할증률을 가산하여 20.0%의 환원율을 적용한다.

표 6-27 환원율의 결정

환원율 결정요소	%
① WACC	13.25
② 자기자본비용 Ke	16.79
③ 기타무형자산(고객관계 · 기술가치 · 노동력 등)의 ROR	16.75
④ 영업권자산 고유위험할증	3.25
적용 환원율	20.00

평가대상의 초과이익 259백만원을 20.00%의 환원율로 자본화하면 영업권의 가치는 다음 산식에 의거 1,295백만원으로 산정된다.

$$V_G = \frac{E_o}{R_{stable}}$$

V_G : 영업권가치, E_o : 초과이익, R_{stable} : 안정화 환원율

$$V_G = 259/20.00\%$$

$$= 1,295\text{백만원}$$

• **5단계 (영업권 평가가치의 결정)** 만약 시산가치에 다른 식별가능 무형자산의 가치, 즉 ① 계약기반(노동력), ② 상표 및 브랜드, ③ 특허권 등의 가치가 포함되어 있다면, 이를 공제한 잔여가치가 영업권의 가치가 된다. 그러나 본건의 평가목적이 일반거래(지분매각)를 위한 시장가치의 산정이므로 식별가능 무형자산가치 전부를 포괄한 영업권 가치로서 4단계에서 산정된 시산가치 1,295백만원으로 초과이익환원법에 의한 최종 영업권 가치를 결정한다.

5.4 단기간초과이익법 SPEEM

(1) 평가방법

단기간초과이익법에서는 기준시점 현재의 재무제표를 분석하여 잉여현금흐름을 산정하고, 여기에서 적정 요구수익률에 의한 순영업자산의 정상이익을 차감한 것을 대상 영업권에 의한 초과이익으로 본다. 이렇게 산정된 초과이익을 적정한 환원율로 할인한 가액이 영업권이 된다. 그러나 여기서 산정된 영업권의 가치에는 식별가능 무형자산이 포함되어 있다는 점을 유의해야 한다. 따라서 이 평가방법은 특허권이나 상표권 등 식별가능 무형자산이 없는 기업, 또는 규모가 영세한 중소기업의 영업권 평가에 있어 간편법으로 적용할 수 있다. SPEEM에 의한 영업권가치 평가모형은 다음과 같다.

$$V_G = \frac{FCFF - (WC_r + TA_r)}{R}$$

V_G : 영업권가치, $FCFF$: 기업잉여현금흐름, WC_r : 순운전자본의 정상이익
TA_r : 유형자산의 정상이익, R : 환원율

(2) 평가절차

(1단계) 재무제표 및 손익계산서 분석
(2단계) FCFF의 산정
(3단계) 초과이익의 산정
(4단계) 환원율 적용 및 영업권 시산가치 산정
(5단계) 최종평가가치의 결정

• **1단계 (재무제표 및 손익계산서 분석)** 재무제표 및 손익계산서 분석내용은 이미 기업가치 평가과정에서 제시되어 있으므로 여기서는 생략하기로 한다.

• **2단계 (FCFF의 산정)** FCFF는 세후영업이익에서 현금흐름이 없는 감가상각비는 가산하고, 자본적지출과 순운전자본증가액은 차감하면, 다음과 같이 산정된다.

표 6-28
FCFF의 산정

	현금흐름(백만원)
세후영업이익	373
감가상각비(+)	21
자본적지출(-)	15
순운전자본증가액(-)	5
FCFF	374

• **3단계 (초과이익의 산정)** 초과이익의 산정은 순운전자본에 대한 요구수익률 5.0%와 고정자산에 대한 요구수익률 8.5%를 고려하여 아래 〈표 6-29〉과 같이 260백만원으로 산정된다.

$$E_o = I - (I_{WC} + I_{FA})$$
$$= 374 - (21 + 93)$$
$$= 260 \text{백만원}$$

표 6-29
초과이익의 산정

(금액단위: 백만원)

	요구수익 및 초과이익
FCFF	374
순운전자본	423
요구수익률(*WCr*)	5.0%
순운전자본 요구수익	21
고정자산	1,093
요구수익률(*FAr*)	8.5%
고정자산 요구수익	93
순운전자본과 고정자산의 요구수익	114
초과이익	260

• **4단계 (환원율의 적용 및 시산가치 산정)** 초과이익에 대한 환원율은 기업가치 산정시 적용된 WACC와 자가자본비용, 그리고 영업권자산 고유위험할증 등을 종합고려하여 결정한다. 특히 기타무형자산의 자본화에 적용된 ROR 16.75%에 중점을 두고, 영업권자산 고유위험할증 3.25%를 가산하여 20.0%로 환원율을 결정한다. 따라서 3단계에서 산정된 초과이익에 대하여 영업권 환원율 20.0%를 적용한 본건 영업권의 시산가치는 1,300백만원으로 산정된다.

표 6-30
환원율의 결정 및 시산가치 산정

환원율 결정요소	%	시산가치
WACC	13.25	
자기자본비용	16.79	
기타무형자산(고객관계 · 기술 · 노동력)의 ROR	16.75	
영업권자산 고유위험할증	3.25	
적용 환원율	20.00	
초과이익		260
환원율		20.0%
영업권		1,300

• **5단계 (최종평가가치의 결정)** 시산가치에 다른 식별가능한 무형자산의 가치, 즉 ① 계약기반(노동력), ② 상표 및 브랜드, ③ 특허권, ④ 고객관계 등의 가치가 포함되었다면 이를 공제한 잔여가치가 영업권의 가치가 된다. 그러나 본건의 평가목적은 일반거래(지분매각 등)를 위한 시장가치의 산정이므로 식별가능 무형자산가치 전부를 포괄한 영업권 가치로서 4단계에서 산정된 시산가치 1,300백만원으로 SPEEM에 의한 최종 영업권 가치를 결정한다.

5.5 시산조정 및 평가가액의 결정

영업권의 가치산정은 감정평가에 관한 규칙 제23조에 의하면 무형자산을 감정평가 할 때에 수익환원법을 적용하여야 한다고 규정하고 있으므로 본 평가에서는 잔여법, 다기간초과이익법 MPEEM과 초과이익환원법, 단기간초과이익법 등을 적용하여 다음과 같이 시산가액을 산정하였다.

표 6-31
평가방법별 시산가액

평가방법		평가가액(백만원)	환원율
잔여법		1,713	18.3%
다기간초과이익법	영업권(광의)	1,713	18.3%
	(순영업권가치)	(264)	27.9%
초과이익환원법		1,295	20.0%
단기간초과이익법		1,300	20.0%

첫째, 잔여법에 의한 ABC시스템㈜의 영업권 가치는 식별가능 무형자산을 포함하여 1,713백만원이며, 영업권의 ROR은 WACC 13.25% 보다 약 5.05% 높은 18.3%로 산정된다.

둘째, 다기간초과이익법에 의한 ABC시스템㈜의 무형자산가치는 기업가치 3,229백만원에서 유형자산(순운전자본 423백만원, 고정자산 1,093백만원)과 식별가능 무형자산(고용계약 90백만원, 상표 및 브랜드 150백만원, 고객관계(고객목록) 769백만원, 기술(비특허) 440백만원 등)을 제외한 나머지 264백만원은 순영업권 가치로 볼 수 있다.

$$NV_G = BV - (TA + IA)$$

순영업권가치 = 기업가치 - (유형자산가치 + 식별가능 무형자산가치)
= 3,229 - (1,516 + 1,449)
= 264백만원

이러한 MPEEM은 본래 영업권 가치평가 방법은 아니다. 다만, 잔여법에 의하여 산정된 무형자산 가치구성 내용을 보다 명확히 구분할 목적으로 적용된다. 본 평가에서도 순영업권의 가치는 264백만원이지만, 본건의 평가목적은 어디까지나 사업결합시 공정가치의 평가가 아닌 일반거래(지분매각 등)를 위한 시장가치 평가이므로 식별가능 무형자산가치 1,449백만원을 포함한 1,713백만원 전부를 영업권 가치로 평가한다. 즉 식별가능 무형자산이라 하더라도 본건과 같이 유상으로 취득하지 않고, 내부적으로 창출된 영업권은 분리하여 자산으로 인식하지 않으므로 이를 포함하여 모두 영업권 가치로 평가한다.

셋째, 다기간초과이익법에 의한 순영업권의 ROR은 27.9%로서 잔여법에서 산정된 영업권의 ROR 18.3%보다 상당히 높은 것이다. 이는 식별가능 무형자산 전부를 영업권에 포함하여 평가하는 잔여법의 특성상 고객관계(고객목록) 등 기타무형자산의 ROR 15.00~16.75%이 영업권의 ROR에 반영된 결과, 전체적으로는 낮게 희석되었기 때문이다.

넷째, 초과이익환원법 및 단기간초과이익법은 향후의 자본투자 등 장기 사업전망이나 수익분석을 전제로 하지 않는 간편법으로 적용된다. 단순히 어느 한 기간^單期^의 초과이익을 구하여 현재가치로 자본화하는 방법이므로, 엄격한 조건아래 제한적으로 적용해야 한다. 따라서 이 방식에 의한 가치는 시산조정 과정에서 참작의 비중을 낮추는 것이 합리적이다.

이상 네 가지 사항을 종합적으로 고려하여 볼 때 기준시점 현재 평가대상 영업권의 시장가치는 잔여법과 다기간초과이익법에 의한 시산가액 1,713백만원으로 결정하는 것이 타당할 것이다.

Valuation Issues

영업가치와 비영업가치[NOA: Non-Operating Asset]의 평가

기업가치 대차대조표는 '(영업가치 + 비영업가치) = (부채가치 + 지분가치)'의 산식을 표현한 것이다. 기업가치는 자산합계법에 의해 '(영업가치 + 비영업가치)'로 표현할 수 있고, 자본합계법에 의해 '(이자부부채 + 지분가치)'라는 산식으로도 표현된다. 기업가치 대차대조표는 〈그림〉과 같다. 기업가치를 잉여현금흐름[FCFF] 산정하여 구한다는 것은 영업가치[BV or IC]를 평가한다는 의미이다. 그렇다면 당연히 본연의 영업활동과 무관한 비영업자산[NOA]으로부터 발생하는 현금흐름은 제외되어야 한다.

영업활동현금흐름은 기업이 존속하는 한 계속 발생하지만, NOA로부터 발생하는 현금흐름은 일시적 간헐적으로 발생된다. 체계적으로 예측하기도 어려우므로 평가시점의 시가를 일일이 산정하여 총기업가치[EV]에서 빼주어야 한다. 예를 들면 다음과 같다.

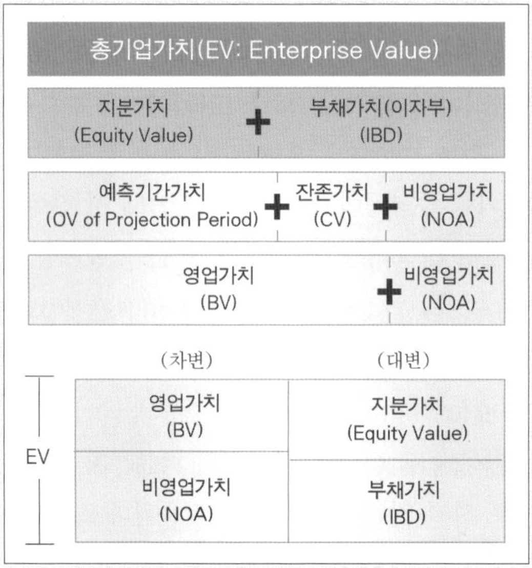

〈기업가치 대차대조표와 비영업가치〉

- 초과보유현금 및 현금등가물
- 단기금융상품
- 시장성유가증권
- 초과보유부동산
- 투자자산(장기금융상품, 투자유가증권, 장기대여금, 투자부동산 등)

엄밀히 말하면 모든 자산계정은 그 성격을 일일이 파악하여 영업활동 관련성이 낮은 것은 NOA로 보아야 할 것이다. 예컨대 초과보유현금은 영업활동을 위하여 보유해야 할 적정 수준 이상의 현금성자산이므로 제외한다. 장단기대여금이나 과다면적 부동산 등 비록 명시적으로 NOA라 할 수 없지만, 그 내용상 실제 영업활동과 무관할 경우 NOA로 보고 비영업가치에 포함시켜야 한다. 영업규모에 비해 과다한 '초과보유부동산'은 〔보유부동산 시장가치 − 적정규모 유사부동산 시장가치 − 이전비용〕의 산식을 이용하여 비영업가치에 포함시킬 수 있다.

7장

사업결합과 영업권의 평가

Business Combinations and Goodwill Valuation

영업권의 가치는 기업의 권리 또는 다른 자산에서 별도로 인식되지 않은 자산집합에서 발생하는 미래의 경제적 이익 중 다른 확인된 자산과 부채의 가치를 초과하여 실제 또는 가상의 기업 인수로 지불된 가격의 초과분으로 평가할 수 있다. 이것이 매수가격배분법 PPA method이다. 즉 대상회사의 자산과 부채를 공정가치로 평가한 후 매수가격을 공정가치로 배분하는 방법을 말한다.

사업결합시 무형자산에 대한 평가방법에는 세가지 접근법이 있다. 즉 ① 동일하거나 유사한 자산을 포함하는 거래의 영업권 가치를 시장활동에 대한 기준에 따라 결정하는 시장접근법, ② 현금흐름 또는 경제적 이익 지속기간 동안 각종 자산의 이익창출 기여도에 따라 가치를 결정하는 소득접근법, ③ 유사한 자산이나 유사한 서비스 잠재력 또는 효용을 제공하는 자산의 대체비용을 토대로 결정하는 비용접근법 등이 있다.

시장접근법이나 비용접근법은 특정 목적의 영업권 평가 시에만 적용되는 데에 반해 상대적으로 수익방식은 인수 · 합병 · 교환 · 매각 등 거래의 대부분에 비교적 폭넓게 쓰일 수 있는 평가방법이다. 사업결합시 영업권의 시장증거나 대체비용의 증거량이 부족한 경우가 대부분이므로, 여기서는 주로 초과이익법 excess earnings method을 중심으로 살펴보기로 한다.

1 사업결합시 무형자산의 인식과 평가

1.1 무형자산의 인식

우리나라 회계기준 K-IFRS 1038호와 1103호에서는 M&A(기업합병 및 인수)라는 용어 대신 사업결합 business combination 이라는 용어를 사용하고 있다. 동 기준서에 의하면 사업결합이란 "취득자가 하나 이상의 사업에 대한 지배력을 획득하는 거래나 그 밖의 사건"이라고 정의하고 있다. 즉 어떤 거래나 사건이 사업결합이 되기 위해서는 사업을 취득하고 그로 인하여 지배력을 획득하여야 한다. 제 1장에서 살펴본 바와 같이 IVS는 사업결합에 의한 영업권의 정의를 다음과 같이 잔여가치적 관점에서 내리고 있다.[68]

> "영업권 가치는 일반적으로 기업가치에서 모든 식별가능 유형자산, 무형자산 및 화폐성자산의 가치(실제 또는 우발부채 수정후)를 공제한 후에 남는 잔여가액으로 측정된다. 영업권은 종종 실제 또는 가설적 기업인수로 지불된 가액이 기업의 실제 확인된 자산과 부채의 가치를 초과한 가액으로 표시된다."

이와 같이 사업결합으로 인식하는 영업권은 사업결합에서 획득하였지만 개별적으로 식별하여 별도로 인식하는 것이 불가능한 그 밖의 자산에서 발생하는 미래 경제적 이익을 나타내는 자산이라 할 수 있다. 우리나라 기업회계기준서에서도, 무형자산을 영업권과 구별하기 위하여 그 자산이 식별가능할 것 identifiable 을 요구한다.

그리고 K-IFRS 1038호에서는 무형자산의 정의 및 인식조건에 대하여 설명하고 있다. 즉 개별 취득하는 무형자산의 원가와 사업결합으로 인한 취득,

---

68 IVS210, par 20.6 후단, "The value of goodwill is typically measured as the residual amount remaining after the values of all identifiable tangible, intangible and monetary *assets*, adjusted for actual or potential liabilities, have been deducted from the value of a business. It is often represented as the excess of the price paid in a real or hypothetical acquisition of a company over the value of the company's other identified *assets* and liabilities."

내부적으로 창출한 영업권과 무형자산에 대하여 기술하고 있는데, 일반적으로 개별취득하는 무형자산의 원가는 신뢰성있게 측정이 가능하나, 내부적으로 창출한 영업권은 신뢰성있게 측정하기 어렵고 식별가능한 자원이 아니기 때문에 자산으로 인식할 수 없다고 규정하였다.

또한 K-IFRS 1038호는 사업결합으로 취득하는 무형자산의 공정가치 측정을 활성시장이 있는지 없는지에 따라 나누어 설명하고 있다. 만약 활성시장이 존재하는 경우에는 활성시장의 시장가격으로 측정하며, 활성시장이 존재하지 않는 경우에는 합리적인 판단력과 거래의사가 있는 독립된 당사자 사이의 거래에서 그 자산에 대하여 지급하였을 금액으로 측정하도록 되어 있다. 구체적으로 사업결합에서 취득한 무형자산을 인식하기 위해서는 식별가능 무형자산이어야 한다. K-IFRS 1103호는 식별가능한 무형자산에 대하여 크게 다음과 같은 세 가지의 경우를 규정하고 있다.

1. 계약적 · 법적 기준을 충족하는 무형자산
2. 분리가능성이 있는 경우
3. 분리할 수 없는 무형자산이라 하더라도 관련 계약이 있거나, 식별가능한 자산이나 부채와 결합하여 분리할 수 있다면 분리가능성 기준을 충족한다고 본다. 예를 들면, 예금자 관계 무형자산, 특허를 얻지 않은 기술적 전문 지식 등이다.

만약 계약적 · 법적 기준을 충족하는 무형자산은 피취득자로부터 또는 그 밖의 권리와 의무로부터 이전하거나 분리할 수 없다 하더라도 식별가능 무형자산이라고 볼 수 있다. 한편 분리가능성 기준이란, 취득한 무형자산이 피취득자에게서 분리되거나 분할될 수 있고, 개별적으로 또는 관련된 계약, 또는 식별가능한 자산이나 부채와 함께 매각하거나 이전, 라이선스, 임대, 교환할 수 있는 경우를 의미한다.

취득자가 매각, 라이선스 또는 교환할 의도가 없더라도, 취득자가 매각, 라이선스 또는 기타 가치있는 것과 교환할 수 있는 무형자산은 분리가능성 기준을 충족한다고 볼 수 있다. 취득한 무형자산은 바로 그 형태의 자산 또는 유사한 형태의 자산과의 교환거래에 대한 증거가 있는 경우, 그러한 교환거래가 드물고 취득자가 그 거래와 관련이 있는지 무관하게 분리가능성 기준을 충족시킬 수 있다.

1.2 무형자산 평가기법

IFRS에서는 사업결합으로 취득한 자산과 부채를 공정가치로 인식한 다음에 공정가치를 초과하여 지급한 인수대가를 영업권으로 계상한다. 공정가치로 인식하는 자산에는 피취득기업의 장부에 계상되어 있는 무형자산, 재고자산 등만 해당되는 것이 아니라 피취득기업의 가치창출에 기여하는 무형자산들도 당연히 포함된다. 따라서 피취득기업의 장부에 계상되어 있지 않더라도 계약적·법적 권리에서 발생하거나 다른 자산과 분리가능한 무형자산의 경우에는 공정가치로 평가하여 인식해야 한다. 그러나 무형자산은 실체가 없는 자산이므로 각각의 무형자산에 귀속되는 현금흐름을 구분하기 어려운 한계가 있으므로 각각의 무형자산을 개별적으로 평가하여 단순 합산할 경우 가치가 이중으로 반영되거나 과소 계상될 가능성이 있다. 이에 따라 사업결합 과정에서 인식해야 할 무형자산의 공정가치를 산정하기 위한 체계적인 방법이 필요하다.

사업결합시 무형자산의 공정가치를 구하기 위한 가치평가 기법에는 ① 원가방식 cost approach ② 비교방식 market approach ③ 수익방식 income approach이 있다. 무형자산의 공정가치 평가에서는 주로 수익방식이 적용되지만, 중요한 것은 대상 무형자산의 특성에 따라 이들 세가지 평가방법을 상호보완적으로 적절히 병용하여야 한다는 것이다. 그리고 공정가치를 평가하기 위한 가치평가 기법에는 기업으로부터의 정보뿐만 아니라, 당해 기업이 속한 산업의 동향 및 향후 전망이나 시장으로부터의 정보도 정확히 반영되어야 한다. 이에 대하여는 이미 앞에서 자세히 설명하였으므로 다음에서는 일반적으로 사용되는 수익방식의 여러 기법들을 간단히 설명하고자 한다.

표 7-1
사업결합시 식별가능 무형자산의 종류

구 분	무 형 자 산
고객관련 무형자산 (customer related IA)	• 고객리스트 • 주문목록(backlog) • 고객 계약 및 관련 고객과의 관계 • 비계약(non-contractual) 고객관계
마케팅관련 무형자산 (marketing related IA)	• 상호/상표명(trade name/ trademark) • 비경쟁합의(non-compete agreement) • 인터넷 도메인명
계약기반 무형자산 (contract based IA)	• 라이선싱, 로열티, 정지협정(standstill agreement) • 광고, 매니지먼트, 서비스 또는 공급 계약 • 대여(lease) 협정 • 운영권 또는 사용권
기술기반 무형자산 (technology based IA)	• 특허된 기술 • 컴퓨터 소프트웨어 • 특허되지 않은(unpatented) 기술 • 데이터베이스(타이틀 플랜트 포함) • 상표상의 비밀(비밀공정, 제조법 등 포함) 기타

수익방식은 자산의 내용연수 동안 동 자산에서 기대할 수 있는 현금흐름, 즉 대상자산의 미래 경제적 이익을 토대로 공정가치가 평가된다. 일반적으로 현금흐름할인법과 같은 현재가치방법이 사용되는데, 동 방법에서는 예상되는 내용연수 동안의 추정현금흐름을 위험과 화폐의 시간가치를 반영한 요구수익률로 할인하여 공정가치를 산정한다. 또한 수익방식에서는 자산을 사용함으로써 발생하는 경제적인 이익을 근거로 자산의 공정가치를 산정한다. 미래 경제적 이익은 해당 자산을 사용함에 따라 발생하는 원가절감이나 증분이익 등과 같은 재무적인 잉여현금흐름을 의미한다.

수익방식에는 ① 초과이익법 excess earnings method:EEM ② 로열티면제법 relief from royalty method: RFRM ③ 유무법 with-without method 또는 할증이익법 premium profit method ④ 그린필드법 greenfield method 등이 있다. 실무적으로는 이 중에서 초과이익법과 로열티면제법이 가장 많이 사용되며, 그린필드법 등은 그다지 많이 사용되지 않는다. 각 방법의 적용절차에 대하여는 대개 앞장에서 설명한 바와 같다.

이상에서 살펴 본 기법을 중심으로 K-IFRS 제1103호(사업결합)에서 예시된 무형자산 유형별로 일반적으로 적용할 수 있는 평가기법을 정리하면, 다음 〈표 7-2〉와 같다. 여기서 제시된 평가기법의 선택과 적용은 평가대상 무형자산의 특성이나 평가사의 전문가적 판단 professional judgement에 따라 결정되는 것이다. 그리고 평가대상 무형자산별로 단 하나의 평가기법만을 적용할 수 있다거나, 다른 방식의 사용이 거부되는 절대적인 것은 아니다. 최종가치의 결정은 시산가치 조정의 원리에 따라 적용 가능한 모든 기법을 통한 시산가격을 도출하고, 그 결과를 비교 분석한 다음 판단하는 것이 더욱 바람직하다.

표 7-2 무형자산별 적용가능 평가기법

무 형 자 산		원가방식	수익방식			비교방식
			RFRM	DCF	MPEEM	
고객관련	• 고객리스트		○	○	○	○
	• 고객 계약 및 관련 고객과의 관계				○	
	• 비계약상의 고객관계				○	
	• 주문잔고나 생산잔고			○	○	
마케팅관련	• 브랜드		○			○
	• 상표권		○			○
	• 비경쟁합의			○		
계약기반	• 고용계약	○				
	• 라이선스, 서비스 또는 공급 계약			○	○	○
	• 시추, 벌목, 물 등의 운영권, 사용권			○		○
기술기반	• 특허된 기술	○	○		○	○
	• 특허되지 않은(unpatented) 기술				○	○
	• 컴퓨터 소프트웨어, 마스크작업물	○	○			
	• 비밀공식, 비밀공정 등 거래상 비밀	○	○			

* RFRM : 로열티면제법, MPEEM : 다기간초과이익법

1.3 무형자산 평가상 유의점

(1) 3가지 가치평가 이슈

사업결합을 통하여 인식된 무형자산의 평가를 위해서는 ① 사업결합의 식별, ② 취득자의 식별, ③ 취득일의 결정, ④ 피취득자의 식별가능한 자산 및

부채의 인식과 측정, ⑤ 비지배지분의 인식 및 측정 등과 같은 사항들에 대하여 검토되어야 하며, 특히 무형자산의 인식과 식별 등 다음 세 가지 이슈에 대하여도 사전에 충분히 고려되어야 한다.

1. 무형자산의 인식과 식별
2. 할인율의 추정
3. 고객감모율 customer attrition rate 및 기여자산공헌율(액)의 추정

매수가격배분법을 적용할 때 식별가능 무형자산을 측정하고 인식하기 위해서는 깊이 있는 산업지식이 요구되며, 상당한 전문가를 동원하여야 할 경우도 있다. 이러한 산업분석의 심도도 문제이지만, 상업적 적합성 commercial relevance에 대한 판단 문제도 대단히 도전적인 과제이다. 아울러 적절한 가치평가방법 선택이나, 가치평가 기준을 선택하는 것도 중요한 이슈가 되고 있다.

(2) 무형자산의 인식과 식별

사업결합으로 인한 무형자산의 평가는 무형자산의 인식으로부터 시작된다. 평가대상 무형자산을 식별 identification하기 위해서 동일 혹은 유사한 산업에서의 과거사례를 통하여 식별가능 무형자산들을 파악하게 된다. 이때 ① 식별가능성, ② 자원에 대한 통제가능성, ③ 미래 경제적 이익의 존재 등 무형자산의 정의에 대한 충족 여부를 판단하여야 한다.

실무적으로 무형자산의 식별은 과거사례, 기준서 및 관련규정 검토와 함께 담당자와의 인터뷰 절차를 거치게 되며, 무형자산의 식별이 무형자산 평가과정의 대부분을 차지하기도 한다. K-IFRS 1103호 IE16-44에서는 크게 다음과 같은 5가지 유형의 무형자산에 대한 사례를 예시하고 있다.

1. 마케팅관련: 상표권, 상호, 비경쟁합의, 인터넷 도메인명
2. 고객관련: 고객목록, 주문잔고, 고객계약, 고객관계
3. 예술관련: 연극, 오페라, 책, 그림, 사진, 작곡, 동영상
4. 계약기반: 라이선스, 로열티, 각종 공급계약(광고, 건설, 경영, 용역 등)

5. 기술기반: 특허기술, 컴퓨터 소프트웨어, 비밀공식, 공정 등 거래상 비밀

유형별로 예시된 위의 사례를 토대로 담당자와의 인터뷰를 통하여 식별가능 무형자산을 파악하게 되는데, 이때 비화폐성 자산으로서 기업의 통제가능 여부, 개별적 식별가능성 조건의 만족 여부 등을 충족하는지를 분석하게 된다.

그림 7-1 사업결합시 식별가능 무형자산 인식요건

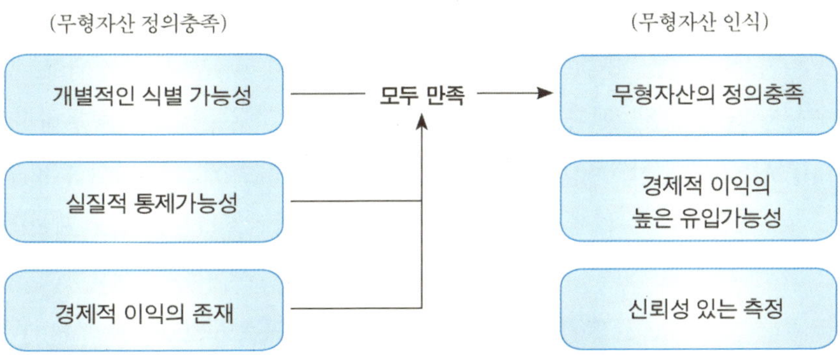

(3) 할인율의 추정

식별한 무형자산은 종류별로 각기 다른 할인율이 적용되어야 한다. 일반적으로 고객관계, 등록상표의 경우에는 회사의 가중평균자본비용에 일정한 프리미엄을 가산 적용하고 있으며, 이러한 자산은 무형자산이므로 위험이 회사 전체의 할인율 보다 일반적으로 높다고 가정하기 때문이다. 즉 각 자산의 유동성 및 위험도에 비례하여 운전자본 〈 고정자산 〈 무형자산 〈 영업권의 순서대로 할인율이 높아진다.

따라서 각 자산의 할인율이 적절하게 평가되었는지 판단하기 위해서는 가중평균자산수익률 WARA: weighted average return on assets과 *ROR*, 그리고 가중평균자본비용 WACC을 상호 비교하여 각각의 값이 크게 상이하다면 자산별 추정 할인율의 적정성을 재검토할 필요가 있다. 일반적으로 $IRR = WACC = WARA$의 경우가 가장 이상적이다. 만일 $IRR > WACC$의 경우라면 사업계획이 낙관적으로 평가된 것으로 판단되며, $IRR < WACC$인 경우에는 비관적으로 평가되었다고

판단할 수 있다. 〈그림 7-2〉에서 보는 바와 같이 *WARA*는 유형자산은 물론 각종 무형자산들의 종합수익률이기 때문이다. *WARA* 산정의 전제는 각종 유·무형자산의 요구수익률은 고유의 위험도나 자본조달 가능성, 즉 이자비용에 따라 다르다는 것이다. 앞에서 이미 설명한대로 유형자산은 일반적으로 담보가치나 환가성이 높으므로 낮은 요구수익률을 나타내는데 반하여 무형자산은 담보자산이 되기 어렵고, 환가성도 기대하기 곤란하므로 요구수익률이 높아진다. 이러한 투자위험 상관의 원리에 따라 각 자산의 요구수익률을 전체자산에 대한 비중에 따라 가중평균하게 되면 *WARA*가 산정되고, 결국 *WACC*와 근사치가 된다. 왜냐하면 기업가치는 기본적으로 '총투하자본' TIC: total invested capital 가치라고 볼 때, 총투하자본을 구성하는 각 자산들의 위험도 측정치를 합하면, 전체 기업의 위험도 측정치와 근사치가 되기 때문이다.

그림 7-2
WACC와 WARA, 할인율의 관계

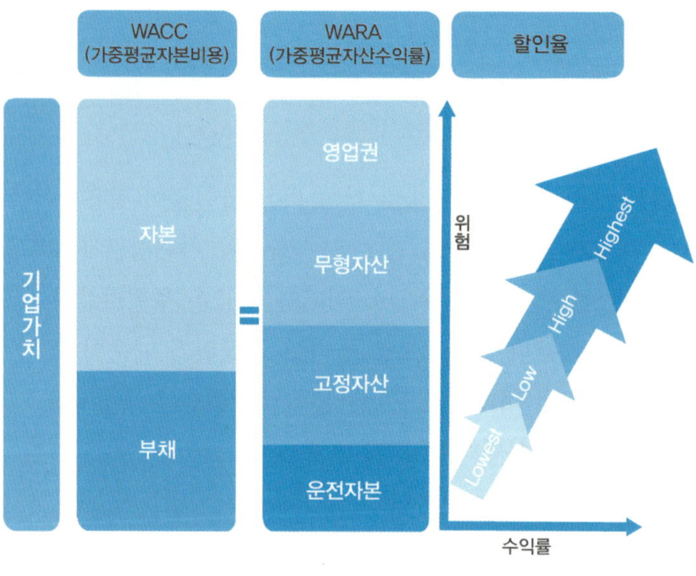

(4) 고객감모율 CAR과 CAC의 추정

고객감모율 customer attrition rate: CAR이란 사업결합을 통하여 취득한 고객관련 무형자산 customer -related intangible assets의 평가를 위하여 피인수회사의 기존고객이 얼마나 인수회사의 경제적 이익 창출에 기여할 수 있는 지를 분석하는 계량지표이다. 즉 피인수 회사의 과거 고객수 변동추이에 대한 분석 및 예측을 통하여 기존고객의 감모율을 추정하여야 한다. 이때 특히 고객감모율이 고객관계 가치에 미치는 영향은 매우 크기 때문에 과거자료는 물론 미래예측 자료를 정밀하게 검토 분석해야 할 것이다. 또한 회사가 속한 산업의 동향 분석 및 향후 전망도 기업의 현금흐름과 향후의 기업가치를 좌우하는 중요한 변수로서 고객감모율에 결정적인 영향변수가 된다.

한편 기여자산공헌율(액) contributory asset charges: CAC이란, 그 이익을 창출하는 데 사용된 다른 모든 자산들의 시장기대이익을 의미한다. 즉 특정 무형자산으로 인해 실현된 전체적인 가치 중에서 대상자산 이외의 기타자산에 의한 공헌도를 의미한다. 다기간초과이익법을 적용하여 대상 무형자산을 평가하기 위해서는 무형자산 현금흐름에 기여한 다른 자산의 기여자산공헌율을 차감해야 하며, 일반적으로 가장 중요하게 판단되는 핵심무형자산 core intangible asset에 대하여 다기간초과이익법을 적용하기 때문에 유의하여야 한다. 또한 다른 무형자산을 다기간초과이익법으로 중복 사용할 수 없으므로 평가방법 선택 시 신중하게 판단해야 할 것이다.[69] 이에 대하여는 이미 제4장에서 자세히 설명하였다.

2 매수가격배분법 PPA method

2.1 매수가격배분의 목적

앞에서 우리는 사업결합시 인수대상 회사의 자산 및 부채가 모두 공정가치로 평가되고, 기존에 인식되지 않았던 무형자산이 새로이 추가 인식됨에 따라 매수대가와 장부가액의 차이를 공정가치로 평가된 자산에 배분하는 방법에

[69] 권수영, et. al., 사업결합 시 무형자산의 평가절차 및 평가기법과 영업권 손상평가, 2011, pp. 64~66.

대하여 살펴보았다. 이렇게 대상회사의 자산과 부채를 공정가치로 평가한 후 매수가격을 공정가치로 배분하는 방법을 매수가격배분법 purchase price method: PPA 이라고 한다.

만일 사업결합시 매수가격과는 관계없이 종속기업의 식별가능한 무형자산을 개별적으로 평가하여 다른 자산의 공정가치와 단순 합산한다면, 취득한 유·무형자산의 공정가치 합계가 매수가액과 일치하지 않을 수 있기 때문에 공정가치 평가의 신뢰성을 크게 저하시킬 우려가 있다. 그러므로 이러한 문제점을 사전에 방지하고자 K-IFRS 1103호(사업결합)에서는 사업결합시에 매수가격배분법에 의하여 매수가격을 무형자산에 적의 배분하도록 규정하고 있다.

이와 같이 매수가격배분법은 사업결합 과정에서 인수대상 종속기업의 재무제표에 기록된 자산과 부채뿐만 아니라 식별가능 무형자산을 공정가치로 측정하여 이에 따라 매수가격을 배분하는 것이다. 즉 사업결합시 취득기업은 종속기업의 자산과 부채의 공정가치를 측정하고, 공정가치를 기준으로 매수가격을 우선적으로 배분한다. 공정가치로 측정하는 자산에는 재무제표에 기록된 자산·부채뿐만이 아니라 기록되지는 않았지만 식별가능 무형자산과 우발부채의 공정가치도 함께 측정한다.

여기서 식별가능 무형자산이란 피취득기업의 장부에 계상되어있지 않더라도 계약상 또는 기타 법적권리에서 발생하거나 다른 자산과 분리가능한 무형자산을 의미한다. 사업결합시 취득기업이 지급한 매수가격은 이 공정가치를 기준으로 해당 자산과 부채에 우선적으로 배분하고, 그 나머지 가액은 영업권으로 산정한다. 여기서 공정가치의 측정은 취득기업의 입장에서 종속기업의 자산과 부채를 재평가하여 산정하는 것이므로 사업결합 이전에 종속기업의 재무제표에 계상한 영업권이나 이연법인세 등을 계상해서는 안 된다. 사업결합시 매수가격배분은 일반적으로 다음과 같은 4단계 절차를 거쳐 이루어진다.

1단계 : IRR과 가중평균자본비용 추정을 위한 종속기업 가치 평가
2단계 : 종속기업의 식별가능 무형자산 인식

3단계 : 무형자산 공정가치 평가
4단계 : 영업권 가치할당 및 평가결과의 조정

2.2 영업권 구성요소와 배분

사업결합시 취득한 영업권에 대하여 손상징후가 있을 경우에는 매년 손상검사를 하여야 한다. 영업권은 그 자체로는 독립적으로 현금흐름을 창출 할 수 없기 때문에 손상검사 목적상 사업결합시 취득한 영업권은 현금창출단위 cash generating unit: CGU 또는 현금창출단위그룹 cash generating unit group: CGUG에 배분하여야 한다. 100% 미만 지분소유 사업결합시 취득한 영업권은 비지배지분이 포함된 현금창출단위(그룹)에 배분된다.

이렇게 부분지분소유 사업결합을 통해 취득한 영업권의 손상평가 시에는 영업권의 손상평가뿐만이 아니라 손상차손을 지배지분 controlling interest과 비지배지분에 배분하는 것까지 고려해야 한다. 영업권은 사업결합시 모든 식별가능한 자산, 부채, 우발채무 등을 제외한 잔여가치로서 사업결합시 사업취득자는 영업권을 인식하게 된다. 비록 영업권이 독자적으로 현금흐름을 창출할 수는 없지만, 영업권은 다음의 가치발생요인들을 포함하고 있다고 볼 수 있다.

1. 사업결합을 통한 미래 시너지 효과의 가치
2. 식별할 수 없는 무형자산(예 : 조직화된 노동력, 비계약적 고객관계, 고객인지도, 환경적, 지리적 입지조건 등)
3. 공정가치로 측정할 수 없는 자산과 부채(예 : 이연법인세, 종업원복지 등)

이와 같은 영업권 구성요소의 인식과정은 사업결합으로 취득한 영업권을 사업결합을 통해 시너지를 얻거나, 식별가능하지는 않지만 존재하고 있는 무형자산들이 가지고 있는 가치를 현금창출단위(그룹)에 배분하는데 도움을 줄 수 있다. 배분된 영업권은 현금창출단위(그룹)의 장부금액을 구성한다. 잠재적인 손상징후의 파악은 사업결합시 취득한 영업권이 배분된 현금창출단위의 장부금액과 사용가능금액을 비교함으로써 시작된다. 몇몇 경우에는 사업결합

시 인식한 식별가능한 순자산의 공정가치는 완전히 확정되지 않은 취득시의 잠정적, 임시적인 가치일 수 있다.

이 경우 잔여가치로서의 영업권도 마찬가지로 사업결합 이후 상당기간 동안 잠정공정가치 provisional fair value로서 존재하게 된다. 따라서 종속기업 순자산의 공정가치를 확정하였을 때 영업권의 가치도 함께 결정된다. 이 경우 사업결합시 잠정적으로 결정된 영업권의 가치가 나중에 완전한 공정가치로 결정됨으로써 발생하는 변동액은 손상으로 보지 않는다.

2.3 매수가격배분법의 적용 절차

매수가격배분법 PPA method을 적용하여 인수대상회사의 매수가격을 각 자산에 배분하고 무형자산과 영업권을 평가하는 절차를 4단계로 나누어 설명하면 다음과 같다.[70]

• 1단계 (IRR 및 WACC 추정을 위한 종속기업 가치평가)

종속기업의 가치평가는 종속기업의 내부수익률 internal rate of return: IRR과 가중평균자본비용 WACC을 추정하고 이를 통해 식별가능 무형자산의 공정가치 평가를 위한 기본 가이드라인을 제공하기 위해 수행된다. 종속기업의 가치평가는 취득기업과는 독립된 관점에서 미래 현금흐름의 현재가치를 추정함으로써 산출된다. 미래 현금흐름의 현재가치는 취득기업이 지출한 매수가격과 일치하도록 할인율을 조정해야 하며, 이렇게 조정된 할인율은 이 사업결합 거래에서의 내부수익률이 된다. 내부수익률이 결정되면 종속기업의 가중평균자본비용을 산출한다. 내부수익률은 종속회사의 규모에 따른 프리미엄과 다음과 같은 기업고유의 비체계적 위험을 함께 고려하여 산출한다.

- CEO의 자질과 능력
- 핵심 고객에 대한 의존도
- 핵심 공급자에 대한 의존도

---

[70] *op. cit.* pp. 51~52.

- 품목 및 서비스의 다양성
- 임직원의 능력과 노사관계

이렇게 산출된 종속기업의 가중평균자본비용을 내부수익률과 비교한다.

- **2단계 (종속기업의 식별가능 무형자산 인식)**

종속기업의 무형자산을 파악하기 위해서는 종속기업의 핵심가치동인 main business value driver이 무엇인지를 먼저 파악해야 한다. 그 다음 종속기업이 속한 산업, 시장, 국가의 경제상황 등과 같은 거시적인 지표들을 분석하고, 순차적으로 영업과 관련된 고객자료, 공급자들과의 계약 등 기업내부의 자료를 검토한다. 무형자산의 식별은 먼저 취득 또는 개발 사유를 분석하고, 개발 및 취득과 관련된 이사회 회의록이나 계약서 등의 문서가 존재하는지를 확인한다. 다음으로 K-IFRS 제1038호(무형자산)에서의 인식 및 식별 요건을 충족하는지를 확인한다. 마지막으로 식별가능 무형자산을 인식한 후에는 상대적인 중요성에 근거하여 인식의 우선순위를 결정한다.

- **3단계 (무형자산의 공정가치 평가)**

인식된 무형자산은 자산 종류와 특성에 따라 수익방식(로열티면제법, 현금흐름할인법), 원가방식, 비교방식 등의 평가방법을 이용하여 적절하게 평가한다. 해당 무형자산이 거래되는 활성시장이 존재하는 경우에는 시장 호가나 비교대상 거래를 이용한 비교방식을 적용할 수 있지만, 해당 무형자산이 거래되는 활성시장이 존재하지 않는 경우 수익방식과 원가방식을 이용하여 공정가치를 평가한다.

- **4단계 (평가결과의 검토 및 조정)**

무형자산의 공정가치가 결정되면 앞서 종속기업의 전체가치를 산출하는데 이용된 내부수익률과 가중평균자본비용이 상호 일치하는지를 확인하기 위해 각 무형자산의 가중평균자산수익률 WARA을 계산한다. 가중평균자산수익률은 각 무형자산에 대한 수익률 rate of return: ROR에 의해 계산된 평가가치비율을 이용하여 계산한다. 만약 WARA와 자산별 수익률이 일치하지 않을 경우 이를 재조정하는 과정을 거친다. 조정과정을 거친 후 산출된 평가결과는 동종 산업 내의 다른 거래에서 적용된 내부수익률이나 다른 사례에서의 무형자산 평가가액과 비교 검토한다. 다른 사례들과 비교할 때에는 매수금액에서 무형자산의 평가가액이 차지하는 비중, 매수금액에서 영업권 평가액의 비중, 전체 무형자산 중에서 영업권 평가액의 비중 등을 재검토하여 조정하여야 한다.

2.4 무형자산 및 영업권의 평가

매수가격배분법 PPA method을 적용하여 인수대상회사의 무형자산과 영업권을 평가하는 방법을 ① 마케팅관련 무형자산 ② 고객관련 무형자산 ③ 기술기반 무형자산 ④ 계약기반 무형자산 등으로 나누어 설명하면 다음과 같다.

(1) 계약기반 무형자산 contract based intangible assets

계약가격이 시장조건에 비하여 유리하기 때문에 고용자의 관점에서 유리한 고용계약은 계약에 기초한 무형자산의 한 유형이다. 다만 조직화된 노동력 assembled workforce 중에서 구체적으로 식별가능한 유리한 계약부분에 한정하여 산정된다. 따라서 유리한 고용계약의 완전성을 확인하기 위하여는 회사가 보유하고 있는 고용계약서를 검토하여 과연 시장조건에 비하여 유리한 고용계약이 성립되어 있는지 여부를 검토하여야 한다.

그러나 기업은 대개 숙련된 종업원으로부터 발생하는 미래 경제적 이익에 대해서 일반적으로 무형자산의 정의를 충족하기에 충분한 통제를 가지고 있지 않다. 이 경우 계약보너스는 무형자산으로 인식되지 않고, 발생 시에 비용으로 처리되어야 할 것이다. 새로 고용되는 종업원은 계약기간 중 퇴사할 수도 있고, 관련 기술을 다른 곳에서 사용할 수도 있으므로, 계약보너스는 기업이 통제할 수 있는 미래 경제적 이익에 대한 권리를 확보하는 것이 아니다.[71]

그러나 만약 고용계약서에 종업원이 퇴사하는 경우 계약보너스를 회수할

[71] 한국채택국제회계기준, 기업회계기준서, 제1038호 문단15

수 있고 경쟁자에게 이 종업원을 고용하지 못하도록 할 수 있는 강제적인 비경쟁합의 non-compete agreement가 있다면, 이러한 고용계약은 무형자산으로 인식될 수 있을 것이다. 사업결합에서도 고용관계와 관련된 무형자산이 발생할 수 있다. 사업결합에서 취득한 무형자산이 식별가능하다면, 즉 분리가능하거나 계약상 또는 기타 법적 권리에서 발생한다면, 별도의 무형자산으로 인식된다. 만약 사업결합에서 발생한 고용계약의 계약가격이 시장조건에 비하여 유리하다면 고용자의 관점에서 계약에 기초한 무형자산이 인식될 것이다.그러나 실무에서 고용계약을 무형자산으로 부채로 인식하는 경우는 드물다. 왜냐하면, 종업원은 비교적 짧은 기간의 통보로 퇴사할 수도 있으며, 고용계약은 강제할 수 없고, 특정 종업원에 대한 시장의 보상기준을 확인하는 것도 어렵기 때문이다. 그러나 대상기업이 다음과 같이 프로스포츠단을 취득하였을 때를 가정하면 상황은 전혀 다를 수 있다.

> "A그룹은 B프로축구단을 취득하였다. B프로축구단 소속의 선수들은 계약기간 중에 이 프로축구단을 떠날 수 없고, 다른 축구단에 입적하여 프로선수로 활동할 수도 없는 고용계약이 체결되어 있다."

이러한 계약은 고용관계 무형자산이나 부채로 인식하게 될 것이다. 왜냐하면, 이러한 계약관계가 계약에 기초하여 무형자산의 식별가능성을 충족하고 관측 가능한 시장에서 거래될 수 있어 분리가능하기 때문이다. 또한 이러한 계약이 비경쟁합의조항을 포함할 수도 있다. 이러한 비경쟁합의는 가치를 가질 것이며, 그러한 계약이 사업결합의 일부일 경우에는 비경쟁합의의 가치는 별도의 무형자산으로 측정되어야 할 것이다.

이와 같이 시장조건에 비하여 유리한 고용계약의 평가에는 대치원가법 cost estimated to replace asset이 적용될 수 있다. 대치원가법이란 해당 무형자산을 재창출하거나 대체할 경우 소요되는 원가를 의미하며, 그 평가절차는 다음과 같이 7단계로 나누어 설명할 수 있다.[72]

---

[72] 전게서, pp. 112~ 114.

• **1단계 (부문별 연간총인건비의 산정)**

시장조건에 비하여 유리한 고용계약이 되어있는 종업원들에 대해 부문별로 분류하고 각 부문별 연간총인건비를 산정한다.

• **2단계 (부문별 인원수 및 연간평균인건비의 산정)**

시장조건에 비하여 유리한 고용계약이 되어있는 종업원들의 부문별 인원수를 산정하고, 총인건비를 해당 인원수로 나누어 부문별 연간평균인건비를 산정한다.

• **3단계 (채용비용의 산정)**

인건비대비 채용비용 비율을 파악하여 부문별 채용비용 recruitment costs을 산정한다.

• **4단계 (교육훈련비용의 산정)**

인건비대비 교육훈련비용 비율을 대상회사 각 부문별로 파악하여 부문별 교육훈련비용 training costs을 산정한다.

• **5단계 (총대치원가의 산정)**

앞의 3~4단계에서 산정한 채용비용과 교육훈련비용을 합산하여 총대치원가를 산정한다.

• **6단계 (대치원가 발생에 따른 절세효과 차감)**

채용비용과 교육훈련비용의 발생에 따른 법인세 절세효과 tax shield effect를 총대치원가에서 차감한다. 왜냐하면 해당절세효과는 해당 무형자산이 아닌 비용발생에 따른 법인세 감소분이기 때문이다.

• **7단계 (상각절세효과 가산)**

해당 무형자산으로부터 기대할 수 있는 절세효과를 고려해야 한다. 상각절세효과 Tax Amortization Benefit: TAB는 일반적으로 상각절세효과 증가요소 step-up factor TAB를 적용하여 산출한다.

(2) 마케팅관련 무형자산 marketing related intangible assets

마케팅관련 무형자산이란, 등록상표 established trademarks, 상표권 trademarks, 서

비스마크, 단체마크 collective marks 및 인증마크를 포함한다. 등록상표, 상표명은 제품의 원천을 나타내고, 다른 제품과 구분하기 위하여 거래에서 사용하는 단어, 이름, 상징, 또는 그 밖의 도안을 말한다. 서비스마크는 제품보다는 용역의 원천을 식별하고 구분한다. 단체마크는 단체 구성원들의 제품과 용역을 식별한다. 인증마크는 제품과 용역의 원산지나 그 밖의 특성을 증명한다. 등록상표, 상표명, 서비스마크, 단체마크 및 인증마크는 정부기관에 등록하거나 상업적으로 계속 사용하거나 또는 그 밖의 방법에 의해 법적으로 보호받을 수 있다. 등록이나 그 밖의 방법에 의해 법적으로 보호받는 경우, 사업결합에서 취득한 등록상표나 그 밖의 마크는 계약적 · 법적기준을 충족하는 무형자산이다. 그렇지 않다면 사업결합에서 취득한 등록상표나 그 밖의 마크는 일반적으로 분리가능성 기준을 충족하는 경우 영업권과 별도로 인식할 수 있다.

등록상표 그리고 그 밖의 마크와 동의어로 종종 사용되는 '브랜드'나 '브랜드명'이라는 용어는 등록상표(또는 서비스마크), 이와 관련된 상표명, 공식, 조리법, 그리고 기술적 전문지식과 같이 서로 보완적인 자산집합을 나타내는 일반적인 마케팅 용어이다. 기업회계기준서 제1103호는 집합을 구성하는 자산들이 유사한 내용연수를 갖는 경우 일반적으로 브랜드로 불려지는 서로 보완적인 무형자산 집합을 영업권과 분리하여 단일 자산으로 인식하는 것을 배제하지 않는다.[73]

회사가 보유하고 있는 등록상표 등을 관련 서류, 장부, 회사 담당자와의 인터뷰 등을 통해 검토한다. 또한 과거사용 내역 및 향후 사용계획에 대해서도 검토가 이루어져야 한다. 특히 재무상태표에 계상되어 있는 산업재산권을 중심으로 구성내역을 살펴본다. 산업재산권은 좁은 의미에서는 특허권, 실용신안권, 디자인권, 상표권 및 서비스표권을 말하며, 넓은 의미에서는 노하우 know-how권, 미등록주지상표권 등 산업상 보호 가치가 있는 권리를 모두 포함한다. 등록상표와 같이 소유자가 사용자에게 사용허가권을 줄 수 있는 자산에

[73] 기업회계기준서 제1103호 IE19~IE21

대한 가치평가시 주로 로열티면제법 relief from royalty method: RFRM을 사용한다. 로열티면제법이란, 등록상표 등으로 인해 창출될 미래현금흐름에 적절한 로열티율 royalty rate을 곱하여 매년 절감한 로열티 금액을 산정하고 이를 현재가치로 할인하여 해당 등록상표 등의 가치를 산출하는 방법이다.

로열티 절감액은 해당 등록상표 등과 관련된 제품, 상품, 서비스의 판매로 인해 기대되는 매출액에 독립된 제3자간의 거래인 정상로열티율 arm's-length royalty rate을 적용하여 계산한다. 정상 로열티율은 자발적인 소유자 licensor가 자발적인 사용자 licensee에게 해당 자산의 사용에 대해 적용되는 요율이며, 대개 순매출액의 일정비율로 표시된다. 로열티면제법을 사용하여 등록상표 등을 평가하는 방법을 6단계로 나누어 설명하면 다음과 같다.[74]

- **1단계 (내용연수의 추정)**

과거 동일업종 내 사례를 검토하여 등록상표 등의 평균 내용연수를 파악한다. 평균 내용연수에서 해당 등록상표 등의 사용기간을 차감하여 잔존 내용연수를 산정한다.

- **2단계 (매출액의 추정)**

업종 및 개별 기업의 특성을 고려하여 매출액을 추정한다. 특히 통신업종, 인터넷 관련업종, 유통업종 등의 경우 가입자당 또는 고객당 평균수익 average revenue per unit: ARPU의 추이를 고려하여 등록상표 등의 잔존 내용연수 동안의 매출액을 추정한다. ARPU는 판매단가의 개념이며 과거 매출액 변동추이, 향후 산업 전망, 업종 내 경쟁기업 간 경쟁강도 등을 통해 추정할 수 있다. 또한 매출액 추정 시에는 유지율 retention factor을 고려해야 한다. 등록상표 등의 가치는 최종 내용연수에 한꺼번에 소멸하는 것이 아니라, 내용연수에 걸쳐 점진적으로 소멸한다고 가정하는 것이 합리적이다. 매년 추정 총매출액에 연평균 유지율을 곱하여 추정 순매출액을 산정한다.

---

[74] 전게서, p.95

- **3단계 (로열티율의 추정)**

로열티면제법에서 로열티율은 가장 중요한 요소이다. 독립적 관계인 소유자 licensor와 사용자 licensee는 전략적 측면, 경제적 측면 및 법률적 측면을 고려하여 로열티율을 협상하게 된다. 거래 조건에 따라 거래 당사자들의 위험이 달라지기 때문에 시장에서 해당 등록상표 등과 비교가능한 유사거래를 찾기가 쉽지 않다. 법적으로 특정 등록상표 등의 대여가 금지되어 있는 경우도 있다. 업종관행, 과거 경험, 내부적 정보 및 외부적 공개정보를 이용하여 로열티율을 산정한다.

- **4단계 (ATCF의 산정)**

추정순매출액에 로열티율을 곱하여 '세전 로열티액'을 산정하고, '세전 로열티액'에서 '법인세 비용'을 차감함으로써 ATCF을 산출한다. 법인세 비용 산정 시 향후 인하정책 등을 고려한 법인세율을 적용한다.

- **5단계 (할인율의 추정)**

ATCF에 적정한 할인율을 사용하여 미래 세후 로열티액을 기준시점 현재의 가치로 할인한다. 등록상표 등의 경우 현금흐름추정의 불확실성을 고려하여 회사의 가중평균자본비용 WACC에 추가 리스크프리미엄을 합산하여 적용하는 것이 일반적이다. 자기자본비용의 산출방법에는 배당평가모형 dividend valuation model과 자본자산가격결정모형 CAPM이 있다.

배당평가모형의 경우 우리나라 실정과 같이 기업의 안정적인 배당정책이 없는 경우 배당정책에 대한 가정을 해야 되므로 통상 CAPM을 사용한다. CAPM에 의하여 산출되는 주식의 기대수익률은 투자자가 그 주식에 대하여 요구하는 요구수익률 required rate of return이며, 무위험수익률에 주식의 위험프리미엄을 추가하여 산출한다. 한편 주식의 위험 프리미엄은 주식시장의 위험프리미엄에 해당 기업의 베타값을 곱하여 산출할 수 있다.

$$E(R_i) = R_f + \beta i[E(R_m) - R_f]$$

$E(R_i)$: i 주식의 기대수익률, R_f : 무위험수익률, β_i : i 주식의 베타값
$E(R_m)$: 시장의 기대수익률, $E(R_m)-R_f$: 주식시장 위험프리미엄

여기서 무위험수익률은 정부발행채권 수익률, 공채수익률, 또는 은행보증회사채 수익률 등을 사용한다. 시장에서 무위험증권의 대용으로 사용할 수 있는 증권으로는 미국에서는 국채 treasury security를 이용하며, 국내에서는 국고채 수익률이나 만기가 긴 국민주택채권 수익률을 대용치로 사용할 수 있다.

주식시장 위험프리미엄은 과거 종합주가지수 수익률 등 주식시장의 시장 수익률을 근거로 측정할 수 있으나, 측정기간에 따라 결과치가 달라지고 변동성이 매우 심하므로 주관성이 개입될 여지가 크다. 따라서 실무에서는 일반적으로 국내 신용평가기관 및 Bloomberg 등 명성있는 기관들이 발표한 기대치를 조정한 수치를 이용하게 된다.

한편 β값은 주식의 체계적 위험을 나타내는 계수로서 개별주식의 수익률이 시장수익률의 변동에 얼마나 민감하게 반응하는가를 나타낸다. 과거의 주가 자료를 이용하여 개별 주식수익률과 시장수익률의 회귀분석으로 계산되며, 측정기간이나 측정간격(연간, 월간, 주간, 일일)등에 따라 다른 결과가 나온다.

주식이 시장에서 거래되지 않는 비상장주식의 경우에는 자기자본비용을 추정하기 위하여 대용회사(주식이 시장에서 거래되고 영업위험과 재무레버리지 측면에서 유사한 기업)의 베타값을 이용하며, 통상 다음의 Hamada공식을 적용하여 산출한다.

$$\beta_L = \beta_u + \beta_u(1 - t_c)\frac{D}{E}$$

$$K_e = R_f + [E(R_m) - R_f]\beta_L$$

β_L : 부채사용기업의 자기자본 베타계수, β_U : 무부채기업의 자기자본 베타계수
D : 부채의 시장가치, E : 자기자본의 시장가치, t_c : 법인세율

• **6단계 (상각절세효과의 가산)**

수익방식으로 무형자산을 평가할 경우 해당 무형자산으로부터 기대할 수 있는 절세효과를 고려해야 한다. 상각절세효과 Tax Amortization Benefit: TAB를 추정하기 위해서는 각 자산의 상각 가능성, 적정 할인율, 세법상 상각기간, 해당

법인세율 등을 고려해야 한다. 현행 세법에 의하면 내용연수가 5년 미만일 경우 5년, 5년 이상일 경우 해당 기간이 세법상 상각기간에 해당한다. 무형자산 상각비는 무형자산의 평가액을 대상으로 계산이 이루어져야 하나, 무형자산의 가치를 산정하기 위해서는 상각절세효과가 합산되어야 하므로 순환문제가 발생하게 된다.

따라서 이러한 순환문제를 해결하기 위해 증가요소 step-up factor를 적용하여 상각절세효과를 산정한다. 세후 현금흐름인 로열티액의 현재가치 합에 상각절세효과를 합산하여 최종적으로 등록상표 등의 평가액을 산정한다. 그러나 시장가치를 평가하는 경우 TAB로 인한 가치증가는 시장참가자에게 통상 이용가능한 경우에 한정된다. 즉 TAB 가산은 세금상각효과를 이용할 수 있는 기업에 대하여만 이루어져야 한다.

(3) 고객관련 무형자산 customer related intangible assets

1) 고객목록 등의 인식

고객관련 무형자산 가운데 고객목록 등이란, 고객목록, 고객계약 및 관련 고객관계, 비계약적 고객관계를 포함한다. 고객목록은 고객명단과 계약정보와 같은 고객에 관한 정보로 구성된다. 또한 고객목록은 고객의 주문내력과 인구통계학적 정보와 같은 고객에 관한 그 밖의 정보를 포함한 데이터베이스의 형태로 존재할 수도 있을 것이다. 고객목록은 일반적으로 계약이나 그 밖의 법적 권리에서 발생하는 것이 아니다. 그러나 고객목록은 종종 리스되거나 교환된다.

따라서 사업결합으로 취득한 고객목록은 분리가능성 기준을 일반적으로 충족한다. 고객계약 및 관련 고객관계, 즉 기업이 계약을 통해 고객과의 관계를 형성하는 경우, 그러한 고객관계는 계약적 권리에서 발생한다. 따라서 비밀유지 조건이나 그 밖의 계약적 조건으로 인해 피취득자와 분리하여 계약의 판매나 이전이 금지되는 경우에도 사업결합에서 취득한 고객계약 및 관련 고객관계는 계약적 · 법적기준을 충족한다. 고객계약 및 관련 고객관계는 두 가지로 구분되는 무형자산을 나타낼 수 있다. 두 자산의 내용연수와 경제적 이익이 소비되는 행태는 모두 다를 수 있다. 다음과 같이 사업결합에서 취득한 고객관계는 계약적 · 법적기준을 충족한다고 볼 수 있다.

1. 기업이 고객에 대한 정보를 가지고 고객과 정기적으로 접촉하며, 고객은 그 기업과 직접적인 접촉을 할 수 있는 능력이 있다면, 기업과 고객 사이에 고객관계가 존재한다.
2. 취득일에 계약이 존재하는지에 상관없이 기업이 고객과 계약을 체결하는 관행이 있다면, 고객관계는 계약적 · 법적 기준을 충족한다

고객관계는 판매나 서비스 담당자에 의한 정기적인 접촉과 같이 계약 이외의 방법에 의해 발생할 수도 있다. 비계약적 고객관계, 즉 사업결합에서 취득한 고객관계가 계약에서 발생하지 않은 경우라 할지라도 그 관계가 분리가능하기 때문에 식별가능할 수도 있다. 다른 기업이 특정 유형의 비계약적 고객관계를 매각하였거나 이전하였다는 것을 나타내는 동일한 자산이나 유사한 자산의 교환거래가 있다면 그러한 거래는 그 관계가 분리가능하다는 증거가 될 것이다.

2) 완전성 검토

고객목록 및 이에 해당하는 정보가 완전한지를 검토하기 위하여 회사가 이를 어떻게 보유하고 있는지를 우선 검토한다. 일반적으로 고객목록은 고객관계의 원천이 되는 자료이므로 고객관계의 일부로 보아 고객관계에서 평가한다. 기업이 계약을 통해 고객과의 관계를 형성하는 경우 기업이 고객에 대한 정보를 가지고 고객과 정기적으로 접촉하고 있는지를 평가한다. 기존의 계약에 근거하여 향후 창출될 것으로 예상되는 경제적 이익을 측정하여 무형자산으로 계상하여야 한다. 비계약적 고객관계는 현재 고객계약이 없더라도 고객과의 관계로 인하여 향후 달성될 수 있는 경제적 이익을 신뢰성 있게 측정하여 무형자산으로 계상하는 것이며, 일반적으로 고객계약 및 관련 고객관계와 같이 평가가 이루어진다.

3) 평가방법 및 절차

고객목록 등과 같이 수익을 창출하는 자산에 대해 다기간초과이익법 MPEEM이 사용될 수 있다. 이 방법은 일반적으로 수익을 창출하는 자산의 공정가치 평가에 적용되며, 가장 중요한 자산 및 가장 마지막에 수행하는 무형자산 평가방법이다. 또한 해당 무형자산이 독창적인 제품을 생산하는데 사용되거나 해당 무형자산이 산업 내에서 경쟁하기 위한 것이라면 다기간초과이익법이 이용될 수 있다. 다기간초과이익법은 해당 무형자산의 내용연수 동안 해당 자산으로부터만 발생하는 수익과 비용을 추정해야 한다. 따라서 추정이익에서 기여자산공헌액 contributory asset charge을 차감해야 한다. 기여자산공헌액은 기존 고객으로 인한 추정이익을 창출하는데 사용된 모든 다른 자산의 시장기대이익을 가리킨다. 다기간초과이익법 MPEEM의 적용을 위한 평가절차를 8단계로 나누어 설명하면 다음과 같다.[75]

- **1단계 (기존 고객으로 인한 매출액의 추정)**

회사가 제시한 과거 실적을 바탕으로 기존 고객으로 인한 매출액을 추정하며, 과거 실적 분석시 관계기업간 매출은 기존 고객으로 인한 매출이 아니므로 제외하는 것이 일반적이다. 통신업종, 인터넷 관련업종, 유통업종 등의 경우 가입자당 또는 고객당평균수익 average revenue per unit: ARPU의 추이를 고려하여 매출액을 추정한다. ARPU는 판매단가의 개념이며 과거 매출액 변동추이, 향후 산업 전망, 업종 내 경쟁기업 간 경쟁강도 등을 통해 추정할 수 있다.

- **2단계 (고객감모율의 추정)**

사업결합 당시 기존 고객이 향후 100% 잔류하지 않는 이상 기존 고객으로 인한 매출액은 점진적으로 감소할 것이다. 신규 고객으로 인한 매출액은 평가대상에서 제외된다. 따라서 기존 고객으로 인한 매출을 추정하기 위해서 고객감모율 customer attrition rate을 고려해야 한다. 고객의 수명분석 lifing analysis을 위해

[75] 전게서, pp.101~106.

서 보험통계기반의 퇴직률방법 actuarial-based retirement rate method을 적용하며 이 때 일반적으로 Iowa Curve가 이용된다. Iowa Curve는 가장 일반적으로 이용되는 표준 생존곡선으로 실제 데이터를 통해 분석된 생존곡선에 가장 부합하는 곡선으로 알려져 있다. 이러한 수명분석의 목적은 고객의 미래 이탈 특성을 예측할 생존곡선을 추정하는 것이다.

• **3단계 (EBITDA의 추정)**

EBITDA earnings before interests, taxes, depreciation and amortization는 지급이자, 법인세 등, 감가상각비, 무형자산상각비 차감전이익으로 영업이익 EBIT에 감가상각비와 무형자산상각비를 합산하여 산출할 수 있다. 회사가 제시한 과거 실적 및 중장기 계획 등을 바탕으로 매출액대비 EBITDA이익률을 추정한다. 일반적으로 추정 매출액에 추정 EBITDA이익률을 곱하여 EBITDA를 산출하며 영업비용은 역산하여 산출한다.

• **4단계 (신규고객 획득비의 가산)**

EBITDA를 추정한 이후에는 신규 고객 획득비를 가산해 준다. 고객목록 등의 무형자산 공정가치 평가는 기존 고객만을 대상으로 하므로 추정매출액도 기존 고객만을 대상으로 산정하였듯이 신규 고객 유치를 위한 비용은 영업비용에서 제외되어야 한다. 따라서 신규 고객 획득비는 다시 가산해 주어야 한다. 신규 고객 획득비의 추정을 위하여 과거 영업비용 대비 신규 고객 획득비의 비중을 검토하고 회사의 향후 계획 등을 고려한다.

• **5단계 (기여자산공헌율의 차감)**

기존 고객으로 인한 추정 현금흐름에서 기여자산공헌율(액) CAC을 차감하여 세전현금흐름 BTCF을 산정한다. 기여자산공헌율은 특정 무형자산과 관련한 현금흐름 중에서 해당 무형자산 이외의 자산에 의해 공헌된 원가를 의미한다. 기여자산공헌율은 기존 고객으로부터 현금흐름을 창출하기 위하여 필요한 모든 기타자산(순운전자본, 유형자산, 노동력 등)을 가상의 독립된 제3자로부터 리스 혹은 임차한다는 가정 하에 산출하게 된다. 기여자산공헌율을 산출하는 주요 방법으로는 다음에 설명하는 총리스료법 gross lease method과 자산수익률법 return on asset method이 있다.

① **총리스료법** gross lease method 총리스료법의 경우, 기여자산공헌율을 리스료와 유사한 개념으로 정의한다. 리스 이용자가 지불하는 리스료에는 기여자산을 할부 구매한다고 가정할 경우의 연간구매원가 및 이에 대한 이자비용이 함께 포함되어 있다고 볼 수 있다. 이때 기여자산에 대한 연간 구매원가는 해당 자산에 대한 감가상각비와 유사한 개념으로 볼 수 있다. 따라서 총리스료법에서의 기여자산공헌율은 감가상각비 차감전이익인 EBITDA로부터 차감한다.

② **자산수익률법** return on asset method 자산수익률법의 경우에는 기여자산에 대한 이자비용만을 기여자산공헌율의 개념으로 보기 때문에 기여자산공헌율은 감가상각비 차감 후 이익인 영업이익 EBIT으로부터 차감된다. 이론적으로 두 방법 중 어떠한 방법을 이용하더라도 기여자산공헌율 CAC은 유사한 결론에 도달하게 된다.

- **6단계 (ATCF의 산정)**

세전현금흐름에서 법인세 비용을 차감함으로써 세후현금흐름 ATCF을 산출한다. 법인세 비용 산정 시 향후 인하정책이 발표되어 있다면 이를 고려한 법인세율을 적용한다.

- **7단계 (ATCF의 할인)**

ATCF에 적절한 할인율을 적용하여 기존 고객으로 인한 미래 ATCF를 기준시점 현재의 가치로 할인한다. 고객목록 등의 경우 현금흐름 추정의 불확실성을 고려하여 회사의 WACC에 추가 리스크 프리미엄을 합산하여 적용하는 것이 일반적이다.

- **8단계 (상각절세효과의 가산)**

수익방식으로 무형자산을 평가할 경우 해당 무형자산으로부터 기대할 수 있는 절세효과 tax shield effect를 고려해야 한다. 상각절세효과는 일반적으로 절세효과 증가요소 step-up factor TAB를 적용하여 산출한다.

(4) 기술기반 무형자산 technology based intangible assets

기술기반 무형자산이란, 법적으로 보호받는 특허권이나 저작권과 같이 사업결합으로 취득한 식별가능한 기술관련 무형자산이다. 비록 특허되지 않은 unpatented 기술이라 할지라도 매출에 영향을 주는 원가절감노하우나 제조비법 가운데 분리가능하거나 식별할 수 있다면, 이 역시 기술기반무형자산의 범주에 속하는 것이다. 기술기반 무형자산의 종류에는 다음과 같은 자산항목들이 있다.

1. 특허된 기술
2. 컴퓨터 소프트웨어
3. 특허되지 않은 unpatented 기술
4. 데이터베이스(타이틀 플랜트 포함)
5. 상표상의 비밀(비밀공정, 제조법 등 포함) 기타

대상회사의 기술기반 무형자산을 평가하기 위하여는 유무법 with-and-without method을 적용할 수 있으며, 만약 기술기반 무형자산이 대상기업의 핵심무형자산으로서 매출에 미치는 영향이 가장 큰 경우에는 다기간초과이익법 MPEEM을 이용하여 평가할 수도 있다. 유무법 with-and-without method을 적용할 경우에도 평가결과의 적정성을 검토하기 위하여 다기간초과이익법 MPEEM을 보충적으로 활용하기도 한다. 유무법을 이용하는 경우의 적용방법과 평가절차는 다음과 같다.

1) 유무법에 의한 기술가치 평가

유무법이란, 할증이익법이라고도 한다. 왜냐하면 대상 무형자산이 있을 경우와 없을 경우를 상정하여 기업가치를 산정하고, 그 차액을 해당 자산의 가치로 평가하는 방식이기 때문이다. 유무법은 할증이익법을 응용한 기법으로서 대상 기술자산이 있을 경우의 기업가치 with tech 시나리오와 그 자산이 없을 경우의 기업가치 without tech 시나리오를 각각 산정하고, 그 차액을 해당 자산의 가치로 평가하는 방식이다. 기술유무법 with-and -without technology method에 의한 무형자산 평가모형은 다음과 같다.

$$V_o = PV_1(r)\sum_{t=0}^{t} FCFF_1 - PV_2(r)\sum_{t=0}^{t} FCFF_2 + PV(r)TAB$$

V_o : 무형자산의 가치, r : 할인율, t : 기업기대수명
$FCFF_1$: 기술보유시 $FCFF$, $FCFF_2$: 기술미보유시 $FCFF$, TAB : 상각절세효과

유무법에 의하여 JW통신㈜의 기술가치를 평가하되, 다음 예시에서와 같은 단계적 평가절차를 적용하여 수행하기로 한다.

그림 7-3 기술유무법에 의한 기술가치의 평가절차

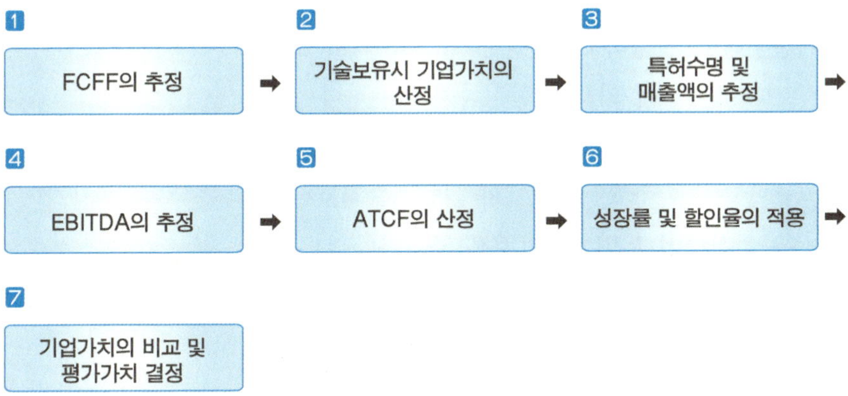

• **1단계 (FCFF 추정)** 미래의 추정매출액에서 매출원가를 공제하여 매출총이익을 구한 후, 판매비와 일반관리비를 공제하여 EBIT를 구한다. 이렇게 구한 EBIT에서 법인세를 차감하고 감가상각비를 합산하면 총현금흐름유입액이 산정되며, 시설자금과 순운전자본증가액을 차감하면 기업잉여현금흐름 FCFF이 측정된다.

$$FCFF = EBIT(1-t) - (\text{자본적 지출액} - \text{감가상각비} + \text{추가운전자본})$$

• **2단계 (기업가치의 산정)** 1단계에서 추정된 총매출을 기초로 기업가치를 구한다. 기업가치는 예측기간의 FCFF를 가중평균자본비용에 의한 할인율을

적용하여 예측기간가치를 구하고, 이에 잔존가치를 더하여 기술보유시 with technology 시나리오 기업가치를 구한다.

- **3단계 (특허기술 수명 및 매출액의 추정)** 대상 특허기술의 경제적 수명을 판단한 다음 예측기간 동안의 정규매출 및 특허기술에 의한 매출액을 추정한다
- **4단계 (EBITDA의 추정)** 3단계에서 추정된 특허기술 자산의 매출액을 기초로 상각전영업이익 EBITDA을 추정한다.
- **5단계 (ATCF의 산정)** 4단계에서 추정된 EBITDA를 기초로 세후영업이익의 현금흐름을 산정한다.
- **6단계 (성장률 및 할인율의 적용)** 성장률은 사업계획서 및 과거실적 등을 분석하여 결정하고, 적정한 할인율을 MCAPM modified CAPM 방법이나 조성법 built-up method에 의하여 산정하여 적용한다.
- **7단계 (기업가치의 비교 및 평가가치 결정)** 1단계에서 산정된 기술보유시 with technology 시나리오 기업가치에서 기술미보유시 without technology 시나리오 기업가치를 차감하여 특허기술가치를 평가한다.

2) 다기간초과이익법에 의한 기술가치 평가

다기간초과이익법에 의한 특허권가치 평가는 대상 특허기술이 창출할 것으로 예상되는 여러 기간의 현금흐름에서 다른 자산에 귀속될 기여자산공헌율 contributory asset charge: CAC을 공제한 다음, 대상 특허기술 자산에 귀속되는 초과이익을 현가화하여 특허기술의 가치를 평가하는 방식이다. 특허기술 자산의 가치를 산정하는데 이용되는 이 방식의 평가모형은 다음 그림과 같다.

$$V_p = PV(r)\sum_{t=1}^{n} E_e$$

여기서, $E_e = EBIT - CAC_s - Tax$

V_p : 특허기술가치, r : 할인율, E_e : 초과이익, n : 수명기간
$EBIT$: 영업이익(이자 및 세공제전), CACs : 기여자산공헌율, Tax : 법인세

그림 7-4
다기간초과이익법에 의한 기술가치 평가절차

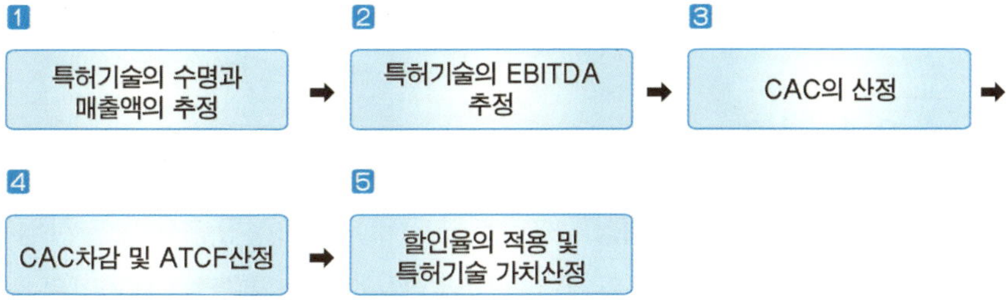

그리고 특허권가치 평가를 위한 다기간초과이익법의 일반적인 적용절차를 5단계로 나누어 설명하면 다음과 같다.

- **1단계 (특허기술의 수명 및 매출액의 추정)** 특허기술로 인한 매출액의 추정은 대상 특허기술의 경쟁력과 산업트렌드, 산업기술주기[ITC], 그리고 제품수명주기[PLC] 등을 종합 고려하여 기술의 수명을 판단하고, 그 예측기간 동안의 매출액을 추정한다.
- **2단계 (특허기술의 EBITDA 추정)** 특허권기술로 인한 매출액을 기준으로 특허기술의 상각전영업이익[EBITDA]을 산정한다.
- **3단계 (CAC의 산정)** 특허기술에 대한 다른 자산들의 기여자산공헌율[CAC]을 산정하기 위해서는 우선 식별가능 무형자산, 즉 ① 계약기반(고용계약) ② 상표 및 브랜드 ③ 라이선스 ④ 고객관계(고객목록) 등의 존재여부를 확인한다. 그리고 이러한 각 기여자산의 CAC, 즉 순운전자본, 고정자산, 계약기반(고용계약), 상표 및 브랜드, 라이선스 등의 특허기술매출액에 대한 CAC를 산정한다.
- **4단계 (CAC차감 및 ATCF 산정)** EBITDA에서 감가상각을 차감하여 EBIT를 구하게 된다. EBIT에서 법인세를 차감하고, 각 자산의 기여자산공헌율을 산정하여 차감한 잔여액이 세후현금흐름[ATCF]이 된다.
- **5단계 (할인율의 적용 및 특허기술의 가치산정)**

ATCF에 대하여 적정 할인율을 적용하여 특허기술에 대한 가치를 최종 결정한다.

3 매수가격배분법 PPA method에 의한 평가사례

3.1 개요

• **(JW통신㈜ 인수배경)** KJ네트웍스(주)는 위성방송서비스 사업진출 전략의 일환으로 20x5년 6월, JW통신(주)의 주식 100%를 1,000억원에 인수하였다. 인수 당시 순부채는 400억원, 유형자산은 500억원이었다. 이에 따라 상표, 고객관계, 기술 등 JW통신㈜의 식별가능 무형자산에 대한 공정가치 평가의 건이 재무보고 목적으로 감정평가 의뢰되었다.

〈JW통신(주) 인수내역〉

(단위 : 억원)

인수가액	1,000
(+)순부채	400
기업가치	1,400
(-)유형자산추정가액	500
무형자산 추정가액	900

종속기업인 사업결합 대상 JW통신㈜은 국내 굴지의 위성방송 서비스사업체로서, 각종 프로그램을 직접 제작하여 방송사업자에게 공급하는 방송채널 소유사업, 그리고 가입자에게 프로그램을 전송하는 종합 유선방송사업을 운영한다. 특히 정부의 기존 5대사업자 이외의 위성방송서비스사업자에 대한 추가 인허가 불허방침에 따라 경쟁력 있는 신규 기술에 의한 독점적 매출이 기대되는 업체이다.

JW통신㈜의 매출은 주로 가입고객으로부터의 월정수신료와 광고료 등에서 얻어진다. 회사로부터 제시된 과거실적과 사업계획에 의하면, 지난 5년여의 R&D 투자 및 광고마케팅의 결과로 JW통신㈜은 주문형프로그램 on-demand contents 전송기술을 개발하여 육아, 역사, 재테크, 요리, 다큐물 등에 관한 독점적인 교육프로그램 방송채널을 확보하게 되었다. 이러한 고부가가치 방송서비스는 정규가입 고객에게만 제공되며, 20x5년부터 연간 45억원의 매출실적

그림 7-5
JW통신㈜의 M&A 상황 및 무형자산

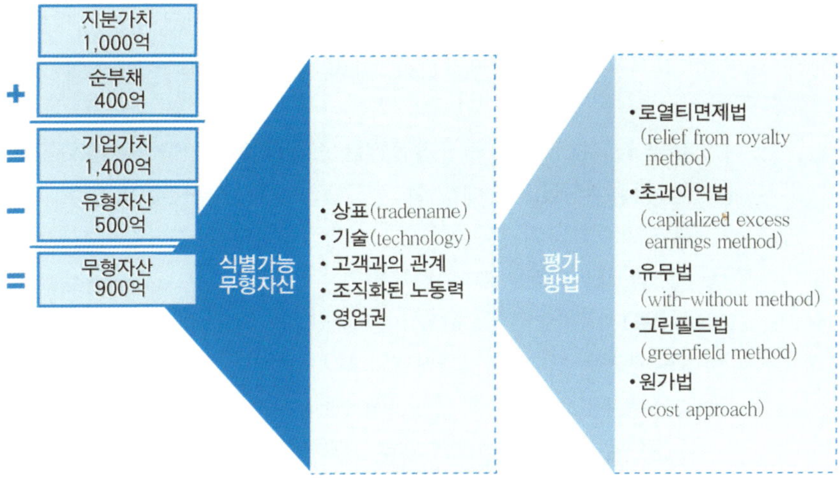

을 올리기 시작했다. 대부분의 프로그램 제작은 외주방식 outsourcing production 으로 이루어지는데, 이미 저작권 등록을 마친 1,000여 개의 20~60분물이 확보되어 있다. 2개의 유사경쟁업체들은 주로 항공사나 종합부동산회사 등의 고객들에게 B2B 방식으로 등록상표 없이 프로그램을 공급하고 있다고 한다.

• **(평가목적)** 인수대상기업 JW통신㈜의 자산 및 부채가 공정가치로 평가된 다음, 기존에 인식되지 않았던 무형자산이 새로이 인식됨에 따라 ① 고용계약, ② 상표, ③ 고객관계, ④ 기술 등의 식별가능 무형자산과 영업권에 대하여 재무보고 목적의 공정가치를 평가함으로써 분리가능한 무형자산들의 정확한 가치를 측정하고 영업권 가격배분의 적정화를 도모하기 위한 것이다.

• **(기준시점 및 조사기간)** JW통신㈜의 평가의뢰일은 20x5년 6월 30일이며, 기준시점은 20x5년 7월 1일이다. 실제 조사기간은 7월 5일~7월 10일이다.

3.2 경영실적 및 재무상태

JW통신㈜의 20x0년 부터 과거 6년간 잉여현금흐름 및 재무상태표는 다음과 같다. 인수 대상회사(JW통신)의 사업계획 및 제시자료를 조사 분석한 결과에 의하면 최근 경영 및 재무상태에 관한 중요한 정보는 다음과 같다.

① 최근 경영보고서에 의하면 JW통신의 매출액 revenues은 정규고객에 대한 월정수신료(정규매출)와 주문형컨텐츠 이용료수입(기술매출)이 주요 항목이며, 이 분야에 대한 시장점유율은 약 35%이다.
② 통신서비스 가입 고객으로부터의 수입(매출)은 과거 5년간 100억에서 900억원으로 900% 성장하였다.
③ 매출원가는 업계 평균원가율과 유사하며 약 60%로 추산된다.
④ 주문형프로그램 on demand계약에 대한 직접원가는 80만~200만원/분 수준으로 약 1,000개의 프로그램에 대하여 총 60억원의 연구개발비를 투입하였다.
⑤ 운영비와 판관비 등은 준변동비로서 약 60%는 인건비이며, 외부컨설팅비 등과 함께 주문형프로그램기술 매출액에 비례하여 발생된다.
⑥ 브랜드마케팅비용은 판관비의 약 2/3 수준이 소요되며, 이는 매출액 대비 12~13% 정도이다.
⑦ 인수 당시 운전자본은 76억원, 고정자산은 438억원, 부채는 약 400억원 수준이다.

표 7-3 JW통신의 과거 FCFF 및 요약 재무상태표

(단위 : 억원)

	1기	2기	3기	4기	5기	6기
정규매출		102	305	508	813	900
기술매출		-	-	-	-	45
총매출		102	305	508	813	945
정규원가		56	168	279	447	495
기술원가		-	-	-	20	40
총매출원가		56	168	279	467	535
매출총이익		46	137	229	346	365
운영경비	10	15	40	60	80	85
R&D	-	3	10	20	15	12
판매비	15	20	55	65	100	120
관리비	5	5	10	15	20	24
EBITDA	(30)	3	22	69	131	124

상각전영업이익률	3%	-	7%	14%	16%	14%
감가상각	-	53	74	87	92	96
EBIT	(30)	(50)	(52)	(18)	39	28
TAX	-	-	-	-	-	-
감가상각 (+)	0	53	74	87	92	96
자본적지출 (-)	200	170	150	120	110	110
운전자본 (-)	0	8	16	16	24	11
잉여현금흐름 (FCF)	(230)	(175)	(144)	(67)	(3)	3

(요약) 재무상태표

순운전자본	76	순부채	400
고정자산	438	자본	114
총자산	514	부채 및 자본	514

3.3 추정 현금흐름 및 기업가치의 평가

JW통신㈜의 기업가치 분석을 위한 기본가정은 다음과 같으며, 추정 현금흐름 및 기업가치 분석 결과는 다음 〈표 7-4〉에 요약된 내용과 같다.

〈기본가정〉

① CAPM에 의한 WACC: 12.0%
② 매출액 추정은 정규매출부문은 연 5.0% 상승, 기술매출부문은 1기(20x6년)에는 정규매출의 7.5%, 그 이후 매출성장률은 5.0%로 추정
③ 매출원가의 가정은 정규매출은 매출원가율 55%, 기술매출의 원가는 20x8년 까지는 30억원, 그 이후에는 35억원
④ 운영비, 판매비, 관리비 등은 매년 2~3% 정도 증가할 것으로 예상
⑤ R&D비용은 운영비의 약 12%
⑥ 자본적지출은 매년 100억원이 소요됨
⑦ 장기고정성장률은 2~3% 수준으로 추정

표 7-4
추정 DCF 및 주식가치

(단위 : 억원)

		1기	2기	3기	4기	5기	그이후
정규매출		945	992	1,042	1,094	1,149	1,206
기술매출		71	99	104	109	115	121
총매출		1,016	1,091	1,146	1,203	1,264	1,327
정규원가		520	546	573	602	632	663
기술원가		30	30	30	35	35	35
총매출원가		550	576	603	637	667	698
매출총이익		466	515	543	566	597	629
운영비		100	103	105	108	110	113
R&D	12%	12	12	13	13	13	14
		112	115	118	121	123	127
판매비		137	140	144	148	151	155
관리비		26	26	27	29	29	30
EBITDA		191	234	254	268	293	318
상각전세전영업이익률		19%	21%	22%	22%	23%	24%
감가상각		98	98	98	99	99	99
세전영업이익		93	136	156	169	194	219
세금	24.2%	23	33	38	41	47	53
감가상각(+)		98	98	98	99	99	99
자본적지출(-)		100	100	100	100	100	100
운전자본(-)		6	6	4	5	5	5
잉여현금흐름(FCF)		63	95	112	123	142	160
장기성장률	2.5%	-	-	-	-	-	-
잔존가치		-	-	-	-	-	1,680
기간		0.5	1.5	2.5	3.5	4.5	4.5
할인율	12.0%	0.9	0.8	0.8	0.7	0.6	0.6
현재가치		59	80	84	82	85	1,009
기업가치		1,400					
부채		400					
주식의 공정가치		1,000					

기업가치의 평가결과 JW통신㈜의 기업가치는 〈표 7-4〉에서와 같이 1,400억원으로 산정되며, 순부채를 차감한 주식의 공정가치는 1,000억원으로 평가된다. 기준시점인 20x6년 7월 1일 현재 JW통신㈜의 기업가치 1,400억원 중 유형자산(순운전자본 및 고정자산)은 약 514억원이며, 유형자산을 차감한 886억원은 영업권을 포함한 각 무형자산의 가치이므로 PPA방식에 따라 식별가능 무형자산과 영업권으로 나누어 평가하여야 한다.

3.4 식별가능 무형자산의 평가

JW통신㈜의 식별가능 무형자산은 ① 계약기반(고용계약), ② 상표 및 브랜드, ③ 고객관계(고객목록), ④ 기술관련 자산 등으로 분석된다. 각 무형자산별 평가방법은 다음 〈표 7-5〉와 같다. 그리고 각 자산별 수익률 ROR은 시장증거자료로부터 도출된 것으로 다음과 같다.

표 7-5
무형자산 평가방법 및 ROR

식별가능 무형자산	평가방법	ROR(%)
① 계약기반(고용계약)	대치원가법	-
② 상표 및 브랜드	RFRM	14.5
③ 고객관계(고객목록)	MPEEM	14.0
④ 기술관련 자산	기술유무법	13.5

위에서 식별가능 무형자산은 상표권 및 브랜드, 고객관계, 노동력 및 기술가치 등에 대하여는 공정가치로 매수가격을 배분한 다음, 마지막으로 그 잔여가치 residual value를 영업권의 가치로 평가한다. 영업권의 가치는 기술가치의 평가결과에 따라 그 가치가 달라지며, 기술가치의 평가는 다기간초과이익법의 중복사용을 피하기 위하여 기술유무법 with-and-wihout technology method에 의하였다. 다만 기술가치 평가 결과의 적정성을 검토하기 위하여 초과이익법 excess earnings method을 활용하였다. 각 무형자산별 평가방법의 적용과정과 그 내용에 대하여는 이론부분에서 각각 서술한 바 있으나, 다음에 그 내용을 다시 요약 · 설명한다.

(1) 계약기반(고용계약)

계약기반(고용계약)의 무형자산이란 JW통신㈜의 조직화된 노동력assembled workforce 중 식별가능한 유리한 고용계약을 말하는 것이다. 이와 같이 시장조건에 비하여 유리한 고용계약의 평가에는 대치원가법 cost estimated to replace asset이 적용될 수 있다. 즉 조직화된 노동력에 대한 고용계약이라는 무형자산을 재창출하거나 대체할 경우 소요되는 원가를 의미하며, 채용비용과 교육비용을 고려한 대치원가를 산정하는 것이다. 여기서 우선 인수기업 JW통신㈜의 유리한 고용계약에 대한 대치원가 평가법 적용의 기본 가정은 다음과 같다.

〈기본가정〉

① 채용비용 : 평균임금의 10~20%
② 교육기간 : 1.5 ~ 3개월
③ 대치비용단가 : 채용비용 + 교육비용
④ 법인세율 : 24.2%
⑤ 고용계약의 평가가치 : 고용계약(노동력)가치 + 상각절세효과

고용계약의 대치원가 산정을 위한 단계별 평가절차는 다음과 같이 7단계로 나누어 설명할 수 있다.

- **1단계 (부문별 연간총인건비의 산정)** 비경쟁 합의조항이 포함된 유리한 고용계약을 체결한 종업원은 운영직, 연구직 등 총 115명이었으며, 부문별 연간인건비를 산정한 결과, 직원 1인당 총연봉은 〈표 7-6〉에서와 같이 8천만원~2억원/인으로 산정된다.
- **2단계~3단계 (채용비용의 산정)** 채용비용은 부문별 연평균임금의 10~20%로 산정하되, 운영직은 8백만원/인, 연구직은 12백만원/인, 판매홍보직은 13.5백만원/인, 행정직은 4천만원/인으로 계산하였다.
- **4단계 (교육훈련비용의 산정)** 인건비대비 교육훈련비용 비율을 파악하여 분야별 교육훈련비용 training costs을 산정한다. 부문별로 1.5~3개월의 교육기간

이 소요됨에 따라 1인당 1천만원~5천만원의 교육훈련비용이 소요되는 것으로 산정된다.

• **5단계 (총대치원가의 산정)** 앞에서 산정한 채용비용과 교육훈련비용을 합산한 고용계약 대치원가는 최소 (18백만원/인) ~ (최대 9천만원/인)이었으며, 이를 115명 직원의 부문별로 대입하면 총대치원가는 29억원이다.

• **6단계 (대치원가 발생에 따른 절세효과 차감)** 채용비용과 교육훈련비용의 발생에 따른 법인세 절세효과 tax shield effect는 해당 무형자산이 아닌 비용발생에 따른 법인세 감소분이기 때문에 이를 총대치원가에서 차감한다. 대치원가 29억원×(1- 24.2%) = 22억원이다.

• **7단계 (상각절세효과 가산)** 해당 무형자산으로부터 기대할 수 있는 상각절세효과 Tax Amortization Benefit: TAB는 일반적으로 상각절세효과증가요소 step-up factor TAB를 적용하여 산출한다. 즉 고용계약가치 + TAB = (22억 + 4억) = 26억원이다.

이상의 절차에 따라 고용계약가치의 최종평가액은 〈표 7-6〉과 같이 22억원이며, 상각절세효과 4억원을 합산하면 26억원이다.

표 7-6
고용계약가치 - 대치원가법

(단위: 백만원, 원가: 억원)

분야별	인원수	채용 비용	교육비용		대치원가	
			교육기간(월)	비용	단가	원가
운영직	63	8.0	1.5	10.0	18	11
연구직	13	12.0	3.0	20.0	32	4
판매홍보직	33	13.5	1.5	11.3	25	8
행정직	6	40.0	3.0	50.0	90	5
합계	115	73.5		91	165	29
				법인세절감효과		7
				고용계약가치		22
				상각절세효과		4
				공정가치		26

(2) 상표 및 브랜드

JW통신㈜가 보유하고 있는 등록상표 등을 관련 장부나 서류, 담당자와의 인터뷰 등을 통해 검토하고, 향후 관리계획에 대하여도 분석하였다. 그 결과 매출액 revenue은 등록상표권과 각종 브랜드자산, 미등록주지 周知상표권 등으로 인해 창출될 미래 현금흐름으로 판단되었으며, 이에 대하여 적절한 정상로열티율 arms-length royalty rate을 곱하여 매년 절감할 수 있는 세후로열티금액을 산정하고, 이를 현재가치화 하는 방법으로 등록상표 등에 대한 가치를 산정한다. 다음에는 로열티면제법 RFRM방식을 인수기업 JW통신㈜의 상표권가치의 평가에 적용하기로 한다. 우선 이를 적용하기 위한 기본가정과 6단계 평가절차는 다음과 같다.

〈기본가정〉

① 시장로열티율 : 3.5%
② 법인세율 : 24.2%
③ 장기고정성장률 : 2.5%
④ 할인율 : 14.5%
⑤ 등록상표 등의 평가가치 = 상표가치 + 상각절세효과

• **1단계 (경제적 내용연수 추정)** JW통신과 유사한 전자통신산업의 상표 및 브랜드자산의 평균 내용연수를 조사 · 분석한 결과, 통신산업의 특성상 상표 등 마케팅 관련 자산은 법정연한에 따라 소멸되는 것은 아니며, 상표 및 브랜드자산에 대한 지속적 관리 및 예산 투입 시 그 가치가 증대되고, 평균고객유지율도 상승하는 것으로 가정한다.

• **2단계 (매출액 추정)** JW통신의 매출액은 정규고객에 대한 월정수신료(정규매출)와 주문형컨텐츠이용료수입(주문형매출)이 주요항목이다. 과거실적 추이와 최근 시장점유율(35%), 고객당평균수익 ARRU, 산업전망 등의 조사분석 결과, 총매출액은 1기 1,016억원으로 추정되었으며, 장기고정성장률은 2.5%를 적용하여 향후 5년 간의 매출액추정치를 산정한다.

• **3단계 (로열티율 추정)** 전자통신산업의 상표에 대한 유사한 라이선스 계약 사례 및 거래조건을 조사·분석한 결과 매출액에 대한 시장로열티율은 3.5%이다.

• **4단계 (ATCF의 산정)** 추정순매출액 1,016억원에 3.5%의 로열티율을 곱하여 초년도 로열티율을 산정하고, 법인세 24.2%를 차감하여 세후로열티절감액은 27억원이다.

• **5단계 (할인율의 적용 및 상표권가치 산정)** CAPM에 의거 JW통신의 WACC에 위험할증률을 적용한 14.5%의 할인율로 ATCF를 현가화하면 상표권가치는 268억원이다.

• **6단계 (TAB의 가산)** 현행 세법에 의하여 상각기간을 5년으로 가정하면 상각절세효과는 55억원이다. 이를 5단계에서 산정된 세후현금흐름의 가치 268억원과 합산하면, 상표권가치는 최종 323억원이다.

표 7-7 상표 및 브랜드 - 로열티면제법

(단위: 백만원)

구분	1기	2기	3기	4기	5기	잔존가치
상표관련 매출	1,016	1,091	1,146	1,203	1,264	1,327
로열티율	3.5%	3.5%	3.5%	3.5%	3.5%	3.5%
세금(24.2%)	9	9	10	10	11	11
세후 로열티절감액 (A)	27	29	30	32	34	35
장기성장률(2.5%)						251
기간	0.5	1.5	2.5	3.5	4.5	4.5
할인율(14.5%) (B)	0.9	0.8	0.7	0.6	0.5	0.5
현재가치 (C)=(A)×(B)	25	24	22	20	18	160
상표 및 브랜드가치	268					
상각절세효과(TAB)	55					
공정가치	323					

(3) 고객관계(고객목록)

고객관계(고객목록)란 JW통신㈜이 고객들과 체결한 서비스가입계약과 고객명단, 그리고 고객에 관한 정보들로 구성된다. 이는 대상기업의 핵심 무형자산으로 분석되었으므로 그 평가는 다기간초과이익법 MPEEM을 적용한다.

〈기본가정〉

① 기존고객감모율 : 연 20%씩 자연 감소함.
② 매출원가 : 기존고객 점유율을 기준으로 기존고객 매출액대비 58.2%의 매출원가율을 적용하여 산정한다.
③ 운영비 및 관리비 : 총매출에서 정규매출이 차지하는 비율과 고객감모율(CAR)을 고려하여 산정한다.
④ 판매비 : 신규고객 창출비용이므로 고려하지 않는다.

• **1~2단계 (기존고객 매출 및 고객감모율 추정)** 기존고객 매출액의 산정은 회사가 제시한 과거 실적을 바탕으로 추정하였으며, 과거매출액대비 연간 고객감모율 CAR은 20%로 추정하여 기존고객에 대한 매출액을 〈표 7-8〉과 같이 산정하였다.

• **3~4단계 (EBITDA의 추정 및 신규 고객 획득비의 가산)** 판매관리비는 기존고객 점유율을 고려하여 산정하되, 신규고객에 대한 판매비는 제외하였다.

• **5단계 (기여자산공헌율의 차감)** 기여자산공헌율 CAC을 산출하기 위하여 자산수익률법 return on asset method을 이용하였다.

① 순운전자본 net working capital의 CAC : 순운전자본은 기초유동자산에서 기초유동부채를 차감한 가액에다 순운전자본 증가액을 가산한 기말순운전자본이며, 자산수익률은 단기차입금 금리를 고려하여 3.5%를 적용한다. 그 결과 〈표 7-9〉에서와 같이 순운전자본의 기여자산공헌율은 0.3%로 산정되었다.

(단위: 억원)

표 7-8 고객목록의 EBITDA

구분	1기	2기	3기	4기	5기	잔존가치
정규매출	945	992	1,042	1,094	1,149	1,206
고객감모율(CAR)	20%	20%	20%	20%	20%	20%
기존고객매출	756	635	533	448	376	316
매출원가(-)	440	369	309	261	219	183
운영비	74	60	49	40	33	27
판매비(-)	0	0	0	0	0	0
관리비	19	15	13	11	9	7
EBITDA	222	191	163	136	116	99

(단위: 억원)

표 7-9 순운전자본의 CAC

구분	1기	2기	3기	4기	5기	잔존가치
기초운전자본	76	82	88	92	97	101
증가액	6	6	4	5	5	5
기말운전자본	82	88	92	97	101	107
Return On(3.5%)	3	3	3	3	4	4
매출액	945	992	1,042	1,094	1,149	1,206
CAC - 운전자본(0.3%)	0.3%	0.3%	0.3%	0.3%	0.3%	0.3%

② 고정자산 fixed asset의 CAC : 고정자산은 기초고정자산 가액에 자본적지출은 가산하고, 감가상각을 차감하면 기말고정자산이 산정되며, 고정자산의 수익률은 자신유동화 금리를 고려하여 6.0%로 산정하였다. 그 결과 〈표 7-10〉에서와 같이 고정자산의 기존고객매출에 대한 기여자산공헌율은 2.5%로 산정된다.

표 7-10

고정자산의 CAC

(단위: 억원)

	1기	2기	3기	4기	5기	잔존가치
기초고정자산	438	440	442	444	445	446
자본적지출	100	100	100	100	100	100
감가상각	98	98	98	99	99	99
기말고정자산	440	442	444	445	446	447
Return On(6%)	26	27	27	27	27	27
매출액	945	992	1,042	1,094	1,149	1,206
CAC – 고정자산(2.5%)	2.8%	2.7%	2.6%	2.4%	2.3%	2.2%

③ 노동력 workforce의 CAC : 노동력의 기여자산공헌율은 앞에서 원가법으로 구한 채용비용과 교육비용 등의 대치원가 22억원을 최근 매출액으로 나눈 다음 노동력의 ROR을 곱한 값으로 구한다. 따라서 노동력의 기여자산공헌율은 다음과 같이 0.31%로 산정된다.

$$CAC_{AW} = \frac{AW}{R_v} \times ROR_{AW}$$

노동력의 CAC = (대치원가/매출액) × 13.5%
= (22/945) × 13.5% = 0.31%

④ 상표 및 브랜드의 CAC : 로열티면제법에 의한 로열티율 3.5%에 법인세 24.2%를 고려한 기여자산공헌율은 2.70%로 산정된다.

상표 및 브랜드 CAC = 로열티율 × (1 – 법인세율)
= 3.5% × (1 - 24.2%) ≒ 2.70%

• **6단계 (ATCF의 산정)** 상각전세전영업이익 EBITDA에서 감가상각을 차감하여 상각후영업이익 EBIT을 구한 후 세금을 차감하고, 기존고객 수익은 자산수익률법에 의한 각 자산의 기여자산공헌율로 배분되는 바 차감 후 잔여액이 초과이익법에 의한 기존고객 관련 세후현금흐름이 된다.

(단위: 억원)

표 7-11
고객목록의 ATCF

	CAC	1기	2기	3기	4기	5기	6기
EBITDA		222	191	163	136	116	99
감가상각(-)		73	57	46	37	29	24
EBIT		149	134	118	99	87	76
세금(24.2%)		36	33	28	24	21	18
기존고객매출		756	635	533	448	376	316
고정자산	2.5%	19	16	13	11	9	8
상표	2.7%	20	17	14	12	10	8
운전자본	0.3%	2	2	2	1	1	1
노동력	0.3%	2	2	2	1	1	1
기존고객 ATCF		69	65	58	49	44	39

• **7단계 (ATCF의 할인)** 할인율은 WACC 12.0%에 추가 위험할증률 2.0%를 가산하여 14.0%를 적용하였으며, 상각절세효과를 반영하여 기존고객에 대한 공정가치를 최종 결정한다. CAC는 기존고객매출에 대한 각 자산의 기여원가이다.

이와 같이 자산수익률법 return on asset method에 의하여 산정된 각 자산의 기여자산공헌액 CAC을 차감하게 되면 고객목록에 의한 초과이익은 1기에 69억원으로 나타났으나, 매년 점차 감소되어 5기에는 44억원으로 추정된다. 이를 14.0%의 할인율로 현가화하게 되면, 다음 〈표 7-12〉와 같이 고객관계에 대한 최종평가가치는 상각절세효과 TAB를 고려하여 351억원으로 산정된다.

(단위: 억원)

표 7-12
고객목록-다기간초과이익법

	1기	2기	3기	4기	5기	6기
기존고객 ATCF	69	65	58	49	44	39
할인기간	0.5	1.5	2.5	3.5	4.5	5.5
할인율(14.0%)	0.94	0.82	0.72	0.63	0.55	0.49
현재가치	65	53	42	31	24	19
PVATCF	235					
잔존가치	55					
기존고객가치	290					
상각절세효과(TAB)	60					
공정가치	351					

잔존가치 산정시 주의할 점은 고객감모률이다. 즉 할인율은 14.0%이나 고객감모율이 매기 20%씩 발생하므로, 이를 추가 반영하여 최종환원율은 16.8%를 적용해야 고객목록의 적정한 공정가치를 산정할 수 있다.

(4) 기술 관련 무형자산 가치

기술 관련 무형자산은 주로 JW통신㈜의 주문형컨텐츠 서비스기술로서 그 평가는 기술유무법 with-and-without technology method을 적용하였다. 물론 다기간초과이익법을 적용할 수도 있으나, 앞서 고객목록에 대한 가치평가에서 이미 이 방식을 적용하였기 때문에 MPEEM법은 보충적 평가방법으로 사용하여 평가결과의 적정성을 검토하기로 한다. 기술 관련 무형자산 가치평가의 기본가정은 다음과 같다.

〈기본가정〉

① 주문형컨텐츠 저작권 및 서비스기술 등을 완전히 신규 개발하는 것으로 가정한다. 즉 개발기간은 3년이 소요되며, 기술 매출은 4년차부터 발생되는 것으로 함
② 운영비, 판매비, 관리비 : 총매출비율 기준으로 산정
③ R&D비용 : 3개년 동안 20억원/연(총60억원), 4년차부터는 13억원씩 투입하는 것으로 추정함
④ 법인세 : 24.2%
⑤ 장기성장률 : 2.5%/연
⑥ 할인율 : 13.5%
⑦ with technology 시나리오: 1,413억(추정DCF 및 기업가치분석에 의한 가치)

1) 기술유무법 with-and-without technology method의 적용

우선 기술유무법에 의하여 'without-technology시나리오'와 'with-technology시나리오'의 기업가치를 비교하여 JW통신㈜의 기술가치를 평가한다. 그리고 JW통신㈜ 기술자산은 주로 주문형 on-demand 컨텐츠 서비스기술 등으로 개발관련 R&D 비용은 과거 연간 20억원씩 3년간 총 60억원이 소요되

었다. 기술유무법에서는 다음과 같은 평가절차에 따라 가치평가를 수행한다.

• **1단계 (총매출추정)** ① 정규매출의 미래 수익에 대한 추정은 with-technology시나리오와 같이 1기 매출액 945억원이며, ② 기술매출의 미래 수익에 대한 추정 매출액은 4기 55억원, 5기 86억원으로 추정한다.

• **2단계 (EBITDA 추정)** 1단계에서 추정된 총매출을 기초로 EBITDA를 추정하였다.

• **3단계 (ATCF 산정)** 세후영업이익의 현금흐름을 산정하면 1,224억원이다.

• **4단계 (성장률과 할인율)** 장기고정성장률은 사업계획서 및 과거실적 분석결과 2.5%로 결정하였으며, 할인율은 WARA 분석결과에 의하여 13.5%를 적용한다.

• **5단계 (기업가치 비교평가)** 기술유무법에 의한 'without-technology 시나리오'와 'with-technology시나리오'의 기업가치를 상호비교 평가한 결과는 다음 〈표 7-13〉과 같다.

표 7-13 기술자산가치 유무법

(단위:억원)

	1기	2기	3기	4기	5기	잔존가치
정규매출	945	992	1,042	1,094	1,149	
주문형매출	-	-	-	55	86	
총매출	945	992	1,042	1,149	1,235	
정규원가	520	546	573	602	632	
주문형원가	-	-	-	35	35	
총매출원가	520	546	573	637	667	
운영비	93	94	95	103	107	
판매홍보비	127	127	131	141	148	
관리비	24	24	25	28	28	
R&D	20	20	20	13	13	
EBITDA	160	182	198	227	271	
감가상각	98	98	98	99	99	
상각후영업이익	62	84	100	128	172	

(단위:억원)

		1기	2기	3기	4기	5기	잔존가치
세금	24.2%	15	20	24	31	42	
세후영업이익		145	161	174	196	230	
자본적지출		100	100	100	100	100	
운전자금		4	4	4	9	7	
FCF		41	57	70	87	123	
장기성장률	2.5%						1,680
할인기간		0.5	1.5	2.5	3.5	4.5	4.5
할인율	13.5%	0.94	0.83	0.73	0.64	0.57	0.57
현재가치		39	47	51	56	69	950
Without Technology (A)		1,212					
With Technology (B)		1,400					
기술가치 (C) = B-A		188					
상각절세효과 (TAB)		39					
공정가치		227					

위의 〈표 7-13〉과 같이 기술자산보유시 기업가치 with 시나리오는 1,400억원이며, 기술자산미보유시 기업가치 without 시나리오는 1,212억원인 바, 이 두 가지 가치의 차액은 188억원이다. 여기에 상각절세효과 TAB 39억원을 가산하면 기술의 평가액은 227억원으로 산정된다.

$$V_o = PV_1(r)\sum_{t=0}^{t} FCFF_1 - PV_2(r)\sum_{t=0}^{t} FCFF_2 + PV(r)\,TAB$$

$$= 1{,}400 - 1{,}212 + 39 = 227\text{억원}$$

2) 다기간초과이익법 MPEEM의 적용

다기간초과이익법은 대상무형자산이 창출하는 수명기간 중의 예상 현금흐름에서 다른 자산에 귀속되는 기여자산공헌율 CAC을 공제한 후 대상 무형자산에 귀속되는 초과이익을 현재가치화하여 대상 무형자산의 가치를 결정하는 방법이다. MPEEM법에 의한 무형자산 평가모형과 기본가정은 다음과 같다.

$$V_o = PV(r)\sum_{t=0}^{t} FCFF + PV(r)\,TAB$$

V_o : 무형자산가치, r : 할인율
$FCFF$: ($EBIT$-$CACs$-Tax), $PV(r)TAB$: 상각절세효과의 현가

〈기본가정〉

① 기술매출 감소율 : 1기에는 10%, 그 이후에는 20%로 산정
② 매출원가 : 잔존기술 수익의 20%로 추정
③ 운영비, 관리비 : 총매출에 대한 비율 기준으로 산정
④ 판매비 : 매출비율 기준이나, 1/3 정도만 기술에 기여한다고 가정
⑤ R&D비용 : 기술 수명의 연장을 위한 비용인 바, 유기환원 finite life 이므로 고려하지 않음
⑥ CAC : 운전자본 CAC는 포함, 고정자산은 기술가치에 기여분이 없는 것으로 보고 고정자산의 CAC는 제외
⑦ 법인세 : 24.2%
⑧ 장기고정성장률 : 2.5%
⑨ 할인율 : 15.5%(WACC 12.0% + 위험할증률 3.5%)

여기서 기술자산에 대한 할인율은 개발위험 development risk 은 물론 잔존가치를 포함한 기술유무에 따른 사업의 전반적인 위험프리미엄을 감안한 할인율이다. 따라서 기술유무법과 다기간초과이익법의 요구수익률은 달리 적용되었다. 즉 〈표 7-13〉에 나타난 바와 같이 기술유무법에서는 13.5%를 적용한 데에 비해, MPEEM법에서는 15.5%가 적용되었는데 이는 현금흐름 발생시기의 차이 때문이다. 기술유무법에서는 사업개시 4년차부터 매출이 시현되는데 비해 MPEEM법에서는 사업초기부터 매출이 발생되는 점을 감안하여, 추가 고유위험할증률 약 2.0%가 가산된 것이다.

- **1단계 (기술에 귀속되는 수익의 추정)** ① 미래 수익에 대한 추정, ② 기존고객 연간 유지율을 추정하여 기존고객으로 인한 수익효과를 추정한다.
- **2단계 (EBIT 추정)** 1단계에서 추정된 기존고객으로 인한 수익을 기초로

EBIT를 추정하고, 신규고객 유지를 위한 추가 비용은 차감 add-back한다.

• **3단계 (초과이익 산출)** ① 추정 EBIT에서 기여자산공헌율을 차감한다. ② 기여자산은 운전자본, 상표 및 브랜드, 조직화된 노동력 등으로 분석된다.

• **4단계 (법인세 비용 차감)** 법인세 비용은 ATCF및 잔존가치에 대하여 24.20%를 적용한다.

• **5단계 (추정된 미래 현금흐름의 현재가치 계산)** 장기고정성장률은 사업계획서 및 실적 분석결과를 토대로 2.5%로 결정하였으며, 할인율은 WARA 분석결과에 의하여 위험할증률 3.5%가 가산된 15.5%를 적용한다.

• **6단계 (TAB 가산)** 상각절세효과를 산정하여 가산한다.

표 7-14 기술가치-다기간초과이익법

(단위:억원)

		1기	2기	3기	4기	5기	잔존가치
기술매출		71	99	104	109	115	121
매출원가	40.0%	28	40	42	44	46	48
운영비		7	9	10	10	10	10
R&D		12	12	13	13	13	14
판매홍보비		5	6	7	7	7	7
관리비		2	2	2	2	3	3
EBIT		17	29	31	33	36	39
세금	24.2%	4	7	8	8	9	9
상표	2.7%	2	3	3	3	3	3
노동력	0.31%	0.2	0.3	0.3	0.3	0.3	0.4
고정자산	0.00%	-	-	-	-	-	-
운전자본	0.3%	0.2	0.3	0.3	0.3	0.4	0.4
ATCF		11	19	20	22	24	26
장기성장률	2.5%						
잔존가치							197
		0.5	1.5	2.5	3.5	4.5	4.5
할인율	15.5%	0.93	0.81	0.70	0.60	0.52	0.52
현재가치		10	15	14	13	12	103
기술가치		167					
세금효과		33					
공정가치		200					

〈표 7-14〉와 같이 다기간초과이익법에 의한 기술가치는 167억원으로 산정되고, 상각절세효과 33억원을 가산한 특허기술의 공정가치는 200억원으로 산정된다. 앞서 기술유무법에 의한 평가가치 227억원과 비교하면 이 방식에 의한 평가가치가 약간 낮게 산정되었다. 기술유무법에 의한 평가가치와의 차이가 발생한 주요 원인은 첫째, 현금흐름 발생시기의 차이이고, 둘째, 적용할 인율상의 차이이다. 즉 기술유무법에서는 기술의 신규개발을 가정하므로 사업 4년차부터 매출이 발생되지만, MPEEM법에서는 사업초년도부터 매출이 시현되므로 요구수익률도 그만큼 높아져 할인율은 15.5%로 기술유무법의 할인율보다 2.0% 높게 적용되었다.

결과적으로 MPEEM법에 의한 평가가치가 기술유무법보다 약간 낮은 200억원으로 평가되었다. 그러나 대상기업의 핵심무형자산인 고객관계 가치 산정에서 다기간초과이익법 MPEEM을 이미 적용하였으므로, 기술자산에 대한 평가에서 이 방식을 중복 사용하지 않기 위하여 기술유무법을 적용한 결과, 기술가치의 최종 평가액은 227억원으로 산정된다.

3.5 영업권의 가치

매수가격배분법 PPA: purchase price allocation method에 의한 영업권은 사업결합원가 purchase price에서 취득한 식별가능 유무형자산, 그리고 부채 및 우발부채의 공정가치 순액 중 취득자지분을 초과하여 지급한 금액으로 다음과 같이 산정된다.

영업권= 사업결합원가(사업결합에 소요된 매수원가)
−식별가능순자산(자산 − 부채)의 공정가치 × 취득자 지분

윗 식에 따라 영업권의 가치는 취득자 지분 100%로서 사업결합원가 1,400억원에서 유형영업자산(운전자본, 고정자산)과 기술가치 188억원, 상표 브랜드 268억원, 고객관계 290억원, 고용계약 22억원 등 식별가능 무형자산의 공정가치를 공제한 잔여가액 118억원으로 산정된다.

표 7-15

영업권 가치의 산정

	공정가치(억원)
매수 및 취득 제비용	1,000
순부채	400
조정 후 매수가격	1,400
(-)순운전자본 공정가치	76
(-)유형자산 공정가치	438
(-)무형자산 공정가치	
기술가치	188
상표 · 브랜드	268
고객관계	290
고용계약(유리한비경쟁합의)	22
영업권 평가액	118

각 자산별 ROR은 앞서 유형자산과 기여자산을 평가할 때 적용했던 요구수익률이 그대로 적용된다. 여기서 유의할 점은 영업권은 별도의 수익률이 없다는 점이다. 즉 영업권의 수익률은 WACC와 일치하는 WARA를 도출하기 위하여 시행착오법에 의해 각 기여자산들의 수익률이 먼저 결정되고, 마지막으로 영업권의 '잔여가치 원리'에 따라 수익률이 자연히 할당된다는 점이다. 즉 여기서 영업권의 수익률은 26.5%로 나타났는데, 이는 WACC와 일치하는 WARA를 도출하기 위하여 할당된 것이지 결코 독자적인 요구수익률로서 미리 결정된 것은 아니라는 사실에 유의하여야 한다.

다만, 영업권의 자산특성상 가장 유동성이 낮고, 위험도는 높은 자산이므로 기업 전체 자본비용보다 훨씬 높은 수준, 예컨대 실무적으로 20%이상의 수익률이 대개 영업권의 ROR이 된다. 만약 그렇지 않고 다른 무형자산들의 ROR보다 낮은 수준의 영업권 수익률이 도출되었다면, 위험-수익 상충관계 risk-return trade off relationship에 따른 WARA의 적정성이 유지되었다고 보기 어려워진다.

3.6 무형자산 평가결과와 WARA의 적정성

이상에서 산정된 무형자산가치 평가결과를 조정하고, 그 적정성을 분석하기 위해 2가지 변수를 중점 검토하기로 한다. 즉 ① 영업자산들의 기여자산공헌율 CAC을 분석하고, ② 각 자산의 평가에 적용한 적정요구수익률을 분석하기로 한다. 여기서 유형자산(순운전자본 및 고정자산)의 세후요구수익률ATRRR은 단기차입금 금리나 자산유동화금리 수준을 감안한 수익률이다. 즉 다음 〈그림 7-6〉에 나타난 바와 같이 각 자산별 ROR은 3.5%~26.5% 수준이 적용되었다.

그림 7-6
WARA분석 및 자산별 ROR

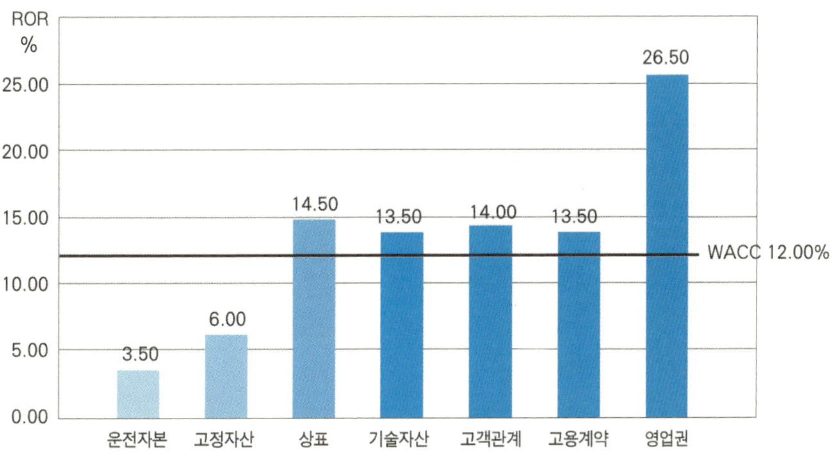

자본의 조달원천에 따라 운전자본, 장기부채와 지분가치 equity value의 CAC를 분석하면, 다음 〈표 7-16〉과 같이 자산별 요구수익률과 WACC는 같은 12.0%로 일치되었다. 각 자산별 위험도나 요구수익률을 감안하여 운전자본 3.5%, 장기부채 7.5%, 지분가치 16.0%의 ROR을 적용한 결과 WARA는 WACC 12.0%와 근사하게 산정되었다. 결과적으로 각 조달자본의 CAC는 운전자본 0.2%, 장기부채 1.5%, 지분가치 10.3%로 나타났다. JW통신㈜의 무형자산가치 중 고객관계의 가치는 다음 〈표 7-17〉에 나타난 평가결과와 같이 290억원으로 가장 높으며, 다음으로는 상표권 268억원, 기술자산 188억원 순이다.

(단위:억원)

표 7-16
조달자본의 ROR과 CAC

조달자본	평가액	WACC	
		ROR	기여자산공헌율(CAC)
운전자본(단기부채)	76	3.5%	0.2%
장기부채	324	7.5%	1.5%
지분가치	1,000	16.0%	10.3%
계	1,400	12.0%	12.0%

각 자산의 ROR은 다음 〈표 7-17〉에 나타난 것과 같이 운전자본이 가장 낮은 3.5%이며, 고정자산 6.0%, 식별가능 무형자산은 13.5%~14.5%이다. 결과적으로 영업권은 25.3%의 ROR로 나타났다. 이는 TAB 반영 전 WARA를 적용하여 평가된 것이다.

표 7-17
WARA의 분석 및 무형자산 평가가치

	WARA - 기술유무법			WARA - 초과이익법		
	평가액	IRR	CAC	평가액	IRR	CAC
운전자본	76	3.5%	0.2%	76	3.5%	0.2%
고정자산	438	6.0%	1.9%	438	6.0%	1.9%
상표	268	14.5%	2.8%	268	14.5%	2.8%
기술자산	188	13.5%	1.8%	167	15.5%	1.9%
고객관계	290	14.0%	2.9%	290	14.0%	2.9%
고용계약	22	13.5%	0.2%	22	13.5%	0.2%
영업권	118	26.5%	2.2%	138	22.2%	2.2%
기업가치	1,400	WACC	12.0%	1,400	WACC	12.0%

위와 같이 고정자산의 평가가치는 438억원으로 가장 높게 평가되었으나, 식별가능한 자산 중 각 자산별 기여자산공헌율[CAC]은 고객관계 〉 상표권 〉 고정자산 순으로 나타나, 각각 2.9%, 2.8%, 1.9%로 산출되었다. 이는 전체 기업자산 중 무형자산의 위험도가 가장 높은 만큼 요구수익률도 높아지는 것을 의미하며, 그만큼 WACC 구성비도 높게 나타난 것으로 분석된다.

결과적으로 〈표 7-18〉에서와 같이 공정가치 평가 후 JW통신㈜의 기업가치는 사업결합원가와 같은 1,400억원이며, 이 중 유형자산은 514억원, 무형자산이 총 886억원으로 기업가치에서 무형자산의 가치가 약 63%를 차지한다. 총 886억원의 무형자산가치 구성내역을 식별가능 무형자산 평가액 순서대로 보면, 고객관계 〉 상표 〉 기술 〉 고용계약) 등으로 모두 768억원이었고, '잔여가치 원리'에 따라 나머지 118억원이 영업권가치로서 평가된다.

표 7-18
공정가치 평가결과(요약)

자산별	공정가치(억원)	ROR	구성비	CAC
순운전자본	76	3.5%	5.4%	0.2%
고정자산	438	6.0%	31.3%	1.9%
(운전자본과 유형자산)	514		36.7%	2.1%
상표	268	14.5%	19.2%	2.8%
기술	188	13.5%	13.4%	1.8%
고객관계	290	14.0%	20.7%	2.9%
노동력	22	13.5%	1.6%	0.2%
(식별가능 무형자산)	768		54.9%	7.7%
영업권	118	26.5%	8.4%	2.2%
기업가치	1,400			12.0%

Valuation Issues

"회계상 영업권은 세법상 영업권과 다르다"

최근 대법원 제3부는 주식회사 DB하이텍에 대한 법인세취소소송 상고심에서 합병법인(DB하이텍)이 피합병법인(동부일렉트로닉스)으로부터 인계받은 순자산가액과 합병신주 액면가액 사이의 단순 차액인 합병차익(2,930억원)은 합병평가차익 과세의 요건이 될 수 없다"며 국세청의 상고를 기각한다고 판결하였다.

DB하이텍은 2007년 5월 동부일렉트로닉스(주)를 흡수합병하고 약 2,930억원을 회계장부에 영업권으로 계상했으나, 법인세 신고시에는 세법상 영업권에 해당하지 않는 것으로 세무조정 처리를 했다. 국세청은 위 금액이 세법상 영업권에도 해당한다는 전제에서 합병평가차익으로 익금에 산입하고 매년 감가상각을 해야 한다고 보아 DB하이텍에게 2007 사업연도 법인세 약 671억원(가산세 포함)을 부과했다.

대법원, 영업권 과세 위법 판결

이에 대해 1심과 원심(고법)은 "회계장부에 계상된 영업권은 기업회계기준에 따른 것에 불과하고, 실제 피합병법인의 무형적 자산에 대한 사업상 가치 평가가 있었다고 볼 수 없어 세법상 영업권에 해당하지 않는다"는 이유로 DB하이텍의 손을 들어줬다. 이 사건의 쟁점은 '법인 합병의 경우 세법에서 영업권으로 인식해 과세할 수 있는 요건이 무엇인가?'였다.

국세청은 상고이유에서 "기업회계기준에 따라 회계장부에 영업권을 계상한 경우에는 곧 세법상으로도 영업권에 대한 평가가 있었다고 보아 합병평가차익으로 과세되어야 한다"고 주장했다. 그러나 대법원은 "법인 합병의 경우 영업권 가액을 합병평가차익으로 과세하기 위해서는 합병법인이 피합병법인의 상호 등을 장차 초과수익을 얻을 수 있는 무형의 재산적 가치로 인정하여 그 사업상 가치를 평가하여 대가를 지급한 것으로 볼 수 있어야 한다"고 전제했다.

대법원은 이러한 법리에 비춰 "DB하이텍이 회계장부에 영업권으로 계상한 금액은 관련 기업회계기준에 따른 것으로 보일 뿐이고, 피합병법인인 동부일렉트로닉스의 상호·거래관계 그 밖의 영업상 비밀 등을 초과수익력 있는 무형의 재산적 가치로 인정하고 사업상 가치를 평가하여 대가를 지급한 것으로 보기 어려우므로 세법상 영업권의 자산 인정 요건을 갖추었다고 할 수 없다"고 판시했다. 대법원은 "이처럼 법인 합병의 경우 법령에서 정한 영업권의 자산 인정 요건을 갖추지 못하였으므로, 영업권에 관한 회계상의 금액을 합병평가차익으로 보아 과세하는 것은 허용되지 않는다"며 국세청의 상고를 이유 없어 기각한다고 판결했다.

따라서 법령에서 정한 영업권의 자산 인정 요건을 갖추지 못한 채 단순히 기업회계기준에 따라 계상된 영업권은 세법상 과세대상 영업권이 될 수 없다는 점이 이번 대법원 판결로 명확히 한 것이다. [대법원 2018. 5. 11. 선고 2015두41463],(2018.05.31,조세일보)

8장

영업권의 손상평가

Impairment Analysis in Goodwill Valuation

1. 영업권 배분과 손상평가의 목적
2. 현금창출단위(CGU)의 결정
3. 손상징후
4. 손상검사
5. 손상평가

영업권은 내용연수가 비한정인 특수자산이다. 그러므로 상각하지 않는 것이 타당하다고 할 수 있다. 왜냐하면 기업이 경영활동을 통하여 영업권의 유지 및 향상을 위한 지출을 지속하기 때문에 영업권의 가치도 계속 유지 존속하는 것으로 볼 수 있기 때문이다.

또한 내용연수를 추정하여 상각하게 되면, 이 과정에서 경영자의 자의성도 개입될 수 있으므로 K-IFRS에서는 영업권의 무상각법을 채택하고 있다. 대신 매결산기에 영업권 가치에 대한 회수가능가액을 평가하여 손상차손으로 인식할 것을 규정하고 있다. 이것을 영업권의 손상평가 measurement of impairment라고 하며, 본래 영업권의 장부가액이 회수가능액 보다 큰 금액으로 표시되지 않도록 하는 데에 그 목적이 있다.

아울러 손상검사를 통하여 손상발생의 징후 발견 시 추가적으로 손상검사를 실시하도록 하고 있는 이유도 바로 사업결합 시 영업권의 인식에서부터 배분 등 모든 과정에서 자의성과 주관성이 개입될 가능성이 높기 때문이다. 이 장에서는 영업권 손상검사를 이익조정의 수단으로 악용되지 않도록 하고, 최종 재무제표 이용자의 의사결정에 왜곡을 초래할 가능성을 차단하기 위한 손상평가의 절차와 방법을 논의하기로 한다.

1 영업권 배분과 손상평가의 목적

영업권은 사업결합원가purchase price에서 취득한 식별가능한 자산(사업취득시 인식한 무형자산 포함), 부채 및 우발부채의 공정가치 순액 중 취득자지분을 초과하여 지급한 금액으로 산정한다. 즉 사업결합 과정에서 무형자산과 영업권을 인식하는 과정은 계약적 · 법적기준과 분리가능성의 조건을 만족하는 무형자산을 먼저 인식하고, 그 나머지 잔여가치를 영업권으로 평가한다. 즉 사업결합 시 물리적 실체는 없지만, 기업이 통제하고 있으며, 식별가능성과 경제적 이익의 유입가능성이 높고 화폐가치로 측정가능한 자산은 무형자산으로 인식하게 된다.

한편 사업결합 시 취득한 영업권은 손상징후가 있을 경우 매년 손상검사를 하여야 한다. 영업권은 그 자체로는 독립적으로 현금흐름을 창출할 수 없기 때문에 손상검사 목적상 사업결합 시 취득한 영업권은 현금창출단위 또는 현금창출단위그룹에 배분하여야 한다. 100%미만 지분소유 사업결합 시 취득한 영업권은 비지배지분이 포함된 현금창출단위(그룹)에 배분된다. 이렇게 부분지분소유 사업결합을 통해 취득한 영업권의 손상평가 시에는 영업권의 손상평가 뿐만이 아니라 손상차손을 지배지분과 비지배지분에 배분하는 것까지 고려해야 한다.

이와 같이 영업권은 사업결합 시 모든 식별 가능한 자산, 부채, 우발채무 등을 제외한 잔여가치로서 존속가능 기간을 일률적으로 정할 수 없는 무형자산이다. 즉 영업권은 내용연수가 비한정인 특수한 자산으로서 원래 상각하지 않는 것이 타당하다고 할 수 있다. 왜냐하면 기업이 제품이나 서비스의 매출 증대를 위한 경영활동 과정에서 자연히 영업권의 유지 및 향상을 위한 지출도 지속적으로 이루어지므로, 이에 비례하여 영업권의 가치도 계속 유지 존속하는 것으로 볼 수 있기 때문이다. 이와 같이 내용연수를 추정하여 상각하는 것은 경영자의 자의성이 개입될 수 있으므로 K-IFRS에서는 영업권의 무상각법을 채택하고 있다. 즉 매결산기에 영업권 가치에 대한 회수가능가액을 평가하여 손상차손으로 인식할 것을 규정하고 있다. 이것을 영업권의 손상평가

measurement of impairment라고 하며, 본래 영업권의 장부가액이 회수가능액 보다 큰 금액으로 표시되지 않도록 하는데 목적이 있다.

그림 8-1

사업결합 시 취득한 무형자산과 영업권의 인식

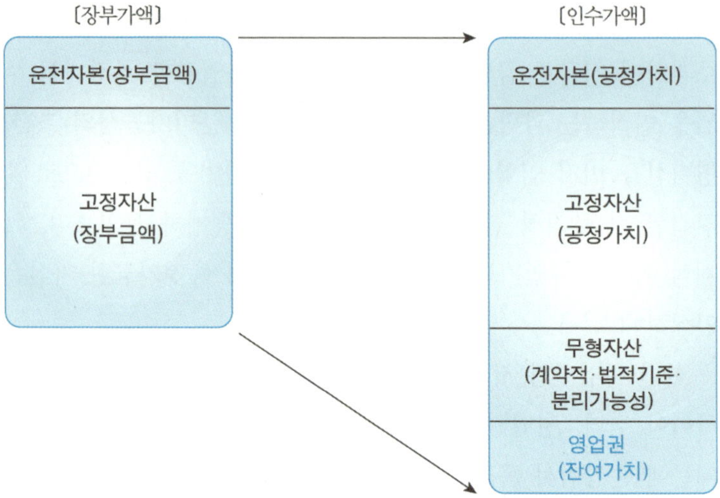

자료: 권수영외, 사업결합 시 무형자산의 평가절차 및 평가기법과 영업권손상평가, 2011, p.122.

즉 자산의 장부가액이 자산의 매각 또는 사용으로 회수될 금액을 초과한다면 이러한 경우에는 자산이 손상되었다고 하며, 기업회계기준서 제1036호 에서는 이를 손상차손 impairment loss으로 인식할 것을 규정하고 있다.[76] 장부에 계상된 영업권은 자산이므로 손상의 징후가 있을 때에는 장부가액과 회수가능금액을 비교하여 손상차손을 인식하는 손상평가를 행하게 된다. 그리고 매년 손상검사를 통하여 손상발생의 징후가 발견되면 추가적으로 손상검사를 실시하도록 하고 있다.

그 이유는 사업결합 시의 영업권의 인식에서부터 영업권의 배분, 손상징후의 검토 등의 모든 과정에서 상당한 자의성과 주관성이 개입될 가능성이 아주 높기 때문이다. 또한, 이러한 자의성과 임의성으로 인해 영업권 손상검

[76] '손상차손(impairment loss)'이란, 자산의 진부화 및 시장가치의 급격한 하락 등으로 인하여 유·무형자산의 회수가능액이 장부금액에 중요하게 미달하게 되는 경우 장부금액과 회수가능액 차액을 손상차손으로 처리한다. (일반기준 10장)

사는 이익조정을 위한 손쉬운 수단으로까지 악용될 여지도 있다. 따라서 사용가치 추정 과정에 사용되는 가정과 판단도 경영진에게는 이익조정의 수단으로 악용될 수 있으며, 최종적으로 재무제표 이용자의 의사결정에 왜곡을 초래할 가능성도 있을 것으로 보고 엄격한 손상검사 및 평가관련 규정을 강제하고 있다.

표 8-1 손상차손 인식 절차에서 나타날 수 있는 경영자의 자의성

구 분	내 용
(1) 영업권의 배분	• 영업권 배분대상인 현금창출단위 수준의 결정
(2) 사용가치의 추정 ① 미래현금흐름의 추정 ② 할인율의 산정	• 경영진이 승인한 최근의 재무예산/예측을 기초로 미래현금흐름을 추정 • 할인율로 주로 사용되는 가중평균자본비용의 추정의 기초자료(베타, 위험프리미엄 등)

자료 : 박석진·이은철, '영업권손상인식의 전략적 회계처리', 회계 · 세무와 감사연구, 제56권 제2호, 2014. 9.

2 현금창출단위CGU의 결정

CGU의 판단은 회사마다 상황이 다르고 복잡하여 일률적으로 재단하기 어려운 측면이 있다. 그러나, 영업이 서로 관련된 별개의 법인이 동일한 경제적 실체 내에 존재하는 경우 회사는 활성거래시장의 존재여부를 반드시 고려해야 한다.[77]

〈 사례 〉 보고기업은 각각 공장을 가지고 있는 두 개의 법인을 보유하고 있으며, 법인 A에서 생산된 반제품은 법인 B로 판매됨. 판매가격은 이전가격 정책에 따라 법인 A의 이윤이 모두 법인 B로 이전되도록 결정되며, 법인 A는 생산물 100%를 법인 B에 판매하고, 법인 B의 생산물은 모두 외부로 판매됨. 이 경우 현금창출단위CGU를 결정한다면?

[77] 김광수, IFRS 적용실무 해설 ㉕,상장, 2012. 11, p.46~47.

1) 법인 A의 생산물을 법인 B 대신 판매할 수 있는 활성시장이 존재하는 경우 : 이 경우 법인 A는 법인 B와 무관하게 현금흐름을 창출할 수 있으므로 각각의 법인은 별개의 CGU이다. 이 경우, 법인 A와 B의 미래 현금흐름을 예측하기 위해서는 법인간 이전가격 transfer price을 실제 거래가격이 아니라 반드시 공정가치로 조정하여 평가해야 한다.

2) 법인 A의 생산물을 판매할 수 있는 활성시장이 없는 경우 : 이 경우 법인 A의 현금흐름은 법인 B의 외부현금유입과 독립적인 현금유입을 창출하지 못하므로 두 법인은 하나의 CGU로 다루어져야 한다.

3 손상징후 impairment triggering event

영업권 손상평가의 시작은 영업권이 배분되어 있는 현금창출단위 Cash Generating Unit: CGU 또는 현금창출단위그룹 Cash Generating Unit group : CGUG 자산의 손상징후 triggering event 검토부터 시작된다. K-IFRS 제1036호(자산손상)에서는 매 회계연도마다 내부 및 외부정보를 수집하여 영업권의 손상징후가 있는지를 검토하도록 규정하고 있다.

여기서 손상징후로 볼 수 있는 내부정보란 ① 자산의 진부화 및 물리적인 손상, ② 기업에 불리한 영향을 미치는 유의적인 변화가 자산에서 발생하였거나 미래에 발생할 가능성이 매우 큰 경우, ③ 자산의 경제적 성과가 기대수준에 미치지 못할 경우 등을 의미한다. 또한 내부보고를 통해 검토할 수 있는 내부적 손상 징후의 예는 다음과 같다.

1. 자산이 진부화되었다는 증거가 발견된 경우
2. 자산사용의 중지나 처분 계획이 확정된 경우
3. 자산의 매입, 운영 및 관리에 쓰이는 현금지출액이 당초 예상수준을 유의적으로 초과한 경우

4. 자산에서 실제 발생하고 있는 순현금흐름이나 영업손익이 당초 예상에 비해 유의하게 감소한 경우
5. 자산에서 발생할 것으로 예상되는 순현금흐름이나 영업손익이 유의적으로 악화되었다고 판단되는 경우
6. 자산을 통해 창출되는 순현금흐름 또는 영업손익의 당기 실적치와 미래예상치를 합산한 결과 순현금유출이나 영업손실이 유의적으로 예상되는 경우

한편 자산손상의 외부적 징후는 다음과 같다.

1. 자산의 시장가치가 정상적인 경우보다 유의적으로 더 많이 하락한 경우
2. 기업을 둘러싼 경영환경, 시장환경에서 기업에게 불리한 영향을 미치는 변화가 나타났거나 앞으로 나타날 것이 확실한 경우
3. 시장이자율이 상승하여 자산의 회수가능액을 중요하게 감소시킬 가능성이 큰 경우
4. 기업의 총시장가치가 자본의 장부가치보다 작은 경우
5. 미래현금흐름에 영향을 미치는 환율, 원자재가격, 물가상승 등이 기업에게 불리하게 변화하는 경우

4 손상검사 impairment test

손상징후를 검토하여 손상징후가 확실시 될 때에는 다음 단계로 손상검사 impairment test를 실시한다. 손상검사를 통해 영업권이 배분된 현금창출단위 또는 현금창출단위집단의 회수가능금액과 장부가액을 비교하여 회수가능금액이 장부가액보다 하락한 경우에는 손상차손을 인식하고, 그렇지 않은 경우에는 손상차손을 인식하지 않는다. 만약 손상차손을 인식하게 된다면 그 손상차손 만큼을 먼저 영업권의 장부가액에서 감소시키고, 그 나머지 부분을 다른 자산의 장부가액에 비례하여 감소시키게 된다.

여기서 회수가능금액은 자산 또는 현금창출단위의 순공정가치와 사용가치 중에서 큰 금액을 의미한다. 순공정가치란 합리적인 판단과 거래의사가 있는 독립된 당사자간의 거래에서 자산 또는 현금창출단위의 판매로 인해 얻을 수 있는 대가에서 부대비용을 차감한 금액이다. 이는 일반적으로 시장에서 거래되는 매수호가 또는 최근의 거래가격을 근거로 추정할 수 있다. 즉 IFRS 회계방침에 의하면 영업권은 상각되지는 않지만 다른 방식으로 손상처리해야 한다. 매년 영업권의 손상 여부를 검사해 감액 여부를 판단해야 하므로 영업권에 대한 손상검사는 곧 영업권의 공정가치를 산정하는 절차가 된다.

공정가치 IFRS에서는 '회수가능가액'이라고 부른다는 두 가지 관점에서 평가된다. 첫째, 외부의 제3자에게 매각하면 받을 수 있는 가격을 기준으로 평가하는 순공정가치이다. 둘째, 기업이 영업을 통해 미래에 획득하는 현금을 기준으로 평가하는 사용가치다. 둘 중에서 가장 큰 금액이 공정가치가 된다. 즉 〈그림 8-2〉와 같이 회수가능가액은 사용가치와 순공정가치 중 큰 금액이 된다.

그림 8-2

순공정가치의 평가

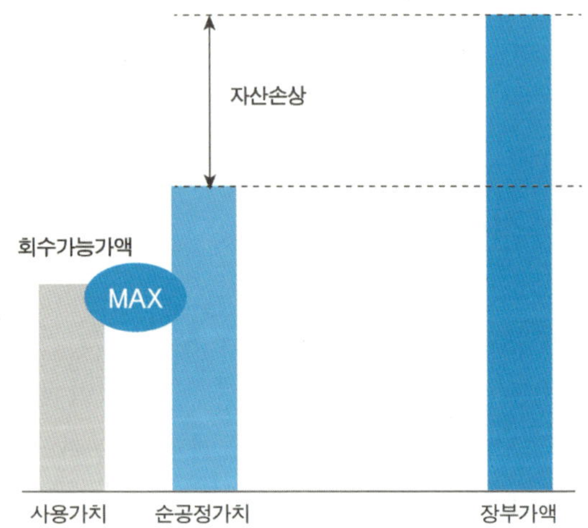

여기서 사용가치란 자산이나 현금창출단위에서 미래에 창출될 것으로 기대되는 현금흐름을 현재가치로 할인한 금액을 나타낸다. 사용가치를 추정하기 위해서는 미래기대 현금흐름과 할인율을 추정해야 하는데, 이를 위해서는 기

업내 · 외부의 경영 · 경제 상황에 대한 합리적이고 객관적인 가정이 요구된다.

한국채택국제회계기준 K-IFRS 제1036호(자산손상)에서는 회수가능금액으로 순공정가치와 사용가치 중 어느 하나를 이용하도록 하고 있다. 따라서 영업권의 손상평가시 영업권이 배분된 현금창출단위 또는 현금창출단위집단의 순공정가치나 사용가치 중 어느 하나의 금액이 장부가액을 초과한다면 자산손상이 일어나지 않았다고 판단할 수 있다. 이상의 내용을 그림으로 나타내면 〈그림 8-3〉과 같다.

그림 8-3
손상검사 시 장부가액과 회수가능금액의 비교

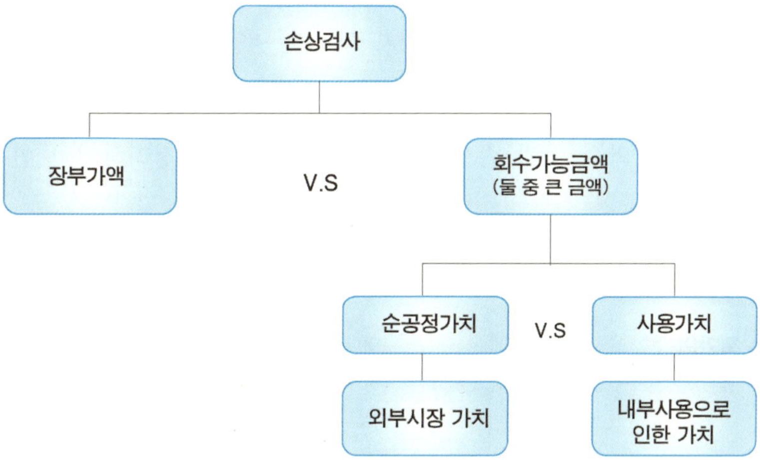

자료: 권수영외, 사업결합 시 무형자산의 평가절차 및 평가기법과 영업권손상평가, 2011

5 손상평가 measurement of impairment

5.1 손상평가 진행절차

사업결합 시 취득한 영업권은 손상검사 목적상 취득일로부터 사업결합으로 인해 시너지효과가 기대되는 현금창출단위 CGU:Cash Generating Unit 또는 현금창출단위집단 CGU group에 배분하게 된다. 이와 같은 영업권 손상평가를 진행하는 일반적인 절차는 다음과 같이 단계별로 요약할 수 있다.

1. 영업권이 배분된 현금창출단위 또는 현금창출단위집단에 대한 손상징후를 검토한다.
2. 손상징후가 확실시 될 때에는 손상검사를 실시한다.
3. 손상검사 결과 영업권이 배분된 현금창출단위 또는 현금창출단위집단의 회수가능금액이 장부금액보다 하락한 경우에는 손상차손을 인식하고, 그렇지 않을 경우에는 손상차손을 인식하지 않는다.
4. 손상차손이 발생한 경우 먼저 현금창출단위에 배분되어 있는 영업권의 장부금액을 감소시키고,그 다음 현금창출단위에 속하는 다른 자산들의 장부금액을 비례배분하여 감소시킨다.
5. 영업권 손상차손을 지배지분과 비지배지분에 배분한다.
6. 현금창출단위에 배분되어 있는 영업권의 손상차손은 다시 환입하지 않는다.

이상의 영업권 손상평가 절차를 도시하여 정리하여 보면 〈그림 8-4〉와 같다.

그림 8-4

영업권 손상평가의 진행절차

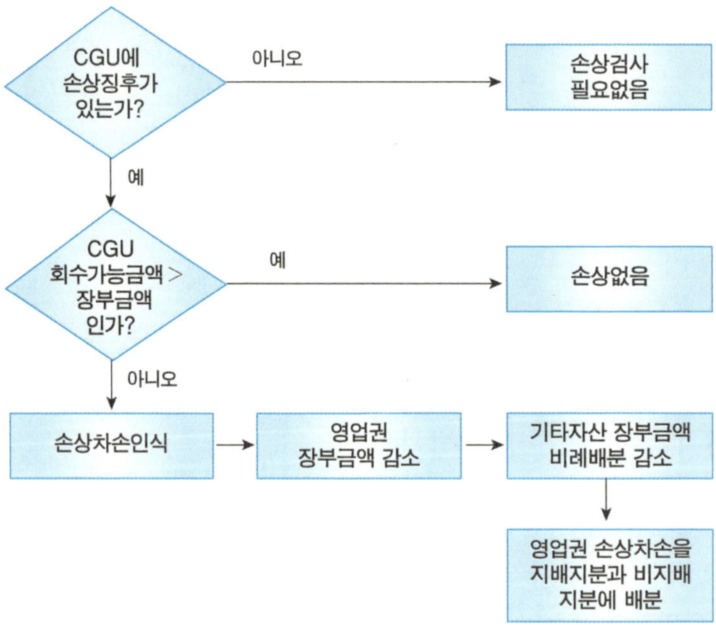

자료 : 무형자산과 영업권의 평가절차 및 평가기법, 한국공인회계사회, 2011

5.2 장부가액의 산정

현금창출단위의 회수가능금액은 그 현금창출단위의 순공정가치와 사용가치 중 큰 금액으로 결정하고, 이를 장부가액과 비교함으로써 손상여부를 판단하게 된다. 현금창출단위의 장부가액은 비교의 일관성을 위해 회수가능금액을 결정하는 방법을 동일하게 적용하여 산정한다. 이를 손상평가 measurement of impairment라고 한다. 즉 회수가능금액 산정 시 이자발생부채 interest-bearing debt를 차감한 경우에는 장부가액 산정에서도 마찬가지로 이자발생부채를 차감해서 결정해야 한다. 반대로 회수가능금액 산정 시 이자발생부채를 차감하지 않는 경우에는 장부가액 산정에서도 이자발생부채를 차감하지 않고 결정한다. 또한 현금창출단위의 장부가액 산정 시에는 다음 사항들을 고려해야 한다.

1. 현금창출단위에 직접 귀속되거나 합리적이고 일관된 기준에 따라 배분될 수 있고, 현금창출단위의 사용가치를 결정하는 데 사용되는 미래현금을 창출하는 자산의 장부가액을 포함하는가?

그림 8-5 손상평가 시 장부가액 결정방법

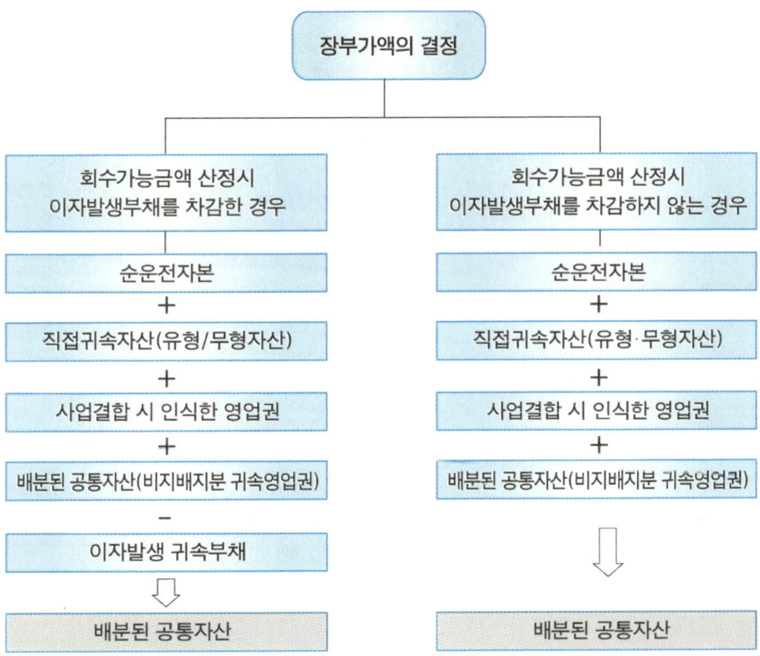

자료: 권수영 외, 전게서

2. 현금창출단위의 장부가액에는 이미 인식된 부채를 고려하지 않고서는 현금창출단위의 회수가능액을 결정할 수 없는 경우를 제외하고 부채를 장부가액 계산시 포함하지 않는가?

〈그림 8-5〉는 손상평가 시 이와같은 장부가액을 결정하는 이와 같은 방법과 과정을 나타낸 것이다.

5.3 순공정가치의 산정

장부가치와 비교되는 회수가능금액이 될 수 있는 순공정가치 fair value less cost to sell는 공정가치에서 처분부대원가를 차감하여 결정한다. 여기서 공정가치란 독립된 당사자 사이의 거래에서 구속력 있는 매매계약을 통해 합의된 가격을

그림 8-6 순공정가치 산정 방법

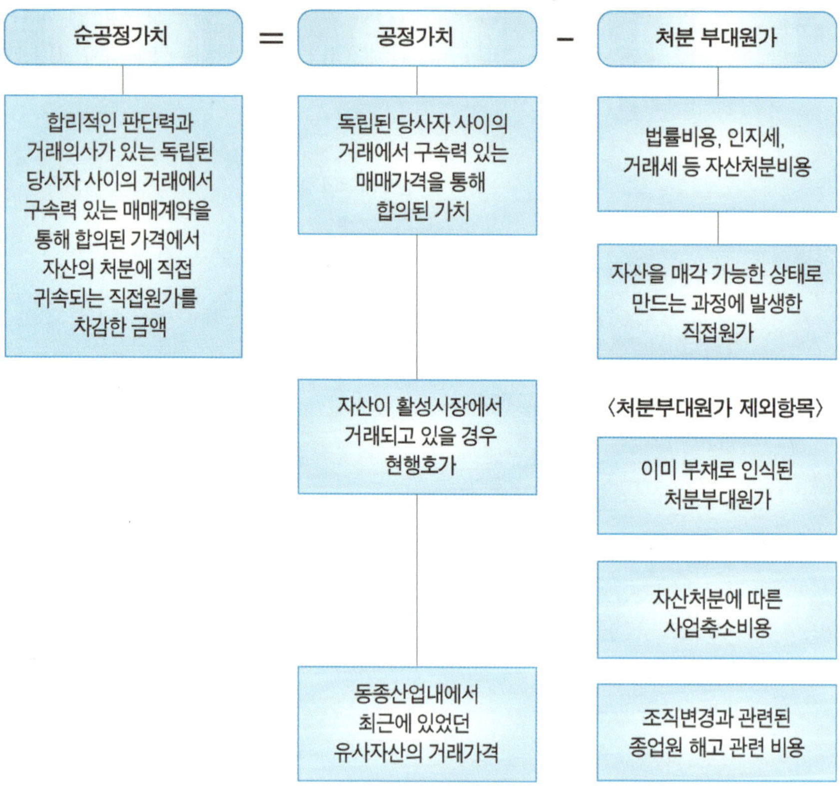

자료: 권수영 외, 전게서

말하며, 보통 자산이 활성시장에서 거래가 되고 있을 경우 현행 호가를 의미한다. 만약 현행 매수호가가 없다면 동종산업 내에서 근래에 있었던 유사자산의 거래가격을 근거로 순공정가치를 추정할 수 있다.

또한 처분부대원가란 법률비용, 인지세, 거래세 등과 같이 자산을 처분하는데 소요된 원가이거나, 자산을 매각 가능한 상태로 만드는 과정에서 발생한 직접원가를 의미한다. 그러나 이 처분부대원가에는 이미 부채로 인식된 처분부대원가나 자산처분에 따른 사업축소비용, 그리고 조직변경과 관련된 종업원 해고 관련 비용은 포함되지 않는다. 이상의 내용을 그림으로 나타내면 〈그림 8-6〉과 같다.

5.4 사용가치의 산정

순공정가치와 더불어 회수가능금액으로 이용될 수 있는 사용가치 value in use 는 자산이나 현금창출단위에서 창출될 것으로 예상되는 미래현금흐름의 현재가치를 의미한다. 사용가치를 산출하기 위해서는 미래현금흐름과 미래현금흐름을 현재가치로 할인하기 위한 할인율의 추정이 필요하다. 이 두 가지 요인의 추정에는 많은 가정과 변수가 있을 수 있으므로 예측시 여러가지 사항을 고려해야 한다.

(1) 미래현금흐름 추정시 고려해야 할 사항

첫째, 미래현금흐름은 자산의 잔여 내용연수 동안의 경제상황에 대한 경영진의 최선추정치가 반영된 객관적인 가정을 기초로 해야 한다.

둘째, 현금흐름은 경영진이 승인한 최근의 재무예측을 기초로 추정하며, 추정기간은 정당한 사유가 없는 한 최대 5년으로 한다.

셋째, 최근의 재무예측 대상 기간 후의 성장률은 고정되거나 계속 감소한다고 가정하여 현금흐름을 추정하며, 이러한 성장률은 정당한 사유가 있는 경우를 제외하고는 기업의 제품, 소속된 산업, 자산이 사용되는 시장의 장기 평균성장률을 초과할 수 없다. 미래현금흐름 추정 시 포함시켜야 할 요소는 다음과 같다.

1. 자산의 계속 사용으로 인한 현금유입에 대한 추정
2. 자산의 계속 사용으로 인한 현금유입을 창출하기 위해 필수적으로 발생하고 자산에 직접 귀속되거나 합리적이고 일관된 기준에 따라 당해 자산에 배분될 수 있는 현금유출에 대한 추정
3. 내용연수 말에 당해 자산의 처분으로 수취 또는 지급될 순현금흐름

그러나 다음의 내용들은 미래현금흐름 추정시 제외되어야 할 요소들이다.

1. 아직 확정되지 않은 미래의 구조조정 때문에 발생할 것으로 예상하는 미래현금유출이나 관련된 원가절감 또는 효익
2. 자산성능을 향상시키는 과정에서 발생한 미래현금유출 또는 그러한 향상으로 인해 발생할 것으로 예상되는 미래현금유입
3. 재무활동으로부터의 현금유입이나 유출
4. 법인세환급액 또는 법인세 납부액

만약 기업이 구조조정을 확정하는 경우에는 경영진이 승인한 최근의 재무예측을 근거로 자산의 사용가치를 결정하며, 이 경우에는 구조조정으로 예상되는 원가절감이나 그 밖의 효익을 반영하여 미래현금유입을 추정해야 한다.

(2) 할인율 추정시 고려사항

사용가치 추정 시 적용되는 할인율은 다음에 대한 현행 시장의 평가를 반영한 세전 할인율로 한다. 이러한 할인율은 유사한 자산에 대해 현행 시장거래에서 형성되는 내재이자율, 또는 용역잠재력이나 위험의 측면에서 평가대상 자산과 유사한 단일의 자산(또는 자산의 포트폴리오)을 보유하고 있는 상장기업의 가중평균자본비용 WACC을 이용하여 추정한다. 한편, 자산의 고유할인율을 시장에서 직접 구할 수 없다면 대용치를 사용하여 추정하는데, 대용치를 사용하여 자산의 고유할인율을 추정할 때 우선적으로 고려할 사항은 다음과 같다.

1. 자본자산가격결정모형과 같은 기법을 사용하여 결정한 기업의 가중평균자본비용
2. 기업의 증분차입이자율
3. 그 밖의 시장차입이자율

일반적으로 이러한 사항이 반영된 할인율로서 무형자산이 소속된 기업의 가중평균자본비용 WACC이 이용된다. 가중평균자본비용은 자본자산가격결정모형 CAPM: Capital Asset Pricing Model을 통해 산출되는 것으로서 부채조달비용(세금공제후)과 자기자본 조달비용의 가중평균치를 의미한다. 이것은 기업이 현재의 자산을 보유한 상태에서 현재 주가를 유지하기 위해 창출해야 하는 전반적인 수익률 또는 기업이 현재 수행하고 있는 영업활동과 동일한 위험을 갖는 모든 투자안에 대해 요구되는 수익률이라 할 수 있다.

그림 8-7 **사용가치의 산정**

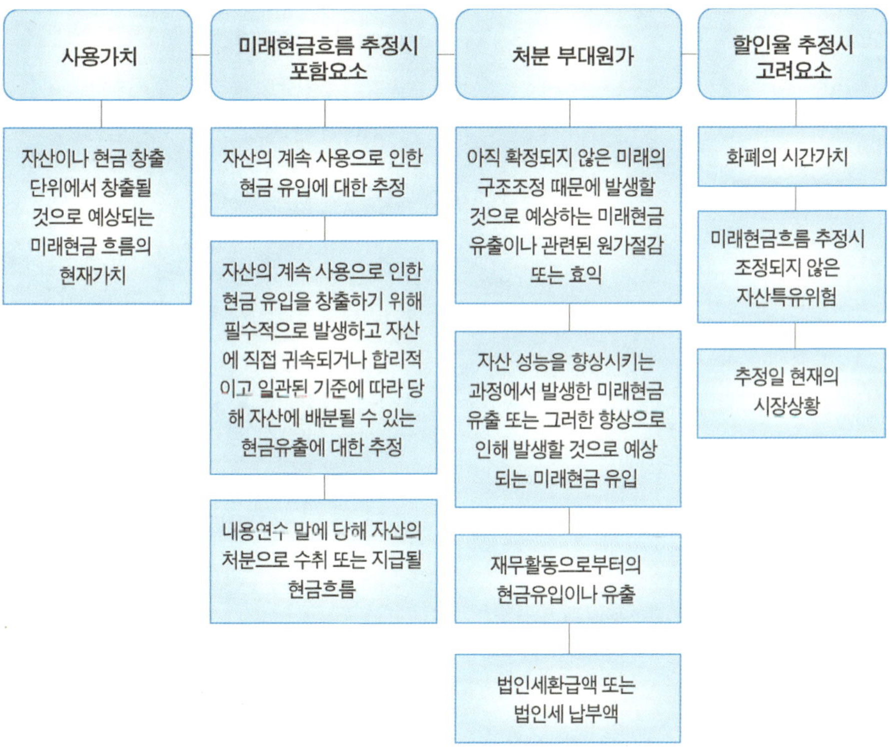

자료 : 권수영 외, 전게서

가중평균자본비용은 시장상황에 대한 가정에 따라 달라질 수 있으므로 이용되는 변수의 수치에 대한 가정이 변화하면 함께 변화할 수 있다. 따라서 가중평균자본비용을 계산할 때에는 그러한 상황 또는 가정의 변화까지 고려해야 한다. 이상의 내용을 그림으로 나타내면 〈그림 8-7〉과 같다.

9장

상가권리금의 평가

Commercial Property Lease Premium Valuation

「상가건물 임대차보호법」에 의한 권리금 평가의 목적은 무엇인가? 임대인이 임차인의 권리금을 회수할 수 있는 기회를 박탈한 것에 대한 손해액 산정을 위한 소송 평가가 대부분이다. 따라서 임차인 손해액의 산정근거인 권리금의 적정가격을 시장가치market value에 의하여 평가할 것인가, 아니면 시장가치가 아닌 특정 조건에 따라 당사자에게만 합리적이라 할 수 있는 시장가치 외의 가치로 평가할 것인가 하는 문제가 있다.

이 문제에 대하여 상임법의 규정은 "신규임차인이 임차인에게 지급하기로 한 권리금과 임대차종료 당시의 권리금 중 낮은 금액을 넘지 못한다"라고 규정하여 당사자에게만 타당한 권리금 거래가액을 인정하지 않음에 비추어 볼 때 시장가치로 평가해야 타당하다고 할 수 있다.

감정평가실무기준에 의하면 영업권을 감정평가할 때에는 수익환원법을 적용하여야 하나 예외적으로 거래사례비교법과 원가법으로 평가할 수 있으며, 권리금은 유·무형의 재산마다 개별로 감정평가하는 것을 원칙으로 하고 있다. 이 장에서는 영업권과 권리금의 평가방법을 비교하여 보고, ① 개별평가법과 ② 일괄평가법의 차이, 그리고 권리금 평가의 문제점에 대하여 논의한다.

1 「상가건물 임대차보호법」과 권리금의 평가

2015년 5월,「상가건물 임대차보호법」이 상가임차인에게 권리금 회수기회를 보장하고 임대인에게는 정당한 임대차계약체결을 방해할 수 없도록 개정됨에 따라 권리금에 대하여 구체적인 평가방법이 규정되었다. 즉「감정평가 실무기준」에서는 권리금에 대한 감정평가의 원칙과 방법을 규정하고 있다. 권리금 감정평가에 대하여 실무기준은 임대인과 임차인 사이에 권리금을 수수할 때의 기준을 제공해 줄 수 있음은 물론이거니와 임차인의 권리금 회수권에 대한 임대인의 방해 행위가 있었을 때 손해배상 책임 금액을 산출하는 데에도 유력한 자료로 활용될 수 있다.

상가건물 임대차보호법에 의한 권리금의 평가목적은 법 제10조의 4(권리금 회수기회 보호등)에 의하여 임대인이 임차인의 권리금을 회수할 수 있는 기회를 박탈한 것에 대한 손해액 산정을 위한 소송목적 평가가 대부분이다. 따라서 임차인의 손해액 산정근거인 권리금의 적정가격을 시장가치 market value에 의하여 평가할 것인가? 아니면 시장가치가 아닌 특정 조건에 따라 당사자에게만 합리적이라 할 수 있는 시장가치외의 가치로 평가할 것인가? 하는 문제가 있다.

그러나 이 문제에 대하여 상임법의 규정은 "신규임차인이 임차인에게 지급하기로 한 권리금과 임대차종료 당시의 권리금 중 낮은 금액을 넘지 못한다"[78] 라고 명시하여 당사자에게만 타당한 권리금 거래가액을 인정하지 않음에 비추어 볼 때 시장가치로 평가해야 타당하다고 할 수 있다. 그러므로 이 장에서는 시장가치 기준의 권리금 평가방법에 대한 세부적 실무 적용방안을 제시하고자 한다. 감정평가 실무기준에서 규정한 권리금 및 유·무형재산의 정의는 다음과 같다.

(1) 권리금 : 권리금이란 임대차 목적물인 상가건물에서 영업을 하는 자 또는 영업을 하려는 자가 영업시설, 비품, 거래처, 신용, 영업상의 노

[78] 제10조의4(권리금 회수기회 보호 등) ③ 임대인이 제1항을 위반하여 임차인에게 손해를 발생하게 한 때에는 그 손해를 배상할 책임이 있다. 이 경우 그 손해배상액은 신규임차인이 임차인에게 지급하기로 한 권리금과 임대차 종료 당시의 권리금 중 낮은 금액을 넘지 못한다.

하우, 상가건물의 위치에 따른 영업상의 이점 등 유형 · 무형의 재산적 가치의 양도 또는 이용대가로서 임대인, 임차인에게 보증금과 차임 이외에 지급하는 금전 등의 대가를 말한다.

(2) 유형재산 : 유형재산이란 영업을 하는 자 또는 영업을 하려고 하는 자가 영업활동에 사용하는 영업시설, 비품, 재고재산 등 물리적 · 구체적 형태를 갖춘 재산을 말한다. 유형재산을 평가할 때에는 원가법을 적용하여야 한다. 원가법을 적용하는 것이 곤란하거나 부적절한 경우에는 거래사례비교법 등으로 감정평가 할 수 있다.

(3) 무형재산 : 무형재산이란 영업을 하는 자 또는 영업을 하려고 하는 자가 영업활동에 사용하는 거래처, 신용, 영업상의 노하우, 건물의 위치에 따른 영업상의 이점 등 물리적 · 구체적 형태를 갖추지 않은 재산을 말한다.

2 권리금의 구성요소

2.1 지역권리금(바닥권리금)

지역권리금은 그 점포의 위치, 상권을 토대로 형성되는 장소적 이익을 말한다. 이 권리금을 바닥권리금이라고도 한다. 즉 특정한 영업과 관련한 그 점포의 가치를 반영한 권리금이다. 바닥권리금은 차임과는 성격이 다르다. 차임은 건물의 사용에 대한 대가이지만, 바닥권리금은 그 지역의 상권을 넘기는 것에 대한 대가라고 볼 수 있다.

이러한 지역권리금은 영업양도계약이나 임차권양도계약 또는 전대차계약에 명시적으로 언급되지 않지만 권리금에 대한 대가로 포괄적으로 "영업상 권리 일체"라는 표현에 포함된 것으로 볼 수 있다. 하지만 상인들의 인식은 이러한 지역권리금을 권리금의 중요한 요소로 생각하고 있다. 실제로 점포에 있어서 제일 중요한 것은 입지이며 이것은 영업이익의 크기를 결정하는 중요한 요소이다. 따라서 지역권리금은 장소적 이점에 대한 대가 또는 그로 인한 높은 영업이익에 대한 대가라고 할 수 있을 것이다.

이러한 장소적 이익에 대한 대가를 임차인에게 귀속시키는 것이 정당한가? 바닥권리금은 건물의 소유자에게 귀속되는 것이 타당하다는 견해도 있다. 영업이 잘 되는 상가라면 그러한 장점이 임대료에 반영되어야 하기 때문이다. 즉 영업이 잘 된다면 임대료를 높게 책정해도 임차인이 기꺼이 임차 사용할 것이다. 그러나 이 견해도 반드시 맞는 것은 아니다. 만약 장소적 이익이 임차인의 객관적인 투자에 의해서 형성된 것이라면 임차인도 지역권리금의 이익을 누릴 수 있다고 할 것이기 때문이다.

장소적 이익이라는 것은 외부적 환경에 의해서 설정되는 경우도 있지만, 일정 구역의 입점상인들의 공동노력에 의해서 형성되는 경우도 있다. 예를 들어 특정지역의 상가번영회가 오랜 시간 노력하여 특성화에 성공한 경우에 점포의 장소적 이익은 건물 소유자가 아니라 실제로 점포를 운영한 입점상인에게 귀속되는 것이 타당할 것이다. 이러한 지역권리금은 동종업종의 경우에만 지급되는 것은 아니다. 예를 들어 신新임차인이 업종을 변경하여 임대인과 임대차계약을 체결하는 경우에 전前임차인과 신新임차인 사이에 영업양도계약이 별도로 체결되지 않더라도 그 점포가 장소적 이점을 갖고 있다면 일정금액의 지역권리금이 지급되기도 한다. 예를 들어 1층 점포의 경우에는 다른 업종으로 변경하여 임대하는 경우에도 소정의 자릿세를 지급하는 경우가 있다.

2.2 영업권리금

영업권리금이라는 것은 기존 점포의 무형의 자산, 즉 브랜드가치나 영업노하우, 거래처, 신용 등에 대한 대가로 지급되는 권리금이다. 그리고 이미 체결된 프랜차이즈계약을 인수하거나, 영업을 위한 허가를 이전해주는 대가로 지급되는 권리금도 영업권리금이라고 할 수 있다. 예를 들어 담배를 판매할 수 있는 담배소매업소에는 권리금이 붙어 있는 경우도 있다. 담배소매업소의 지정 및 기준, 절차가 복잡하기 때문이다. 또한 식품위생법상 유흥주점영업에 대한 허가(식품위생법 시행령 제7조, 제9조)의 경우에도 권리금이 붙어 있다.

이러한 영업권리금도 권리금계약에 포함되는 경우가 많다. 경우에 따라서는 영업권리금과 이익권리금이 동일한 의미로 사용되기도 한다. 여기서는 영업권리금을 무형의 재산적 가치에 대해서 지급되는 권리금이라는 의미로 사용한다.

2.3 시설권리금

시설권리금이라는 것은 점포 내에 설치되어 있는 영업시설이나 비품 등 유형재산에 대하여 임차권 양수시 또는 영업양도계약 체결시 그 대가로 지급하는 가액이다. 이러한 시설권리금은 영업양도계약, 임차권양도계약, 전대차계약에 명시되는 경우가 많다. 시설권리금은 사실상 매매계약의 성격을 갖는다. 예를 들어 치과의 경우에 의료장비 등에 해당하는 권리금이 수수되기도 한다. 전前 임차인은 신新임차인에게 이러한 시설과 설비에 대한 대가를 권리금의 형식을 통해서 받을 수 있다. 그러나 임대인에게 목적물을 반환해야 하는 경우에는 임대인으로부터 이러한 시설권리금을 반환받을 수 없다. 임대차계약에서는 임차인의 원상회복의무를 규정하는 경우가 많으며, 그러한 경우에는 부속물매수청구권이나 비용상환청구권을 행사할 수 없기 때문이다.

2.4 이익권리금

이익권리금이란, 앞으로 창출될 임대건물의 영업이익을 기준으로 산정되어 수수되는 권리금이다. 이 부분도 권리금계약에서 명시적으로 기재되지 않는다. 이 이익권리금은 지역권리금과 밀접한 관련이 있다. 영업이익이 높다는 것은 장소적 이익이 크다는 것을 의미하기 때문이다. 그러나 지역권리금을 산정하기 위한 구체적인 기준이 없지만, 이익권리금의 경우에는 구체적인 기준에 따라서 정해지는 경우가 많다. 이익권리금은 보통 3개월이나 6개월 분의 순수익에 해당하는 금액으로 산정된다. 약국의 경우에는 권리금은 10~13개월 분의 조제료가 기준이 되어 산정되기도 한다. 그러나 이러한 특수한 업종 이외에는 지역권리금이나 영업권리금에 포함되어 수수되는 것이 관행이다.

3 권리금의 발생원인

3.1 수요공급의 원리

임대건물의 임대수요는 많지만 공급되는 건물이 상대적으로 적은 경우 임차인으로서는 권리금을 지급하고서라도 임차하려고 할 것이므로 권리금이 발생한다. 즉 상인들은 많은 영업이익을 창출할 수 있는 곳을 선호할 수 밖에 없다. 즉 상인들이 선호하는 지역은 점포의 공급이 적고 수요가 많다고 할 수 있다. 이러한 지역에서는 상인들이 어느 정도 권리금을 지급하더라도 영업이익에 의해서 충분히 회수할 수 있기 때문에 높은 권리금의 지급을 통해서 영업권을 획득하기 위하여 임차수요자 간 치열한 경쟁을 벌이게 된다.

3.2 창업비용의 회수

상인들이 영업을 개시하기 위해서는 많은 초기비용을 지출하게 된다. 신규 점포의 창업인 경우에는 많은 시설비와 물품구입비용이 소요된다. 그리고 일정한 구매력이 생성되기 전까지는 일정한 손실을 감수해야 하는 경우 있다. 이러한 초기비용의 감수를 통해서 일정한 영업이익을 창출하게 된 경우에 임대인이나 임차인은 새로운 임차인으로부터 그러한 창업초기 비용을 회수하려고 한다. 만약 기존 임차인이 창업을 위한 비용을 투입하지 않았다면, 새로운 임차인이 그러한 비용을 투입하여 영업을 개시해야 하기 때문이다. 그리고 실제로 임대인이나 임차인이 투입한 비용은 점포에 상당한 가치가 남아 있는 경우가 많다. 임대인이나 임차인은 이러한 잔존시설 가치를 권리금을 통해서 회수하고자 한다.

3.3 이미 지급한 권리금의 회수

임차인이 점포의 임차를 위하여 상당한 권리금을 지급하였더라도 임차인들이 자신이 지급한 권리금을 영업이익의 실현을 통해서 언제나 다시 회수할 수 있는 것은 아니다. 물론 경우에 따라서는 영업이익을 실현하여 권리금의 상당부분을 회수할 수도 있지만, 임차인들은 새로운 임차인으로부터 권리금을 회수할 수 있다는 기대를 고려하여 권리금 액수를 결정하게 된다. 따라서 이미 권리금을 지급한 임차인은 영업이익의 실현을 통한 회수 여부가 불확실할 경우 새로운 임차인으로부터 권리금을 회수하려는 경제적 동기가 발생한다.

3.4 심리적 요소

권리금을 주고 받는 이유 중 하나는 임차인이 점포가 창출할 수 있는 장래의 영업이익도 일정부분 나에게 귀속되어야 한다는 점 때문이기도 하다. 즉 임차인이 자신의 영업을 그만두고 새로운 임차인에게 그 점포의 영업을 양도하는 경우 새로운 임차인이 얻게 되는 영업이익이 곧 자신의 영업양도 덕분으로 생각하는 경향이 있다. 또한 그 점포의 발전성, 상가부족의 예상, 주변의 개발로 인한 영업이익 증가에 대해서도 일정부분 자신의 몫이 있다고 생각하고, 새로운 임차인이 장래 취득할 영업이익의 일정부분을 권리금 명목으로 취득하려는 동기가 발생한다.

3.5 세금탈루 및 임대인의 선호

권리금은 거래관행상 임대차계약서에 명시하지 않는 것이 일반적이고, 영수증조차 없는 경우도 있다. 따라서 권리금을 지급받더라도 임대소득으로 세무서에 신고하지 않는 경우가 일반적 관행이고, 이러한 권리금 수수를 통해 소득세를 탈루할 수 있기 때문에 대개 임대인은 임대보증금보다는 권리금 수령을 선호한다.

3.6 법령상 임차료의 제한

상가건물 임대차보호법상 차임증액청구권의 제한을 피하기 위한 수단으로 권리금 수수가 이루어지는 경우가 있다. 즉 차임은 법령상 한계로 더 이상 증가시킬 수 없으므로 편법적으로 권리금을 신설하거나 인상한다.

3.7 인허가 요건의 강화

정부의 규제 정책으로 어떤 영업소의 인가 또는 허가 요건이 강화되는 경우 기존 영업소들이 반사적 이익을 누리게 되고, 이에 따라 권리금이 발생한다고 한다. 예를 들어 특정지역에서 여관에 대한 신축허가를 제한하였을 때 인근 여관건물의 임대차에서 높은 권리금이 형성되는 경우 등이다. 그리고 일반적으로 허가 요건이 까다로운 오락 · 유흥업소의 경우에는 고액의 권리금이 형성된다.

4 권리금의 평가절차

권리금의 평가절차는 기본적 사항을 확정하는 첫단계로부터 감정평가액의 결정 및 표시에 이르기까지 대체로 다음 절차에 따르되, 이에 제약되지는 않는다. 즉 평가목적이나 대상의 조건에 따라 합목적적이고 능률적으로 평가과제를 수행하도록 하는 것이 중요하기 때문이다.

4.1 기본적 사항의 확정

평가에 있어서 기본적 사항이 확정되지 않고서는 감정평가 과제를 수행할 수 없게 되는 것이다. 기본적 사항의 확정은 평가의 기초가 되는 제반사항을 결정하는 것으로서 확실한 자료 및 현장 조사결과에 기초하며, 평가의뢰인의 합법적이고 객관적인 요구에 따라 이행하여야 한다. 특히 의뢰인과 협의하여 다음 사항을 결정하고, 되도록 의뢰인이 목록을 작성하여 제시하도록 한다. 특히 권리금은 등기사항전부증명서 등 공부에 등록되는 것이 아니므로 의뢰인이 제시하는 목록이 대상물건 확정에 있어서 중요하다.

1. 의뢰인 및 대상부동산의 확정
2. 기준시점의 확정
3. 기준가치의 확정

4.2 처리계획의 수립

대상물건의 확인에서 권리금 평가액의 결정 및 표시에 이르기까지 일련의 권리금 감정평가 작업과정에 대한 처리계획을 수립한다.

4.3 대상물건의 확인

첫째, 대상물건을 평가할 때에는 실지조사 전에 사전조사를 통해 필요한 사항을 조사한다. 둘째, 의뢰인이 제시한 목록상의 유형재산 및 무형재산을 실지조사를 통해 직접 확인한다.

4.4 자료수집 및 정리

대상물건의 물적사항 · 권리관계 · 이용상황 분석 및 감정평가액 산정을 위해 필요한 확인 · 요인 · 사례자료 등을 수집하고 정리한다.

① (확인자료) 사업자등록증, 공사비내역서, 비품구입명세서 등의 자료
② (요인자료) 점포위치, 상권, 배후지, 신용도, 노하우, 거래처관계, 시설상태 및 규모 관련 자료, 매출액 · 영업이익 등의 수익자료
③ (사례자료) 탐문조사 등을 통해 수집한 권리금 거래사례, 수익사례 등의 자료

4.5 자료검토 및 가치형성요인 분석

수집된 자료의 신뢰성 · 충실성 등을 검증하여 감정평가 근거로 활용할 것인지를 결정하고, 가치형성요인을 분석한다.

① (일반요인) 대상물건이 속한 전체 사회에서 대상물건의 이용과 가격수

준 형성에 전반적으로 영향을 미치는 일반적인 요인

② (지역요인) 대상물건이 속한 지역의 가격수준 형성에 영향을 미치는 자연적 · 사회적 · 경제적 · 행정적 요인

③ (개별요인) 대상물건의 구체적인 가치에 영향을 미치는 대상물건의 고유한 개별적 요인

표 9-1 개별요인 비교항목

조건	소항목	세부항목
입지 조건	위치	• 지하철역세권, 버스노선, 유동인구, 편익시설 등
	상권	• 상권의 크기, 주요고객 유형, 유효구매력 수요, 상가적합성 등
	배후지	• 배후지의 성격, 세대수, 구성원 등
영업 조건	신용도	• 고객인지도(브랜드 등), 신용도 등
	노하우	• 영업노하우 등
	거래처관계	• 업종간 경쟁관계, 점포수급 동향, 고객 수준, 영업 난이도 등
	상가면적/건물 관리상태	• 상가면적, 건물규모, 관리상태, 임차자 혼합정도, 주차장 여건 등
	임대차계약정도	• 초기 권리금수준, 임대차계약내용(계약기간, 보증금과 월임대료, 특약 등)
시설 조건	시설상태, 규모 등	• 인테리어 수준, 영업시설의 형식, 비품구비수준, 경쟁업체와의 시설수준 등
기타 조건	기타요인	• 허가 난이도 등, 장래 동향, 그 밖의 사항

4.6 감정평가방법의 선정 및 적용

대상권리금의 특성이나 감정평가목적 등에 따라 적절한 하나 이상의 평가방법을 선정(유형재산은 원가법, 무형재산은 수익환원법이 주된 방법)하고, 그에 따라 가치형성요인 분석 결과 등을 토대로 시산가액을 산정한다.

4.7 감정평가액의 결정 및 표시

산출된 시산가액을 합리적으로 조정하여 대상물건이 갖는 구체적 가치를 최종 결정하고, 감정평가서에 그 가액을 표시한다. 감정평가액은 유 · 무형재산에 대한 평가가치의 합으로 결정함을 원칙으로 하며, 개별감정평가가 곤란하거나 부적절한 경우에만 일괄감정평가가 가능하다.

5 영업권과 권리금 평가방법의 비교

여기서는 앞 장에서 살펴본 영업권의 평가방법과 권리금 중 무형자산에 대한 평가방법을 비교하여 봄으로써 권리금의 가치문제를 더욱 깊이 있게 고찰하고자 한다. 감정평가실무기준에 의하면 영업권을 감정평가할 때에는 수익환원법을 적용하여야 하나 예외적으로 거래사례비교법과 원가법으로 평가할 수 있으며, 권리금은 유 · 무형의 재산마다 개별로 감정평가하는 것을 원칙으로 하고 있다.

한편 시설권리금의 평가시 유형재산의 감정평가는 원가법을 적용하여야 하나, 이에 불구하고 원가법을 적용하는 것이 곤란하거나 부적절한 경우에는 거래사례비교법 등으로 감정평가할 수 있다. 또한 무형재산의 감정평가방법은 영업권의 평가와 같이 주방법은 수익환원법이나, 거래사례비교법이나 원가법 등으로 평가할 수 있다.

표 9-2 영업권과 권리금 평가방법 비교

	영업권 평가방법	권리금 평가방법	
		유형재산	무형재산
주방식	수익환원법	원가법	수익환원법
부방식	거래사례비교법, 원가법	거래사례비교법	거래사례비교법, 원가법
일괄평가	-	수익환원법, 거래사례비교법, 회귀분석법, 월임대료승수법(MRM법)	

감정평가실무기준해설서에서는 "유 · 무형 재산의 특성상 개별감정평가가 불가능한 경우나 개별감정평가가 적절하지 않은 경우에는 유 · 무형재산의 구별 없이 일괄로 평가할 수 있다. 다만, 일괄평가한 금액에 대하여 의뢰인이 유 · 무형재산 별로 구분하여 표시해 줄 것을 요구하는 경우는 거래사례의 유 · 무형재산 구성비율, 감정평가대상 및 인근의 표준적인 유 · 무형재산의 구성비율 등 합리적인 배분기준에 따라 유형재산가액과 무형재산가액으로 구분하여 표시할 수 있다"라고 설명하고 있다.[79]

5.1 영업권의 수익환원법 평가

감정평가실무기준은 영업권을 감정평가할 때에는 수익환원법을 적용하여야 하며, 이에 대한 방법으로는 ① 잔여법과 ② 초과이익환원법을 설명하고 있다. 여기서 잔여법이란 대상 기업 전체의 순수익을 같은 업종 다른 기업의 정상수익률로 환원한 수익가치에서 영업권을 제외한 순자산의 가치를 차감하는 방법이다.

그러나 다양한 평가방법을 적용한 후 시산가액 조정과정을 거치지 않고 잔여법만을 적용하여 영업권을 평가하였을 경우 과연 "감정평가가치의 적정성 여부에 대한 적절한 검토를 거쳤는가?"라는 이의가 제기될 수 있다. 이에 대하여는 가중평균자산수익률 WARA과 가중평균자본비용WACC의 일치성 원리에 따라, 각 자산별 요구수익률 RRR을 고려한 영업권의 적정 요구수익률을 조정하여 평가액의 적정성을 검증할 필요가 있다.

국제평가기준 IVS에서도 평가사는 기업의 모든 자산평가와 관련하여 적용된 할인율의 합리성을 검토하기 위해 가중평균자산수익률 WARA 분석을 수행해야 한다고 규정하고 있다.[80] 잔여법의 원리에 따른 영업권가치 평가모형은 일반적으로 다음과 같다

$$V_G = BV - (V_{WC} + V_{TA} + IA)$$

V_G : 영업권, BV : 기업가치, V_{WC} : 운전자본가치, V_{TA} : 유형자산가치, IA : 식별가능 무형자산

여기서, 기업가치는 영업관련 기업가치 BV: business value or operating value로서 앞장에서 설명한 FCFF모형에 따라 평가되며, 가장 일반적인 산정모형은 다음과 같다.

$$BV = \sum_{t=1}^{n} \frac{FCFF_t}{(1+WACC)^t}$$

$FCFFt$: t년도의 잉여현금흐름, $WACC$: 가중평균자본비용, n : 현금흐름지속기간

---

[79] 감정평가실무기준에서는 권리금 평가 시 개별감정평가를 주방식으로 하고 있으며, 유형재산가액과 무형재산가액으로 구분하여 평가하도록 규정하여 일반 회계용어인 '무형자산'을 '무형재산'이라 칭하고 있다. 따라서 이 책에서도 '권리금의 평가' 부분에서는 법상 용어인 '무형재산'으로 사용한다.

[80] IVSC, IVS210, par 90.4.

여기서, 현금흐름을 예측기간가치 OV: operating value of projection period와 예측기간 이후 고정적 성장이 예상되는 경우의 잔존가치 CV: continuing value를 합하여 기업가치를 산정하는 경우 일반적인 평가모형은 다음과 같다.

$$BV = OV(projection\,period) + CV$$

$$= \sum_{t=1}^{n} \frac{FCFF_t}{(1+WACC)^t} + \frac{FCFF_{n+1}/(WACC-g_n)}{(1+WACC)^n}$$

BV : 기업가치, OV(projection period) : 예측기간가치, CV: 잔존가치, $FCFFt$: t년도 잉여현금흐름
$WACC$: 가중평균자본비용, n : 현금흐름지속기간, g_n : 고정성장률

한편 초과이익환원법이란, 대상기업이 달성할 것으로 예상되는 지속가능기간의 '초과이익'을 현재가치로 할인하거나 환원하는 방법(감정평가실무기준)으로 다음과 같이 나타낼 수 있다.

$$V_G\,(\text{영업권}) = \sum_{t=1}^{n} \frac{(\text{초과이익})}{(1+WACC)^t}$$

그러나 실무기준에는 정상이익의 구체적인 산정방법이 없고, 정상이익의 개념에 대해서도 서술하고 있지 않아 실무에 적용하기에는 어려움이 있는 바, 실무적으로 '초과이익'은 초과이익법 EEM에서의 초과이익 개념으로 보는 것이 초과이익환원법에서 말하는 '같은 업종 다른 기업의 정상이익을 초과하는 이익' 개념보다 타당할 것으로 판단된다.

초과이익법 EEM은 다기간초과이익법 MPEEM과 단기간초과이익법 SPEEM으로 나뉜다. 단기간초과이익법은, 기준시점 현재 잉여현금흐름 FCFF을 산정한 다음 순운전자본과 고정자산의 요구수익, 그리고 다른 기여자산에 귀속할 요구수익을 차감한 것을 초과이익으로 본다. 따라서 그 초과이익을 적정한 환원율로 환원한 가액이 영업권 가치가 된다.

$$V_G = \frac{FCFF - (WC_r + TA_r + IA_r)}{r}$$

V_G : 영업권가치, $FCFF$: 잉여현금흐름, WC_r : 운전자본의 요구수익
TA_r : 유형자산의 요구수익, IA_r : 무형자산의 요구수익, r : 적정할인율

5.2 권리금(무형재산)의 수익환원법 평가

권리금의 무형재산 가치를 수익환원법으로 평가하는 방법을 영업권의 수익환원법 적용기법과 비교하여 보기로 한다. 우선 구별하여야 할 것은 ① 권리금의 무형재산 가치를 평가하기 위한 수익환원법(개별평가법)과 ② 권리금 전체가치를 수익환원법으로 평가하는 일괄평가법은 다르다는 사실에 유의하여야 한다. 그러므로 여기서는 먼저 ① 권리금의 무형재산 가치를 평가하기 위한 수익환원법(개별평가법)을 영업권 평가와 비교 설명하고, ② 권리금 전체가치에 대한 수익환원법은 뒤의 '일괄평가법'에서 설명하기로 한다.

개별평가법에 의하여 권리금의 무형재산 가치를 수익환원법으로 평가하려면, 우선 영업권 평가에서와 같이 영업이익을 추정하여야 한다. 권리금 무형재산에 대한 수익환원법 적용에 있어 특히 유의해야 할 점은 다음과 같다.

1. 영업권평가에서와 마찬가지로 권리금 평가에서도 영업활동과 관련된 무형재산 가치를 구하는 것이므로 영업이익 추정 시 영업활동과 관련이 없는 유휴시설 등 비영업용자산은 평가 대상에서 제외해야 한다. 순수한 영업용유형자산만 시설권리금을 형성한다.
2. 권리금 산정 시 경비항목 중에서 '자가인건비'는 이를 차감하여야 한다. 즉 현금흐름이나 영업이익 산정 시 자가인건비는 재무제표에 반영되어있지 않은 경우가 대부분이므로 이를 차감하여 산정하여야 한다.[81]
3. 감가상각비에 대하여는 현금유출이 없는 지출이므로 영업권의 잉여현금흐름 FCF 산정 시 이를 다시 가산하지만, 권리금 산정시 영업이익은 감가상각비를 차감한 다음에 산정된다는 점에서 차이가 있다.

표 9-3 영업권과 권리금 평가시 영업이익(현금흐름)의 산정방법 비교

구분	영업권	권리금
영업용 유형자산	평가제외	포함평가
자가인건비	영업이익 (-)	영업이익 (-)
감가상각비	영업이익 (+)	영업이익 (-)
추정기간	계속기업	5~10년(상임법)

[81] 이는 영업권(개인기업) 평가 시에도 같다. 왜냐하면 개인회사의 경우 자가인건비는 손익계산서에 계상되지 않기 때문이다.

한편 권리금 평가시의 영업이익은 무형재산의 영업이익을 말하는 바, 추가적으로 무형재산비율을 산정하여 순수 무형재산의 영업이익을 추정하게 된다. 무형재산비율의 산정방법에는 크게 3가지를 들 수 있다. 즉 ① 비율추출법(월임료배율역산법, 상가가격배율역산법), ② 사례추출방법, ③ 공제법 등이다. 실무적으로 가장 적용 가능성이 높고 현실적인 방법은 '비율추출법'이다. 이에 대하여는 다음에서 자세히 설명하기로 한다.

6 개별평가법

권리금의 개별평가법은 감정평가에 관한 규칙 및 감정평가실무기준 670-4에 따른 권리금 감정평가 방법으로 권리금의 무형자산성과 유형자산성을 공히 고려하여 무형재산과 유형재산을 각각 평가한 다음 이를 합산하여 대상 권리금의 평가액을 결정한다. 산식은 다음과 같이 나타낼 수 있다.

$$V_p = V_{IA} + V_{TA}$$

V_P : 권리금평가액, V_{IA} : 무형재산 평가액, V_{TA} : 유형재산 평가액

이하에서는 위의 산식에 따라 권리금에 대한 무형재산의 가치를 평가하기 위한 개별평가법으로서 ① 수익환원법과, ② 원가법에 대하여 각각 설명하고, 그 다음 유형재산의 평가방법을 차례로 설명하기로 한다.

6.1 수익환원법에 의한 무형재산 평가

6.1.1. 영업이익(현금흐름)의 산정

권리금에 대한 무형재산 가치를 수익환원법으로 평가할 경우 영업이익의 추정방법과 유의점은 앞에서 설명한 바와 같다. 즉 권리금의 무형재산부분을 수익환원법으로 감정평가할 때에는 무형재산으로 인하여 발생할 것으로 예상되는 영업이익(소규모 상가)이나 현금흐름(기업형 상가)을 현재가치로 할인하

거나 환원하는 방법으로서 다음의 평가모형으로 나타낼 수 있다.

$$V_{IA} = \sum_{t=1}^{n} \frac{EBIT_t}{(1+r)^t} \; or \; V_{IA} = \sum_{t=1}^{n} \frac{CF_t}{(1+r)^t}$$

V_{IA} : 무형재산가치, n : 수익기한 r : 할인율
$EBIT$: 영업이익(소규모상가), CF : 현금흐름(기업형상가)

감정평가 대상상가의 영업이익을 구할 수 없는 경우에는 유사상가의 평균 영업이익 등을 기준으로 영업이익을 추정하여 수익환원법을 적용할 수 있다. 즉 소급평가시 대상상가가 이미 영업중단 등으로 수익 측정이 불가능한 경우 실무기준에서는 인근지역 유사상가의 평균영업이익 등을 조사하여 장래 기대영업이익을 산정한 후 수익환원법을 적용할 수 있다고 다음과 같이 설명한다.[82]

> "영업중단, 영업이익이 없거나 인근지역의 표준적인 상가의 영업이익에 비하여 영업이익이 현저히 낮은 경우, 수익의 측정이 불가능한 상가의 경우 등은 인근 동종 또는 유사업종 상가의 평균영업이익 등을 기준으로 하되, 감정평가대상 상가의 개별성을 반영하여 무형재산의 합리적인 장래 기대영업이익을 산정한 후 수익환원법을 적용하여 감정평가할 수 있다"

권리금 평가시의 영업이익은 무형재산의 영업이익을 말하는 바, 추가적으로 무형재산비율을 산정하여 순수 무형재산의 영업이익을 추정하게 된다. 무형재산비율의 산정방법에는 〈표 9-4〉에서 요약된 바와 같이 크게 3가지, 즉 ① 비율추출법, ② 사례추출법, ③ 공제법 등이 있으나, 권리금 관련 DB가 구축되어 있지 않은 현실에서 가장 적용 가능성이 높고 실무적으로 유용한 방법은 '비율추출법'이라고 할 수 있다.

각 방식의 차이는 전체 EBIT에서 차지하는 무형재산비율을 어떻게 구하는가 하는 것이다. 예컨대 비율추출법은 실제 거래사례에서 나타난 권리금에 대한 월임료의 비율을 산정한다. 이에 비해 공제법은 EBIT에서 차지하는

[82] 한국감정평가 감정평가실무기준해설서, 2014.

권리금 이외 생산요소들의 기여이익을 뺀 나머지로서 무형재산비율을 산정한다.

표 9-4 무형재산비율 산정 방법

	비율추출법	사례추출법	공제법
무형재산 비율의 개념	인근지역 유사상가의 권리금에 상응하는 EBIT 중 무형재산 귀속 영업이익이 차지하는 일정 비율이 R_{IA}	인근지역 '권리금이 없는 상가'의 EBIT와 대상상가EBIT(V_{GC})의 차익이 대상상가EBIT(V_G)에서 차지하는 일정 비율이 R_{IA}	전체 EBIT에서 권리금 이외의 생산요소별 기여이익(CAC_S)을 공제한 차익이 대상 상가 EBIT에서 차지하는 일정 비율이 R_{IA}
무형재산 비율	$R_{IA} = (V_{GC}/MR_C) \div DPI$	$R_{IA} = (V_G - V_{GC}) \div V_G$	$R_{IA} = (EBIT - CACs) \div EBIT$

6.1.2 무형재산비율의 산정

(1) 비율추출법

비율추출법에서 무형재산비율 RIA: rate of intangible asset이란, 대상 상가가 소재하는 인근지역 내 동일 또는 유사 상가의 영업이익 중 무형재산 귀속 영업이익 EIA이 차지하는 일정한 비율이다. 비율추출법에 의한 무형재산비율 RIA의 일반적인 산정 모형은 다음과 같다.

$$R_{IA} = \frac{V_{GC}}{MR_C} \div DPI$$

R_{IA} : 무형재산비율, V_{GC} : 비교사례의 권리금, MR_C : 비교사례의 월임료, DPI : 영업이익지속기간

대상상가의 영업이익 EBIT 중 권리금에 상응하는 무형재산귀속영업이익 EIA: earning of intangible asset의 비율, 즉 무형재산비율을 추정하기 위하여는 주로 '비율추출법'을 적용한다. 비율추출법은 '월임료배율역산법'이라고도 하는데, 왜냐하면 대상 상가가 소재하는 인근지역 유사 상가의 정상사례에서 도출된 영업이익 중 무형재산이 차지하는 비율을 권리금 VGC : value of comparables과 월임료 MRC : monthly rent of comparables의 상대적 관계에서 추출해 내기 때문이다.

예컨대 인근지역 유사상가의 권리금이 월임료의 18개월로 조사되었다 하자. 이는 통상 임대차기간 60개월 중 30% 수준에 해당되므로(18 ÷ 60 = 30%), R_{IA}를 30%로 추정하는 방식이다. 이를 위하여는 인근지역에 대한 임대시장분석을 통하여 적정한 임료수준 및 권리금에 대한 자료를 수집 · 분석하여 무형재산비율을 추정하게 된다. 비율추출법에 의한 무형재산귀속 영업이익의 일반적인 산정 모형은 다음과 같다.

$$E_{IA} = EBIT \times R_{IA}$$

E_{IA} : 무형재산귀속 영업이익, $EBIT$: 총영업이익(자가인건비 공제후), R_{IA} : 무형재산비율

앞 산식에서 무형재산비율 RIA은 인근지역 내 권리금의 거래관행이나 유사한 비교사례의 권리금 및 월임료, 그리고 영업이익지속가능기간 DPI : duration of potential income 등의 변수를 분석하여 결정하여야 한다.

다른 예를 들어보자. 만약 대상물건과 같은 인근지역 유사상가의 일반적인 권리금은 월임료의 30~40개월 수준이며, 무형재산 비율은 50.0%~65.0% 수준으로 조사되었다고 하자. 그리고 본건과 동일 건물 내에 소재하여 가장 유사하다고 판단된 정상거래사례의 경우 권리금 70,000,000원, 월임료 2,000,000원으로 조사되었다면, 본건 권리금의 무형재산비율 RIA은 얼마인가?

R_{IA}는 위의 산식에 의거 다음과 같이 58.3%로 산정된다. 단, 영업이익지속가능기간 DPI은 5년의 임대차계약기간, 즉 60개월을 적용한다.

$$R_{IA} = \frac{V_{GC}}{MR_C} \div DPI$$

$$= \frac{70,000,000}{2,000,000} \div 60 = 58.3(\%)$$

(2) 사례추출법

사례추출법은 무형재산비율을 대상 상가의 영업이익과 인근지역 유사상가의 권리금이 "0"인 비교사례의 영업이익을 차감하여 대상상가의 권리금에 상

응하는 영업이익 부분으로 추정하는 방법이다. 예컨대 대상물건의 영업이익(연간)이 5,000만원이고, 유사상가의 권리금이 "0"인데 영업이익은 3,000만원이라면, 무형재산비율은 얼마인가?

여기서 대상상가의 권리금에 상응하는 영업이익은 (5,000-3,000)=2,000만원이 된다. 따라서 무형재산비율은 다음과 같이 40%로 산정된다.

$$
\begin{aligned}
R_{IA} &= (V_G - V_{GC}) \div V_G \\
&= (50,000,000 - 30,000,000) \div 50,000,000 \\
&= 40\%
\end{aligned}
$$

(3) 공제법

공제방식은 전체 영업이익 중에서 영업이익 형성에 기여하는 권리금 외의 생산요소들에 대한 기여분을 공제하고 남은 부분, 즉 [매출액 - 매출원가 - 판매비 및 일반관리비 - 투하자본기여이익 - 임차인경영이익]을 무형재산귀속영업이익으로 추정하는 방법이다. 공제법에 의한 무형재산비율 산정모형은 다음과 같다.

$$R_{IA} = (EBIT - CAC_s) \div EBIT$$

$EBIT$: 영업이익, CAC_S : 권리금 이외 생산요소의 기여이익

이는 영업권의 평가방식 중 초과이익법에서 잉여현금흐름 FCF을 산정하고, 적정 요구수익률에 의한 각 자산별 적정이익을 차감한 초과이익을 추정하는 개념과 유사하다. 그러나 이 방법은 투하자본 및 임차인 경영이익에 대한 적정이익을 구하기 어렵고, 무형재산에 상응하는 영업이익이 없거나 혹은 과도하게 높은 영업이익이 산출되는 경우에는 현실의 권리금 거래가격 수준과 차이가 클 위험을 가져올 수 있다.

6.2 무형재산의 원가법 평가

무형재산을 원가법으로 감정평가 할 때에는 대상 상가의 임대차 계약 당시

무형재산의 취득가액을 기준으로 취득 당시와 기준시점 당시의 수익변화 등을 고려하여 감정평가한다. 다만, 무형재산의 원가에 근거하여 합리적으로 감정평가할 수 있는 다른 방법이 있는 경우에는 그에 따라 감정평가 할 수 있다.

원가법의 적용시 특히 유의할 점은 대상 상가의 임대차 계약 당시 무형재산의 취득가액을 기준으로 취득 당시와 기준시점 당시의 수익 변화 등을 고려하여 감정평가해야 한다는 것이다. 또한 종전 임차인은 기 지급한 권리금 수준 또는 그보다 다소 높은 수준의 권리금을 수령하기 원하기 때문에 원가법은 다른 평가방법에 의한 평가액의 적정성에 대한 검증수단으로 유용하다. 다만 권리금이 거래되는 시장의 불완전성이 크고 당사자간의 협상력 차이에 의해 결정되는 경우가 많으므로 기 지급한 권리금이 적정한 금액인지 여부는 주변의 권리금 수준 등과 비교, 검토하여 판단해야 할 것이다.

6.3 유형재산의 평가

권리금을 감정평가할 때에는 유형 · 무형의 재산마다 개별로 감정평가하는 것을 원칙으로 하며, 유형재산을 감정평가할 때에는 원가법을 적용하여야 한다. 그러나 이에 불구하고 원가법을 적용하는 것이 곤란하거나 부적절한 경우에는 거래사례비교법 등으로 감정평가할 수 있다. 실무적으로는 유형재산의 평가는 영업시설의 경우 원가법을 적용하고, 비품의 경우 대개 중고품이므로 거래사례비교법을 적용한다.

따라서 비품은 해당물건과 동일 또는 유사성 있는 비품의 중고시세, 품질, 규격, 자재, 브랜드 및 시장선호도 등을 종합 고려하여 비준가격으로 결정하는 경우가 많다. 현장조사 시 임차인이 제시한 영업시설 및 비품 등의 목록에 따라 그 형식, 품질, 자재, 구조, 브랜드, 연식, 관리상태 등을 상세히 조사하고, 비품 등은 시장에서 동일 또는 유사 중고제품의 가격수준 등을 종합 고려하여 비준가격으로 평가할 수 있다. 다만 실무적으로 임차인이 별도로 이전 또는 처분할 수 있는 영업시설은 신규 임차인이 지불할 권리금에 포함되지 않는 관행을 반영하여 평가에서 제외하는 것이 일반적이다.

7 일괄평가법

권리금의 평가시 감정평가실무기준에서는 유 · 무형재산의 특성상 개별감정평가가 불가능한 경우나 개별감정평가가 적절하지 않은 경우에는 유 · 무형재산의 구별 없이 일괄평가할 수 있는 근거 규정을 두고 있다. 즉 수익환원법을 적용하기 곤란하거나 부적절한 경우에는 거래사례비교법 등으로 평가할 수 있다(감정평가실무 기준 670-4.3.4). 이하에서는 ① 거래사례비교법, ② 수익환원법, ③ 기타 평가방법을 각각 차례로 설명하기로 한다.

7.1 거래사례비교법

무형재산을 거래사례비교법으로 감정평가 할 때에는 다음 각 호의 어느 하나에 해당하는 방법으로 감정평가한다. 다만, 무형재산의 거래사례에 근거하여 합리적으로 평가할 수 있는 다른 방법이 있는 경우에는 그에 따라 감정평가 할 수 있다.[83]

① 동일 또는 유사 업종의 무형재산만의 거래사례와 대상 무형재산을 비교하는 방법
② 동일 또는 유사 업종의 권리금 일체 거래사례에서 유형의 재산적 가치를 차감한 가액을 대상 무형재산과 비교하는 방법

거래사례비교법 적용 시 거래사례와 감정평가 대상상가와의 유 · 무형재산의 구성비율 비교 및 유 · 무형재산의 지역 · 개별요인 비교항목에 대한 비교작업을 수행하여야 하며, 원가법 적용 시에도 대상 유 · 무형재산의 특성을 개별요인의 비교작업을 통하여 재조달원가 사정이나 감가상각액 산정에서 이를 적절히 반영하여야 한다.

[83] 감정평가실무기준 670 동산 등 (4.3.3.3 권리금의 거래사례비교법 적용)

7.2 수익환원법

앞서 설명한 개별평가법 중 권리금의 무형재산에 대한 수익환원법과 일괄평가법에서 말하는 수익환원법은 다른 개념이다. 여기서 말하는 수익환원법은 평가대상 상가의 영업활동으로 인한 예상 영업이익이나 현금흐름 중에서 임대인에게 귀속되는 투하자본수익(임차료)이나 노동수익(인건비) 등을 제외한 임차인의 권리금에 귀속되는 순현금흐름을 현재가치로 할인하거나 환원하여 대상권리금의 평가가액을 산정하는 방법이다. 따라서 대상 상가의 과거 평균 영업이익을 토대로 장래 기대영업이익을 추정하되, 영업이익의 적정성 여부를 개별평가법에서 권리금의 무형재산에 대한 수익환원법에 의한 영업이익과 비교 분석하여야 한다. 영업이익(소득) 산정을 위한 기본산식은 다음과 같다.

영업이익 = 매출액 − (매출원가 + 임차료 + 인건비 + 기타판관비) − 자가인건비

7.3 기타 평가방법

(1) 월임대료승수법

월임대료승수법 MRM : monthly rent multiplier method은 대상과 동일 또는 유사 상가의 임대료와 권리금 간 표준적인 승수에 감정평가대상 상가의 임대료를 곱하여 상가권리금을 감정평가하는 방법이다(감정평가실무기준 해설서 670 동산등, 4.3.4 기타감정평가방법). 월임대료승수법에 의한 권리금 가액은 다음의 산식과 같이 산정된다.

권리금 = 동일 또는 유사 상가의 임대료 · 권리금승수
× 평가대상 상가의 임료 × 수정률

여기서 '임대료 · 권리금승수'란, 권리금이 임대료 대비 몇 배인지를 나타내는 비율로서, 현장조사를 통한 탐문자료나 시장자료, 거래자료, 방매자료 등을 수집 분석하여 결정해야 한다. 또한 임대료는 월간 실질임대료를 의미하

며, 임차인의 과거 임대차계약에 의한 계약임료contract rent를 의미하는 것이 아니라 기준시점 현재의 시장임료market rent를 의미한다. 수정률은 감정평가대상 상가의 영업관련 이익, 시설 및 인테리어, 임차인의 개별성, 임차인의 투하자본과 업종별 특성 등에 따른 보정치이다.

이와 같은 방법은 권리금 자료의 수집, 유형재산의 규모나 특성 및 영업특성에 따라 달리 형성되는 개별적 권리금 수준을 반영하기 어려운 점은 있으나, 상가부동산 시장의 권리금 수수관행에 부합하는 방법이며, 평가대상 상가 인근지역의 권리금 수준 등을 파악하는 데에도 유용한 방법이 될 수 있다. 그리고 다른 방식으로 산정한 권리금의 평가액에 대한 유용한 검증수단으로 활용될 수 있다.

(2) 회귀분석법

회귀분석법regression analysis이란, 권리금을 종속변수로 하고 권리금에 영향을 미치는 변수를 독립변수로 하여 권리금을 평가하는 방법이다(감정평가실무기준 해설서 4.3.4 기타감정평가방법). 이 방법은 독립변수의 복잡성이나 다중공선성 문제 등으로 인해 아직 연구단계에 머무르고 있으며, 실무적으로는 거의 이용되지 않고 있다.

(3) 영업이익배수법

영업이익배수법은 권리금이 영업이익의 몇 배인지를 조사하여 산정하는 방식으로서, 예를 들어 3개월이나 6개월 분의 순수익에 해당하는 금액으로 산정되며, 이를 이익권리금이라고 한다. 이익권리금은 약국의 경우 처방전 수 기준 청구액과 일반약 마진을 기준으로 10~13개월 순이익이 권리금으로 산정되기도 한다. 예를 들어 약국의 적정임료는 월매출액의 10% 또는 월조제료의 30% 선으로 형성되기도 하며, 권리금은 다음과 같이 산정될 수 있다.

권리금 = 처방전 수 × 조제료(단가) × (10~13개월)
임료(월) = 매출액(월) × 10% or 조제료(월) × 30%

한편 병 · 의원의 권리금은 순이익 또는 총수입의 3~6개월분으로 산정되기도 한다. 그러나, 성형외과나 피부과 등은 비급여진료가 많고 환자충성도가 높으므로 권리금의 수수가 곤란하고, 내과나 이비인후과 등은 집 근처를 선호하므로 권리금 받는 것이 쉬워 다음과 같이 산정될 수 있다.

권리금(치료기준) = 환자차트수 × 진료단가
권리금(챠트기준) = 건강보험청구액 × 3~6개월

8 권리금 평가의 문제점

권리금의 감정평가와 관련하여 실무상 가장 문제시 되는 이슈는 다음과 같다.

1. 개별평가법에서 무형재산 중 지역권리금과 영업권리금이 혼재되어 있는 상황에서 어떻게 이를 구분평가 할 것인가?
2. 권리금의 무형재산부분을 수익환원법에 따라 평가할 경우 위치에 따른 영업상 이점을 감정평가금액에 어떻게 반영하는가?
3. 권리금 존속기간 산정 시 「상가건물 임대차보호법」 상 계약갱신요구권 행사기간(10년)을 그대로 적용할 수 있는가?
4. 시장자료 축적을 위한 투명한 '권리금거래실명제' 및 등기의무화

첫째, 개별평가법에서 무형재산 중 지역권리금과 영업권리금이 혼재되어 있는 상황에서 어떻게 이를 구분평가 할 것인가? 하는 문제이다. 왜냐하면 시장에서 수집되는 권리금 거래사례에는 양자가 구분되어 있지 않고, 실제 거래당사자들도 구분하지 않는 현재 시장관행에서 어떻게 이를 지역권리금과 영업권리금으로 구분하여 평가할 것인가 하는 문제이다. 현행 실무기순에는 유형자산과 무형자산으로 구분하여 평가하도록 규정되어 있을 뿐이다.

예를 들어 수익가치가 제로인 점포와 수익가치가 1억 5천만원인 점포가 다 같이 2억원대로 거래되는 현실에서 어떻게 권리금 거래가격을 지역권리금과 영업권리금으로 나누어 평가가치에 반영하느냐 하는 것이다. 수익환원법의

논리로는 해결할 수 없는 실무문제이므로 향후 추가적 연구가 필요한 부분이다. 즉 무형재산 부분 중 지역권리금은 그 발생원인이나 특징이 영업권리금과 전혀 다른데 같은 방법으로 평가해도 되느냐 하는 문제이다. 영업권리금과 같이 평가한다는 것은 지역권리금이 영업수익에 반영될 수 밖에 없으며, 이미 영업실적에 이 부분이 반영되었다고 보는 평가방법인데 과연 실제 이 부분이 영업수익에 반영되었는가 하는 것이다.

둘째, 권리금의 감정평가에 있어 특히 어려운 부분은 무형재산과 관련한 부분이다. 무형재산은 시장가격이 존재하는 것도 아니고 그 가치의 변화도 심하므로 특정한 금액을 가격으로 책정하기가 쉽지 않기 때문이다. 이에 대해 감정평가 실무기준이 제시하고 있는 것은 수익환원법이다. 수익환원법은 재산의 가치를 그 점포에서 영업을 하였을 때 얻을 수 있는 이익을 고려하여 평가하는 방식이다.

수익환원법에 따르면 매출에 따른 영업이익을 기준으로 권리금을 계산하게 된다. 그런데 수익환원법에 따라 감정평가할 경우 위치에 따른 영업상의 이점은 감정평가가액에 적절하게 반영되기 어려운 경우도 있다. 왜냐하면 위치상의 이점이 있는 곳은 일반적으로 권리금이 비싸지만, 그것만으로 영업이익이 보장되지는 않는다. 점포를 운영하는 개인의 노하우나 또는 능력 부족으로 인해 영업은 적자이지만, 주변의 점포들은 호황을 누리는 등 분명히 위치에 따르는 이점에 따라 지역권리금이 형성된다. 특히 일반 경기와 인근지역 상권이 모두 호황인 상황이라면, 임차인은 상대적으로 고액의 지역권리금을 지불하고 나서야 임차할 수 있다.

그런데 이러한 입주초기의 상가에 대한 지역권리금을 수익환원법에 따라서만 평가한다면 상가건물임대차보호법이 규정하고 있는 건물의 위치에 따른 영업상의 잇점은 제대로 반영되지 않는다. 임차인이 지불한 위치에 대한 권리금은 적절하게 평가되지 않고 소멸되기도 쉽다. 따라서 건물의 위치에 따른 영업상의 이점은 별도로 거래사례비교법을 적용함으로써 평가가치에 반영될 수 있을 것이므로 이에 대한 향후 추가적 연구가 필요하다.

셋째, 권리금 존속기간 산정 시 「상가건물 임대차보호법」상 계약갱신요구권 행사기간(10년)을 그대로 적용할 수 있는가? 하는 문제이다. 본래 권리금은 그 형성요인이 소멸하면 권리금의 존속기간도 소멸된다고 볼 것이다. 그러나 존속기간이 무한인 영업권과는 달리 권리금은 '임대차 계약기간' 내의 한시적 권리이므로 권리금의 경제적 이익 창출기간, 즉 권리금 존속기간의 판단이 매우 중요하다. 물론 임대차계약 체결 시 그 대가를 지급하였거나 자가창출한 권리금은 영구히 존속될 수도 있으나, 대부분의 권리금계약은 임대차계약기간 내의 권리라는 제약이 있다. 따라서 임차인은 자신이 임차한 건물에서 얻는 영업이익으로 권리금을 회수할 수 있는 기회가 임대차 계약기간 이내로 제한되며, 사실상 영업권의 존속기간도 이에 한정하여 판단하게 된다. 또한 일반 영업권과 같이 영구히 존속할 권리금이 있는 반면 단기의 계약기간 내에 소멸되는 권리금이 있을 수 있으므로 권리금 존속기간을 상임법 상 계약갱신요구권 행사기간 그대로 적용할 수 있는가 하는 문제가 대두되는 것이다.

이러한 문제점을 해결하기 위해 종전에는 권리금 평가실무에서 상임법과 세법의 규정을 참고로 권리금 존속기간을 통상 5년의 기간으로 정하여 권리금 가치를 산정하여 왔다. 즉 상임법 제10조에 의하여 임차인의 계약갱신요구권의 행사기간을 최초의 임대차 기간을 포함하여 5년을 보장하고 있는 점과 상속세 및 증여세법 시행령 제59조에 의하여 영업권의 지속연수를 원칙적으로 5년으로 제한하고 있는 점을 근거로 권리금 존속기간을 통상 5년으로 본 것이다.

그러나 2018년 9월에 국회를 통과한 개정 상임법(공포 및 시행, 2018. 10. 16)에 의하면 상가건물 임차인의 계약갱신요구권 행사기간이 10년까지로 확대되었다. 아울러 임대인의 권리금 지급 방해행위 금지기간도 종전 3개월에서 6개월로 확대되었다. 이러한 개정내용은 임차인의 영업 및 권리금 회수기회를 보장하기 위하여 임대차 계약기간을 사실상 10년으로 보장한 것이 된다.

그렇다면 이렇듯 계약갱신요구권 행사기간의 연장 규정에 따라 권리금 평가 시 적용할 권리금 산정기간도 10년으로 해야 하느냐 하는 문제가 제기된다. 결론적으로 이는 임대차 계약에 따라 5년 이내로 제한 받았던 권리금의 경제적 이익 창출기간이 두 배로 늘어난 것이라고 볼 수 있으므로 당연히 연장된 기간으로 권리금을 산정함이 타당하다고 본다. 왜냐하면 권리금시장의 시장원리에 따라 개정법 시행 이후에는 개정법령에 의하여 권리금의 거래가격이 형성될 것이기 때문이다. 즉 권리금의 시장가치는 변경된 임대차 보호기간에 상응하는 임대차시장 수요공급 조건에 따라 새로이 형성될 것으로 볼 수 있기 때문이다. 다만 개정법령의 공포 후 최초로 체결되거나 갱신되는 임대차부터 적용하므로 실무상 개정법령 공포 후 체결되거나 갱신된 임대차계약에 의한 권리금 평가에 대하여 적용해야 될 것이다.

넷째, 시장자료 축적을 위한 투명한 '권리금거래실명제' 도입이나 등기의무화가 긴요하다. 권리금을 거래사례비교법으로 감정평가하기 위해서는 거래사례의 수집이 필수적이나, 권리금 시장의 폐쇄성 등으로 인하여 사례의 포착이 매우 어렵고, 탐문에 의해 조사한다 하더라도 실제 증빙자료인 권리금계약서를 확인하기가 매우 어려운 것이 현실이다. 권리금의 사회적 갈등비용이 날로 증가하고 있는 추세에서 투명한 시장거래자료 확보 노력도 극히 미미하다. 그러므로 시장자료 부족 문제를 해결하기 위한 투명한 권리금 거래제도의 도입이 시급하다고 본다.

이것이 감정평가 실무기준에서 규정한 감정평가방법의 실제적용을 위하여 향후 국가통계기관을 통한 권리금 거래데이터 및 평가자료의 DB 구축 노력이 절실한 이유이다. 나아가 권리금 거래실명제 도입을 법제화하거나 등기의무화하는 방안, 그리고 이를 매개로 권리금 수입에 대하여 공정한 조세를 부과하는 과제에 대하여도 적극적으로 사회적 동의를 확산시킬 필요가 있다.

10장

상가권리금의 평가사례

Case Study of Lease Premium Valuation

1. 평가대상 및 평가개요
2. 대상물건의 개요
3. 권리금의 요소 및 감정평가방법의 적용
4. 개별평가법의 적용
5. 일괄평가법의 적용
6. 최종감정평가액의 결정

권리금은 우리나라만의 독특한 법제적 특성으로 인하여 그 경제적 가치평가와 관련한 국제평가기준의 규정이 없다. 그러나 권리금도 경제적 이익을 창출하는 무형자산으로서 영업권과 유사한 권리적 성격을 가졌으므로 앞 장에서 설명한 원칙과 방법에 따라 가치평가가 이루어져야 한다. 권리금의 감정평가와 관련하여 실무상 대두되는 문제는 첫째, 개별평가법에서 무형재산중 지역권리금과 영업권리금이 혼재되어 있는 상황에서 어떻게 이를 구분평가 할 것인가? 둘째, 권리금의 무형재산부분을 수익환원법에 따라 평가할 경우 위치에 따른 영업상 이점을 평가가치에 어떻게 반영할 것인가 등이다.

이러한 배경에서 작성된 다음 사례는 「상가건물 임대차보호법」의 규정과 「감정평가실무기준」이 제시하고 있는 보편적으로 적용가능한 평가원리와 기준을 실제 권리금 평가과제에 적용한 평가보고서이다. 즉 국내의 한 음식서비스업체인 'YCC회관'(가칭)의 권리금에 대한 소송목적의 평가사례이다. 이 보고서의 내용은 실제 자료를 바탕으로 하였으나 앞 장에서 설명한 권리금의 평가이론과 실무 방법론을 평가보고서 작성사례에 적용하기 위한 순수 연구목적의 사례연구 자료임을 밝혀둔다. 그러므로 「상가건물 임대차보호법」 제10조의 4 규정에 따른 평가기준에 부합하도록 필요한 경우 부분적으로 수정 보완된 사례임에 유의하여야 할 것이다.

1 평가대상 및 평가개요

본건은 ○○지방법원 ○○지원의 소송(20x8가단2777 건물명도 등)과 관련하여 서울시 서초구 ○○동 1333-22 소재 지하 2층, 지상 5층 건물(트럼프빌딩) 중 제2층 제205호 부분 (상호: YCC회관)의 권리금에 대한「상가건물 임대차보호법」제10조의 4 규정에 따른 손해배상액 산정을 위한 감정평가이다.

표 10-1 평가 대상 건물 개요

구분	소재지	용도지역 및 구조	지목/용도	면적(㎡)	사용승인일	비고
토지	서울 서초구 ○○동 133	중심상업지역	대	913.7		
건물	위지상 [도로명주소] 서울시 서초구 ○○로 68	철골철근콘크리트조 슬래브지붕 지하2층/지상5층	근린생활시설 시설 및 문화집회시설	4,940.8	2000.02.01	연면적
		1층	근린생활시설	666.84		
		2층	근린생활시설	662.64		
		3층	근린생활시설	662.64		
		4층	근린생활시설	662.64		
		중 4층	근린생활시설	190.92		
		5층	근린생활시설	662.64		
		지1층	주차장 등	741.84		
		지2층	주차장 등	690.64		
		옥탑		75.73		연면적 제외
권리금평가 대상물건		위 2층 205호	YCC회관	124.78		

1.1 평가목적

본건은「상가건물 임대차보호법」제10조의 4 규정에 따른 손해배상액 산정을 위한 권리금에 대한 시장가치평가로서 ○○지방법원 ○○지원의 소송(20x8 가단2777 건물명도 등) 목적의 평가이다.

1.2 기준시점

「감정평가에 관한 규칙」제9조 제2항에 따라 임대차기간 만료일인 20x6년 05월 24일을 기준시점으로 하였다.

1.3 평가근거 및 기준가치

본건의 평가는「감정평가 및 감정평가사에 관한 법률」,「감정평가에 관한 규칙」,「감정평가실무기준」및 제반 감정평가이론 등에 의거하여 평가하였으며, 시장가치를 기준으로 감정평가액을 결정하였다. 여기서 시장가치라 함은 "대상물건이 통상적인 시장에서 충분한 기간동안 거래를 위하여 공개된 후 그 대상물건의 내용에 정통한 당사자 사이에 신중하고 자발적인 거래가 있을 경우 성립될 가능성이 가장 높다고 인정되는 대상물건의 가액"을 말한다.

1.4 평가방법 및 전제조건

(1) 대상목록 중 유형재산은 의뢰인의 제시목록을 기준하되, 현장조사를 통해 확인, 실사하였으며, 기존 임차인의 영업시설 등이 그대로 이전되는 것을 전제로 평가하였다.

(2) 본건의 영업이익 산정은 기존임차인이 제시한 권리금 계약서 및 세무서에 신고된 표준재무제표 등의 자료, 그리고 시장동향, 지역 및 상권분석 결과와 상권의 특성 등을 고려하여 평가하였다.

(3) 평가에 있어서 전제한 미래의 사건이나 상황은 예측치대로 발생되지

않을 수 있기 때문에 당 감정인은 예측한 성과에 대하여 어떠한 확신도 제공하지 않는다. 즉 예측 성과와 실제 결과 사이에는 중요한 차이가 발생할 수 있으며, 예측 결과의 달성 여부는 사업자의 행동계획 그리고 감정인이 전제한 가정에 따라 가변적이다.

(4) 본 평가업무에 피고가 제시한 정보가 이용된 경우, 당 감정인은 이러한 추정 정보를 조사하거나 작성하는데 관여하지 않았고, 사건이나 상황은 예상과 다르게 발생할 수 있으며, 따라서 일반적으로 추정 조건과 실제 결과 사이에 차이가 존재할 수 있고, 또 그러한 차이가 중요할 수 있음에 유의하여야 한다.

(5) 감정인은 권리금 가액의 분석에서 활용된 정보 또는 보고서에 주요 판단 근거로서 제시된 어떠한 정보에 대해서도 그 정확성, 적합성 또는 충분성을 보증하지 않으며, 정보의 오류 및 허위 등과 관련한 어떠한 형태의 책임도 부담하지 않는다.

(6) 사전에 문서로 협약되지 않는 한 이 평가서의 내용과 관련하여 평가의뢰 법원 이외의 보고서 이용자 및 이해관계자는 법정 증언이나 진술 등 당 감정인에 대하여 추가적인 업무를 요구할 수 없다.

2 대상물건의 개요

2.1 대상부동산

표 10-2 대상물건 현황

소재지	용도지역	이용상황	토지면적	구조 · 규모	연면적(㎡)	사용승인일
서울시 서초구 ○○동 133	중심상업 지역	근린생활 시설 (식당)	913.7㎡	철근철골 콘크리트조 슬래브지붕 지하2/지상5층	4,940.8	20x0.02.01

표 10-3
대상 임차부동산

기호	호수	상호명	임대면적	업태	종목	임대차현황(천원) (보증금)	(월임대료)	임대기간
1	2층 205호	YCC회관	124.78㎡	음식	한식	50,000	3,000	20x0.05.25~ 20x6.05.24

자료: 임차인 제시 임대차계약서 및 사업자등록증 등

2.2 유형재산

표 10-4
대상 유형재산

항목	상세구분	수량	비고
인테리어 공사	주방, 닥트, 몰딩 등	1식	-
	옷장 외	1식	-
	석고 천정	1식	-
	전기공사	1식	-
	샷시 외	1식	-
	앵글선반 외	1식	-
영업시설	식탁, 냉동고 등	1식	-
	배달용 차량	1대	(마티즈, 20x5년식)
	배달용 오토바이	9대	-

자료 : 임차인 제시 설비목록에 의함.

3 권리금 구성요소 및 감정평가방법의 적용

3.1 권리금 구성요소

「상가건물 임대차보호법」 제10조의3(권리금의 정의 등) 제1항에 의하면 "권리금 이란 임대차 목적물인 상가건물에서 영업을 하는 자 또는 영업을 하려는 자가 영업시설 · 비품, 거래처, 신용, 영업상의 노하우, 상가건물의 위치에 따른 영업상의 이점 등 유형 · 무형의 재산적 가치의 양도 또는 이용대가로서 임대인, 임차인에게 보증금과 차임 이외에 지급하는 금전 등의 대가를 말한다." 라고 권리금의 정의를 규정하고 있다. 권리금의 정의상 권리금의 요소를 구분 정리하면 다음 〈표 10-5〉와 같다.

표 10-5 권리금의 요소

구 분	의 의
지역권리금	특정한 점포의 위치, 상권을 토대로 형성되는 권리금
영업권리금	기존 점포의 무형의 자산, 즉 브랜드가치나 영업노하우, 거래처, 신용 등에 대한 대가로 지급되는 권리금
시설권리금	점포 내에 설치되어 있는 영업시설이나 비품 등 유형물을 임차권을 양수하면서 또는 영업양도계약을 체결하여 그대로 양수하면서 지급하는 권리금

3.2 권리금의 감정평가방법

3.2.1 감정평가의 방법

감정평가의 방법에는 대상물건의 재조달원가에 감가수정을 하여 대상물건의 가액을 산정하는 원가법, 대상물건과 가치형성요인이 같거나 비슷한 물건의 거래사례와 비교하여 대상물건의 현황에 맞게 사정보정, 시점수정, 가치형성요인 비교 등의 과정을 거쳐 대상물건의 가액을 산정하는 거래사례비교법, 대상물건이 장래 산출할 것으로 기대되는 순수익이나 미래의 현금흐름을 환원하거나 할인하여 대상물건의 가액을 산정하는 수익환원법 등이 있다.

3.2.2 감정평가방법의 결정

1) 본건 권리금의 감정평가는 「감정평가에 관한 규칙」, 「감정평가 실무기준」 에 의거 무형 · 유형의 재산마다 가치를 각각 개별 감정평가하는 것을 원칙으로 하되, 유무형 재산을 일괄 감정평가하는 일괄평가법에 의한 비교방식의 시산가액 등을 종합 고려하여 감정평가액을 결정하였다.

2) 개별 감정평가하는 경우, 무형재산의 감정평가는 수익환원법을 기준하

여 결정하고, 유형재산의 감정평가는 영업시설의 경우 원가법을 적용하며, 비품의 경우 해당 물건과 동일 또는 유사성 있는 비품의 중고시세, 품질, 규격, 자재, 브랜드 및 시장선호도 등을 종합고려하여 결정한다.

3) 일괄 감정평가의 경우, 본건과 동일 또는 유사업종의 거래사례를 선정하여 지역특성, 영업특성, 시설특성 및 그 밖의 업종 특성 등을 고려한 거래사례비교법을 적용, 시산가액을 결정한다.

4 개별평가법의 적용

개별평가법은 감정평가에 관한 규칙 및 감정평가 실무기준 670-4에 따른 권리금 감정평가 방법으로 그 산식은 다음과 같으며, 여기서도 이에 따라 무형재산의 평가와 유형재산을 각각 평가한 다음 이를 합산하여 대상 권리금의 평가액을 결정한다.

권리금 평가액 = 무형재산 평가액 + 유형재산 평가액

4.1 무형재산의 평가

무형재산의 현금흐름을 산정하기 위한 예측기간은 「상가건물 임대차보호법」상 임차인의 계약갱신청구기간(10년), 해당 점포가 소재한 지역, 상권, 업종 특성, 경기 동향, 권리금 거래관행, 그리고 권리금이 선불적 성격의 투자액임 등을 고려하여 결정한다. 다만, 본건 임대차계약이 2018년 10월 16일 이전에 체결된 바 종전 「상가건물 임대차보호법」상 계약갱신요구권 행사기간에 따라 예측기간은 5년으로 결정하였다. 한편 개인영업의 경우 자가인건비 상당액은 당기에 지불되어야 하는 비용항목에 해당하는 바 이를 판매관리비에 포함하였으며, 적용할인 기간 동안 동일하게 적용하였다. 영업이익 산정을 위한 기본산식은 다음과 같다. 단, 감가상각비는 기준경비율에 이미 포함되어 있으므로 가산하지 않는다.

영업이익(소득) = 매출액 − (매출원가 + 임차료 + 인건비)
− (매출액 × 기준경비율) − 자가인건비

4.1.1 영업이익의 추정

당해 상가의 임차인으로부터 제시받은 세무서제출용 3개년도 손익계산서를 분석한 결과 영업이익의 객관성이 인정된다. 그러나 유사업종 상가의 평균적 영업이익이나, 본건 상가의 개별성을 반영하기 위해 국세청에서 고시한 20x6년 기준경비율을 적용하여 본건의 영업이익을 재산정하였다. 다음 〈표 10-6〉은 수정전 손익계산서 요약 내용이다.

표 10-6
평가대상의 3년간 영업이익 (수정전)

(단위: 천원)

구 분	20x4	20x5	20x6
매출액	292,886	318,359	325,681
매출원가	161,504	160,666	160,976
판매관리비	109,912	132,937	141,736
영업이익	21,470	24,755	22,969

자료: 임차인이 제시한 세무서신고 표준손익계산서

(1) 영업이익 수정항목의 분석

• **(매출액 · 매출원가 · 임차료 · 인건비)** 임차인이 제시한 자료에 의하면, 손익계산서 등에 의해 매출내역 등이 확인되었고, 각종 지출내역과의 균형 등을 고려할 때 신뢰성이 인정된다고 판단되므로 매출액 및 매출원가, 임차료 등은 그대로 〈표 10-12〉에서와 같이 반영하였다.

• **(자가인건비 상당액)** 자가인건비 상당액은 본인 등이 투하한 노동력의 대가로서 매기의 비용항목으로 처리하여 반영하였다. 자가인건비 상당액은 통계청 발표 업종별 평균 급여 등을 인용하여 결정하였다. 즉 본건과 유사성 있는 직종별 평균임금 중 관리자 및 판매종사자 평균치 등을 종합 참작하여 연간 38,000,000원을 각 기간 동일하게 적용하였다.

(단위: 천원/월)

표 10-7
업종별 평균 월급여

항 목	세부항목	20x4	20x5	20x6
직종별평균임금	음식점 및 주점업	1,682	1,710	1,759
	관리자	6,171	6,755	7,065
	판매종사자	2,462	2,545	2,633

자료: 통계청, 산업별 근로일수 및 근로시간, 임금총액(5인이상)

표 10-8
자가인건비

자가인건비상당(원)	인원수(명)	계
38,000,000	1	38,000,000

• **(임대료의 적정성)** 현임차인이 임대차계약에 의거 지불하는 계약임료 contract rent와 시장임료 market rent간의 차이가 클수록 권리금에 미치는 영향이 커지는 경향이 있다. 만약 시장임료보다 현행 계약임료가 낮다면 그 차액을 자본화한 금액만큼 신규임차인에 대하여 현임차인이 권리금으로 요구할 가능성이 커질 수 있기 때문이다. 본건 임차인이 임대차계약에 의거 지불하는 계약임료는 다음과 같다. 이는 인근지역 내 유사 상가의 표준적인 시장임료와 대등하므로 적정한 수준이라고 분석되었다. 따라서 영업이익 산정 시 이를 그대로 적용한다.

표 10-9
임대차 현황

보증금(원)	월임대료(원)	비고
50,000,000	3,000,000	

• **(그 밖의 항목)** 의뢰인으로부터 제시받은 손익계산서상 경비 중 주요 경비를 제외한 나머지 내역은 업종 특성이나 회계처리 관행, 인근의 표준적인 동일 또는 유사업종 상가의 경비 등을 고려할 때 적절하지 않은 것으로 판단된다. 그러므로 국세청에서 고시한 "한식점업"에 대한 20x6년 기준경비율을 적용하여 기준경비를 〈표 10-11〉과 같이 산정하였다. 여기서 말하는 기준경비에는 제반 관리비용, 마케팅비용, 감가상각비 등은 포함되나, 자가인건비, 임차료 등은 포함되지 않는다.

(단위: %)

표 10-10 기준경비율

업종명	단순경비율	기준경비율
한식점업	89.7	9.2

* 20x6년 귀속 단순경비율 · 기준경비율, 국세청 고시 제20*8-7호(20*8.03.30)

(단위: 천원)

표 10-11 기준경비

구 분	20x4	20x5	20x6
매출액	292,886	318,359	325,681
기준경비(9.2%)	26,945	29,289	29,963

(2) 수정후 영업이익

추정 영업이익은 다음과 같이 수정 작성되었으며, 수정 손익계산서에 따른 3년평균 영업이익은 인근의 동일 또는 유사업종 상가의 장래 기대되는 이익과 비교할 때 표준적인 수준이라고 판단된다.

(단위: 천원)

표 10-12 수정손익계산서 및 영업이익

구 분		20x4	20x5	20x6
매출액 (A)		292,886	318,359	325,681
매출원가 (B)		161,504	160,666	160,976
판매관리비 (C)	임차료	36,000	36,000	36,000
	인건비	21,465	29,044	32,003
	기준경비	26,945	29,289	29,963
	소계	84,410	94,333	97,966
자가인건비 (D)		38,000	38,000	38,000
수정 영업이익 (A-B-C-D)		8,972	25,360	28,739
최근 3 개년 평균		21,024		

주 1) 주요경비 : 매출원가 + 임차료 + 인건비
2) 기준경비 : 매출액 × 기준경비율

(3) 영업이익의 추정

영업이익 상승률은 해당지역 임대료 상승률, 생산자물가지수 상승률 및 소비자물가지수 상승률, 장래 상권형성정도, 금리수준, 경기동향 및 업종동향 등을 종합 고려할 때 향후 연 1.00%씩 상승하는 것으로 추정하여 아래와 같이 영업이익을 측정한다.

(단위: 천원)

표 10-13 영업이익 추정

최근 3년평균	1기	2기	3기	4기	5기
21,024	21,234	21,446	21,661	21,877	22,096

4.1.2 무형재산귀속영업이익 E_{IA}

대상 상가의 영업이익 EBIT 중 권리금에 상응하는 무형재산귀속영업이익 E_{IA} : earning of intangible asset의 비율, 즉 무형재산비율 R_{IA} : rate of intangible asset을 추정하기 위하여 여기서는 '비율추출법'을 적용한다. 비율추출법은 '월임료배율역산법'이라고도 하는데, 왜냐하면 대상 상가가 소재하는 인근지역 동일 또는 유사 상가의 영업이익 중 무형재산이 차지하는 비율을 비교사례의 권리금 V_{GC} : value of comparables과 월임료 MR_{C} : monthly rent of comparables의 상대적 관계에서 추출해 내기 때문이다.

이를 위하여 시장조사과정에서 얻은 임료수준과 권리금에 대한 자료를 수집 · 분석하여 무형재산비율 R_{IA}을 추정하게 된다. 비율추출법에 의한 무형재산귀속영업이익 E_{IA}의 산정모형은 다음과 같다.

$$E_{IA} = EBIT \times R_{IA}$$

E_{IA} : 무형재산귀속영업이익, $EBIT$: 영업이익(자가인건비 공제후), R_{IA} : 무형재산비율

위 산식에서 보면, 영업이익 EBIT은 앞에서 이미 산정된 바 있으나, 무형재산비율 R_{IA}은 인근지역 내 권리금의 거래관행이나 유사한 비교사례의 권리금 및 월임료, 그리고 영업이익지속기간 DPI : duration of potential income 등의 변수를 분석하여 결정하여야 한다. 따라서 다음에서 대상 상가의 권리금 평가액 산정을 위한 무형재산비율 R_{IA}과 무형재산귀속영업이익 E_{IA}을 결정하기로 한다.

(1) 무형재산비율 $^{R_{IA}}$의 결정

무형재산비율 $^{R_{IA}}$이란, 대상 상가가 소재하는 인근지역 내 동일 또는 유사 상가의 영업이익 중 무형재산이 차지하는 일정한 비율이다. 여기서는 비율추출법에 의하여 산정하기로 한다. 비율추출법에 의한 무형재산비율의 일반적인 산정 모형은 다음과 같다.

$$R_{IA} = \frac{V_{GC}\text{(비교사례의 권리금)}}{MR_C\text{ (비교사례의 월임료)}} \div DPI\text{(영업이익지속기간)}$$

대상물건과 동일로 변 유사상가의 일반적인 권리금은 월임대료의 20~40개월 수준이며, 무형재산 비율은 35.0~65.0% 수준으로 조사되었다. 〈표 10-21〉에 요약된 인근지역 임대사례 중에서 본건과 동일 건물 2층에 소재하는 본건과 가장 유사하다고 판단된 #A(202호)의 경우 권리금 69,000,000원, 월임료 1,800,000원으로 조사된 바, 무형재산비율 $^{R_{IA}}$은 아래와 같이 산정된다.

$$R_{IA} = \frac{V_{GC}}{MR_C} \div DPI$$

$$= \frac{69,000,000}{1,800,000} \div 60\text{개월}$$

$$= 63.9\%$$

따라서 본건의 위치, 상권 정도, 임차인의 영업수준, 시설관리상태, 권리금 및 월임대료 수준 등을 종합 고려하여 총영업이익에서 무형재산이 차지하는 비율 $^{R_{IA}}$은 63.9%로 결정한다.

(2) 무형재산귀속영업이익

무형재산귀속영업이익 $^{E_{IA}}$은 추정기간 중의 총영업이익 ^{EBIT}에 위에서 산정된 무형재산비율 $^{R_{IA}}$ 63.9%를 곱하여 아래와 같이 산정된다.

(단위: 천원)

표 10-14
무형재산귀속 영업이익(E_{IA})

	1기	2기	3기	4기	5기
총영업이익	21,234	21,446	21,661	21,877	22,096
무형재산비율(%)	63.9	63.9	63.9	63.9	63.9
무형재산귀속영업이익(E_{IA})	13,568	13,704	13,841	13,980	14,119

4.1.3 할인율의 결정

할인율은 미래의 영업이익 또는 현금흐름을 현재가치로 환산하기 위하여 적용하는 수익률로서, 투자자가 어떤 투자안에 투자를 하기 위한 최소한의 요구수익률이다. 할인율의 산정방법은 ① 요소구성법에 의한 방법, ② 가중평균자본비용 WACC에 의한 방법, ③ 시장에서 발표된 할인율을 기준하는 방법 등이 있다. 본건은 소규모 근린상가로서 상가의 특성 및 현금흐름 형태 등을 고려하여 볼 때, 무위험률에 위험할증률을 가산하여 할인율을 결정하는 요소구성법이 적당한 할인율 산정방법으로 판단되었는 바 적용되는 할인율은 매기의 현금흐름에 동일하게 적용한다. 적용 할인율의 산정 모형은 다음과 같다.

$$E(R) = R_f + RP_m + RP_s + RP_u$$

$E(R)$: 기대수익률(할인율), R_f : 무위험수익률, RP_m : 시장위험할증률
RP_s : 규모위험할증률, RP_u : 비체계적위험할증률

• **(무위험률)** 무위험률의 산정은 다음 〈표 9-15〉에서와 같이 과거 5개년(20x2~20x6) 국고채(1~5년) 평균금리 수준(2.23~2.52%)과 향후 경제전망 등을 고려하여 2.25%로 산정하였다.

표 10-15
국고채(1~5년) 시장금리

구분	기간	5년 평균(%)
국고채	1년	2.23
국고채	3년	2.28
국고채	5년	2.52

• **(위험할증률)** 위험할증률은 대상 상가 운영에 따르는 위험률로서 지역특성, 상권특성, 영업노하우, 수익성, 경기동향, 상권 및 배후지 변동가능성, 임대차관계 및 업종별 경쟁관계 등 다양한 요인에 의해 발생할 수 있다. 또한 기준시점 현재의 회사채 BBB+에서 B까지 등급에 대한 금리스프레드가 417 bp~1,578 bp로 분석된다. 따라서 동유형 부동산의 회사채등급을 BBB- 이하인 것으로 볼 때 스프레드는 664 bp~1,578 bp로 분석된다. 따라서 위험할증률은 이러한 제반 위험할증 요인을 추가적으로 고려하여 결정할 필요가 있다.

표 10-16

채권신용등급별 금리스프레드

	기간	수익률(%)	스프레드(bp)
BBB+	5년	5.71	417
BBB	5년	6.76	522
BBB-	5년	8.18	664
BB+	5년	10.47	893
BB	5년	11.46	992
BB-	5년	12.06	1,052
B	5년	17.32	1,578

자료: 한국신용평가, 20*6.05.24 현재

대상 상가의 적정 위험할증률은 이러한 위험요인들을 종합적으로 검토·분석한 결과 시장위험할증률 ^{RPm} 6.50%, 규모위험할증률 ^{RPs} 2.75%, 비체계적 위험할증률 ^{RPu} 1.50% 등을 가산하여 10.75%를 적용하기로 결정한다.

• **(할인율의 결정)** 유·무형재산이 일체로 결합하여 창출하는 할인율 $^{E(R)}$은 요소구성법에 의하여 앞에서 도출된 무위험수익률 2.25%와 위험할증률 10.75%를 가산하는 방법으로 산정하여 다음과 같이 13.00%로 결정한다.

$$E(R) = R_f + RP_m + RP_s + RP_u$$

$$= 2.25\% + 6.50\% + 2.75\% + 1.50\%$$

$$= 13.00\%$$

한편 순수한 무형재산 부분에 대하여 적용할 할인율은 다음의 산정모형에 의하여 결정하기로 한다.

$$E(R_i) = E(R) + RP_i$$

$E(R_i)$: 무형재산기대수익률, $E(R)$: 기대수익률(할인율), RP_i : 무형재산고유위험할증률

$E(R_i)$는 무형재산의 특성상 일반적인 투자에 비해 변동성이나 위험도가 상당히 크다는 점 등을 고려하여 다음과 같이 대상상가의 무형재산고유위험할증률 RP_i 2.50%를 가산한 15.50%로 결정한다.

$$E(R_i) = 13.00\% + 2.50\%$$
$$= 15.50\%$$

4.1.4 무형재산 평가액

앞서 기술한 바와 같이 영업이익 상승률은 해당지역 임대료 상승률, 생산자물가지수 상승률 및 소비자물가지수 상승률, 장래 상권형성정도, 금리수준, 경기동향 및 업종동향 등을 종합 고려하여 연 1.00%로 하고, 무형재산의 영업이익을 15.50%의 할인율로 할인한 평가대상 무형재산의 시산가액은 다음과 같이 45,730,000원으로 산정된다.

$$V_i = \sum_{t=1}^{n} \frac{EBIT_t}{(1+r)^t}$$

V_i : 무형재산 권리금, n : 할인기간, r : 할인율, $EBIT$: 총영업이익(소득금액)

표 10-17
무형재산의 평가액

(단위: 천원)

구분	1기	2기	3기	4기	5기	합계
무형재산 영업이익	13,568	13,704	13,841	13,980	14,119	
현가계수(@15.50%)	0.8658	0.7496	0.6490	0.5619	0.4865	
현가액	11,748	10,273	8,983	7,855	6,869	45,730

4.2 유형재산의 평가

본건에 대한 유형재산의 평가는 인테리어 및 영업시설의 경우 원가법을 적용하고, 비품의 경우 해당물건과 동일 또는 유사성 있는 비품의 중고시세, 품질, 규격, 자재, 브랜드 및 시장선호도 등을 종합 고려하여 결정한다. 현장조사 시 임차인이 제시한 영업시설 및 비품 등 유형재산의 내역과 평가방법은 다음과 같다.

표 10-18 평가대상의 유형재산

항목	평가 방법	상세구분	수량	경제적 내용연수	잔존 연수	비고
인테리어 공사	원가법	주방, 닥트, 몰딩 등	1식	10	4	유지관리 상태 등을 고려하여 재조달원가 및 경제적 내용연수, 잔존연수 등을 결정하였음
		옷장 외	1식	8	2	
		석고 천정	1식	8	3	
		전기공사	1식	8	3	
		샷시 외	1식	8	3	
		앵글선반 외	1식	8	3	
영업시설	원가법	식탁, 냉동고 등	1식	8	3	중고제품의 가격수준이나 제조연도, 규격 등을 종합 고려하여 재조달원가를 사정하였음
		배달용 차량 (마티즈, 2005년식)	1대	8	2	
		배달용 오토바이	9대	8	3	

자료: 임차인이 제시한 설비목록에 의함.

본건 영업시설 및 비품의 재조달원가는 형식, 품질, 자재, 구조, 브랜드, 연식, 관리상태 및 동일 또는 유사 중고제품의 가격수준 등을 종합 고려하여 결정하였다. 원가법 적용시 감가수정은 정액법을 이용하되, 관찰감가를 병행하여 유지 및 관리상태에 따라 경제적 내용연수와 경과연수, 재조달원가를 재사정하였다. 유형재산 평가액 산정은 다음 산식에 의한다.

$$P_n = C \times [1-(1-R)\times \frac{n}{N}]$$

P_n : 유형재산 평가액, C : 재조달원가, R : 잔존가치율
N : 경제적 내용연수, n : 경과연수

(단위: 원)

표 10-19 유형재산 평가액

항목	상세구분	수량	재조달원가	평가액
인테리어 공사	주방 · 닥트 · 몰딩	1식	31,200,000	12,480,000
	옷장 외	1식	5,000,000	1,250,000
	석고 천정	1식	7,000,000	2,630,000
	전기공사	1식	3,000,000	1,130,000
	샷시 외	1식	500,000	190,000
	앵글선반 외	1식	1,670,000	620,000
	소계		48,370,000	18,300,000
영업시설	식탁, 냉동고 등	1식	16,490,000	6,180,000
	배달용 차량 (마티즈, 2005년식)	1대	4,500,000	1,500,000
	배달용 오토바이	9대	9,990,000	5,000,000
	소계		30,980,000	12,680,000
	합계		79,350,000	30,980,000

4.3 개별평가법에 의한 시산가액

개별평가에 의한 대상물건의 기준시점 현재 권리금 평가액은 아래와 같이 유형 및 무형재산을 합산하여 77,000,000원으로 결정한다.

(단위: 원)

표 10-20 개별평가법의 시산가액

무형재산	유형재산	산정가액	시산가액
45,730,000	30,980,000	76,710,000	77,000,000

5 일괄평가법의 적용

감정평가실무기준에 의하면, 권리금을 감정평가할 때에는 유형 · 무형의 재산마다 개별로 평가하는 것이 원칙이나, 만약 개별로 평가하는 것이 곤란하거나 적절하지 않을 경우에는 일괄평가할 수 있다. 따라서 다음에서는 거래사례비교법을 각각 적용하여 대상 권리금의 시산가액을 평가하기로 한다.

(1) 거래사례의 선정

거래사례비교법으로 감정평가하기 위해서는 거래사례의 수집이 필수적이나, 권리금 시장의 폐쇄성 등으로 인하여 거래사례의 포착이 매우 어렵고, 탐문에 의해 거래사례를 조사한다 하더라도 실제 증빙자료인 권리금계약서를 확인하기가 매우 어려운 현실상의 난점 등을 고려하였다.

아래의 〈표 10-21〉에 요약된 거래 및 방매사례 중 기호 #A ~ #C는 임차인이 제공한 본건 동일 건물내 최근의 권리금 거래사례로서, 임차인이 제시한 권리금계약서를 확인한 결과 신뢰성 등이 인정되는 바, 특히 본건과 이용상황 및 면적 등이 유사한 기호 #B를 비교대상 거래사례로 선정하였다. 기호 #B는 본건 건물내 203호(MS터치식당)로서 같은 층내 유사업종에 임대중이며, 규모나 시설 등 권리금 비교가능성이 매우 높은 것으로 분석된다. 다만, 집기 등 현재 영업시설은 권리금가액에 포함되지 않은 것으로 확인되었다.

(단위: 천원)

표 10-21
유사 거래사례 및 방매사례 (중심상업지역 상가)

기호	소재지	거래시점	사례 및 방매금액	층수	임대면적 (㎡)	권리금 단가/㎡	월임료	보증금
#A	본건건물 #202	20x5.03	69,000	2층	101.12	682	1,800	20,000
#B	본건건물 #203	20x5.02	72,500	2층	111.36	651	3,500	100,000
#C	본건건물 #204	20x8.04	110,000	2층	103.21	1,066	2,900	60,000
#D	ㅇㅇ동 1060	방매	60,000	2층	132.00	455	2,800	50,000
#E	ㅇㅇ동 1137-3	방매	70,000	2층	144.00	486	2,850	30,000
#F	ㅇㅇ동 1138-3	방매	70,000	2층	86.00	814	3,300	80,000

(2) 사정보정

선정된 거래사례는 별다른 사정개입이 없는 정상적인 거래로 분석된다.(1.00)

(3) 시점수정

사례는 인근 상가의 탐문조사에 따른 거래사례로서, 사례의 권리금 지급시점과 기준시점 간 시간경과에 따른 시장상황의 변화가 없는 점 등에 비추어 별도의 시점수정은 불필요한 경우로 판단하였다. (1.00)

(4) 지역요인 비교

대상물건과 동일한 지역요인을 갖는 인근지역 내 ㅇㅇ동 중심상업지역 내 상권에 소재하므로 지역요인 비교치는 동일하다. (1.00)

(5) 개별요인 비교

표 10-22 개별요인 격차율의 산정

조건	항목	세항목	격차율 (본건/사례#B)	비 고
입지 조건	위치	• 지하철역세권, 버스노선 • 유동인구, 접면도로 상태 등 • 편익, 유익시설	1.00	본건은 사례와 동일층 상가로 대등함
	상권	• 상권의 크기 • 주요고객 유형 • 상가적합성 • 유효구매력 수요		
	배후지	• 배후지의 성격 • 세대수, 구성원 등		
영업 조건	신용도	• 고객인지도(브랜드 등) • 신용도	0.90	본건은 사례와 동일건물 동일층 내 위치별 효용에서 열세임
	노하우	• 영업노하우		
	거래처관계	• 업종간 경쟁관계, 점포수급동향 • 고객 수준, 영업난이도		
	상가면적 및 건물관리 상태	• 건물규모, 관리상태, 임차자 혼합정도, 주차상태, 층호별 위치등 • 상가면적		
	임대차계약 정도	• 초기권리금 수준, • 임대차계약내용(계약기간, • 보증금과 월임료, 특약 등)		

조건	항목	세항목	격차율 (본건/사례#B)	비 고
시설 조건	시설상태, 규모 등	• 인테리어 수준 • 영업시설의 형식 • 비품구비 수준 • 경쟁업체와의 시설수준	1.10	본건이 비품 및 인테리어 등 영업시설 구비 수준 등에서 우세함
기타 조건	기타요인	• 허가난이도 등 장래동향, 그 밖의 사항	1.00	대등함
합 계			0.990	

(6) 그 밖의 참고가격

본건과 인근 동종 또는 유사업종 상가에 대한 권리금에 대한 탐문조사 결과에 의하면 본건과 유사한 물건의 권리금은 6천만원~1억원 수준으로 형성되어 있으며, 현재 임차인은 권리금 없이 임차개시 후 인테리어 등 공사비를 투입한 것으로 조사되었다. 한편 임차인이 제시한 신규 임차인과의 권리금 계약서상 권리금은 8천만원으로 되어있다. 한편, 인근 및 동일수급권내 동일 또는 유사 상가의 권리금 평가선례는 포착되지 않았다.

(7) 시산가액

본건 YCC회관의 거래사례비교법에 의한 단위면적당 권리금 적용단가 및 시산가액은 다음과 같이 산정된다.

적용단가 = 사례단가 × 사정보정치 × 시점수정치 × 지역요인 × 개별요인
= 651,000원/㎡ × 1.00 × 1.00000 × 1.00 × 0.990
= 644,490원/㎡ ≒ 644,000원/㎡

(단위: 원)

표 10-23 거래사례비교법에 의한 시산가액

적용단가(/㎡)	면적(㎡)	산정가액	시산가액
644,000	124.78	80,358,320	80,000,000

이상에서와 같이 거래사례비교법에 의한 기준시점 현재 대상물건의 권리금에 대한 시산가액은 아래와 같이 80,000,000원으로 결정한다.

6 최종평가액의 결정

각 방식에 의한 대상 권리금의 시산가액은 아래와 같이 일괄평가법이 80,000,000원, 개별평가법은 77,000,000원으로 각각 산정되어 그 격차율은 3.75%로 근소하였다.

표 10-24
시산가액

(단위: 원)

구분	일괄평가	개별평가	격차율
본건	80,000,000	77,000,000	3.75%

「감정평가실무기준」 660-4.3.1에 의하면 권리금을 감정평가할 때에는 유형 및 무형의 재산마다 개별로 감정평가하는 것을 원칙으로 한다고 규정하고 있으며, 다만 개별로 감정평가 하는 것이 곤란하거나 적절하지 아니한 경우에는 일괄하여 감정 평가할 수 있다고 규정하고 있다.

평가대상의 개별평가에 의한 시산가액을 권리금 구성요소별로 구분하면, ①지역권리금과 영업권리금은 각기 구분되지 않으므로 양자를 합산하여 45,730,000원, ②시설권리금은 30,980,000원으로 나타나는 바 대상권리금의 최종평가액은 77,000,000원으로 결정되었다.

한편, 일괄평가에 의한 시산 가액은 개별평가법에 의한 가액보다 다소 높은 80,000,000원으로 3.75%의 격차가 나타났으나, 업종이나 입지조건 등에 따라 권리금 가격형성 수준에 극심한 편차가 나타나는 시장상황에 비추어 볼 때 개별평가법과 일괄평가법의 적용 결과는 상당히 근사한 평가가액이 도출된 것으로 분석된다. 따라서 본 평가에서는 감정평가실무기준에서 규정하고 있는 주방식인 개별평가에 의한 시산가액을 기준으로 다음과 같이 최종 감정평가액을 결정한다.

표 10-25 최종권리금 평가액

(단위: 원)

구 분	권리금 요소	감정평가액
지역권리금 영업권리금		45,730,000
시설권리금	① 인테리어 설비 등	18,300,000
	② 영업시설	12,680,000
합계		≒ 77,000,000

부록

1. 감정평가에 관한 규칙
2. 감정평가실무기준(무형자산관련)
3. 국제감정평가기준 IVS
4. ASA 기업가치평가기준

부록 1. 감정평가에 관한 규칙

[시행 2016.9.1.] [국토교통부령 제356호, 2016.8.31., 일부개정]

제1조(목적) 이 규칙은 「감정평가 및 감정평가사에 관한 법률」 제3조제3항에 따라 감정평가업자가 감정평가를 할 때 준수하여야 할 원칙과 기준을 규정함을 목적으로 한다. <개정 2016.8.31.>

제2조(정의) 이 규칙에서 사용하는 용어의 뜻은 다음 각 호와 같다. <개정 2014.1.2., 2016.8.31.>

1. "시장가치"란 감정평가의 대상이 되는 토지등(이하 "대상물건"이라 한다)이 통상적인 시장에서 충분한 기간 동안 거래를 위하여 공개된 후 그 대상물건의 내용에 정통한 당사자 사이에 신중하고 자발적인 거래가 있을 경우 성립될 가능성이 가장 높다고 인정되는 대상물건의 가액(價額)을 말한다.
2. "기준시점"이란 대상물건의 감정평가액을 결정하는 기준이 되는 날짜를 말한다.
3. "기준가치"란 감정평가의 기준이 되는 가치를 말한다.
4. "가치형성요인"이란 대상물건의 경제적 가치에 영향을 미치는 일반요인, 지역요인 및 개별요인 등을 말한다.
5. "원가법"이란 대상물건의 재조달원가에 감가수정(減價修正)을 하여 대상물건의 가액을 산정하는 감정평가방법을 말한다.
6. "적산법(積算法)"이란 대상물건의 기초가액에 기대이율을 곱하여 산정된 기대수익에 대상물건을 계속하여 임대하는 데에 필요한 경비를 더하여 대상물건의 임대료[(賃貸料), 사용료를 포함한다. 이하 같다]를 산정하는 감정평가방법을 말한다.
7. "거래사례비교법"이란 대상물건과 가치형성요인이 같거나 비슷한 물건의 거래사례와 비교하여 대상물건의 현황에 맞게 사정보정(事情補正), 시점수정, 가치형성요인 비교 등의 과정을 거쳐 대상물건의 가액을 산정하는 감정평가방법을 말한다.
8. "임대사례비교법"이란 대상물건과 가치형성요인이 같거나 비슷한 물건의 임대사례와 비교하여 대상물건의 현황에 맞게 사정보정, 시점수정, 가치형성요인 비교 등의 과정을 거쳐 대상물건의 임대료를 산정하는 감정평가방법을 말한다.
9. "공시지가기준법"이란 「감정평가 및 감정평가사에 관한 법률」(이하 "법"이라 한다) 제3조제1항 본문에 따라 감정평가의 대상이 된 토지(이하 "대상토지"라 한다)와 가치형성요인이 같거나 비슷하여 유사한 이용가치를 지닌다고 인정되는 표준지(이하 "비교표준지"라 한다)의 공시지가를 기준으로 대상토지의 현황에 맞게 시점수정, 지역요인 및 개별요인 비교, 그 밖의 요인의 보정(補正)을 거쳐 대상토지의 가액을 산정하는 감정평가방법을 말한다.
10. "수익환원법(收益還元法)"이란 대상물건이 장래 산출할 것으로 기대되는 순수익이나 미래의 현금흐름을 환원하거나 할인하여 대상물건의 가액을 산정하는 감정평가방법을 말한다.
11. "수익분석법"이란 일반기업 경영에 의하여 산출된 총수익을 분석하여 대상물건이 일정한 기간에 산출할 것으로 기대되는 순수익에 대상물건을 계속하여 임대하는 데에 필요한 경비를 더하여 대상물건의 임대료를 산정하는 감정평가방법을 말한다.
12. "감가수정"이란 대상물건에 대한 재조달원가를 감액하여야 할 요인이 있는 경우에 물리적 감가, 기능적 감가 또는 경제적 감가 등을 고려하여 그에 해당하는 금액을 재조달원가에서 공제하여 기준시점에 있어서의 대상물건의 가액을 적정화하는 작업을 말한다.

12의2. "적정한 실거래가"란 「부동산 거래신고에 관한 법률」에 따라 신고된 실제 거래가격(이하 "거래가격"이라 한다)으로서 거래 시점이 도시지역(「국토의 계획 및 이용에 관한 법률」 제36조제1항제1호에 따른 도시지역을 말한다)은 3년 이내, 그 밖의 지역은 5년 이내인 거래가격 중에서 감정평가업자가 인근지역의 지가수준 등을 고려하여 감정평가의 기준으로 적용하기에 적정하다고 판단하는 거래가격을 말한다.

13. "인근지역"이란 감정평가의 대상이 된 부동산(이하 "대상부동산"이라 한다)이 속한 지역으로서 부동산의 이용이 동질적이고 가치형성요인 중 지역요인을 공유하는 지역을 말한다.

14. "유사지역"이란 대상부동산이 속하지 아니하는 지역으로서 인근지역과 유사한 특성을 갖는 지역을 말한다.

15. "동일수급권(同一需給圈)"이란 대상부동산과 대체·경쟁 관계가 성립하고 가치 형성에 서로 영향을 미치는 관계에 있는 다른 부동산이 존재하는 권역(圈域)을 말하며, 인근지역과 유사지역을 포함한다.

제3조(감정평가업자의 의무) 감정평가업자는 다음 각 호의 어느 하나에 해당하는 경우에는 감정평가를 하여서는 아니 된다.

1. 자신의 능력으로 업무수행이 불가능하거나 매우 곤란한 경우
2. 이해관계 등의 이유로 자기가 감정평가하는 것이 타당하지 아니하다고 인정되는 경우

제4조(적용범위) 감정평가업자는 다른 법령에 특별한 규정이 있는 경우를 제외하고는 이 규칙으로 정하는 바에 따라 감정평가하여야 한다.

제5조(시장가치기준 원칙) ① 대상물건에 대한 감정평가액은 시장가치를 기준으로 결정한다.

② 감정평가업자는 제1항에도 불구하고 다음 각 호의 어느 하나에 해당하는 경우에는 대상물건의 감정평가액을 시장가치 외의 가치를 기준으로 결정할 수 있다.

1. 법령에 다른 규정이 있는 경우
2. 감정평가 의뢰인(이하 "의뢰인"이라 한다)이 요청하는 경우
3. 감정평가의 목적이나 대상물건의 특성에 비추어 사회통념상 필요하다고 인정되는 경우

③ 감정평가업자는 제2항에 따라 시장가치 외의 가치를 기준으로 감정평가할 때에는 다음 각 호의 사항을 검토하여야 한다. 다만, 제2항제1호의 경우에는 그러하지 아니하다.

1. 해당 시장가치 외의 가치의 성격과 특징
2. 시장가치 외의 가치를 기준으로 하는 감정평가의 합리성 및 적법성

④ 감정평가업자는 시장가치 외의 가치를 기준으로 하는 감정평가의 합리성 및 적법성이 결여(缺如)되었다고 판단할 때에는 의뢰를 거부하거나 수임(受任)을 철회할 수 있다.

제6조(현황기준 원칙) ① 감정평가는 기준시점에서의 대상물건의 이용상황(불법적이거나 일시적인 이용은 제외한다) 및 공법상 제한을 받는 상태를 기준으로 한다.

② 감정평가업자는 제1항에도 불구하고 다음 각 호의 어느 하나에 해당하는 경우에는 기준시점의 가치형성요인 등을 실제와 다르게 가정하거나 특수한 경우로 한정하는 조건(이하 "감정평가조건"이라 한다)을 붙여 감정평가할 수 있다.

1. 법령에 다른 규정이 있는 경우

2. 의뢰인이 요청하는 경우
3. 감정평가의 목적이나 대상물건의 특성에 비추어 사회통념상 필요하다고 인정되는 경우

③ 감정평가업자는 제2항에 따라 감정평가조건을 붙일 때에는 감정평가조건의 합리성, 적법성 및 실현 가능성을 검토하여야 한다. 다만, 제2항제1호의 경우에는 그러하지 아니하다.

④ 감정평가업자는 감정평가조건의 합리성, 적법성이 결여되거나 사실상 실현 불가능하다고 판단할 때에는 의뢰를 거부하거나 수임을 철회할 수 있다.

제7조(개별물건기준 원칙 등) ① 감정평가는 대상물건마다 개별로 하여야 한다.

② 둘 이상의 대상물건이 일체로 거래되거나 대상물건 상호 간에 용도상 불가분의 관계가 있는 경우에는 일괄하여 감정평가할 수 있다.

③ 하나의 대상물건이라도 가치를 달리하는 부분은 이를 구분하여 감정평가할 수 있다.

④ 일체로 이용되고 있는 대상물건의 일부분에 대하여 감정평가하여야 할 특수한 목적이나 합리적인 이유가 있는 경우에는 그 부분에 대하여 감정평가할 수 있다.

제8조(감정평가의 절차) 감정평가업자는 다음 각 호의 순서에 따라 감정평가를 하여야 한다. 다만, 합리적이고 능률적인 감정평가를 위하여 필요할 때에는 순서를 조정할 수 있다.

1. 기본적 사항의 확정
2. 처리계획 수립
3. 대상물건 확인
4. 자료수집 및 정리
5. 자료검토 및 가치형성요인의 분석
6. 감정평가방법의 선정 및 적용
7. 감정평가액의 결정 및 표시

제9조(기본적 사항의 확정) ① 감정평가업자는 감정평가를 의뢰받았을 때에는 의뢰인과 협의하여 다음 각 호의 사항을 확정하여야 한다.

1. 의뢰인
2. 대상물건
3. 감정평가 목적
4. 기준시점
5. 감정평가조건
6. 기준가치
7. 관련 전문가에 대한 자문 또는 용역(이하 "자문등"이라 한다)에 관한 사항
8. 수수료 및 실비에 관한 사항

② 기준시점은 대상물건의 가격조사를 완료한 날짜로 한다. 다만, 기준시점을 미리 정하였을 때에는 그 날짜에 가격조사가 가능한 경우에만 기준시점으로 할 수 있다.

③ 감정평가업자는 필요한 경우 관련 전문가에 대한 자문등을 거쳐 감정평가할 수 있다.

제10조(대상물건의 확인) ① 감정평가업자가 감정평가를 할 때에는 실지조사를 하여 대상물건을 확인하여야 한다.

② 감정평가업자는 제1항에도 불구하고 다음 각 호의 어느 하나에 해당하는 경우로서 실지조사를 하지 아니하고도 객관적이고 신뢰할 수 있는 자료를 충분히 확보할 수 있는 경우에는 실지조사를 하지 아니할 수 있다.

1. 천재지변, 전시·사변, 법령에 따른 제한 및 물리적인 접근 곤란 등으로 실지조사가 불가능하거나 매우 곤란한 경우
2. 유가증권 등 대상물건의 특성상 실지조사가 불가능하거나 불필요한 경우

제11조(감정평가방식) 감정평가업자는 다음 각 호의 감정평가방식에 따라 감정평가를 한다.

1. 원가방식: 원가법 및 적산법 등 비용성의 원리에 기초한 감정평가방식
2. 비교방식: 거래사례비교법, 임대사례비교법 등 시장성의 원리에 기초한 감정평가방식 및 공시지가기준법
3. 수익방식: 수익환원법 및 수익분석법 등 수익성의 원리에 기초한 감정평가방식

제12조(감정평가방법의 적용 및 시산가액 조정) ① 감정평가업자는 제14조부터 제26조까지의 규정에서 대상물건별로 정한 감정평가방법(이하 "주된 방법"이라 한다)을 적용하여 감정평가하여야 한다. 다만, 주된 방법을 적용하는 것이 곤란하거나 부적절한 경우에는 다른 감정평가방법을 적용할 수 있다.

② 감정평가업자는 대상물건의 감정평가액을 결정하기 위하여 제1항에 따라 어느 하나의 감정평가방법을 적용하여 산정(算定)한 가액[이하 "시산가액(試算價額)"이라 한다]을 제11조 각 호의 감정평가방식 중 다른 감정평가방식에 속하는 하나 이상의 감정평가방법(이 경우 공시지가기준법과 그 밖의 비교방식에 속한 감정평가방법은 서로 다른 감정평가방식에 속한 것으로 본다)으로 산출한 시산가액과 비교하여 합리성을 검토하여야 한다. 다만, 대상물건의 특성 등으로 인하여 다른 감정평가방법을 적용하는 것이 곤란하거나 불필요한 경우에는 그러하지 아니하다.

③ 감정평가업자는 제2항에 따른 검토 결과 제1항에 따라 산출한 시산가액의 합리성이 없다고 판단되는 경우에는 주된 방법 및 다른 감정평가방법으로 산출한 시산가액을 조정하여 감정평가액을 결정할 수 있다.

제13조(감정평가서 작성) ① 감정평가업자는 법 제6조에 따른 감정평가서를 의뢰인과 이해관계자가 이해할 수 있도록 명확하고 일관성 있게 작성하여야 한다. <개정 2016.8.31.>

② 감정평가서에는 다음 각 호의 사항이 포함되어야 한다.

1. 감정평가업자의 명칭
2. 의뢰인의 성명 또는 명칭
3. 대상물건(소재지, 종류, 수량, 그 밖에 필요한 사항)
4. 대상물건 목록의 표시근거
5. 감정평가 목적
6. 기준시점, 조사기간 및 감정평가서 작성일
7. 실지조사를 하지 아니한 경우에는 그 이유
8. 시장가치 외의 가치를 기준으로 감정평가한 경우에는 제5조제3항 각 호의 사항. 다만, 같은 조 제2항제1호의 경우에는 해당 법령을 적는 것으로 갈음할 수 있다.
9. 감정평가조건을 붙인 경우에는 그 이유 및 제6조제3항의 검토사항. 다만, 같은 조 제2항제1호의 경우에는 해당 법령을 적는 것으로 갈음할 수 있다.
10. 감정평가액
11. 감정평가액의 산출근거 및 결정 의견
12. 전문가의 자문등을 거쳐 감정평가한 경우 그 자문등의 내용
13. 그 밖에 이 규칙이나 다른 법령에 따른 기재사항

③ 제2항제11호의 내용에는 다음 각 호의 사항을 포함하여야 한다. 다만, 부득이한 경우에는 그 이유를 적고 일부를 포함하지 아니할 수 있다.<개정 2014.1.2., 2015.12.14., 2016.8.31.>

1. 적용한 감정평가방법 및 시산가액 조정 등 감정평가액 결정 과정(제12조제1항 단서 또는 제2항 단서에

해당하는 경우 그 이유를 포함한다)

2. 공시지가기준법으로 토지를 감정평가한 경우 비교표준지의 선정 내용, 비교표준지와 대상토지를 비교한 내용 및 제14조제2항제5호에 따라 그 밖의 요인을 보정한 경우 그 내용
3. 재조달원가 산정 및 감가수정 등의 내용
4. 적산법이나 수익환원법으로 감정평가한 경우 기대이율 또는 환원율(할인율)의 산출근거
5. 제7조제2항부터 제4항까지의 규정에 따라 일괄감정평가, 구분감정평가 또는 부분감정평가를 한 경우 그 이유
6. 감정평가액 결정에 참고한 자료가 있는 경우 그 자료의 명칭, 출처와 내용
7. 대상물건 중 일부를 감정평가에서 제외한 경우 그 이유

④ 감정평가업자는 감정평가서를 작성할 때에 별지 제1호서식에 따라 작성하되, 별지 제1호서식에서 정한 사항 외에 필요한 사항이 있는 경우에는 이를 추가할 수 있다. 다만, 감정평가업자가 의뢰인의 요청에 따라 다음 각 호의 어느 하나에 해당하는 방법으로 감정평가를 하는 경우 감정평가서 표지는 별지 제2호서식에 따라야 한다.

1. 제5조제2항제2호에 따라 시장가치 외의 가치를 기준으로 하는 경우
2. 제6조제2항제2호에 따라 감정평가조건을 붙인 경우

⑤ 감정평가업자는 제4항에도 불구하고 국토교통부장관이 별도로 정하는 표준서식 또는 의뢰인의 요구에 따른 서식을 사용할 수 있다. 이 경우 제2항부터 제4항까지의 규정에 따른 기재사항을 적어야 하고, 표지에는 감정평가서라는 제목을 명확하게 적어야 한다.

제14조(토지의 감정평가) ① 감정평가업자는 법 제3조제1항 본문에 따라 토지를 감정평가할 때에는 공시지가기준법을 적용하여야 한다.

② 감정평가업자는 공시지가기준법에 따라 토지를 감정평가할 때에 다음 각 호의 순서에 따라야 한다.

1. 비교표준지 선정: 인근지역에 있는 표준지 중에서 대상토지와 용도지역 · 이용상황·주변환경 등이 같거나 비슷한 표준지를 선정할 것. 다만, 인근지역에 적절한 표준지가 없는 경우에는 인근지역과 유사한 지역적 특성을 갖는 동일수급권 안의 유사지역에 있는 표준지를 선정할 수 있다.
2. 시점수정: 「국토의 계획 및 이용에 관한 법률」 제125조에 따라 국토교통부장관이 조사 · 발표하는 비교표준지가 있는 시 · 군 · 구의 같은 용도지역 지가변동률을 적용할 것. 다만, 다음 각 목의 경우에는 그러하지 아니하다.
   가. 같은 용도지역의 지가변동률을 적용하는 것이 불가능하거나 적절하지 아니하다고 판단되는 경우에는 공법상 제한이 같거나 비슷한 용도지역의 지가변동률, 이용상황별 지가변동률 또는 해당 시 · 군 · 구의 평균지가변동률을 적용할 것
   나. 지가변동률을 적용하는 것이 불가능하거나 적절하지 아니한 경우에는 「한국은행법」 제86조에 따라 한국은행이 조사 · 발표하는 생산자물가지수에 따라 산정된 생산자물가상승률을 적용할 것
3. 지역요인 비교
4. 개별요인 비교
5. 그 밖의 요인 보정: 대상토지의 인근지역 또는 동일수급권내 유사지역의 가치형성요인이 유사한 정상적인 거래사례 또는 평가사례 등을 고려할 것

③ 감정평가업자는 법 제3조제1항 단서에 따라 적정한 실거래가를 기준으로 토지를 감정평가할 때에는 거래사례비교법을 적용하여야 한다.<신설 2016.8.31.>

④ 감정평가업자는 법 제3조제2항에 따라 토지를 감정평가할 때에는 제1항부터 제3항까지의 규정을 적용하되, 해당 토지의 임대료, 조성비용 등을 고려하여 감정평가할 수 있다.<신설 2016.8.31.>

제15조(건물의 감정평가) ① 감정평가업자는 건물을 감정평가할 때에 원가법을 적용하여야 한다. ② 삭제<2016.8.31.>

제16조(토지와 건물의 일괄감정평가) 감정평가업자는 「집합건물의 소유 및 관리에 관한 법률」에 따른 구분소유권의 대상이 되는 건물부분과 그 대지사용권을 일괄하여 감정평가하는 경우 등 제7조제2항에 따라 토지와 건물을 일괄하여 감정평가할 때에는 거래사례비교법을 적용하여야 한다. 이 경우 감정평가액은 합리적인 기준에 따라 토지가액과 건물가액으로 구분하여 표시할 수 있다.

제17조(산림의 감정평가) ① 감정평가업자는 산림을 감정평가할 때에 산지와 입목(立木)을 구분하여 감정평가하여야 한다. 이 경우 입목은 거래사례비교법을 적용하되, 소경목림(小徑木林: 지름이 작은 나무ㆍ숲)인 경우에는 원가법을 적용할 수 있다.

② 감정평가업자는 제7조제2항에 따라 산지와 입목을 일괄하여 감정평가할 때에 거래사례비교법을 적용하여야 한다.

제18조(과수원의 감정평가) 감정평가업자는 과수원을 감정평가할 때에 거래사례비교법을 적용하여야 한다.

제19조(공장재단 및 광업재단의 감정평가) ① 감정평가업자는 공장재단을 감정평가할 때에 공장재단을 구성하는 개별 물건의 감정평가액을 합산하여 감정평가하여야 한다. 다만, 계속적인 수익이 예상되는 경우 등 제7조제2항에 따라 일괄하여 감정평가하는 경우에는 수익환원법을 적용할 수 있다.

② 감정평가업자는 광업재단을 감정평가할 때에 수익환원법을 적용하여야 한다.

제20조(자동차 등의 감정평가) ① 감정평가업자는 자동차를 감정평가할 때에 거래사례비교법을 적용하여야 한다.

② 감정평가업자는 건설기계를 감정평가할 때에 원가법을 적용하여야 한다.

③ 감정평가업자는 선박을 감정평가할 때에 선체ㆍ기관ㆍ의장(艤裝)별로 구분하여 감정평가하되, 각각 원가법을 적용하여야 한다.

④ 감정평가업자는 항공기를 감정평가할 때에 원가법을 적용하여야 한다.

⑤ 감정평가업자는 제1항부터 제4항까지에도 불구하고 본래 용도의 효용가치가 없는 물건은 해체처분가액으로 감정평가할 수 있다.

제21조(동산의 감정평가) 감정평가업자는 동산을 감정평가할 때에는 거래사례비교법을 적용하여야 한다. 다만, 본래 용도의 효용가치가 없는 물건은 해체처분가액으로 감정평가할 수 있다.

제22조(임대료의 감정평가) 감정평가업자는 임대료를 감정평가할 때에 임대사례비교법을 적용하여야 한다. <개정 2014.1.2.>

제23조(무형자산의 감정평가) ① 감정평가업자는 광업권을 감정평가할 때에 제19조제2항에 따른 광업재단의 감정평가액에서 해당 광산의 현존시설 가액을 빼고 감정평가하여야 한다. 이 경우 광산의 현존시설 가액은 적정 생산규모와 가행조건(稼行條件) 등을 고려하여 산정하되 과잉유휴시설을 포함

하여 산정하지 아니한다.

② 감정평가업자는 어업권을 감정평가할 때에 어장 전체를 수익환원법에 따라 감정평가한 가액에서 해당 어장의 현존시설 가액을 빼고 감정평가하여야 한다. 이 경우 어장의 현존시설 가액은 적정 생산규모와 어업권 존속기간 등을 고려하여 산정하되 과잉유휴시설을 포함하여 산정하지 아니한다.

③ 감정평가업자는 영업권, 특허권, 실용신안권, 디자인권, 상표권, 저작권, 전용측선이용권(專用側線利用權), 그 밖의 무형자산을 감정평가할 때에 수익환원법을 적용하여야 한다.

제24조(유가증권 등의 감정평가) ① 감정평가업자는 주식을 감정평가할 때에 다음 각 호의 구분에 따라야 한다. <개정 2014.1.2.>

1. 상장주식[「자본시장과 금융투자업에 관한 법률」 제373조의2에 따라 허가를 받은 거래소(이하 "거래소"라 한다)에서 거래가 이루어지는 등 시세가 형성된 주식으로 한정한다]: 거래사례비교법을 적용할 것
2. 비상장주식(상장주식으로서 거래소에서 거래가 이루어지지 아니하는 등 형성된 시세가 없는 주식을 포함한다): 해당 회사의 자산·부채 및 자본 항목을 평가하여 수정재무상태표를 작성한 후 기업체의 유·무형의 자산가치(이하 "기업가치"라 한다)에서 부채의 가치를 빼고 산정한 자기자본의 가치를 발행주식 수로 나눌 것

② 감정평가업자는 채권을 감정평가할 때에 다음 각 호의 구분에 따라야 한다.<개정 2014.1.2.>

1. 상장채권(거래소에서 거래가 이루어지는 등 시세가 형성된 채권을 말한다): 거래사례비교법을 적용할 것
2. 비상장채권(거래소에서 거래가 이루어지지 아니하는 등 형성된 시세가 없는 채권을 말한다): 수익환원법을 적용할 것

③ 감정평가업자는 기업가치를 감정평가할 때에 수익환원법을 적용하여야 한다.

제25조(소음 등으로 인한 대상물건의 가치하락분에 대한 감정평가) 감정평가업자는 소음·진동·일조침해 또는 환경오염 등(이하 "소음등"이라 한다)으로 대상물건에 직접적 또는 간접적인 피해가 발생하여 대상물건의 가치가 하락한 경우 그 가치하락분을 감정평가할 때에 소음등이 발생하기 전의 대상물건의 가액 및 원상회복비용 등을 고려하여야 한다.

제26조(그 밖의 물건의 감정평가) 감정평가업자는 제14조부터 제25조까지에서 규정되지 아니한 대상물건을 감정평가할 때에 이와 비슷한 물건이나 권리 등의 경우에 준하여 감정평가하여야 한다.

제27조(조언·정보 등의 제공) 감정평가업자가 법 제10조제7호에 따른 토지등의 이용 및 개발 등에 대한 조언이나 정보 등의 제공에 관한 업무를 수행할 때에 이와 관련한 모든 분석은 합리적이어야 하며 객관적인 자료에 근거하여야 한다. <개정 2016.8.31.>

제28조(그 밖의 감정평가 기준) 이 규칙에서 규정하는 사항 외에 감정평가업자가 감정평가를 할 때 지켜야 할 세부적인 기준은 국토교통부장관이 정하여 고시한다. <개정 2013.3.23.>

부칙 〈제356호,2016.8.31.〉

이 규칙은 2016년 9월 1일부터 시행한다.

부록 2. 감정평가실무기준(무형자산관련)

국토교통부고시 제2016-895호, 2016.12.14

650 권리

3 영업권의 감정평가

3.1 정의 영업권이란 대상 기업이 경영상의 유리한 관계 등 배타적 영리기회를 보유하여 같은 업종의 다른 기업들에 비하여 초과수익을 확보할 수 있는 능력으로서 경제적 가치가 있다고 인정되는 권리를 말한다.

3.2 자료의 수집 및 정리 영업권의 가격자료에는 거래사례, 수익자료, 시장자료 등이 있으며, 기업이 보유한 자산의 경우에는 해당 물건의 자료의 수집 및 정리 규정을 준용하여, 대상 영업권의 감정평가에 있어서 적절한 자료를 수집하고 정리한다.

3.3 영업권의 감정평가방법

3.3.1 영업권의 감정평가 원칙

① 영업권을 감정평가할 때에는 수익환원법을 적용하여야 한다.

② 제1항에도 불구하고 수익환원법으로 감정평가하는 것이 곤란하거나 적절하지 아니한 경우에는 거래사례비교법이나 원가법으로 감정평가할 수 있다.

3.3.2 수익환원법의 적용

영업권을 수익환원법으로 감정평가할 때에는 다음 각 호의 어느 하나에 해당하는 방법으로 감정평가한다. 다만, 대상 영업권의 수익에 근거하여 합리적으로 감정평가할 수 있는 다른 방법이 있는 경우에는 그에 따라 감정평가할 수 있다.

1. 대상기업의 영업관련 기업가치에서 영업투하자본을 차감하는 방법
   가. 영업관련 기업가치: [660-3.3.2]를 준용하여 산정. 단, 비영업용자산은 제외
   나. 영업투하자본: 영업자산에서 영업부채를 차감하여 산정
2. 대상 기업이 달성할 것으로 예상되는 지속가능기간의 초과수익을 현재가치로 할인하거나 환원하는 방법

3.3.3 거래사례비교법의 적용

영업권을 거래사례비교법으로 감정평가할 때에는 다음 각 호의 어느 하나에 해당하는 방법으로 감정평가한다. 다만, 영업권의 거래사례에 근거하여 합리적으로 감정평가할 수 있는 다른 방법이 있는 경우에는 그에 따라 감정평가할 수 있다.

1. 영업권이 다른 자산과 독립하여 거래되는 관행이 있는 경우에는 같거나 비슷한 업종의 영업권만의 거래사례를 이용하여 대상 영업권과 비교하는 방법
2. 같거나 비슷한 업종의 기업 전체 거래가격에서 영업권을 제외한 순자산 가치를 차감한 가치를 영업권의 거래사례 가격으로 보아 대상 영업권과 비교하는 방법
3. 대상 기업이 유가증권시장이나 코스닥시장에 상장되어 있는 경우에는 발행주식수에 발행주식의 주당가

격을 곱한 가치에서 영업권을 제외한 순자산가치를 차감하는 방법

3.3.4 원가법의 적용

영업권을 원가법으로 감정평가할 때에는 다음 각 호의 방법으로 감정평가할 수 있다. 다만, 대상 영업권의 원가에 근거하여 합리적으로 감정평가할 수 있는 다른 방법이 있는 경우에는 그에 따라 감정평가할 수 있다.

1. 기준시점에서 새로 취득하기 위해 필요한 예상비용에서 감가요인을 파악하고 그에 해당하는 금액을 공제하는 방법
2. 대상 무형자산의 취득에 든 비용을 물가변동률 등에 따라 기준시점으로 수정하는 방법

4 지식재산권의 감정평가

4.1 정의

① "지식재산권"이란 특허권·실용신안권·디자인권·상표권 등 산업재산권 또는 저작권 등 지적창작물에 부여된 재산권에 준하는 권리를 말한다.

② "특허권"이란 「특허법」 에 따라 발명 등에 관하여 독점적으로 이용할 수 있는 권리를 말한다.

③ "실용신안권"이란 「실용신안법」에 따라 실용적인 고안 등에 관하여 독점적으로 이용할 수 있는 권리를 말한다.

④ "디자인권"이란 「디자인보호법」에 따라 디자인 등에 관하여 독점적으로 이용할 수 있는 권리를 말한다.

⑤ "상표권"이란 「상표법」에 따라 지정상품에 등록된 상표를 독점적으로 사용할 수 있는 권리를 말한다.

⑥ "저작권"이란 「저작권법」 제4조의 저작물에 대하여 저작자가 가지는 권리를 말한다.

4.2 자료의 수집 및 정리 지식재산권의 가격자료에는 거래사례, 비용자료, 수익자료, 시장자료 등이 있으며, 대상 권리의 특성에 맞는 적절한 자료를 수집하고 정리한다.

4.3 지식재산권의 감정평가방법

4.3.1 지식재산권의 감정평가 원칙

① 지식재산권을 감정평가할 때에는 수익환원법을 적용하여야 한다.

② 제1항에도 불구하고 수익환원법으로 감정평가하는 것이 곤란하거나 적절하지 아니한 경우에는 거래사례비교법이나 원가법으로 감정평가할 수 있다.

4.3.2 수익환원법의 적용

① 지식재산권을 수익환원법으로 감정평가할 때에는 다음 각 호에 따른 방법으로 감정평가할 수 있다. 다만, 대상 지식재산권이 창출할 것으로 기대되는 적정 수익에 근거하여 합리적으로 감정평가할 수 있는 다른 방법이 있는 경우에는 그에 따라 감정평가할 수 있다.

1. 해당 지식재산권으로 인한 현금흐름을 현재가치로 할인하거나 환원하여 산정하는 방법
2. 기업전체에 대한 영업가치에 해당 지식재산권의 기술기여도를 곱하여 산정하는 방법

② 제1항제1호의 해당 지식재산권으로 인한 현금흐름은 다음 각 호의 방법에 따라 산정할 수 있다.

1. 해당 지식재산권으로 인해 절감 가능한 사용료를 기준으로 산정하는 방법
2. 해당 지식재산권으로 인해 증가된 현금흐름을 기준으로 산정하는 방법

3. 기업의 총이익 중에서 해당 지식재산권에 일정비율을 배분하여 현금흐름을 산정하는 방법

③ 제1항제2호의 기술기여도는 기업의 경제적 이익 창출에 기여한 유·무형의 기업 자산 중에서 해당 지식재산권이 차지하는 상대적인 비율로서 다음 각 호의 방법 등으로 산정할 수 있다.

1. 비슷한 지식재산권의 기술기여도를 해당 지식재산권에 적용하는 방법
2. 산업기술요소·개별기술강도·기술비중 등을 고려한 기술요소법

4.3.3 거래사례비교법의 적용

① 지식재산권을 거래사례비교법으로 감정평가할 때에는 다음 각 호의 방법으로 감정평가한다. 다만, 지식재산권의 거래사례에 근거하여 합리적으로 감정평가할 수 있는 다른 방법이 있는 경우에는 그에 따라 감정평가할 수 있다.

1. 비슷한 지식재산권의 거래사례와 비교하는 방법
2. 매출액이나 영업이익 등에 시장에서 형성되고 있는 실시료율을 곱하여 산정된 현금흐름을 할인하거나 환원하여 산정하는 방법

② 제1항제2호의 실시료율은 지식재산권을 배타적으로 사용하기 위해 제공하는 기술사용료의 산정을 위한 것으로, 사용기업의 매출액이나 영업이익 등에 대한 비율을 말한다. 이 경우 실시료율을 산정할 때에는 다음 각 호의 사항을 고려하여야 한다.

1. 지식재산권의 개발비
2. 지식재산권의 특성
3. 지식재산권의 예상수익에 대한 기여도
4. 실시의 난이도
5. 지식재산권의 사용기간
6. 그 밖에 실시료율에 영향을 미치는 요인

4.3.4 원가법의 적용

지식재산권을 원가법으로 감정평가할 때에는 다음 각 호의 방법으로 감정평가할 수 있다. 다만, 대상 지식재산권의 원가에 근거하여 합리적으로 감정평가할 수 있는 다른 방법이 있는 경우에는 그에 따라 감정평가할 수 있다.

1. 기준시점에서 새로 취득하기 위해 필요한 예상비용에서 감가요인을 파악하고 그에 해당하는 금액을 공제하는 방법
2. 대상 지식재산권을 제작하거나 취득하는 데 들어간 비용을 물가변동률 등에 따라 기준시점으로 수정하는 방법

660 유가증권 등

1 주식의 감정평가

1.1 상장주식

1.1.1 정의 상장주식이란 「자본시장과 금융투자업에 관한 법률」에서 정하는 증권상장 규정에 따라 증권시장에 상장된 증권 중 주권을 말한다.

1.1.2 자료의 수집 및 정리 상장주식의 가격자료에는 거래사례 등의 자료가 있으며, 대상 상장주식의 특성에 맞는 적절한 자료를 수집하고 정리한다.

1.1.3 상장주식의 감정평가방법

① 상장주식을 감정평가할 때에는 거래사례비교법을 적용하여야 한다.

② 제1항에 따라 거래사례비교법을 적용할 때에는 대상 상장주식의 기준시점 이전 30일간 실제거래가액의 합계액을 30일간 실제 총 거래량으로 나누어 감정평가한다.

③ 기준시점 이전 30일간의 기간 중 증자·합병 또는 이익이나 이자의 배당 및 잔여재산의 분배청구권 또는 신주인수권에 관하여 「상법」에 따른 기준일의 경과 등의 이유가 발생한 상장주식은 그 이유가 발생한 다음 날부터 기준시점까지의 실제거래가액의 합계액을 해당 기간의 실제 총 거래량으로 나누어 감정평가한다.

④ 상장주식으로서 「자본시장과 금융투자업에 관한 법률」 제373조의2에 따라 허가를 받은 거래소(이하 "거래소"라 한다) 등의 시세가 없는 경우에는 [660-1.2.3]을 준용한다.

1.2 비상장주식

1.2.1 정의 비상장주식이란 주권비상장법인의 주권을 말한다.

1.2.2 자료의 수집 및 정리

① 비상장주식의 가격자료는 해당 기업과 관련된 거래사례, 수익자료, 시장자료 등이 있으며, 해당 기업을 구성하는 자산은 해당 물건의 자료의 수집 및 정리 규정을 준용한다.

② 제1항 이외의 자료로써 관련 산업이나 대상 기업활동 등에 영향을 미치는 경제분석자료, 산업분석자료 및 내부현황분석자료를 수집 및 분석할 수 있다.

1.2.3 비상장주식의 감정평가방법

① 비상장주식은 기업가치에서 부채의 가치를 빼고 산정한 자기자본의 가치를 발행주식수로 나누어 감정평가한다. 다만, 비슷한 주식의 거래가격이나 시세 또는 시장배수 등을 기준으로 감정평가할 때에는 비상장주식의 주당가치를 직접 산정할 수 있다.

② 제1항의 기업가치를 감정평가할 때에는 [660-3]을 따른다.

2 채권의 감정평가

2.1 정의 채권이란 국채증권, 지방채증권, 특수채증권, 사채권, 기업어음증권 그 밖에 이와 비슷한 것으로서 지급청구권이 표시된 것을 말한다.

2.2 자료의 수집 및 정리 채권의 가격자료에는 거래사례, 수익자료, 시장자료 등이 있으며, 대상 채권의 특성에 맞는 적절한 자료를 수집하고 정리한다.

2.3 채권의 감정평가방법

2.3.1 채권의 감정평가 원칙

2.3.1.1 상장채권

① 상장채권을 감정평가할 때에는 거래사례비교법을 적용하여야 한다.

② 제1항에도 불구하고 거래사례를 수집할 수 없거나 시세를 알 수 없는 경우에는 수익환원법으로 감정평가할 수 있다.

2.3.1.2 비상장채권

① 비상장채권을 감정평가할 때에는 수익환원법을 적용하여야 한다.

② 제1항에도 불구하고 수익환원법을 적용하는 것이 곤란하거나 부적절한 경우에는 거래사례비교법으로 감정평가할 수 있다.

2.3.2 거래사례비교법의 적용 채권을 거래사례비교법으로 감정평가할 때에는 동종 채권의 기준시점 이전 30일간 실제거래가액의 합계액을 30일간 실제 총 거래량으로 나누어 감정평가한다.

2.3.3 수익환원법의 적용

① 채권을 수익환원법으로 감정평가할 때에는 지급받을 원금과 이자를 기간에 따라 적정수익률로 할인하는 방법으로 감정평가한다.

② 적정수익률은 거래소에서 공표하는 동종채권(동종채권이 없을 경우에는 유사종류 채권)의 기준시점 이전 30일간 당일 결제거래 평균수익률의 산술평균치로 한다. 다만, 같은 기간에 당일 결제거래 평균수익률이 없는 경우에는 보통거래 평균수익률 등 다른 수익률을 적용할 수 있다.

3 기업가치의 감정평가

3.1 정의

기업가치란 해당 기업체가 보유하고 있는 유·무형의 자산 가치를 말하며, 자기자본가치와 타인자본가치로 구성된다.

3.2 자료의 수집 및 정리

자료의 수집 및 정리는 [660-1.2.2]를 준용한다.

3.3 기업가치의 감정평가방법

3.3.1 기업가치의 감정평가방법

① 기업가치를 감정평가할 때에는 수익환원법을 적용하여야 한다.

② 제1항에도 불구하고 기업가치를 감정평가할 때에 수익환원법을 적용하는 것이 곤란하거나 적절하지 아니한 경우에는 원가법·거래사례비교법 등 다른 방법으로 감정평가할 수 있다.

3.3.2 수익환원법의 적용

기업가치를 수익환원법으로 감정평가할 경우에는 할인현금흐름분석법, 직접환원법, 옵션평가모형 등으로 감정평가한다.

3.3.3 거래사례비교법의 적용

기업가치를 거래사례비교법으로 감정평가할 경우에는 유사기업이용법, 유사거래이용법, 과거거래이용법 등으로 감정평가한다.

3.3.4 원가법의 적용

① 원가법을 적용할 때에는 대상 기업의 유·무형의 개별자산의 가치를 합산하여 감정평가한다.

② 계속기업을 전제로 하여 감정평가를 할 때에는 원가법만을 적용하여 감정평가해서는 아니 된다. 다만, 원가법 외의 방법을 적용하기 곤란한 경우에 한정하여 원가법만으로 감정평가할 수 있으며, 이 경우 정당한 근거를 감정평가서에 기재하여야 한다.

670 동산 등

4 권리금의 감정평가

4.1 정의

① 권리금이란 임대차 목적물인 상가건물에서 영업을 하는 자 또는 영업을 하려는 자가 영업시설·비품, 거래처, 신용, 영업상의 노하우, 상가건물의 위치에 따른 영업상의 이점 등 유형·무형의 재산적 가치의 양도 또는 이용대가로서 임대인, 임차인에게 보증금과 차임 이외에 지급하는 금전 등의 대가를 말한다.

② 유형재산이란 영업을 하는 자 또는 영업을 하려고 하는 자가 영업활동에 사용하는 영업시설, 비품, 재고자산 등 물리적·구체적 형태를 갖춘 재산을 말한다.

③ 무형재산이란 영업을 하는 자 또는 영업을 하려고 하는 자가 영업활동에 사용하는 거래처, 신용, 영업상의 노하우, 건물의 위치에 따른 영업상의 이점 등 물리적·구체적 형태를 갖추지 않은 재산을 말한다.

4.2 자료의 수집 및 정리

권리금의 가격자료에는 거래사례, 수익자료, 시장자료 등이 있으며, 대상 권리금의 특성에 맞는 적절한 자료를 수집하고 정리한다. 유형재산의 경우에는 해당 물건의 자료의 수집 및 정리 규정을 준용한다.

4.3 권리금의 감정평가방법

4.3.1 권리금의 감정평가 원칙

① 권리금을 감정평가할 때에는 유형·무형의 재산마다 개별로 감정평가하는 것을 원칙으로 한다.

② 제1항에도 불구하고 권리금을 개별로 감정평가하는 것이 곤란하거나 적절하지 아니한 경우에는 일괄하여 감정평가할 수 있다. 이 경우 감정평가액은 합리적인 배분기준에 따라 유형재산가액과 무형재산가액으로 구분하여 표시할 수 있다.

4.3.2 유형재산의 감정평가

① 유형재산을 감정평가할 때에는 원가법을 적용하여야 한다.

② 제1항에도 불구하고 원가법을 적용하는 것이 곤란하거나 부적절한 경우에는 거래사례비교법 등으로 감정평가할 수 있다.

4.3.3 무형재산의 감정평가

4.3.3.1 무형재산의 감정평가방법

① 무형재산을 감정평가할 때에는 수익환원법을 적용하여야 한다.

② 제1항에도 불구하고 수익환원법을 적용하는 것이 곤란하거나 부적절한 경우에는 거래사례비교법이나 원가법 등으로 감정평가할 수 있다.

4.3.3.2 수익환원법의 적용

무형재산을 수익환원법으로 감정평가할 때에는 무형재산으로 인하여 발생할 것으로 예상되는 영업이익이나 현금흐름을 현재가치로 할인하거나 환원하는 방법으로 감정평가한다. 다만, 무형재산의 수익성에 근거하여 합리적으로 감정평가할 수 있는 다른 방법이 있는 경우에는 그에 따라 감정평가할 수 있다.

4.3.3.3 거래사례비교법의 적용

무형재산을 거래사례비교법으로 감정평가할 때에는 다음 각 호의 어느 하나에 해당하는 방법으로 감정평가한다. 다만, 무형재산의 거래사례에 근거하여 합리적으로 감정평가할 수 있는 다른 방법이 있는 경우에는 그에 따라 감정평가할 수 있다.

1. 동일 또는 유사 업종의 무형재산만의 거래사례와 대상의 무형재산을 비교하는 방법
2. 동일 또는 유사 업종의 권리금 일체 거래사례에서 유형의 재산적 가치를 차감한 가액을 대상의 무형재산과 비교하는 방법

4.3.3.4 원가법의 적용

무형재산을 원가법으로 감정평가할 때에는 대상 상가의 임대차 계약 당시 무형재산의 취득가액을 기준으로 취득 당시와 기준시점 당시의 수익 변화 등을 고려하여 감정평가한다. 다만, 무형재산의 원가에 근거하여 합리적으로 감정평가할 수 있는 다른 방법이 있는 경우에는 그에 따라 감정평가할 수 있다.

4.3.4 유형재산과 무형재산의 일괄감정평가

① 유형재산과 무형재산을 일괄하여 감정평가할 때에는 수익환원법을 적용하여야 한다.

② 제1항에도 불구하고 수익환원법을 적용하는 것이 곤란하거나 부적절한 경우에는 거래사례비교법 등으로 감정평가할 수 있다.

740 재무보고평가

1 적용 및 정의

① 「주식회사의 외부감사에 관한 법률」(이하 "외감법"이라 한다) 제13조제3항의 회계처리기준에 따른 재무보고를 목적으로 하는 공정가치의 추정을 위한 감정평가(이하 "재무보고평가"라 한다)를 수행할 때에는 감정평가관계법규 및 한국채택국제회계기준(K-IFRS)에서 따로 정한 것을 제외하고는 이 절에서 정하는 바에 따르고, 이 절에서 정하지 않은 사항은 [100 총칙]부터 [600 물건별 감정평가]까지의 규정을 준용한다.

② 이 절은 국가·지방자치단체·공공기관의 자산과 시설에 대한 재평가 및 회계업무 등과 관련된 감정평가를 할 때에 준용한다.

2 재무보고평가의 대상 및 확인사항

① 재무보고평가의 대상은 회사·국가·지방자치단체·공공기관의 재무제표에 계상되는 유형자산·무형자산·유가증권 등의 자산 및 관련 부채와 재평가를 위한 시설 등의 자산으로서 의뢰인이 감정평가를 요청한 물건으로 한다.

② 재무보고평가를 할 때에는 다음 각 호의 사항을 의뢰인과 협의하여 명확히 확인하여야 한다.

1. 의뢰인의 재무제표상의 자산분류 기준과 감정평가서에 표시될 감정평가 목록 분류의 기준의 일치 여부
2. 대상 자산에 대한 담보설정 등 소유권에 대한 제한사항의 내용

3 기준가치

① 재무보고평가는 공정가치를 기준으로 감정평가한다.

② 제1항의 공정가치는 한국채택국제회계기준에 따라 자산 및 부채의 가치를 추정하기 위한 기본적 가치기준으로서 합리적인 판단력과 거래의사가 있는 독립된 당사자 사이의 거래에서 자산이 교환되거나 부채가 결제될 수 있는 금액을 말한다.

부록 3. 국제감정평가기준

International Valuation Standard 2017

IVS 200 Businesses and Business Interests

Contents	Paragraphs
Overview	10
Introduction	20
Bases of Value	30
Valuation Approaches and Methods	40
Market Approach	50
Income Approach	60
Cost Approach	70
Special Considerations for Businesses and Business Interests	80
Ownership Rights	90
Business Information	100
Economic and Industry Considerations	110
Operating and Non-Operating Assets	120
Capital Structure Considerations	130

10. Overview

10.1. The principles contained in the General Standards apply to valuations of businesses and business interests. This standard contains additional requirements that apply to valuations of businesses and business interests.

20. Introduction

20.1. The definition of what constitutes a business may differ depending on the purpose of a valuation. However, generally a business conducts a commercial, industrial, service or investment activity. Businesses can take many forms, such as corporations, partnerships, joint ventures and sole proprietorships. The value of a business may differ from the sum of the values of the individual assets or liabilities that make up that business. When a business value is greater than the sum of the recorded and unrecorded net tangible and identifiable intangible assets of the business, the excess value is often referred to as going concern value or goodwill.

20.2. When valuing individual assets or liabilities owned by a business, valuers should follow the applicable standard for that type of asset or liability (IVS 210 Intangible Assets, IVS 400 Real Property Interests, etc).

20.3. Valuers must establish whether the valuation is of the entire entity, shares or a shareholding in the entity (whether a controlling or non-controlling interest), or a specific business activity of the entity. The type of value being provided must be appropriate to the purpose of the valuation and communicated as part of the scope of the engagement (see IVS 101 Scope of Work). It is especially critical to clearly define the business or business interest being valued as, even when a valuation is performed on an entire entity, there may be different levels at which that value could be expressed. For example:

(a) Enterprise value: Often described as the total value of the equity in a business plus the value of its debt or debt-related liabilities, minus any cash or cash equivalents available to meet those liabilities.

(b) Total invested capital value: The total amount of money currently invested in a business, regardless of the source, often reflected as the value of total assets less current liabilities and cash.

(c) Operating Value: The total value of the operations of the business, excluding the value of any non-operating assets and liabilities.

(d) Equity value: The value of a business to all of its equity shareholders.

20.4. Valuations of businesses are required for different purposes including acquisitions, mergers and sales of businesses, taxation, litigation, insolvency proceedings and financial reporting. Business valuations may also be needed as an input or step in other valuations such as the valuation of stock options, particular class(es) of stock, or debt.

30. Bases of Value

30.1. In accordance with IVS 104 Bases of Value, a valuer must select the appropriate basis(es) of value when valuing a business or business interest.

30.2. Often, business valuations are performed using bases of value defined by entities/organisations other than the IVSC (some examples of which are mentioned in IVS 104 Bases of Value) and it is the valuer's responsibility to understand and follow the regulation, case law and/or other interpretive guidance related to those bases of value as of the valuation date.

40. Valuation Approaches and Methods

40.1. The three principal valuation approaches described in IVS 105 Valuation Approaches and Methods may be applied to the valuation of businesses and business interests.

40.2. When selecting an approach and method, in addition to the requirements of this standard, a valuer must follow the requirements of IVS 105 Valuation Approaches and Methods, including para 10.3.

50. Market Approach

50.1. The market approach is frequently applied in the valuation of businesses and business interests as these assets often meet the criteria in IVS 105 Valuation Approaches and Methods, para 20.2 or 20.3. When valuing businesses and business interests under the Market Approach, valuers should follow the requirements of IVS 105 Valuation Approaches and Methods, sections 20 and 30.

50.2. The three most common sources of data used to value businesses and business interests using the market approach are:

(a) public stock markets in which ownership interests of similar businesses are traded,

(b) the acquisition market in which entire businesses or controlling interests in businesses are bought and sold, and

(c) prior transactions in shares or offers for the ownership of the subject business.

50.3. There must be a reasonable basis for comparison with, and reliance upon, similar businesses in the market approach. These similar businesses should be in the same industry as the subject business or in an industry that responds to the same economic variables. Factors that should be considered in assessing whether a reasonable basis for comparison exists include:

(a) similarity to the subject business in terms of qualitative and quantitative business characteristics,

(b) amount and verifiability of data on the similar business, and

(c) whether the price of the similar business represents an arm's length and orderly transaction.

50.4. When applying a market multiple, adjustments such as those in para 60.8 may be appropriate to both the subject company and the comparable companies.

50.5. Valuers should follow the requirements of IVS 105 Valuation Approaches and Methods, paras 30.7 -30.8 when selecting and adjusting comparable transactions.

50.6. Valuers should follow the requirements of IVS 105 Valuation Approaches and Methods, paras 30.13 -30.14 when selecting and adjusting comparable public company information.

60. Income Approach

60.1. The income approach is frequently applied in the valuation of businesses and business interests as these assets often meet the criteria in IVS 105 Valuation Approaches and Methods, paras 40.2 or 40.3.

60.2. When the income approach is applied, valuers should follow the requirements of IVS 105 Valuation Approaches and Methods, sections 40 and 50.

60.3. Income and cash flow related to a business or business interest can be measured in a variety of ways and may be on a pre-tax or post-tax basis. The capitalisation or discount rate applied must be consistent with the type of income or cash flow used.

60.4. The type of income or cash flow used should be consistent with the type of interest being valued. For example:

(a) enterprise value is typically derived using cash flows before debt servicing costs and an appropriate discount rate applicable to enterprise- level cash flows, such as a weighted-average cost of capital, and

(b) equity value may be derived using cash flows to equity, that is, after debt servicing costs and an appropriate discount rate applicable to equity- level cash flows, such as a cost of equity.

60.5. The income approach requires the estimation of a capitalisation rate when capitalising income or cash flow and a discount rate when discounting cash flow. In estimating the appropriate rate, factors such as the level of interest rates, rates of return expected by participants for similar investments and the risk inherent in the anticipated benefit stream are considered (see IVS 105 Valuation Approaches and Methods, paras 50.29-50.31).

60.6. In methods that employ discounting, expected growth may be explicitly considered in the forecasted income or cash flow. In capitalisation methods, expected growth is normally reflected in the capitalisation rate. If a forecasted cash flow is expressed in nominal terms, a discount rate that takes into account the expectation of future price changes due to inflation or deflation should be used. If a forecasted cash flow is expressed in real terms, a discount rate that takes no account of expected price changes due to inflation or deflation should be used.

60.7. Under the income approach, the historical financial statements of a business entity are often used as guide to estimate the future income or cash flow of the business. Determining the historical trends over time through ratio analysis may help provide the necessary information to assess the risks inherent in the business operations in the context of the industry and the prospects for future performance.

60.8. Adjustments may be appropriate to reflect differences between the actual historic cash flows and those that would be experienced by a buyer of the business interest on the valuation date. Examples include:

(a) adjusting revenues and expenses to levels that are reasonably representative of expected continuing operations,

(b) presenting financial data of the subject business and comparison businesses on a consistent basis,

(c) adjusting non-arm's length transactions (such as contracts with customers or suppliers) to market rates,

(d) adjusting the cost of labour or of items leased or otherwise contracted from related parties to reflect market prices or rates,

(e) reflecting the impact of non-recurring events from historic revenue and expense items. Examples of non-recurring events include losses caused by strikes, new plant start-up and weather phenomena. However, the forecast cash flows should reflect any non-recurring revenues or expenses that can be reasonably anticipated and past occurrences may be indicative of similar events in the future, and

(f) adjusting the inventory accounting to compare with similar businesses, whose accounts may be kept on a different basis from the subject business, or to more accurately reflect economic reality.

60.9. When using an income approach it may also be necessary to make adjustments to the valuation to reflect matters that are not captured in either the cash flow forecasts or the discount rate adopted. Examples may include adjustments for the marketability of the interest being valued or whether the interest being valued is a controlling or non-controlling interest in the business. However, valuers should ensure that adjustments to the valuation do not reflect factors that were already reflected in the cash flows or discount rate. For example, whether the interest being valued is a controlling or non-controlling interest is often already reflected in the forecasted cash flows.

60.10. While many businesses may be valued using a single cash flow scenario, valuers may also apply multi-scenario or simulation models, particularly when there is significant uncertainty as to the amount and/or timing of future cash flows.

70. Cost Approach

70.1. The cost approach cannot normally be applied in the valuation of businesses and business interests as these assets seldom meet the criteria in IVS 105 Valuation Approaches and Methods, paras 70.2 or 70.3. However, the cost approach is sometimes applied in the valuation of businesses, particularly when:

(a) the business is an early stage or start-up business where profits and/ or cash flow cannot be reliably determined and comparisons with other businesses under the market approach is impractical or unreliable,

(b) the business is an investment or holding business, in which case the summation method is as described in IVS 105 Valuation Approaches and Methods, paras 70.8-70.9, and/or

(c) the business does not represent a going concern and/or the value of its assets in a liquidation may exceed the business' value as a going concern.

70.2. In the circumstances where a business or business interest is valued using a cost approach, valuers should follow the requirements of IVS 105 Valuation Approaches and Methods, sections 70 and 80.

80. Special Considerations for Businesses and Business Interests

80.1. The following sections address a non-exhaustive list of topics relevant to the valuation of businesses and business interests:

(a) Ownership Rights (section 90).

(b) Business Information (section 100).

(c) Economic and Industry Considerations (section 110).

(d) Operating and Non-Operating Assets (section 120).

(e) Capital Structure Considerations (section 130).

90. Ownership Rights

90.1. The rights, privileges or conditions that attach to the ownership interest, whether held in proprietorship, corporate or partnership form, require consideration in the valuation process. Ownership rights are usually defined within a jurisdiction by legal documents such as articles of association, clauses in the memorandum of the business, articles of incorporation, bylaws, partnership agreements and shareholder agreements (collectively "corporate documents"). In some situations, it may also be necessary to distinguish between legal and beneficial ownership.

90.2. Corporate documents may contain restrictions on the transfer of the interest or other provisions relevant to value. For example, corporate documents may stipulate that the interest should be valued as a pro rata fraction of the entire issued share capital regardless of whether it is a controlling or non-controlling interest. In each case, the rights of the interest being valued and the rights attaching to any other class of interest need to be considered at the outset.

90.3. Care should be taken to distinguish between rights and obligations inherent to the interest and those that may be applicable only to a particular shareholder (ie, those contained in an agreement between current shareholders which may not apply to a potential buyer of the ownership interest). Depending on the basis(es) of value used, the valuer may be required to consider only the rights and obligations inherent to the subject interest or both those rights and considerations inherent to the subject interest and those that apply to a particular owner.

90.4. All the rights and preferences associated with a subject business or business interest should be considered in a valuation, including:

(a) if there are multiple classes of stock, the valuation should consider the rights of each different class, including, but not limited to:

1. liquidation preferences,
2. voting rights,
3. redemption, conversion and participation provisions, and
4. put and/or call rights.

(b) When a controlling interest in a business may have a higher value than a non-controlling interest. Control premiums or discounts for lack of control may be appropriate depending on the valuation method(s) applied (see IVS 105 Valuation Approaches and Methods, para 30.17.(b)). In respect of actual premiums paid in completed transactions, the valuer should consider whether the synergies and other factors that caused the acquirer to pay those premiums are applicable to the subject asset to a comparable degree.

100. Business Information

100.1. The valuation of a business entity or interest frequently requires reliance upon information received from management, representatives of the management or other experts. As required by IVS 105 Valuation Approaches and Methods, para 10.7, a valuer must assess the reasonableness of information received from management, representatives of management or other experts and evaluate whether it is appropriate to rely on that information for the valuation purpose. For example, prospective financial information provided by management may reflect owner-specific synergies that may not be appropriate when using a basis of value that requires a participant perspective.

100.2. Although the value on a given date reflects the anticipated benefits of future ownership, the history of a business is useful in that it may give guidance as to the expectations for the future. Valuers should therefore consider the business' historical financial statements as part of a valuation engagement. To the extent the future performance of the business is expected to deviate significantly from historical experience, a valuer must understand why historical performance is not representative of the future expectations of the business.

110. Economic and Industry Considerations

110.1. Awareness of relevant economic developments and specific industry trends is essential for all valuations. Matters such as political outlook, government policy, exchange rates, inflation, interest rates and market activity may affect assets in different locations and/or sectors of the economy quite differently. These factors can be particularly important in the valuation of businesses and business interests, as businesses may have complex structures involving multiple locations and types of operations. For example, a business may be impacted by economic and industry factors specific related to:

(a) the registered location of the business headquarters and legal form of the business,

(b) the nature of the business operations and where each aspect of the business is conducted (ie, manufacturing may be done in a different location to where research and development is conducted),

(c) where the business sells its goods and/or services,

(d) the currency(ies) the business uses,

(e) where the suppliers of the business are located, and

(f) what tax and legal jurisdictions the business is subject to.

120. Operating and Non-Operating Assets

120.1. The valuation of an ownership interest in a business is only relevant in the context of the financial position of the business at a point in time. It is important to understand the nature of assets and liabilities of the business and to determine which items are required for use in the income-producing operations of the business and which ones are redundant or "excess" to the business at the valuation date.

120.2. Most valuation methods do not capture the value of assets that are not required for the operation of the business. For example, a business valued using a multiple of EBITDA would only capture the value the assets utilised in generating that level of EBITDA. If the business had non-operating assets or liabilities such as an idle manufacturing plant, the value of that non-operating plant would not be captured in the value. Depending on the level of value appropriate for the valuation engagement (see para 20.3), the value of non-operating assets may need to be separately determined and added to the operating value of the business.

120.3. Businesses may have unrecorded assets and/or liabilities that are not reflected on the balance sheet. Such assets could include intangible assets, machinery and equipment that is fully depreciated and legal liabilities/lawsuits.

120.4. When separately considering non-operating assets and liabilities, a valuer should ensure that the income and expenses associated with non-operating assets are excluded from the cash flow measurements and projections used in the valuation. For example, if a business has a significant liability associated with an underfunded pension and that liability is valued separately, the cash flows used in the valuation of the business should exclude any "catch-up" payments related to that liability.

120.5. If the valuation considers information from publicly-traded businesses, the publicly-traded stock prices implicitly include the value of non-operating assets, if any. As such, valuers must consider adjusting information from publicly-traded businesses to exclude the value, income and expenses associated with non-operating assets.

130. Capital Structure Considerations

130.1. Businesses are often financed through a combination of debt and equity. However, in many cases, valuers may be asked to value only equity or a particular class of equity in a business. While equity or a particular class of equity can occasionally be valued directly, more often the enterprise value of the business is determined and then that value is allocated between debt and any types of equity.

130.2. When the value of debt is equal to its carrying value/book value, allocations of value may be straightforward. For example, in such cases it may be appropriate to deduct the book value of debt from enterprise value to calculate equity value (sometimes referred to as a "waterfall" method of value allocation). However, valuers should not necessarily assume that the value of debt and its book value are equal.

130.3. In circumstances where the value of debt may differ from its book value, valuers should either value the debt directly or use a method that appropriately allocates value to debt and any equity securities such as a probability-weighted expected return method or an option-pricing model.

IVS 210 Intangible Assets

Contents	Paragraphs
Overview	10
Introduction	20
Bases of Value	30
Valuation Approaches and Methods	40
Market Approach	50
Income Approach	60
Cost Approach	70
Special Considerations for Intangible Assets	80
Discount Rates/Rates of Return for Intangible Assets	90
Intangible Asset Economic Lives	100
Tax Amortisation Benefit (TAB)	110

10. Overview

10.1. The principles contained in the General Standards apply to valuations of intangible assets and valuations with an intangible assets component. This standard contains additional requirements that apply to valuations of intangible assets.

20. Introduction

20.1. An intangible asset is a non-monetary asset that manifests itself by its economic properties. It does not have physical substance but grants rights and/or economic benefits to its owner.

20.2. Specific intangible assets are defined and described by characteristics such as their ownership, function, market position and image. These characteristics differentiate intangible assets from one another.

20.3. There are many types of intangible assets, but they are often considered to fall into one or more of the following categories (or goodwill):

(a) Marketing-related: Marketing-related intangible assets are used primarily in the marketing or promotion of products or services. Examples include trademarks, trade names, unique trade design and internet domain names.

(b) Customer-related: Customer-related intangible assets include customer lists, backlog, customer contracts, and contractual and non-contractual customer relationships.

(c) Artistic-related: Artistic-related intangible assets arise from the right to benefits from artistic works such as plays, books, films and music, and from non-contractual copyright protection.

(d) Contract-related: Contract-related intangible assets represent the value of rights that arise from contractual agreements. Examples include licensing and royalty agreements, service or supply contracts, lease agreements, permits, broadcast rights, servicing contracts, employment contracts and non-competition agreements and natural resource rights.

(e) Technology-based: Technology-related intangible assets arise from contractual or non-contractual rights to use patented technology, unpatented technology, databases, formulae, designs, software, processes or recipes.

20.4. Although similar intangible assets within the same class will share some characteristics with one another, they will also have differentiating characteristics that will vary according to the type of intangible asset. In addition, certain intangible assets, such as brands, may represent a combination of categories in para 20.3,

20.5. Particularly in valuing an intangible asset, valuers must understand specifically what needs to be valued and the purpose of the valuation. For example, customer data (names, addresses, etc) typically has a very different value from customer contracts (those contracts in place on the valuation date) and customer relationships (the value of the ongoing customer relationship including existing and future contracts). What intangible assets need to be valued and how those intangible assets are defined may differ depending on the purpose of the valuation, and the differences in how intangible assets are defined can lead to significant differences in value.

20.6. Generally, ***goodwill*** is any future economic benefit arising from a business, an interest in a business or from the use of a group of assets which has not been separately recognised in another asset. The value of ***goodwill*** is typically measured as the residual amount remaining after the values of all identifiable tangible, intangible and monetary assets, adjusted for actual or potential liabilities, have been deducted from the value of a business. It is often represented as the excess of the price paid in a real or hypothetical acquisition of a company over the value of the company's other identified assets and liabilities. For some purposes, goodwill may need to be further divided into transferable goodwill (that which can be transferred to third parties) and non-transferable or "personal" goodwill.

20.7. As the amount of ***goodwill*** is dependent on which other tangible and intangible assets are recognised, its value can be different when calculated for different purposes. For example, in a business combination accounted for under IFRS or US GAAP, an intangible asset is only recognised to the extent that it:

(a) is separable, ie, capable of being separated or divided from the entity and sold, transferred, licensed, rented or exchanged, either individually or together with a related contract, identifiable asset or liability, regardless of whether the entity intends to do so, or

(b) arises from contractual or other legal rights, regardless of whether those rights are transferable or separable from the entity or from other rights and obligations.

20.8. While the aspects of ***goodwill*** can vary depending on the purpose of the valuation, ***goodwill*** frequently includes elements such as:

(a) company-specific synergies arising from a combination of two or more businesses (eg, reductions in operating costs, economies of scale or product mix dynamics),

(b) opportunities to expand the business into new and different markets,

(c) the benefit of an assembled workforce (but generally not any intellectual property developed by members of that workforce),

(d) the benefit to be derived from future assets, such as new customers and future technologies, and

(e) assemblage and going concern value.

20.9. Valuers may perform direct valuations of intangible assets where the value of the intangible assets is the purpose of the analysis or one part of the analysis. However, when valuing businesses, business interests, real property, and machinery and equipment, valuers should consider whether there are intangible assets associated with those assets and whether those directly or indirectly impact the asset being valued. For example, when valuing a hotel based on an income approach, the contribution to value of the hotel's brand may already be reflected in the profit generated by the hotel.

20.10. Intangible asset valuations are performed for a variety of purposes. It is the valuer's responsibility to understand the purpose of a valuation and whether intangible assets should be valued, whether separately or grouped with other assets. A non-exhaustive list of examples of circumstances that commonly include an intangible asset valuation component is provided below:

(a) For financial reporting purposes, valuations of intangible assets are often required in connection with accounting for business combinations, asset acquisitions and sales, and impairment analysis.

(b) For tax reporting purposes, intangible asset valuations are frequently needed for transfer pricing analyses, estate and gift tax planning and reporting, and ad valorem taxation analyses.

(c) Intangible assets may be the subject of litigation, requiring valuation analysis in circumstances such as shareholder disputes, damage calculations and marital dissolutions (divorce).

(d) Other statutory or legal events may require the valuation of intangible assets such as compulsory purchases/eminent domain proceedings.

(e) Valuers are often asked to value intangible assets as part of general consulting, collateral lending and transactional support engagements.

30. Bases of Value

30.1. In accordance with IVS 104 Bases of Value, a valuer must select the appropriate basis(es) of value when valuing intangible assets.

30.2. Often, intangible asset valuations are performed using bases of value defined by entities/organisations other than the IVSC (some examples of which are mentioned in IVS 104 Bases of Value) and the valuer must understand and follow the regulation, case law, and other interpretive guidance related to those bases of value as of the valuation date.

40. Valuation Approaches and Methods

40.1. The three valuation approaches described in IVS 105 Valuation Approaches can all be applied to the valuation of intangible assets.

40.2. When selecting an approach and method, in addition to the requirements of this standard, a valuer must follow the requirements of IVS 105 Valuation Approaches, including para 10.3.

50. Market Approach

50.1. Under the market approach, the value of an intangible asset is determined by reference to market activity (for example, transactions involving identical or similar assets).

50.2. Transactions involving intangible assets frequently also include other assets, such as a business combination that includes intangible assets.

50.3. Valuers must comply with paras 20.2 and 20.3 of IVS 105 when determining whether to apply the market approach to the valuation of intangible assets. In addition, valuers should only apply the market approach to value intangible assets if both of the following criteria are met:

(a) information is available on arm's length transactions involving identical or similar intangible assets on or near the valuation date, and

(b) sufficient information is available to allow the valuer to adjust for all significant differences between the subject intangible asset and those involved in the transactions.

50.4. The heterogeneous nature of intangible assets and the fact that intangible assets seldom transact separately from other assets means that it is rarely possible to find market evidence of transactions involving identical assets. If there is market evidence at all, it is usually in respect of assets that are similar, but not identical.

50.5. Where evidence of either prices or valuation multiples is available, valuers should make adjustments to these to reflect differences between the subject asset and those involved in the transactions. These adjustments are necessary to reflect the differentiating characteristics of the subject intangible asset and the assets involved in the transactions. Such adjustments may only be determinable at a qualitative, rather than quantitative, level. However, the need for significant qualitative adjustments may indicate that another approach would be more appropriate for the valuation.

50.6. Consistent with the above, examples of intangible assets for which the market approach is sometimes used include:

(a) broadcast spectrum,

(b) internet domain names, and

(c) taxi medallions.

50.7. The guideline transactions method is generally the only market approach method that can be applied to intangible assets.

50.8. In rare circumstances, a security sufficiently similar to a subject intangible asset may be publicly traded, allowing the use of the guideline public company method. One example of such securities is contingent value rights (CVRs) that are tied to the performance of a particular product or technology.

60. Income Approach

60.1. Under the income approach, the value of an intangible asset is determined by reference to the present value of income, cash flows or cost savings attributable to the intangible asset over its economic life.

60.2. Valuers must comply with paras 40.2 and 40.3 of IVS 105 Valuation Approaches and Methods when determining whether to apply the income approach to the valuation of intangible assets.

60.3. Income related to intangible assets is frequently included in the price paid for goods or a service. It may be challenging to separate the income related to the intangible asset from income related to other tangible and intangible assets. Many of the income approach methods are designed to separate the economic benefits associated with a subject intangible asset.

60.4. The income approach is the most common method applied to the valuation of intangible assets and is frequently used to value intangible assets including the following:

(a) technology,

(b) customer-related intangibles (eg, backlog, contracts, relationships),

(c) tradenames/trademarks/brands,

(d) operating licenses (eg, franchise agreements, gaming licenses, broadcast spectrum), and

(e) non-competition agreements.

Income Approach Methods

60.5. There are many income approach methods. The following methods are discussed in this standard in more detail:

(a) excess earnings method,

(b) relief-from-royalty method,

(c) premium profit method or with-and-without method,

(d) greenfield method, and

(e) distributor method.

Excess Earnings Method

60.6. The excess earnings method estimates the value of an intangible asset as the present value of the cash flows attributable to the subject intangible asset after excluding the proportion of the cash flows that are attributable to other assets required to generate the cash flows ("contributory assets"). It is often used for valuations where there is a requirement for the acquirer to allocate the overall price paid for a business between tangible assets, identifiable intangible assets and ***goodwill***.

60.7. Contributory assets are assets that are used in conjunction with the subject intangible asset in the realisation of prospective cash flows associated with the subject intangible asset. Assets that do not contribute to the prospective cash flows associated with the subject intangible asset are not contributory assets.

60.8. The excess earnings method can be applied using several periods of forecasted cash flows ("multi-period excess earnings method" or "MPEEM"), a single period of forecasted cash flows ("single-period excess earnings method") or by capitalising a single period of forecasted cash flows ("capitalised excess earnings method" or the "formula method").

60.9. The capitalised excess earnings method or formula method is generally only appropriate if the intangible asset is operating in a steady state with stable growth/decay rates, constant profit margins and consistent contributory asset levels/charges.

60.10. As most intangible assets have economic lives exceeding one period, frequently follow non-linear growth/decay patterns and may require different levels of contributory assets over time, the MPEEM is the most commonly used excess earnings method as it offers the most flexibility and allows valuers to explicitly forecast changes in such inputs.

60.11. Whether applied in a single-period, multi-period or capitalised manner, the key steps in applying an excess earnings method are to:

(a) forecast the amount and timing of future revenues driven by the subject intangible asset and related contributory assets,

(b) forecast the amount and timing of expenses that are required to generate the revenue from the subject intangible asset and related contributory assets,

(c) adjust the expenses to exclude those related to creation of new intangible assets that are not required to generate the forecasted revenue and expenses. Profit margins in the excess earnings method may be higher than profit margins for the overall business because the excess earnings method excludes investment in certain new intangible assets. For example:

1. research and development expenditures related to development of new technology would not be required when valuing only existing technology, and

2. marketing expenses related to obtaining new customers would not be required when valuing existing customer-related intangible assets.

(d) identify the contributory assets that are needed to achieve the forecasted revenue and expenses. Contributory assets often include working capital, fixed assets, assembled workforce and identified intangible assets other than the subject intangible asset,

(e) determine the appropriate rate of return on each contributory asset based on an assessment of the risk associated with that asset. For example, low-risk assets like working capital will typically have a relatively lower required return. Contributory intangible assets and highly specialised machinery and equipment often require relatively higher rates of return,

(f) in each forecast period, deduct the required returns on contributory assets from the forecast profit to arrive at the excess earnings attributable to only the subject intangible asset,

(g) determine the appropriate discount rate for the subject intangible asset and present value or capitalise the excess earnings, and

(h) if appropriate for the purpose of the valuation (see paras 110.1-110.4), calculate and add the tax amortisation benefit (TAB) for the subject intangible asset.

60.12. Contributory asset charges (CACs) should be made for all the current and future tangible, intangible and financial assets that contribute to the generation of the cash flow, and if an asset for which a CAC is required is involved in more than one line of business, its CAC should be allocated to the different lines of business involved.

60.13. The determination of whether a CAC for ***elements of goodwill*** is appropriate should be based on an assessment of the relevant facts and circumstances of the situation, and the valuer should not mechanically apply CACs or alternative adjustments for elements of goodwill if the circumstances do not warrant such a charge. Assembled workforce, as it is quantifiable, is typically the only element of goodwill for which a CAC should be taken. Accordingly, valuers must ensure they have a strong basis for applying CACs for any elements of ***goodwill*** other than assembled workforce.

60.14. CACs are generally computed on an after-tax basis as a fair return on the value of the contributory asset, and in some cases a return of the contributory asset is also deducted. The appropriate return on a contributory asset is the investment return a typical participant would require on the asset. The return of a contributory asset is a recovery of the initial investment in the asset. There should be no difference in value regardless of whether CACs are computed on a pre-tax or after-tax basis.

60.15. If the contributory asset is not wasting in nature, like working capital, only a fair return on the asset is required.

60.16. For contributory intangible assets that were valued under a relief-from-royalty method, the CAC should be equal to the royalty (generally adjusted to an after-tax royalty rate).

60.17. The excess earnings method should be applied only to a single intangible asset for any given stream of revenue and income (generally the primary or most important intangible asset). For example, in valuing the intangible assets of a company utilising both technology and a tradename in delivering a product or service (ie, the revenue associated with the technology and the tradename is the same), the excess earnings method should only be used to value one of the intangible assets and an alternative method should be used for the other asset. However, if the company had multiple product lines, each using a different technology and each generating distinct revenue and profit, the excess earnings method may be applied in the valuation of the multiple different technologies.

Relief-from-Royalty Method

60.18. Under the relief-from-royalty method, the value of an intangible asset is determined by reference to the value of the hypothetical royalty payments that would be saved through owning the asset, as compared with licensing the intangible asset from a third party. Conceptually, the method may also be viewed as a discounted cash flow method applied to the cash flow that the owner of the intangible asset could receive through licensing the intangible asset to third parties.

60.19. The key steps in applying a relief-from-royalty method are to:

(a) develop projections associated with the intangible asset being valued for the life of the subject intangible asset. The most common metric projected is revenue, as most royalties are paid as a percentage of revenue. However, other metrics such as a per-unit royalty may be appropriate in certain valuations,

(b) develop a royalty rate for the subject intangible asset. Two methods can be used to derive a hypothetical royalty rate. The first is based on market royalty rates for comparable or similar transactions. A prerequisite for this method is the existence of comparable intangible assets that are licensed at arm's length on a regular basis. The second method is based on a split of profits that would hypothetically be paid in an arm's length transaction by a willing licensee to a willing licensor for the rights to use the subject intangible asset,

(c) apply the selected royalty rate to the projections to calculate the royalty payments avoided by owning the intangible asset,

(d) estimate any additional expenses for which a licensee of the subject asset would be responsible. This can include upfront payments required by some licensors. A royalty rate should be analysed to determine whether it assumes expenses (such as maintenance, marketing and advertising) are the responsibility of the licensor or the licensee. A royalty rate that is "gross" would consider all responsibilities and expenses associated with ownership of a licensed asset to reside with the licensor, while a royalty that is "net" would consider some or all responsibilities and expenses associated with the licensed asset to reside with the licensee. Depending on whether the royalty is "gross" or "net", the valuation should exclude or include, respectively, a deduction for expenses such as maintenance, marketing or advertising expenses related to the hypothetically licensed asset.

(e) if the hypothetical costs and royalty payments would be tax deductible, it may be appropriate to apply the appropriate tax rate to determine the after-tax savings associated with ownership of the intangible asset. However, for certain purposes (such as transfer pricing), the effects of taxes are generally not considered in the valuation and this step should be skipped,

(f) determine the appropriate discount rate for the subject intangible asset and present value or capitalise the savings associated with ownership of the intangible asset, and

(g) if appropriate for the purpose of the valuation (see paras 110.1-110.4), calculate and add the TAB for the subject intangible asset.

60.20. Whether a royalty rate is based on market transactions or a profit split method (or both), its selection should consider the characteristics of the subject intangible asset and the environment in which it is utilised. The consideration of those characteristics form the basis for selection of a royalty rate within a range of observed transactions and/or the range of profit available to the subject intangible asset in a profit split. Factors that should be considered include the following:

(a) Competitive environment: The size of the market for the intangible asset, the availability of realistic alternatives, the number of competitors, barriers to entry and presence (or absence) of switching costs.

(b) Importance of the subject intangible to the owner: Whether the subject asset is a key factor of differentiation from competitors, the importance it plays in the owner's marketing strategy, its relative importance compared with other tangible and intangible assets, and the amount the owner spends on creation, upkeep and improvement of the subject asset.

(c) Life cycle of the subject intangible: The expected economic life of the subject asset and any risks of the subject intangible becoming obsolete.

60.21. When selecting a royalty rate, a valuer should also consider the following:

(a) When entering a licence arrangement, the royalty rate participants would be willing to pay depends on their profit levels and the relative contribution of the licensed intangible asset to that profit. For example, a manufacturer of consumer products would not license a tradename at a royalty rate that leads to the manufacturer realising a lower profit selling branded products compared with selling generic products.

(b) When considering observed royalty transactions, a valuer should understand the specific rights transferred to the licensee and any limitations. For example, royalty agreements may include significant restrictions on the use of a licensed intangible asset such as a restriction to a particular geographic area or for a product. In addition, the valuer should understand how the payments under the licensing agreement are structured, including whether there are upfront payments, milestone payments, puts/calls to acquire the licensed property outright, etc.

With-and-Without Method

60.22. The with-and-without method indicates the value of an intangible asset by comparing two scenarios: one in which the business uses the subject intangible asset and one in which the business does not use the subject intangible asset (but all other factors are kept constant).

60.23. The comparison of the two scenarios can be done in two ways:

(a) calculating the value of the business under each scenario with the difference in the business values being the value of the subject intangible asset, and

(b) calculating, for each future period, the difference between the profits in the two scenarios. The present value of those amounts is then used to reach the value of the subject intangible asset.

60.24. In theory, either method should reach a similar value for the intangible asset provided the valuer considers not only the impact on the entity's profit, but additional factors such as differences between the two scenarios in working capital needs and capital expenditures.

60.25. The with-and-without method is frequently used in the valuation of non-competition agreements but may be appropriate in the valuation of other intangible assets in certain circumstances.

60.26. The key steps in applying the with-and-without method are to:

(a) prepare projections of revenue, expenses, capital expenditures and working capital needs for the business assuming the use of all of the assets of the business including the subject intangible asset. These are the cash flows in the "with" scenario,

(b) use an appropriate discount rate to present value the future cash flows in the "with" scenario, and/or calculate the value of the business in the "with" scenario,

(c) prepare projections of revenue, expenses, capital expenditures and working capital needs for the business assuming the use of all of the assets of the business except the subject intangible asset. These are the cash flows in the "without" scenario, (d) use an appropriate discount rate for the business, present value the future cash flows in the "with" scenario and/or calculate the value of the business in the "with" scenario, (e) deduct the present value of cash flows or the value of the business in the "without" scenario from the present value of cash flows or value of the business in the "with" scenario, and

(f) if appropriate for the purpose of the valuation (see paras 110.1-110.4), calculate and add the TAB for the subject intangible asset.

60.27. As an additional step, the difference between the two scenarios may need to be probability-weighted. For example, when valuing a non-competition agreement, the individual or business subject to the agreement may choose not to compete, even if the agreement were not in place.

60.28. The differences in value between the two scenarios should be reflected solely in the cash flow projections rather than by using different discount rates in the two scenarios.

Greenfield Method

60.29. Under the greenfield method, the value of the subject intangible is determined using cash flow projections that assume the only asset of the business at the valuation date is the subject intangible. All other tangible and intangible assets must be bought, built or rented.

60.30. The greenfield method is conceptually similar to the excess earnings method. However, instead of subtracting contributory asset charges from the cash flow to reflect the contribution of contributory assets, the greenfield method assumes that the owner of the subject asset would have to build, buy or rent the contributory assets. When building or buying the contributory assets, the cost of a replacement asset of equivalent utility is used rather than a reproduction cost.

60.31. The greenfield method is often used to estimate the value of "enabling" intangible assets such as franchise agreements and broadcast spectrum.

60.32. The key steps in applying the greenfield method are to:

(a) prepare projections of revenue, expenses, capital expenditures and working capital needs for the business assuming the subject intangible asset is the only asset owned by the subject business at the valuation date, including the time period needed to "ramp up" to stabilised levels,

(b) estimate the timing and amount of expenditures related to the acquisition, creation or rental of all other assets needed to operate the subject business,

(c) using an appropriate discount rate for the business, present value the future cash flows to determine the value of the subject business with only the subject intangible in place, and

(d) if appropriate for the purpose of the valuation (see paras 110.1-110.4), calculate and add the TAB for the subject intangible asset.

Distributor Method

60.33. The distributor method, sometimes referred to as the disaggregated method, is a variation of the multi-period excess earnings method sometimes used to value customer-related intangible assets. The underlying theory of the distributor method is that businesses that are comprised of various functions are expected to generate profits associated with each function. As distributors generally only perform functions related to distribution of products to customers rather than development of intellectual property or manufacturing, information on profit margins earned by distributors is used to estimate the excess earnings attributable to customer-related intangible assets.

60.34. The distributor method is appropriate to value customer-related intangible assets when another intangible asset (for example, technology or a brand) is deemed to be the primary or most significant intangible asset and is valued under a multi-period excess earnings method.

60.35. The key steps in applying the distributor method are to:

(a) prepare projections of revenue associated with existing customer relationships. This should reflect expected growth in revenue from existing customers as well as the effects of customer attrition,

(b) identify comparable distributors that have customer relationships similar to the subject business and calculate the profit margins achieved by those distributors,

(c) apply the distributor profit margin to the projected revenue,

(d) identify the contributory assets related to performing a distribution function that are needed to achieve the forecast revenue and expenses. Generally distributor contributory assets include working capital, fixed assets and workforce. However, distributors seldom require other assets such as trademarks or technology. The level of required contributory assets should also be consistent with participants performing only a distribution function,

(e) determine the appropriate rate of return on each contributory asset based on an assessment of the risk associated with that asset,

(f) in each forecast period, deduct the required returns on contributory assets from the forecast distributor profit to arrive at the excess earnings attributable to only the subject intangible asset,

(g) determine the appropriate discount rate for the subject intangible asset and present value the excess earnings, and

(h) if appropriate for the purpose of the valuation (see paras 110.1-110.4), calculate and add the TAB for the subject intangible asset.

70. Cost Approach

70.1. Under the cost approach, the value of an intangible asset is determined based on the replacement cost of a similar asset or an asset providing similar service potential or utility.

70.2. Valuers must comply with paras 60.2 and 60.3 of IVS 105 Valuation Approaches and Methods when determining whether to apply the cost approach to the valuation of intangible assets.

70.3. Consistent with these criteria, the cost approach is commonly used for intangible assets such as the following:

(a) acquired third-party software,

(b) internally-developed and internally-used, non-marketable software, and

(c) assembled workforce.

70.4. The cost approach may be used when no other approach is able to be applied; however, a valuer should attempt to identify an alternative method before applying the cost approach in situations where the subject asset does not meet the criteria in paras 60.2 and 60.3 of IVS 105 Valuation Approaches and Methods.

70.5. There are broadly two main methods that fall under the cost approach: replacement cost and reproduction cost. However, many intangible assets do not have physical form that can be reproduced and assets such as software, which can be reproduced, generally derive value from their function/utility rather than their exact lines of code. As such, the replacement cost is most commonly applied to the valuation of intangible assets.

70.6. The replacement cost method assumes that a participant would pay no more for the asset than the cost that would be incurred to replace the asset with a substitute of comparable utility or functionality.

70.7. Valuers should consider the following when applying the replacement cost method:

(a) the direct and indirect costs of replacing the utility of the asset, including labour, materials and overhead,

(b) whether the subject intangible asset is subject to obsolescence. While intangible assets do not become functionally or physically obsolete, they can be subject to economic obsolescence,

(c) whether it is appropriate to include a profit mark-up on the included costs. An asset acquired from a third party would presumably reflect their costs associated with creating the asset as well as some form of profit to provide a return on investment. As such, under bases of value (see IVS 104 Bases of Value) that assume a hypothetical transaction, it may be appropriate to include an assumed profit mark-up on costs. As noted in IVS 105 Valuation Approaches and Methods, costs developed based on estimates from third parties would be presumed to already reflect a profit mark-up, and

(d) opportunity costs may also be included, which reflect costs associated with not having the subject intangible asset in place for some period of time during its creation.

80. Special Considerations for Intangible Assets

80.1. The following sections address a non-exhaustive list of topics relevant to the valuation of intangible assets.

(a) Discount Rates/Rates of Return for Intangible Assets (section 90).

(b) Intangible Asset Economic Lives (section 100).

(c) Tax Amortisation Benefit (section 110).

90. Discount Rates/Rates of Return for Intangible Assets

90.1. Selecting discount rates for intangible assets can be challenging as observable market evidence of discount rates for intangible assets is rare. The selection of a discount rate for an intangible asset generally requires significant professional judgment.

90.2. In selecting a discount rate for an intangible asset, valuers should perform an assessment of the risks associated with the subject intangible asset and consider observable discount rate benchmarks.

90.3. When assessing the risks associated with an intangible asset, a valuer should consider factors including the following:

(a) intangible assets often have higher risk than tangible assets,

(b) if an intangible asset is highly specialised to its current use, it may have higher risk than assets with multiple potential uses,

(c) single intangible assets may have more risk than groups of assets (or businesses),

(d) intangible assets used in risky (sometimes referred to as non-routine) functions may have higher risk than intangible assets used in more low- risk or routine activities. For example, intangible assets used in research and development activities may be higher risk than those used in delivering existing products or services,

(e) the life of the asset. Similar to other investments, intangible assets with longer lives are often considered to have higher risk, all else being equal,

(f) intangible assets with more readily estimable cash flow streams, such as backlog, may have lower risk than similar intangible assets with less estimable cash flows, such as customer relationships.

90.4. Discount rate benchmarks are rates that are observable based on market evidence or observed transactions. The following are some of the benchmark rates that a valuer should consider:

(a) risk-free rates with similar maturities to the life of the subject intangible asset,

(b) cost of debt or borrowing rates with maturities similar to the life of the subject intangible asset,

(c) cost of equity or equity rates or return for participants for the subject intangible asset,

(d) weighted average cost of capital (WACC) of participants for the subject intangible asset or of the company owning/using the subject intangible asset,

(e) in contexts involving a recent business acquisition including the subject intangible asset, the Internal Rate of Return (IRR) for the transaction should be considered, and

(f) in contexts involving a valuation of all assets of a business, the valuer should perform a weighted average return on assets (WARA) analysis to confirm reasonableness of selected discount rates.

100. Intangible Asset Economic Lives

100.1. An important consideration in the valuation of an intangible asset, particularly under the income approach, is the economic life of the asset. This may be a finite period limited by legal, technological, functional or economic factors; other assets may have an indefinite life. The economic life of an intangible asset is a different concept than the remaining useful life for accounting or tax purposes.

100.2. Legal, technological, functional and economic factors must be considered individually and together in making an assessment of the economic life. For example, a pharmaceutical technology protected by a patent may have a remaining legal life of five years before expiry of the patent, but a competitor drug with improved efficacy may be expected to reach the market in three years. This might cause the economic life of the patent to be assessed as only three years. In contrast, the expected economic life of the technology could extend beyond the life of the patent if the knowhow associated with the technology would have value in production of a generic drug beyond the expiration of the patent.

100.3. In estimating the economic life of an intangible asset, a valuer should also consider the pattern of use or replacement. Certain intangible assets may be abruptly replaced when a new, better or cheaper alternative becomes available, while others may be replaced slowly over time, such as when a software developer releases a new version of software every year but only replaces a portion of the existing code with each new release.

100.4. For customer-related intangibles, attrition is a key factor in estimating an economic life as well as the cash flows used to value the customerrelated intangibles. Attrition applied in the valuation of intangible assets is a quantification of expectations regarding future losses of customers. While it is a forward-looking estimate, attrition is often based on historical observations of attrition.

100.5. There are a number of ways to measure and apply historical attrition:

(a) a constant rate of loss (as a percentage of prior year balance) over the life of the customer relationships may be assumed if customer loss does not appear to be dependent on age of the customer relationship,

(b) a variable rate of loss may be used over the life of the customer relationships if customer loss is dependent on age of the customer relationship. In such circumstances, generally younger/new customers are lost at a higher rate than older, more established customer relationships,

(c) attrition may be measured based on either revenue or number of customers/customer count as appropriate, based on the characteristics of the customer group,

(d) customers may need to be segregated into different groups. For example, a company that sells products to distributors and retailers may experience different attrition rates for each group. Customers may also be segregated based on other factors such as geography, size of customer and type of product or service purchased, and

(e) the period used to measure attrition may vary depending on circumstances. For example, for a business with monthly subscribers, one month without revenue from a particular customer would indicate a loss of that customer. In contrast, for larger industrial products, a customer might not be considered "lost" unless there have been no sales to that customer for a year or more.

100.6. The application of any attrition factor should be consistent with the way attrition was measured. Correct application of attrition factor in first projection year (and therefore all subsequent years) must be consistent with form of measurement.

(a) If attrition is measured based on the number of customers at the beginning-of-period versus end-of-period (typically a year), the attrition factor should be applied using a "mid-period" convention for the first projection year (as it is usually assumed that customers were lost throughout the year). For example, if attrition is measured by looking at the number of customers at the beginning of the year (100) versus the number remaining at the end of the year (90), on average the company had 95 customers during that year, assuming they were lost evenly throughout the year. Although the attrition rate could be described as 10%, only half of that should be applied in the first year.

(b) If attrition is measured by analysing year-over-year revenue or customer count, the resulting attrition factor should generally be applied without a mid-period adjustment. For example, if attrition is measured by looking at the number of customers that generated revenue in Year 1 (100) versus the number of those same customers that had revenue in Year 2 (90), application would be different even though the attrition rate could again be described as 10%.

100.7. Revenue-based attrition may include growth in revenue from existing customers unless adjustments are made. It is generally a best practice to make adjustments to separate growth and attrition in measurement and application.

100.8. It is a best practice for valuers to input historical revenue into the model being used and check how closely it predicts actual revenue from existing customers in subsequent years. If attrition has been measured and applied appropriately, the model should be reasonably accurate. For example, if estimates of future attrition were developed based on historical attrition observed from 20X0 through 20X5, a valuer should input the 20X0 customer revenue into the model and check whether it accurately predicts the revenue achieved from existing customers in 20X1, 20X2, etc.

110. Tax Amortisation Benefit (TAB)

110.1. In many tax jurisdictions, intangible assets can be amortised for tax purposes, reducing a taxpayer's tax burden and effectively increasing cash flows. Depending on the purpose of a valuation and the valuation method used, it may be appropriate to include the value of TAB in the value of the intangible.

110.2. If the market or cost approach is used to value an intangible asset, the price paid to create or purchase the asset would already reflect the ability to amortise the asset. However, in the income approach, a TAB needs to be explicitly calculated and included, if appropriate.

110.3. For some valuation purposes, such as financial reporting, the appropriate basis of value assumes a hypothetical sale of the subject intangible asset. Generally, for those purposes, a TAB should be included when the income approach is used because a typical participant would be able to amortise an intangible asset acquired in such a hypothetical transaction. For other valuation purposes, the assumed transaction might be of a business or group of assets. For those bases of value, it may be appropriate to include a TAB only if the transaction would result in a step-up in basis for the intangible assets.

110.4. There is some diversity in practice related to the appropriate discount rate to be used in calculating a TAB. Valuers may use either of the following:

(a) a discount rate appropriate for a business utilising the subject asset, such as a weighted average cost of capital. Proponents of this view believe that, since amortisation can be used to offset the taxes on any income produced by the business, a discount rate appropriate for the business as a whole should be used, or

(b) a discount rate appropriate for the subject asset (ie, the one used in the valuation of the asset). Proponents of this view believe that the valuation should not assume the owner of the subject asset has operations and income separate from the subject asset and that the discount rate used in the TAB calculation should be the same as that used in the valuation of the subject asset.

부록 4. ASA 기업가치평가기준

[American Society of Appraisers, ASA Business Valuation Standards, 2009]

This release of the approved ASA Business Valuation Standards of the American Society of Appraisers contains all standards approved through November 2009, and is to beused in conjunction with the Uniform Standards of Professional Appraisal Practice (USPAP) of The Appraisal Foundation and the Principles of Appraisal Practice and Code of Ethics of the American Society of Appraisers. Periodic updates to these Standards are posted to the Business Valuation Committee's website www.bvappraisers.org.

The ASA Business Valuation Standards, including Statements on Business Valuation Standards, Advisory Opinions and Procedural Guidelines have been published and/or revised as indicated in the following Table of Contents.

Published by: Business Valuation Committee American Society of Appraisers 555 Herndon Parkway, Suite 125 Herndon, VA 20170

General Preamble

I. The American Society of Appraisers, through its Business Valuation Committee, has adopted these ASA Business Valuation Standards and Definitions ("the Standards") in order to maintain and enhance the quality of business valuations for the benefit of the business valuation profession and users of business valuations.

II. The American Society of Appraisers, in its Principles of Appraisal Practice and Code of Ethics, and The Appraisal Foundation, in its Uniform Standards of Professional Appraisal Practice ("USPAP"), have established authoritative principles and a code of professional ethics. These Standards incorporate the Principles of Appraisal Practice and Code of Ethics and the relevant portions of USPAP, either explicitly or by reference, and are designed to clarify them and provide additional requirements specifically applicable to the valuation of businesses, business ownership interests, securities and intangible assets.

III. These Standards incorporate all relevant business valuation standards adopted by the American Society of Appraisers through its Business Valuation Committee.

IV. These Standards provide minimum criteria to be followed by business appraisers in developing and reporting the valuation of businesses, business ownership interests, securities and intangible assets.

V. If, in the opinion of the appraiser, the circumstances of a specific business valuation assignment dictate a departure from any provision of any Standard, such departure must be disclosed and will apply only to the specific provision.

VI. These Standards are designed to provide guidance to ASA members and to provide a structure for regulating the development and reporting of business valuations through uniform practices and procedures. Deviations from the Standards are not intended to form the basis of any civil liability and should not create any presumption or evidence that a legal duty has been breached. Moreover, compliance with these Standards does not create any special relationship between the appraiser and any other person.

BVS-I General Requirements for Developing a Business Valuation

I. Preamble

A. This Standard must be followed in all valuations of businesses, business ownership interests, securities and intangible assets developed by all members of the American Society of Appraisers, be they Candidates, Accredited Members (AM), Accredited Senior Appraisers (ASA), or Fellows (FASA).

B. The purpose of this Standard is to define and describe the general requirements for developing the valuation of businesses, business ownership interests, securities and intangible assets.

C. This Standard incorporates the General Preamble to the ASA Business Valuation Standards.

II. Appropriate definition of the assignment

A. Business valuation is the act or process of determining the value of a business enterprise or ownership interest therein.

B. In developing a valuation of a business, business ownership interest, security, or intangible asset, an appraiser must identify and define, as appropriate:

1. The client and other intended users
2. The purpose or intended use of the appraisal
3. The type of engagement as defined in BVS-I General Requirements for Developing a Business Valuation, Section II.C
4. The business enterprise to which the valuation relates
5. The type of entity (e.g., corporation, limited liability company, partnership or other)
6. The state or jurisdiction of incorporation, if applicable
7. The principal business location (or headquarters)
8. The business interest under consideration
9. The standard of value applicable to the valuation (e.g., fair market value, fair value, investment value, or other)
10. The premise of value (e.g., going concern, liquidation, or other)
11. The level of value (e.g., strategic control, financial control, marketable minority, or nonmarketable minority) in the context of the standard of value, the premise of value, and

the relevant characteristics of the interest

12. The effective (or "as of") date of the appraisal
13. Any extraordinary assumptions used in the assignment
14. Any hypothetical conditions used in the assignment

C. The nature and type of the engagement must be defined. An acceptable type of engagement will generally be one of the three types detailed below. Other types of engagements should be explained and described.

1. Appraisal
   a. An Appraisal is the act or process of determining the value of a business, business ownership interest, security, or intangible asset.
   b. The objective of an appraisal is to express an unambiguous opinion as to the value of a business, business ownership interest, security or intangible asset which opinion is supported by all procedures that the appraiser deems to be relevant to the valuation.
   c. An appraisal has the following qualities:
      (1) Its conclusion of value is expressed as either a single dollar amount or a range
      (2) It considers all relevant information as of the appraisal date available to the appraiser at the time of performance of the valuation
      (3) The appraiser conducts appropriate procedures to collect and analyze all information expected to be relevant to the valuation
      (4) The valuation considers all conceptual approaches deemed to be relevant by the appraiser
2. Limited appraisal
   a. The objective of a limited appraisal is to express an estimate as to the value of a business, business ownership interest, security or intangible asset. The development of this estimate excludes some additional procedures that are required in an appraisal.
   b. A limited appraisal has the following qualities:
      (1) Its conclusion of value is expressed as either a single dollar amount or a range
      (2) It is based upon consideration of limited relevant information
      (3) The appraiser conducts only limited procedures to collect and analyze the information that such appraiser considers necessary to support the conclusion presented
      (4) The valuation is based upon the conceptual approach(es) deemed by the appraiser to be most appropriate
3. Calculation
   a. The objective of a calculation is to provide an approximate indication of value of a business, business ownership interest, security or intangible asset based on the performance of limited procedures agreed upon by the appraiser and the client.

b. A calculation has the following qualities:

(1) It's result may be expressed as either a single dollar amount or a range

(2) It may be based upon consideration of only limited relevant information

(3) The appraiser collects limited information and performs limited analysis

(4) The calculation may be based upon conceptual approaches agreed upon with the client

III. Information collection and analysis

The appraiser shall gather, analyze and adjust the relevant information necessary to perform a valuation appropriate to the nature or type of the engagement. Such information shall include:

A. Characteristics of the business, business ownership interest, security or intangible asset to be valued, including rights, privileges, conditions, quantity, factors affecting control and agreements restricting sale or transfer

B. The nature, history and outlook of the business

C. Historical financial information for the business

D. Assets and liabilities of the business

E. The nature and conditions of relevant industries that have an impact on the business

F. Economic factors affecting the business

G. Capital markets providing relevant information; e.g., available rates of return on alternative investments, relevant public stock market information and relevant merger and acquisition information

H. Prior transactions involving the subject business, or involving interests in, the securities of, or intangible assets in the subject business

I. Other information deemed by the appraiser to be relevant

IV. Approaches, methods and procedures

A. The appraiser shall select and apply appropriate valuation approaches, methods and procedures.

B. The appraiser shall develop a conclusion of value pursuant to the valuation assignment as defined, considering the relevant valuation approaches, methods and procedures, the information available and appropriate premiums and discounts, if any.

V. Documentation and retention

The appraiser shall appropriately document and retain all information relied on and the work product used in reaching a conclusion.

VI. Reporting

The appraiser shall report the appraisal conclusions to the client in an appropriate written or oral format. Other than preliminary communications of results to a client, reporting on valuation calculations, or reporting on engagements that do not result in conclusions of value, the report must meet the requirements of Standard 10 of the Uniform Standards of Professional Appraisal Practice. In the event the assignment results in a Comprehensive Written Business Valuation Report, the report shall meet the requirements of BVS-VIII Comprehensive Written Business Valuation Report.

BVS-II Financial Statement Adjustments

I. Preamble

A. This Standard must be followed in all valuations of businesses, business ownership interests, securities and intangible assets developed by all members of the American Society of Appraisers, be they Candidates, Accredited Members (AM), Accredited Senior Appraisers (ASA), or Fellows (FASA).

B. The purpose of this Standard is to define and describe the requirements for making financial statement adjustments in the valuation of businesses, business ownership interests, securities and intangible assets.

C. This Standard applies to appraisals and may not necessarily apply to limited appraisals and calculations as defined in BVS-I General Requirements for Developing a Business Valuation, Section II.C.

D. This Standard incorporates the General Preamble to the ASA Business Valuation Standards.

II. Conceptual framework

A. As a procedure in the valuation process, financial statements should be analyzed and, if appropriate, adjusted. Financial statements to be analyzed include those of the subject entity and any entities used as guideline companies.

B. Financial statement adjustments are modifications to reported financial information that are relevant and significant to the appraisal process. Adjustments may be appropriate for the following reasons, among others:

1. To present financial data of the subject and guideline companies on a consistent basis
2. To adjust from reported values to current values
3. To adjust revenues and expenses to levels that are reasonably representative of continuing results
4. To adjust for non-operating assets and liabilities, and any revenues and expenses related to the non-operating items

C. Financial statement adjustments are made for the sole purpose of assisting the appraiser in reaching a conclusion of value.

III. Documentation of adjustments

All adjustments made should be fully described and supported.

I. Preamble

A. This Standard must be followed in all valuations of businesses, business ownership interests, securities and intangible assets developed by all members of the American Society of Appraisers, be they candidates, Accredited Members (AM), Accredited Senior Appraisers (ASA), or Fellows (FASA).

B. The purpose of this Standard is to define and describe the requirements for the use of the asset-based approach (and the circumstances in which it is appropriate) in the valuation of businesses, business ownership interests, securities and intangible assets, but not the reporting thereof.

C. This Standard applies to appraisals and may not necessarily apply to limited appraisals and calculations as defined in BVS-I General Requirements for Developing a Business Valuation, Section II.C.

D. This Standard incorporates the General Preamble to the ASA Business Valuation Standards.

II. The asset-based approach

A. The asset-based approach is a general way of determining a value indication of a business, business ownership interest, security, or intangible asset using one or more methods based on the value of the assets net of liabilities.

B. In business valuation, the asset-based approach may be analogous to the cost approach of other appraisal disciplines.

C. Assets, liabilities and equity relate to a business that is an operating company, a holding company, or a combination thereof (a mixed business).

1. An operating company is a business that conducts an economic activity by generating and selling, or trading in a product or service.
2. A holding company is a business that derives its revenues from a return on its assets, which may include operating companies and/or other businesses.
3. The asset-based approach should be considered in valuations conducted at the enterprise level and involving:
   a. An investment or real estate holding company
   b. A business appraised on a basis other than as a going concern

Valuations of particular ownership interests in an enterprise may or may not require the use of the asset based approach.

D. The asset-based approach should not be the sole appraisal approach used in assignments relating to operating companies appraised as going concerns unless this approach is customarily used by sellers and buyers. In such cases, the appraiser must support the selection of this approach.

I. Preamble

A. This Standard must be followed in all valuations of businesses, business ownership interests, securities and intangible assets developed by all members of the American Society of Appraisers, be they Candidates, Accredited Members (AM), Accredited Senior Appraisers (ASA), or Fellows (FASA).

B. The purpose of this Standard is to define and describe the requirements for the use of the income approach in the valuation of businesses, business ownership interests, securities and intangible assets, but not the reporting thereof.

C. This Standard applies to appraisals and may not necessarily apply to limited appraisals and calculations as defined in BVS-I General Requirements for Developing a Business Valuation, Section II.C.

D. This Standard incorporates the General Preamble to the ASA Business Valuation Standards.

II. The income approach

A. The income approach is a general way of determining a value indication of a business, business ownership interest, security, or intangible asset by using one or more methods through which anticipated benefits are converted into value.

B. Both capitalization of benefits methods and discounted future benefits methods are acceptable. In capitalization of benefits methods, a representative benefit level is divided or multiplied by an appropriate capitalization factor to convert the benefit to value. In discounted future benefits methods, benefits are estimated for each of several future periods. These benefits are converted to value by applying an appropriate discount rate and using present value procedures.

III. Anticipated benefits

A. Anticipated benefits, as used in the income approach, are expressed in monetary terms. Anticipated benefits may be reasonably represented by such items as dividends or distributions, or various forms of earnings or cash flow.

B. Anticipated benefits should be estimated by considering such items as the nature, capital structure and historical performance of the related business entity, the expected future outlook for the business entity and relevant industries, and relevant economic factors.

IV. Conversion of anticipated benefits

A. Anticipated benefits are converted to value by using procedures that consider the expected growth and timing of the benefits, the risk profile of the benefits stream and the time value of money.

B. The conversion of anticipated benefits to value normally requires the determination of a capitalization factor or discount rate. In that determination, the appraiser should consider such factors as the level of interest rates, the rates of return expected by investors on alternative investments and the specific risk characteristics of the anticipated benefits.

C. In discounted future benefits methods, expected growth is considered in estimating the future stream of benefits. In capitalization of benefits methods, expected growth is incorporated in the capitalization factor.

D. The capitalization factors or discount rates should be consistent with the types of anticipated benefits used. For example, pre-tax factors or discount rates should be used with pre-tax benefits, common equity factors or discount rates should be used with common equity benefits and net cash flow factors or discount rates should be used with net cash flow benefits.

BVS-V Market Approach to Business Valuation

I. Preamble

A. This Standard must be followed in all valuations of businesses, business ownership interests, securities and intangible assets developed by all members of the American Society of Appraisers, be they Candidates, Accredited Members (AM), Accredited Senior Appraisers (ASA), or Fellows (FASA).

B. The purpose of this Standard is to define and describe the requirements for the use of the market approach in the valuation of businesses, business ownership interests, securities and intangible assets, but not the reporting thereof.

C. This Standard applies to appraisals and may not necessarily apply to limited appraisals and calculations as defined in BVS-I General Requirements for Developing a Business Valuation, Section II.C.

D. This Standard incorporates the General Preamble to the ASA Business Valuation Standards.

II. The market approach

A. The market approach is a general way of determining a value indication of a business, business ownership interest, security or intangible asset by using one or more methods that compare the subject to similar businesses, business ownership interests, securities or intangible assets that have been sold.

B. Examples of market approach methods include the Guideline Public Company Method (see SBVS-1) and the Guideline Transactions Method (see SBVS-2).

III. Reasonable basis for comparison

A. The business, business ownership interest, security or intangible asset used for comparison must serve as a reasonable basis for comparison to the subject.

B. Factors to be considered in judging whether a reasonable basis for comparison exists include:

1. A sufficient similarity of qualitative and quantitative investment characteristics

2. The amount and verifiability of data known about the similar investment

3. Whether or not the price of the similar investment was observed in an arm's-length transaction, or in a forced or distressed sale

IV. Selection of valuation ratios

A. Comparisons are normally made through the use of valuation ratios. The computation and use of such ratios should provide meaningful insight about the value of the subject, considering all relevant factors. Accordingly, care should be exercised with respect to issues such as:

1. The selection of the underlying data used to compute the valuation ratios
2. The selection of the time periods and/or the averaging methods used for the underlying data
3. The computation of the valuation ratios
4. The timing of the price data used in the valuation ratios (in relationship to the effective date of the appraisal)
5. How the valuation ratios were selected and applied to the subject's underlying data

B. In general, comparisons should be made by using comparable definitions of the components of the valuation ratios. However, where appropriate, valuation ratios based on components that are reasonably representative of ongoing results may be used.

V. Rules of thumb

Rules of thumb may provide insight into the value of a business, business ownership interest, security or intangible asset. However, value indications derived from the use of rules of thumb should not be given substantial weight unless they are supported by other valuation methods and it can be established that knowledgeable buyers and sellers place substantial reliance on them.

BVS–VI Reaching a Conclusion of Value

I. Preamble

A. This Standard must be followed in all valuations of businesses, business ownership interests, securities and intangible assets developed by all members of the American Society of Appraisers, be they Candidates, Accredited Members (AM), Accredited Senior Appraisers (ASA), or Fellows (FASA).

B. The purpose of this Standard is to define and describe the requirements for reaching a final conclusion of value in the valuation of businesses, business ownership interests, securities and intangible assets.

C. This Standard applies to appraisals and may not necessarily apply to limited appraisals and calculations as defined in BVS-I General Requirements for Developing a Business Valuation, Section II.C.

D. This Standard incorporates the General Preamble to the ASA Business Valuation Standards.

II. General

A. The conclusion of value reached by the appraiser shall be based upon the applicable standard of value, the purpose and intended use of the valuation, and all relevant information available as of the valuation date in carrying out the type of engagement for the assignment.

B. The conclusion of value reached by the appraiser will be based on value indications resulting from one or more methods performed under one or more appraisal approaches.

III. Selection and weighting of methods

A. The selection of and reliance on appropriate methods and procedures depends on the judgment of the appraiser and not on any prescribed formula. One or more approaches may not be relevant to a particular situation, and more than one method under an approach may be relevant.

B. The appraiser must use informed judgment when determining the relative weight to be accorded to indications of value reached on the basis of various methods, or whether an indication of value from a single method should be conclusive. The appraiser's judgment may be presented either in general terms or in terms of mathematical weighting of the indicated values reflected in the conclusion. In any case, the appraiser should provide the rationale for the selection or weighting of the method or methods relied on in reaching the conclusion.

C. In assessing the relative importance of indications of value determined under each method, or whether an indication of value from a single method should dominate, the appraiser should consider factors such as:

1. The applicable standard of value
2. The purpose and intended use of the valuation
3. Whether the subject is an operating company, a real estate or investment holding company, or a company with substantial non-operating or excess assets
4. The quality and reliability of data underlying the indication of value
5. Such other factors that, in the opinion of the appraiser, are appropriate for consideration

IV. Additional factors to consider

As appropriate for the valuation assignment as defined, and if not considered in the process of determining and weighting the indications of value provided by various procedures, the appraiser should separately consider the following factors in reaching a final conclusion of value:

A. Marketability or lack thereof, considering the nature of the business, the business ownership interest, security or intangible asset

B. The effect of relevant contractual and/or other legal restrictions

C. The condition of the market(s) in which the appraised interest might trade

D. The ability of an owner of the appraised interest to control the operation, sale, or liquidation of the relevant business

E. Such other factors that, in the opinion of the appraiser, are appropriate for consideration

BVS-VII Valuation Discounts and Premiums

I. Preamble

A. This Standard must be followed in all valuations of businesses, business ownership interests, securities and intangible assets developed by all members of the American Society of Appraisers, be they Candidates, Accredited Members (AM), Accredited Senior Appraisers (ASA), or Fellows (FASA).

B. The purpose of this Standard is to define and describe the requirements for the use of discounts and premiums whenever they are applied in the valuation of businesses, business ownership interests, securities and intangible assets.

C. This Standard applies to appraisals and may not necessarily apply to limited appraisals and calculations as defined in BVS-I General Requirements for Developing a Business Valuation, Section II.C.

D. This Standard incorporates the General Preamble to the ASA Business Valuation Standards.

E. This Standard applies at any time in the valuation process, whether within a method, to the value indicated by a valuation method, or to the result of weighting or correlating methods.

II. The concepts of discounts and premiums

A. A discount has no meaning until the conceptual basis underlying the base value to which it is applied is defined.

B. A premium has no meaning until the conceptual basis underlying the base value to which it is applied is defined.

C. A discount or premium is warranted when characteristics affecting the value of the subject interest differ sufficiently from those inherent in the base value to which the discount or premium is applied.

D. A discount or premium quantifies an adjustment to account for differences in characteristics affecting the value of the subject interest relative to the base value to which it is compared.

III. The application of discounts and premiums

A. The purpose, applicable standard of value, or other circumstances of an appraisal may indicate the need to account for differences between the base value and the value of the subject interest. If so, appropriate discounts or premiums should be applied.

B. The base value to which the discount or premium is applied must be specified and defined.

C. Each discount or premium to be applied to the base value must be defined.

D. The primary reasons why each selected discount or premium applies to the appraised interest must be stated.

E. The evidence considered in deriving the discount or premium must be specified.

F. The appraiser's reasoning in arriving at a conclusion regarding the size of any discount or premium applied must be explained.

BVS–VIII Comprehensive Written Business Valuation Report

I. Preamble

A. This Standard must be followed only in the preparation of comprehensive written business valuation reports developed by all members of the American Society of Appraisers, be they Candidates, Accredited Members (AM), Accredited Senior Appraisers (ASA), or Fellows (FASA).

B. A business valuation report may be less comprehensive in content provided that the report complies with the minimum content required by Standard 10.2 of USPAP.

C. The purpose of this Standard is to define and describe the requirements for the written communication of the results of a business valuation, analysis, or opinion, but not the conduct thereof, which may reflect the three types of engagements defined in BVS-I General Requirements for Developing a Business Valuation, Section II.C.

D. This Standard incorporates the General Preamble to the ASA Business Valuation Standards.

II. Signature and certification

A. An appraiser assumes responsibility for the statements made in a comprehensive written report and accepts that responsibility by signing the report. To comply with this Standard, a comprehensive written report must be signed by the appraiser. For the purpose of this Standard, the appraiser is the individual or entity undertaking the appraisal assignment under a contract with the client.

B. Clearly, at least one individual is responsible for the valuation conclusion(s) expressed in a report. A report must contain a certification, as required by Standard 10 of USPAP, in which the individual(s) responsible for the valuation conclusion(s) must be identified.

III. Assumptions and limiting conditions

The following assumptions and/or limiting conditions must be stated:

A. Pertaining to bias. A report must contain a statement that the appraiser has no interest in the asset appraised, or other conflict that could cause a question as to the appraiser's independence or objectivity; or, if such an interest or conflict exists, it must be disclosed.

B. Pertaining to data used. Where appropriate, a report must indicate that an appraiser relied on data supplied by others, without further verification by the appraiser, as well as the sources that were relied on.

C. Pertaining to validity of the valuation. A report must contain a statement that a valuation is valid only for the valuation date indicated and for the purpose stated.

IV. Definition of the valuation assignment

The precise definition of the valuation assignment is a key aspect of the report. The following are components of such a definition and must be included in the report:

A. The business interest being valued must be clearly defined, such as "100 shares of the Class A common stock of the XYZ Corporation" or "a 20 percent limited partnership interest in the ABC Limited Partnership." The existence, rights, and/or restrictions of other classes of ownership in the subject business must also be adequately described if they are relevant to the conclusion of value.

B. The purpose and use of the valuation must be clearly stated, such as "a determination of fair market value for ESOP purposes" or "a determination of fair value for dissenters' rights purposes." If a valuation is being performed pursuant to a particular statute, the statute must be referenced.

C. The standard of value used in the valuation must be stated and defined.

D. The premise or basis of value, such as valuation on a going concern or liquidation basis, must be defined.

E. The level of value, such as marketable minority or nonmarketable minority, must be defined.

F. The effective date and the report date must be stated.

G. Other elements as outlined in BVS-I General Requirements for Developing a Business Valuation, Section II.B, as appropriate.

V. Business description

A comprehensive written business valuation report must include a business description that covers relevant factual matters related to the business, such as:

A. Form of organization (e.g., corporation, partnership, or other)

B. History

C. Products and/or services

D. Markets and customers

E. Management

F. Major assets, both tangible and intangible, and major liabilities

G. Outlook for the economy, industry, and business

H. Past transactional evidence of value

I. Sensitivity to seasonal or cyclical factors

J. Competition

K. Sources of information used

L. Such other factual information as may be required to present a clear description of the business and the general context within which it operates

VI. Financial analysis

A. An analysis and discussion of a firm's financial statements is an integral part of a business valuation and must be included in a comprehensive written business valuation report. Exhibits summarizing balance sheets and income statements for a period of years sufficient to the purpose of the valuation and the nature of the subject company must be included in the valuation report.

B. Any adjustments made to the reported financial data must be fully explained.

C. If projections of balance sheets or income statements are used in the valuation, key assumptions underlying those projections must be included and discussed.

D. If appropriate, the company's financial results in comparison to those of the industry in which it operates must be discussed.

VII. Valuation methodology

A. The valuation method or methods selected, and the reasons for their selection, must be discussed. The steps followed in the application of the method(s) selected must be described. The description of the methodology and the procedures followed must contain sufficient detail to allow the intended user of the report to understand how the appraiser reached the valuation conclusion.

B. The report must include explanations of how factors such as discount rates, capitalization rates, or valuation multiples were determined and used. The rationale and/or supporting data for any premiums or discounts must be clearly presented.

VIII. Comprehensive written business valuation report format

The comprehensive written business valuation report must clearly communicate pertinent information, valuation methods and conclusions in a logical progression, and must incorporate the other specific requirements of this Standard, including the signature and certification provisions.

IX. Confidentiality of the report

No copies of the report may be furnished to persons other than the client without the client's specific permission or direction unless ordered by a court of competent jurisdiction.

BVS-IX Intangible Asset Valuation

I. Preamble

A. This Standard must be followed in all valuations of intangible assets developed by all members of the American Society of Appraisers, be they Candidates, Accredited Members (AM), Accredited Senior Appraisers (ASA) or Fellows (FASA).

B. The purpose of this Standard is to define and describe the requirements for the valuation of intangible assets.

C. This Standard applies to appraisals and may not necessarily apply to limited appraisals and calculations as defined in BVS-I General Requirements for Developing a Business Valuation, Section II.C.

D. This Standard incorporates the General Preamble to the ASA Business Valuation Standards.

II. Principles

In developing an intangible asset valuation, an appraiser must:

A. Identify the intangible asset to which the valuation relates.

B. Identify and define the applicable items of BVS-I General Requirements for Developing a Business Valuation, Section II.B.

III. Valuation methodology

In valuing an intangible asset, the appraiser should consider appropriate approaches and methods. Approaches that should be considered in valuing intangible assets are as follows:

A. Income Approach.

1. The appraiser should identify the economic benefits that are reasonably attributable to the subject intangible asset, and the risks associated with realizing those benefits.
2. The appraiser should consider the economic benefit provided by the amortization of the asset's value for income tax purposes, where applicable.
3. The appraiser should consider whether the economic life of the intangible asset is different from its legal or regulatory life.

B. Market Approach. The appraiser should consider relevant differences between the subject and guideline assets as well as respective market conditions.

C. Cost Approach. The appraiser should consider direct and indirect costs associated with reproduction or replacement, as the case may be, as well as any loss of value due to functional or economic obsolescence, or reduced life expectancy.

IV. Factors

In valuing an intangible asset, the appraiser should consider:

A. The bundle of legal rights, protections and limitations pertaining to the intangible asset to be valued.

B. The history of the intangible asset.

C. The intangible asset's expected remaining economic (useful) and legal life.

D. The economic benefits, direct or indirect, that the intangible asset is expected to provide to its owner during the asset's life.

E. Previous or existing litigation involving the intangible asset.

F. The distinction between an undivided interest and a fractional interest in the intangible asset resulting from, e.g., shared ownership or a licensing agreement.

G. The feasibility and character of potential commercial exploitation of the intangible asset.

H. Additional factors relating to the specific type of intangible asset to be valued, as appropriate.

See Appendix A below for illustrations of several intellectual property intangible assets.

APPENDIX A to BVS–IX: INTELLECTUAL PROPERTY EXAMPLES

The purpose of this Appendix is to illustrate asset type valuation factors in the context of intellectual property, and to provide guidance to be considered in the valuation of the indicated assets.

I. **Patents.** A patent is a published, public document that grants an inventor or assignee specific rights such as excluding others from making, using, or selling an invention, design or discovery within a specific jurisdiction for a term of years. For an intangible asset such as a patent, the appraiser should consider the following factors, as applicable (in addition to meeting all the other requirements of ASA Business Valuation Standard BVS IX: Intangible Asset Valuation):

A. Scope of protection, such as jurisdictional coverage, status of registrations and maintenance fee payments, breadth of patent claims and alternatives to the patented invention.

B. Risks of patent exploitation, such as infringement, invalidity, existence of technological or economic barriers to successful commercialization, or alternative innovations that could reduce the patent's economic benefit.

C. Public and private information that may be available regarding the subject patent and comparable or competing technologies, such as data from the United States Patent & Trademark Office [USPTO], public disclosure filed with the Securities and Exchange Commission ("SEC") and market research.

D. In valuing a portfolio of patents, the appraiser should consider the relevant synergies enabled by the aggregation of rights, such as:

1. Elimination of blocking patent rights

2. Obtaining design freedom, reducing the likelihood of infringement

3. Attainment of a broader, or more versatile or desirable mix of commercialization possibilities

II. **Trade Secrets.** A trade secret is information that a business keeps secret in order to gain an advantage over competitors. For an intangible asset in the nature of a trade secret, the appraiser should consider the following factors, as applicable (in addition to meeting all the other requirements of ASA Business Valuation Standard BVS IX: Intangible Asset Valuation):

A. The reasonableness and effectiveness of measures taken to ensure secrecy.

B. The possibility that the secret could be legitimately discovered and/or developed by competitors, such as through independent research, development or engineering.

C. If potentially patentable, the potential benefits, costs and risks of patenting versus holding the trade secret as a trade secret.

III. **Trademarks.** A trademark is a word, symbol or device that is used to denote a source of goods or services. For an intangible asset in the nature of a trademark, the appraiser should consider the following factors, as applicable (in addition to meeting all the other requirements of ASA Business Valuation Standard BVS IX: Intangible Asset Valuation):

A. The ability to extend the trademark to related products or services, i.e., without infringing on the trademarks of others.

B. The nature and extent of protections afforded by any registrations, including whether applicable renewals are in effect.

C. Possibility of abandonment due to non-use.

D. Possibility of the mark becoming generic.

E. Public and private information that may be available regarding the subject trademark and comparable or competing marks, such as USPTO data, public disclosure filed with the SEC, market analysis and research and surveys.

IV. **Copyrighted Works.** A copyright is a creative expression, such as a writing, recording, play, or work of art, which is protected by law against unpermitted copying. For an intangible asset in the nature of a copyrighted work, the appraiser should consider the following factors, as applicable (in addition to meeting all the other requirements of ASA Business Valuation Standard BVS IX: Intangible Asset Valuation):

A. Scope of protection, such as jurisdictional coverage, status of registrations and renewals, and whether the copyright relates to the original work or a particular derivative thereof.

B. Public and private information that may be available regarding the copyrighted work, and comparable or competing works.

Glossary

Preamble

The American Society of Appraisers, through its Business Valuation Committee, has adopted these Definitions ("Definitions") to ensure the quality of valuations by defining terms whose meanings are clear and consistently applied for the benefit of appraisers, their clientele and other intended users.

A. These Definitions include the International Glossary of Business Valuation Terms as adopted by the following professional societies and organizations:

American Institute of Certified Public Accountants
American Society of Appraisers
National Association of Certified Valuation Analysts
The Canadian Institute of Chartered Business Valuators
The Institute of Business Appraisers

The International Glossary of Business Valuation Terms are marked with an asterisk (*)

B. In the event that the assignment requires use of definitions that materially depart from those contained herein, the appraiser should fully explain the reason for departure and the implications it may have on the valuation assignment.

C. These Definitions provide guidance to ASA members by offering uniformity and consistency in the course of applying valuation terms used in developing and reporting the valuation of businesses, business ownership interests, securities and intangible assets.

D. Departure from these Definitions is not intended to form the basis of any civil liability and should not create any presumption or evidence that a legal duty has been breached. Moreover, compliance with these Definitions does not create any special relationship between the appraiser and any other person.

Definitions

Adjusted Book Value. The book value that results after asset or liability amounts are added, deleted, or changed from their respective book amounts.

Adjusted Book Value Method.* A method within the asset approach whereby all assets and liabilities(including off-balance sheet, intangible, and contingent) are adjusted to their fair market values (Note: In Canada on a going concern basis).

Adjusted Net Asset Method.* See Adjusted Book Value Method.

Appraisal. See Valuation.

Appraisal Approach.* See Valuation Approach.

Appraisal Date.* See Valuation Date.

Appraisal Method.* See Valuation Method.

Appraisal Procedure.* See Valuation Procedure.

Appraised Value. The appraiser's opinion or conclusion of value.

Arbitrage Pricing Theory.* A multivariate model for estimating the cost of equity capital, which incorporates several systematic risk factors.

Asset (Asset-Based) Approach.* A general way of determining a value indication of a business, business ownership interest, security or intangible asset using one or more methods based on the value of the assets net of liabilities.

Beta.* A measure of systematic risk of a stock; the tendency of a stock's price to correlate with changes in a specific index.

Blockage Discount.* An amount or percentage deducted from the current market price of a publicly traded stock to reflect the decrease in the per share value of a block of stock that is of a size that could not be sold in a reasonable period of time given normal trading volume.

Book Value.* See Net Book Value.

Business.* See Business Enterprise.

Business Appraiser. A person who, by education, training and experience, is qualified to develop an appraisal of a business, business ownership interest, security or intangible assets.

Business Enterprise.* A commercial, industrial, service, or investment entity (or a combination thereof) pursuing an economic activity.

Business Risk.* The degree of uncertainty of realizing expected future returns of the business resulting from factors other than financial leverage. See Financial Risk.

Business Valuation.* The act or process of determining the value of a business enterprise or ownership interest therein.

Capitalization.* A conversion of a single period of economic benefits into value.

Capitalization Factor.* Any multiple or divisor used to convert anticipated economic benefits of a single period into value.

Capitalization of Earnings Method.* A method within the income approach whereby economic benefits for a representative single period are converted to value through division by a capitalization rate.

Capitalization Rate.* Any divisor (usually expressed as a percentage) used to convert anticipated economic benefits of a single period into value.

Capital Structure.* The composition of the invested capital of a business enterprise, the mix of debt and equity financing.

Cash Flow.* Cash that is generated over a period of time by an asset, group of assets, or business enterprise. It may be used in a general sense to encompass various levels of specifically defined cash flows. When the term is used, it should be supplemented by a qualifier (e.g., "discretionary" or "operating") and a specific definition in the given valuation context.

Common Size Statements.* Financial statements in which each line is expressed as a percentage of the total. On the balance sheet, each line item is shown as a percentage of total assets, and on the income statement, each item is expressed as a percentage of sales.

Control.* The power to direct the management and policies of a business enterprise.

Control Premium.* An amount or a percentage by which the pro rata value of a controlling interest exceeds the pro rata value of a non-controlling interest in a business enterprise, to reflect the power of control.

Cost Approach.* A general way of determining a value indication of an individual asset by quantifying the amount of money required to replace the future service capability of that asset.

Cost of Capital.* The expected rate of return that the market requires in order to attract funds to a particular investment.

Debt-Free.* Use of this term is discouraged. See Invested Capital.

Discount for Lack of Control.* An amount or percentage deducted from the pro rata share of value of 100 percent of an equity interest in a business to reflect the absence of some or all of the powers of control.

Discount for Lack of Liquidity. An amount or percentage deducted from the value of an ownership interest to reflect the relative inability to quickly convert property to cash.

Discount for Lack of Marketability.* An amount or percentage deducted from the value of an ownership interest to reflect the relative absence of marketability.

Discount for Lack of Voting Rights.* An amount or percentage deducted from the per share value of a minority interest voting share to reflect the absence of voting rights.

Discount Rate.* A rate of return used to convert a future monetary sum into present value.

Discounted Future Earnings Method.* A method within the income approach whereby the present value of future expected economic benefits is calculated using a discount rate.

Discretionary Earnings. Earnings that may be defined, in certain applications, to reflect earnings of a business enterprise prior to the following items:

- Income taxes
- Nonoperating income and expenses
- Nonrecurring income and expenses
- Depreciation and amortization
- Interest expense or interest income
- Owner's total compensation for those services, which could be provided by a sole owner/manager.

Economic Benefits.* Inflows such as revenues, net income, net cash flows, etc.

Economic Life.* The period of time over which property may generate economic benefits.

Effective Date.* See Valuation Date.

Enterprise.* See Business Enterprise.

Equity.* The owner's interest in property after deduction of all liabilities.

Equity Net Cash Flows.* Those cash flows available to pay out to equity holders (in the form of dividends) after funding operations of the business enterprise, making necessary capital investments, and increasing or decreasing debt financing.

Equity Risk Premium.* A rate of return added to a risk-free rate to reflect the additional risk of equity instruments over risk free instruments (a component of the cost of equity capital or equity discount rate).

Excess Earnings.* That amount of anticipated economic benefits that exceeds an appropriate rate of return on the value of a selected asset base (often net tangible assets) used to generate those anticipated economic benefits.

Excess Earnings Method.* A specific way of determining a value indication of a business, business ownership interest, security or intangible asset determined as the sum of a) the value of the assets derived by capitalizing excess earnings and b) the value of the selected asset base. Also frequently used to value intangible assets. See Excess Earnings.

Fair Market Value.* The price, expressed in terms of cash equivalents, at which property would change hands between a hypothetical willing and able buyer and a hypothetical willing and able seller, acting at arm's length in an open and unrestricted market, when neither is under compulsion to buy or sell and when both have reasonable knowledge of the relevant facts. (Note: In Canada, the term "price" should be replaced with the term "highest price")

Fairness Opinion.* An opinion as to whether or not the consideration in a transaction is fair from a financial point of view.

Forced Liquidation Value.* Liquidation value, at which the asset or assets are sold as quickly as possible, such as at an auction.

Free Cash Flow.* Use of this term is discouraged. See Net Cash Flow.

Going Concern.* An ongoing operating business enterprise.

Going Concern Value.* The value of a business enterprise that is expected to continue to operate into the future. The intangible elements of Going Concern Value result from factors such as having a trained work force, an operational plant, and the necessary licenses, systems, and procedures in place.

Going Concern Value. Refers to the intangible elements that result from factors such as having a trained work force, an operational plant, and the necessary licenses, systems and procedures in place. Also refers to the premise of value based on the concept that a business enterprise is expected to continue operations into the future.

Goodwill.* That intangible asset arising as a result of name, reputation, customer loyalty, location, products, and similar factors not separately identified.

Goodwill. That intangible asset arising as a result of elements such as name, reputation, customer loyalty, location, products and related factors not separately identified and quantified.

Goodwill Value.* The value attributable to goodwill.

Goodwill Value. The value attributable to the elements of intangible assets above the identifiable tangible and intangible assets employed in a business.

Guideline Public Company Method.* A method within the market approach whereby market multiples are derived from market prices of stocks of companies that are engaged in the same or similar lines of business, and that are actively traded on a free and open market.

Guideline Transactions Method. See Merger and Acquisition Method.

Holding Company. An entity that derives its returns from investments rather than from the sale of products or services.

Hypothetical Condition. That which is contrary to what exists but is supposed for the purpose of analysis.

Income (Income-Based) Approach.* A general way of determining a value indication of a business, business ownership interest, security, or intangible asset using one or more methods that convert anticipated economic benefits into a present single amount.

Intangible Assets.* Non-physical assets such as franchises, trademarks, patents, copyrights, goodwill, equities, mineral rights, securities and contracts (as distinguished from physical assets) that grant rights and privileges, and have value for the owner.

Internal Rate of Return.* A discount rate at which the present value of the future cash flows of the investment equals the cost of the investment.

Intrinsic Value.* The value that an investor considers, on the basis of an evaluation or available facts, to be the "true" or "real" value that will become the market value when other investors reach the same conclusion. When the term applies to options, it is the difference between the exercise price or strike price of an option and the market value of the underlying security.

Invested Capital.* The sum of equity and debt in a business enterprise. Debt is typically a) all interest bearing debt or b) long-term interest-bearing debt. When the term is used, it should be supplemented by a specific definition in the given valuation context.

Invested Capital Net Cash Flows.* Those cash flows available to pay out to equity holders (in the form of dividends) and debt investors (in the form of principal and interest) after funding operations of the business enterprise and making necessary capital investments.

Investment Risk.* The degree of uncertainty as to the realization of expected returns.

Investment Value.* The value to a particular investor based on individual investment requirements and expectations. (Note: in Canada, the term used is "Value to the Owner").

Key Person Discount.* An amount or percentage deducted from the value of an ownership interest to reflect the reduction in value resulting from the actual or potential loss of a key person in a business enterprise.

Levered Beta.* The beta reflecting a capital structure that includes debt.

Limited Appraisal. The act or process of determining the value of a business, business ownership interest, security, or intangible asset with limitations in analyses, procedures, or scope.

Liquidation Value.* The net amount that would be realized if the business is terminated and the assets are sold piecemeal. Liquidation can be either "orderly" or "forced."

Liquidity.* The ability to quickly convert property to cash or pay a liability.

Liquidity. The ability to readily convert an asset, business, business ownership interest, security or intangible asset into cash without significant loss of principal.

Majority Control.* The degree of control provided by a majority position.

Majority Interest.* An ownership interest greater than 50 percent of the voting interest in a business enterprise.

Market (Market-Based) Approach.* A general way of determining a value indication of a business, business ownership interest, security, or intangible asset by using one or more methods that compare the subject to similar businesses, business ownership interests, securities or intangible assets that have been sold.

Market Capitalization of Equity.* The share price of a publicly traded stock multiplied by the number of shares outstanding.

Market Capitalization of Invested Capital.* The market capitalization of equity plus the market value of the debt component of invested capital.

Market Multiple.* The market value of a company's stock or invested capital divided by a company measure (such as economic benefits, number of customers).

Marketability. The capability and ease of transfer or salability of an asset, business, business ownership interest, security or intangible asset.

Marketability Discount.* See Discount for Lack of Marketability.

Merger and Acquisition Method.* A method within the market approach whereby pricing multiples are derived from transactions of significant interests in companies engaged in the same or similar lines of business.

Mid-Year Discounting.* A convention used in the Discounted Future Earnings Method that reflects economic benefits being generated at midyear, approximating the effect of economic benefits being generated evenly throughout the year.

Minority Discount.* A discount for lack of control applicable to a minority interest.

Minority Interest.* An ownership interest less than 50 percent of the voting interest in a business enterprise.

Multiple.* The inverse of the capitalization rate.

Net Assets. Total assets less total liabilities.

Net Book Value.* With respect to a business enterprise, the difference between total assets (net of accumulated depreciation, depletion, and amortization) and total liabilities as they appear on the balance sheet (synonymous with shareholders' equity). With respect to a specific asset, the capitalized cost less accumulated amortization or depreciation as it appears on the books of account of the business enterprise.

Net Cash Flows.* A form of cash flow. When the term is used, it should be supplemented by a qualifier (e.g., "equity" or "Invested Capital") and a specific definition in the given valuation context.

Net Income. Revenue less expenses and taxes.

Net Present Value.* The value, as of a specified date, of future cash inflows less all cash outflows (including the cost of investment) calculated using an appropriate discount rate.

Net Tangible Asset Value.* The value of the business enterprise's tangible assets (excluding excess assets and non-operating assets) minus the value of its liabilities. (Note: in Canada, tangible assets also include identifiable intangible assets).

Non-Operating Assets.* Assets not necessary to ongoing operations of the business enterprise. (Note: in Canada, the term used is "Redundant Assets").

Normalized Earnings*. Economic benefits adjusted for nonrecurring, non-economic, or other unusual items to eliminate anomalies and/or facilitate comparisons.

Normalized Financial Statements.* Financial statements adjusted for non-operating assets and liabilities and/or for nonrecurring, non-economic, or other unusual items to eliminate anomalies and/or facilitate comparisons.

Operating Company. A business that conducts an economic activity by generating and selling, or trading in a product or service.

Orderly Liquidation Value.* Liquidation value at which the asset or assets are sold over a reasonable period of time to maximize proceeds received.

Portfolio Discount.* An amount or percentage deducted from the value of a business enterprise to reflect the fact that it owns dissimilar operations or assets that do not fit well together.

Premise of Value.* An assumption regarding the most likely set of transactional circumstances that may be applicable to the subject valuation; e.g., going concern, liquidation.

Present Value.* The value, as of a specified date, of future economic benefits and/or proceeds from sale, calculated using an appropriate discount rate.

Price/Earnings Multiple.* The price of a share of stock divided by its earnings per share.

Rate of Return.* An amount of income (loss) and/or change in value realized or anticipated on an investment, expressed as a percentage of that investment.

Redundant Assets.* See Non-Operating Assets.

Replacement Cost New.* The current cost of a similar new property having the nearest equivalent utility to the property being valued.

Report Date.* The date conclusions are transmitted to the client.

Reproduction Cost New.* The current cost of an identical new property.

Required Rate of Return.* The minimum rate of return acceptable by investors before they will commit money to an investment at a given level of risk.

Residual Value.* The value as of the end of the discrete projection period in a discounted future earnings model.

Return on Equity.* The amount, expressed as a percentage, earned on a company's common equity for a given period.

Return on Investment.* See Return on Invested Capital and Return on Equity.

Return on Invested Capital.* The amount, expressed as a percentage, earned on a company's total capital for a given period.

Risk-Free Rate.* The rate of return available in the market on an investment free of default risk.

Risk Premium.* A rate of return added to a risk-free rate to reflect risk.

Rule of Thumb.* A mathematical formula developed from the relationship between price and certain variables based on experience, observation, hearsay, or a combination of these; usually industry specific.

Special Interest Purchasers.* Acquirers who believe they can enjoy post-acquisition economies of scale, synergies, or strategic advantages by combining the acquired business interest with their own.

Standard of Value.* The identification of the type of value being used in a specific engagement; e.g. fair market value, fair value, investment value.

Sustaining Capital Reinvestment.* The periodic capital outlay required to maintain operations at existing levels, net of the tax shield available from such outlays.

Systematic Risk.* The risk that is common to all risky securities and cannot be eliminated through diversification. The measure of systematic risk in stocks is the beta coefficient.

Tangible Assets.* Physical assets (such as cash, accounts receivable, inventory, property, plant and equipment, etc.)

Terminal Value.* See Residual Value

Transaction Method.* See Merger and Acquisition Method and Guideline Transactions Method.

Unlevered Beta.* The beta reflecting a capital structure without debt.

Unsystematic Risk.* The risk specific to an individual security that can be avoided through diversification.

Valuation.* The act or process of determining the value of a business, business ownership interest, security, or intangible asset.

Valuation Approach.* A general way of determining a value indication of a business, business ownership interest, security, or intangible asset using one or more valuation methods.

Valuation Date.* The specific point in time as of which the valuator's opinion of value applies (also referred to as "Effective Date" or "Appraisal Date" or “as of” date).

Valuation Method.* Within approaches, a specific way to determine value.

Valuation Procedure.* The act, manner, and technique of performing the steps of an appraisal method.

Valuation Ratio.* A fraction in which a value or price serves as the numerator and financial, operating, or physical data serves as the denominator.

Value to the Owner.* See Investment Value.

Voting Control.* de jure control of a business enterprise.

Weighted Average Cost of Capital (WACC). The cost of capital (discount rate) determined by the weighted average, at market values, of the cost of all financing sources in the business enterprise's capital structure.

Working Capital. The amount by which current assets exceed current liabilities.

참고문헌

1. 국내문헌

강진홍 외, 「기업가치평가실무, 영화조세통람사」, 2016.

강효석 · 이원흠 · 조장연, 「기업가치평가론」, 홍문사, 2001.

경응수, "미국의 감정평가업계의 최근 동향-조직형태의 변화와 정보기술의 영향," 「감정평가」 제36호, 한국감정평가협회, 1999.

_____, "부동산시장 패러다임 변화와 미국 감정평가업계의 대응--미국감정평가협회의 동향을 중심으로," 「감정평가학논집」, 한국감정평가학회, 2001.

_____, 「부동산영한사전」 부연사, 2005.

_____, 「지식재산 무형자산 평가실무」, 나무미디어, 2016.

_____ · 이정국, 「최신기업가치평가론」, 부연사, 2007.

_____ · 한명수, "국제회계기준(IFRS)의 도입과 유형자산의 감정평가," 감정평가학회, 2008.

고영일, "한국채택 국제회계기준(K-IFRS)하의 무형자산과 영업권의 평가", 2011.

구자균, 「기업가치분석」, 세진기획, 1996.

권수영 외, "사업결합시 무형자산의 평가절차 및 기법과 영업권손상평가", 한국회계학회, 2011.

김면규 · 이기생, 「세법총론」, 한국세정신문사, 2001.

김상운, 「기업회계기준해설」, 회경사, 1999.

김석웅 외 공역, 「무형자산-관리 - 측정 - 보고」(Baruch Lev), 2002.

김성범, "주식평가방법에 관한 연구," 단국대학교대학원 석사학위논문, 2000.

김영진, 「부동산평가론」, 건설연구사, 1977.

김용창, "부동산증권화와 감정평가업의 발전전략," 감정평가연구원 심포지엄자료, 감정평가연구원, 2001. 5.

김정동–김형준, "지적재산권 유동화", Issue Report, 한국기업평가, 2010.

김종서, "무형자산의 공정가치평가주체", 「감정평가학논집」 제13권2호, 감정평가학회, 2014

김천경, 「부동산감정평가이론과 실무」 박문각, 1990.

김태훈, 「부동산학사전」, 부연사, 제4판, 2003. 8.

김철중 · 윤평식 역, 「파생상품의 평가와 헷징전략」, 탐진, 2000.

남상오, 「회계이론」, 다산출판사, 2005.

노용호 외 공저, 「감정평가론」, 부연사, 2003.

도정환, “기업인수합병에 있어서 기업가치평가에 관한 연구,” 고려대학교 경영대학원, 1997.
문효진, “수정된 경제적 부가가치를 통한 기업가치평가지표 유용성 증대에 관한 연구,” 서울대학교대학원 석사학위논문, 2000.
박순풍 역, 「기업가치평가」, 경문사, 1997.
박정식 · 박종원 · 조재호, 「현대재무관리」, 다산출판사, 2006.
방경식, “부동산가격공시법의 적정가격 성격과 그 함의,” 「감정평가학논집」, 통권 제4호, 한국감정평가학회, 2005. 12.
_____, “일본감정평가기준 개정의 내용,” 「월간감정평가사」, 통권111호, (주)리북스커뮤니티, 2001.12.
_____ · 이영호, “감정평가업계의 바람직한 윤리규정 내용,” 「감정평가학논집」, 제6권 제2호, 한국감정평가학회, 2007. 12.
_____ · 장희순(공역), 「해설 부동산감정평가기준」, 부연사, 2012.
_____ · 홍길성, “부동산평가업계의 공정경쟁 룰 확립,” 「감정평가학논집」, 제5권 제1호, 2006.9.
배상빈, “일본의 부실채권과 공적자금,” 한국동북아논총자료, 제28집, 2003.
산업통상자원부, 「기술가치평가 실무가이드」, 2017.
삼일회계법인, 「IFRS 핵심해설」, 삼일회계법인, 2008.
서기원 · 원재환 · 서동필, 「선물 · 옵션의 이론과 실제」 유풍출판사, 2000.
설성수 외, 「기술-기업가치평가기준」, 경문사, 2000.
_____, 「기술가치평가론」, 법문사, 2012.
손장엽 외,「세정포럼」, 고려대학교세정학회, 2001.
송영식 외, 「지적소유권법(상)」, 육법사, 1999.
신창득, ‘부동산 금융과 투자과정세미나’ 삼일회계법인, 2004.
양동우, “기술이전 활성화를 위한 가치평가세미나”, ㈜테크밸류·한국산업기술평가원, 2000
오승지 · 김한수, 「감정평가이론」, 국가고시연구학회, 1990.
우명동, 「재정학방법론과 재정론」, 해남출판사, 1999.
유한성, 「재정학개론」, 삼영사, 1996.
윤기향, 「한국주식시장에 합리적 거품이 존재하는가」, 한국경제연구원, 2000.
윤선희, 「지식재산권법」, 세창출판사, 2015.
윤창구, 「감정평가론」, 범론사, 1984.
이동과, “감정평가에 관한 규칙 개정의 방향,” 「부동산고시」 2002년 10월호, 부동산연구사,

2002. 10.
이상영, “부동산 증권화에 따른 부동산투자정보 발전방안,” 「감정평가논집」, 감정평가연구원, 2000.
이은상 · 이준규, 「현행 세법상 주식평가의 문제점과 개선방안」, 한국조세연구원, 1998.
이재욱 외 역, 「실물옵션」, 21세기북스, 2000.
이정전, 「토지경제학」, 박영사, 2000.
이준구, 「재정학」, 다산출판사, 2003.
이창석, 「부동산컨설팅 : 이론과 실제」, 형설출판사, 2010.
_____ · 권기철, 「부동산이용론」, 형설출판사, 2006.
임승순, 「조세법」, 박영사, 2001.
임자영, “기업 인수 과정의 경영권프리미엄 지급 동향”, 「KCGS 리포트」 8권5호, 한국기업지배구조원, 2018. 8.
임재만 · 정승희, 「기업가치 평가방법에 관한 연구 I」, 감정평가연구원, 1998.
임효식 역, 「캐시플로우와 부가가치 경영전략」, 모색, 2000.
전재익, “상속세법상 비상장주식평가의 문제점과 개선방안,” 부경대학교대학원 석사학위논문, 2000.
정부관계부처합동, “기술금융 활성화를 위한 기술평가시스템 구축방안”, 2014
정영철, “감정평가사법 제정의 필요성-지가공시 및 토지 등의 평가에 관한 법률 중심으로,” 「감정평가학논집」, 한국감정평가협회, 2002.
정진종, “상속세법상 비상장주식 평가방법의 타당성에 관한 연구,” 동의대학교중소기업대학원 석사학위논문, 2000.
정한규, 「재무관리원론」, 경문사, 1999.
_____ · 김철중 · 윤평식, 공역, 「가치평가론」, 경문사, 1998.
정희남, “21C 부동산시장 메가트렌드와 정책,” 「감정평가논집」, 감정평가연구원, 2000.
조경선, 임재용, 「지식재산금융과 가치평가실무」, 2014.
조주현, 「부동산학원론」, 서울 : 건국대출판부, 2002.
최관 · 김태식, 「기업회계기준 실무해설」, 한국공인회계사회, 2008.
최경관, “시장가치외의 감정평가에 관한 연구”, 「감정평가실무적용을 위한 기준가치 개념 정립 세미나」, 한국감정평가협회, 2013. 11.
최기원, 「상법학신론(상)」, 박영사, 2000.

최명근,「세법학총론」, 세경사, 2001.
______,「비상장주식 과세평가방법의 합리화방안」, 한국경제연구원, 1986.
통계청, "광업·제조업통계조사 보고서(품목편)", 2015.
특허청, "IP담보대출을 위한 IP가치평가 모델연구", 2013.
______, "국유특례권의 합리적 실시료산정 및 위탁 관리방안 연구", 특허심사정책과편, 2009
펜타노바, "지식재산 금융 국내외 실태조사 및 활성화 방안", 2012.
한국감정원,「국제평가기준 IVS 2005」, 한국감정원, 2005. 12.
한국감정평가연구원,「브랜드 가치 평가방법의 연구」, 2001.
한국감정평가학회,「일본국토교통성 제정 신부동산감정평가기준」, 한국감정평가학회, 2002.
한국감정평가협회,「RICS 평가기준(한국어판)」, 한국감정평가협회, 2008. 1.
한국공인회계사회,「IFRS 적용매뉴얼」, 한국공인회계사회, 2008.
________,「대사식 신회계편람」, 한국공인회계사회, 2008.
한국지식재산연구원, "기술금융 활성화를 위한 기술신용평가시스템 발전방안", 2014.
________, "기술평가 전문자격증 제도 도입 방안 연구", 2010
________, "지식재산 가치평가 및 금융 생태계 조성방안", 한국지식재산연구원 및 국가지식재산위원회 정책연구보고서, 2013
한국기술가치평가협회,「기술·기업가치평가기준」, 경문사, 2001.
한상국,「비상장주식의 평가방법 개선방안」, 한국조세연구원, 2001. 8.
_____,「유가증권을 이용한 변칙증여 및 과세방안」, 한국조세연구원, 1998.
함영복,「최신 법인세의 이론과 실무」, 서울 : 세학사, 2000.
홍길성,「부동산사전」, 경록, 2011.
홍동명, "현행 세법상 주식평가에 관한 연구," 고려대학교정책대학원 석사학위 논문, 2000.
황희연, "주식 관련 세제의 개선방안," 부산대학교경영대학원 석사학위논문, 2000.

2. 외국문헌

ASA, *ASA Business Valuation Standards*, American Society of Appraisers, 2009.
Andrews, Richard B., *Urban Land Economics and Public Policy*, New York : Free Press, 1971.
Akerson, Charles B., *Capitalization Theory and Techniques Study Guide*, 2nd ed. Chicago : Appraisal Institute, 2014~2015 ed.

Appraisal Foundation, *Uniform Standards of Professional Appraisal Practice (USPAP)*, Appraisal Standards Board of the Appraisal Foundation, 2014.

________, *Uniform Standards of Professional Appraisal Practice and Advisory Opinions*, Appraisal Standards Board of the Appraisal Foundation, 2005.

Appraisal Institute, *Appraising Residential Properties,* 3rd ed., Chicago, 1999.

________, *The Dictionary of Real Estate appraisal*, 4th ed., Chicago, Appraisal Institute, 2002.

________, *The Appraisal of Real Estate*, 13th ed., Chicago, Appraisal Institute, 2008.

Appraisal Standards Board, *USPAP(Uniform Standards of Professional Appraisal Practice) and Advisory Opinions*, 2005 Edition, Appraisal Standards Board, 2005.

Babcock, Frederick M., *The Valuation of Real Estate, New York : McGraw-Hill, 1932.*

Benninga, Simon Z., *Corporate Finance : A Valuation Approach*, McGraw-Hill Companies, Inc., 1997.

Boyle Thomas, *"International Valuation Standards Council and the New International Valuation Standards,"* International Valuation Standards Council, 2011.

Brealey, Richard A. and Steward C. Meyer. *Principles of Corporate Finance*, 6th ed., Irwin McGraw-Hill, London, 2000.

Carn, Neil, Joseph Rabianski, Maury Seldin, and Ron Racster, *Real Estate Market Analysis : Applications and Techniques*, Englewood Cliffs, N.J. : Prentice-Hall, 1988.

Certified Commercial Investment Members, *Investment Analysis for Commercial Investment Real Estate- CI 104*, Chicago, CCIM Institute, 2001.

Cornel, Bradford, *Corporate Valuation*, Richard D. Irwin Inc, 1993.

Damodaran Aswath, *"Intellectual Property and Finance: Accounting and Valuation of Intellectual Property Assets and IP Based Financing"*, World Intellectual Property Organization, 2015.

____________, *Investment Valuation: Tools and Techniques for Determining the Value of any Asset*, 3rd ed., John Wiley & Sons, 2012

Desmond, Glenn M. and Richard E. Kelley, *Business Valuation Handbook*, Llano, Calif. : Valuation Press, Inc., 1988.

Duff & Phelps, *2018 Valuation Handbook: Industry Cost of Capital*, Duff & Phelps, 2018

Elgonemy, A.R., "The Pricing of Lodging Stocks : A Reality Check," *The Cornell HRA Quarterly*, 41(6), December 2000.

Elliott, Peter and Richard Reed, "The Valuation of Fast Food Outlets: Analysis, Methodology, and Reliability," *The Appraisal Journal,* Oct. 1999.

Ellis, J. and David Williams, *Corporate strategy and financial analysis : managerial, accounting and stock market perspectives*, Pitman Publishing, 1993.

Fanning, Stephen F., *Market Analysis for Real Estate: Concepts and Application in Valuation and Highest and Best Use*, Appraisal Institute, 2005 pp. 18~30.

_______, Terry V. Grissom, and Thomas D. Pearson, *Market Analysis for Valuation Appraisals*, Chicago : Appraisal Institute, 1994.

FASB, *"Business Combinations (Topic 805): Accounting for Identifiable Intangible Assets in a Business Combination a Consensus of the Private Company,"* An Amendment of the FASB Accounting Standards Codification®, Financial Accounting Standards Board, Accounting Updates, 2014.

________, *Statement of Financial Accounting Standards No. 141, Business Combinations,* Financial Accounting Standards Board, 2001.

________, *Statement of Financial Accounting Standards No. 142, Goodwill and Other Intangible Assets,*, Financial Accounting Standards Board, 2001.

Flignor Paul, and David Orozco, *"Intangible Asset & Intellectual Property Valuation: A Multidisciplinary Perspective,"* World Intellectual Property Organization, 2012.

Gaylon, E. Greer, *Investment Analysis for Real Estate Decisions*, 4th ed., Dearborn Financial Publishing, Inc., 1997.

Graaskamp, James A., *A Guide to Feasibility Analysis,* Chicago, Society of Real Estate Appraisers, 1973.

Hendrickson, E. S., *Accounting Theory*, 4th ed., Irwin, 1982.

Hitchner, James R, Financial Valuation: Application & Models, Wiley & Sons, 2011

IFRS Foundation, *"Fair value measurement for assets,"*Joint World Bank and IFRS Foundation 'train the trainers' workshop hosted by the ECCB, International Financial Reporting Standards Foundation, 2012.

________, IAS 38 Intangible Assets, International Financial Reporting Standards Foundation,

2012.

IVSC, *International Valuation standards 2017,* International Valuation Standards Council, London, 2017.

________, *Revised Guidance Note 4(valuation of Intangible Assets),* Exposure Draft, International Valuation Standards Council, 2009.

________, Valuation Under IFRS, International Valuation Standards Committee, 2007.3.

Kahn, Sanders A. and Frederick E. Case, *Real Estate Appraisal and Investment*, 2nd ed., New York : Ronald Press, 1977.

Kane Shiegrun D., *Trademark Law: A Practitioner's Guide*, New York : Practising Law Institute, 1987.

Keating, David Michael, *Appraising Partial Interests*, Appraisal Institute, 1998.

Kinnard, William N., Jr., *Income Property Valuation : Principles and Techniques of Appraising Income-Producing Real Estate*, Lexington, Mass. : D.C. Heath, 1971.

Koller Tim, Goedhart Marc, and Wessels David, *Valuation: Measuring and Managing the Value of Companies*, 6th ed., Mekinsey & Company, 2015.

Lennhoff, David C., (ed.), *A Business Enterprise Value Anthology*, Chicago : Appraisal Institute, 2001.

Manning, Lloyd R., *Valuing the Small Business*, Todd Publishing, Inc., 1993.

Mard Michael J., James R. Hitchner and Steven D. Hyden, *Valuation for Financial Reporting: Fair Value Measurements and Reporting, Intangible Assets, Goodwill, and Impairment Analysis*, Wiley, 2007.

MoermanLee C. and S. L. Van Der Laan,*"Accounting for Intellectual Property :inconsistencies and challenges,"* Journal of Intellectual Property, 2006.

Munari Federico, and Raffaele Oriani, *The Economic Valuation of Patents: Methods and Applications* (New Horizons in Intellectual Property Series), Edward Elgar Pub, 2011.

Murphy William J., Orcutt John L. and Remus Paul C., *Patent Valuation: Improving Decision Making through Analysis,* Wiley & Sons, Inc., 2012.

North, Lincoln W., *The Concept of Highest and Best Use*, Winnipeg, Manitoba : Appraisal Institute of Canada, 1981.

Parr Russell L., *Royalty Rates for Licensing Intellectual Property*, Wiley, 2007.

________, and Gordon V. Smith, *Intellectual Property: Valuation, Exploitation, and Infringement Damages, 2016 Cumulative Supplement* (Intellectual Property Valuation, Exploitation and Infringement Damages Cumulative Supplement), 11th Edition, 2015.

Razgaitis Richard, *Valuation and Deal making of Technology-Based Intellectual Property: Principles, Methods and Tools*, 2nded., Wiley & Sons, Inc., 2009.

Pratt, Shannon P., *Business Valuation, Body of Knowledge*, John Wiley & Sons, Inc., 1998.

________, and David Laro, *Business Valuation and Taxes (Procedure, Law, and Perspective)*, John Wiley & Sons, Inc., 2005.

________, R. Reilly and R.P. Schweihs, *Valuing a Business: The Analysis and Appraisal of Closely Held Companies*, 5th ed., McGraw-Hill, 2008.

Ring, Alfred A. and James H. Boykin, *The Valuation of Real Estate*, 4th ed. Englewood Cliffs, N.J. : Prentice-Hall, 1993.

____________, and Jerome Dasso, *Real Estate Principles and Practices*. 11th ed, Englewood Cliffs, N.J. : Prentice-Hall, 1989.

Roddewig, Richard J., (ed.), *Valuing Contaminated Properties : An Appraisal Institute Anthology*, Chicago : Appraisal Institute, 2002.

Seldin, Maury and James H. Boykin, *Real Estate Analysis*, Homewood, Ill. : American Society of Real Estate Counselors and Dow Jones-Irwin, 1990.

Shenkel, William M., *Real Estate Appraisal*, Cincinati, Ohio : South-Western Publishing Co., 1992.

Smith, Gordon V., and Russell L. Parr, *Valuation of Intellectual Property and Intangible Assets,* 3rd ed., John Wiley & Sons, Inc., 2000.

________, *Trademark Valuation,* 2nd ed., John Wiley & Sons, Inc., 2013.

Spies F. Ferdinand & Daniel B. Wilhelm, "A Critical Analysis of US Real Estate Appraisal Methods When Used for Financial Reporting According to the International Financial Reporting Standards (IFRS)", *11th Annual Conference of the Pacific Rim Real Estate Society,* 2010.

Urban Land Institute, D*ollars & Cents of Shopping Centers*, 2002 ed., Washington, D.C. : ULI, 2002.

Ventolo, William L. and Martha R. Williams, *Fundamentals of Real Estate Appraisal*, 5th ed. Chicago : Real Estate Education Co., 1990.

WIPO, *"World Intellectual Property Indicators,"* World Intellectual Property Organization, 2012.

________, *"Accounting and Valuation of Intellectual Property (IP) Assets:Importance, Methods and Challenges,"*World Intellectual Property OrganizationSMEs Division, 2012.

Yegge, Wibur M., *A basic guide for valuing a company*, John Wiley & Sons, Inc., 1996.

福島和宏外, M&A 無形資産評価の実務 (第3版), 清文社, 2016

KPMGFAS, 企業価値評価のすべて, 日本實業出版社, 2014

刘德运外, 无形资产评估, 中国财政经济出版社, 2010

汪海粟, 无形资产评估, 中国人民大学出版社, 2002

王炳华・吕献荣, 资产评估(第2版), 中国人民大学出版社, 2014

沈品芰・赵斌・白玉, 无形资产评估:理论与实务, 华东理工大学出版社, 2005

찾아보기

ㅇ

저자약력

경응수(慶應秀)

현재 일신감정평가법인㈜의 대표 감정평가사로서 미국 감정평가협회(Appraisal Institute)의 정회원인 MAI(Member of Appraisal Institute) 우리나라 제1호이다. 한국CCIM협회장을 역임하였고, 현재는 고문을 맡아 국제적인 투자분석 전문가 교육에 힘쓰고 있다. 저서로는 <영업권 가치평가론>, <지식재산 무형자산 평가실무>, <최신 기업가치평가론>, <현대감정평가원론>, <감정평가론> 등이 있으며, 중앙대, 건국대, 동국대, 경희대, 단국대 대학원, 금융연수원, 한국토지주택공사, 한국감정원 등에서 강의하였다.

중앙대학교(경영학박사)
New York University(MSci.)
연세대학교(경영학석사)
현재 일신감정평가법인 대표
㈜지렉스I&D 대표이사
한국CCIM협회 고문(회장 역임)
한국경제학회, 경영정보학회 종신회원
감정평가사(한국), 감정평가사 자격시험 출제위원 역임
MAI(Member of Appraisal Institute)
CCIM(Certified Commercial Investment Member)

저서 및 논문

감정평가론(5판, 나무미디어, 2018)
지식재산 무형자산평가실무(개정판, 나무미디어, 2019)
현대감정평가원론(개정판, 교육과학사, 2016)
최신 기업가치평가론(공저, 부연사, 2007)
부동산 영한사전(부연사, 2006)
국제회계기준 도입과 유형자산의 감정평가, 감정평가학 논집, 감정평가학회, 2008. 6
우리나라 자산관리서비스업에 대한 REITs 도입의 영향: 현황과 발전과제, 감정평가연구, 한국부동산연구원, 2001
미국 감정평가업계의 최근 동향: 조직형태의 변화와 정보기술의 영향, 감정평가학논집, 감정평가학회, 2001
감정평가용 GIS활용도 제고를 위한 속성정보 DB 구축 및 Network 발전방향, 감정평가연구, 부동산연구원, 1997